Robert Foltin

Und wir bewegen uns doch
Soziale Bewegungen in Österreich

Robert Foltin

Und wir bewegen uns doch

Soziale Bewegungen in Österreich

EDITION GRUNDRISSE

Wien 2004
edition grundrisse
Copyleft
Umschlaggestaltung, Layout und grafisches Konzept: Harald Mahrer
Satz und Umbruch: Karl Reitter
Druck: digiDruck, Kundmanngasse 33, 1030 Wien
ISBN 3-9501925-0-6

edition.grundrisse@gmx.net
www.grundrisse.net

Umschlagfoto: Blick aus dem von DemonstrantInnen besetzten Sozialministerium am 4. Februar 2000, dem Tag der Angelobung der ÖVP-FPÖ-Regierung (Quelle: ACC / RAW)

INHALT

VORWORT

Ich hegte schon einige Jahre den Gedanken, über soziale Bewegungen in Österreich zu schreiben und habe dafür einiges an Literatur gesammelt. Ich hätte das Projekt aber nicht beginnen können, wenn es nicht Ermutigungen von verschiedenen Seiten gegeben hätte. Da war zuerst einmal die Intensität der Bewegung gegen die ÖVP-FPÖ-Regierungsbildung und die Auseinandersetzungen, die dadurch ausgelöst wurden. Besonders wichtig war aber die Gründung der Zeitschrift für linke Theorie und Debatte *grundrisse* (www.grundrisse.net) und die Diskussionen über theoretische und politische Themen in der Redaktion und ihrem Umfeld.

Seit Mitte der 1970er war ich selbst mehr oder weniger an den Aktivitäten einer «Szene» beteiligt, die früher «autonom» genannt wurde. Und noch jetzt bin ich in Diskussionen dieser «Szene» eingebunden. Zahlreiche Gespräche, mehr oder weniger illuminiert, mehr oder weniger fruchtbar, führte ich im *Qu(e)er-Beisl* der *Rosa Antifa Wien*. Meine kontinuierliche Anwesenheit im *Infoladen 10*, im *Archiv für soziale Bewegungen* und in der *Volxbibliothek*, alle im Ernst-Kirchweger-Haus, waren nicht nur wegen der Zugänglichkeit der Texte (viele nirgends sonst greifbar) wichtig, sondern auch wegen den freundschaftlichen Diskussionen und der praktischen Unterstützung, die ich dort bekam. Danken möchte ich auch den FreundInnen der Sozialistischen Alternative (SOAL), die mir den Zugang zum Archiv des Verlagszentrums gewährten. Die *linke*, die Zeitung der SOAL war eine willkommene Ergänzung zu den übrigen Texten.

Ein großer Teil der Fakten stammt aus linken, linksradikalen, alternativen und autonomen Zeitungen. Neben dem *TATblatt*, das ich oft zitiere, möchte ich noch die *akin* hervorheben. Als offenes Projekt der Linken sind die Berichte in dieser Zeitschrift nicht systematisch und darum wenig zitierbar. Aber für einen Gesamteindruck über emanzipatorische Entwicklungen waren sie unverzichtbar. Besonders für weiter zurückliegende Entwicklungen konnte ich auf unterschiedlich wertvolle Bücher zurückgreifen. Eine viel genützte Aufsatzsammlung war der Sammelband *Österreich 1945-1995* (Sieder et. al. 1995). Erst dadurch wurde es möglich, die Einbettung der Bewegungen in soziale, gesellschaftliche und politische Entwicklungen zu analysieren. «1968» ist (natürlich) sehr stark von *Wien, Mai 68 – Eine heiße Viertelstunde* (Keller 1983) geprägt, weil dieses

Buch ein Standardwerk bleibt, trotz der Tendenz zur (Über)Bewertung des Verbandes Sozialistischer Mittelschüler (VSM) und des sich im Anschluss daran entwickelnden Trotzkismus. Zu 1968 wurden auch andere Bücher berücksichtigt: *Die zahme Revolution.* '68 *und was davon blieb* (Ebner / Vocelka 1998) und *Revolte und Establishment* (Svoboda 1986) bringen einige wertvolle Ergänzungen, *die 68er. eine generation und ihr erbe* (Danneberg et. al. 1998) gibt mehr Aufschluss über die Nachwirkungen von 1968, war darum für die Beschreibung der Folgewirkungen von großer Bedeutung.

In den 1980ern wurde eine große Anzahl von Büchern veröffentlicht, die sich mit einzelnen Aspekten emanzipatorischer Entwicklungen seit den 1960ern beschäftigten: etwa *Kindergruppenkinder. Selbstorganisierte Alternativen zum Kindergarten* (Fischer-Kowalski et. al. 1991), *Donauwalzer, Damenwahl. Frauenbewegte Zusammenhänge in Österreich* (Geiger / Hacker 1989), *Homosexualität in Österreich* (Handl et al 1989).

Zu einzelnen Ereignissen wie den Auseinandersetzungen um das Kraftwerk Hainburg im Dezember 1984 oder das Lichtermeer im Jänner 1993, erschienen einige Bücher als «Schnellschüsse», die zur Überprüfung von Daten wichtig waren. Für die Bewegung gegen die schwarz-blaue Koalition im Jahr 2000 gibt es eine Reihe lesenswerter Bücher unterschiedlicher Qualität, von denen ich eines besonders hervorheben möchte: *Wien Feber Null. Eine Ästhetik des Widerstands* (Raunig 2000).

Ich konnte nicht alle Ereignisse, Aktivitäten und Projekte berücksichtigen (selbst wenn mir eine Erwähnung wichtig erschien), weil meine Informationen zu dürftig waren, aber auch, weil das Buch bereits mit Daten und Fakten überlastet ist. So ist mir während der Recherchen schmerzlich bewusst geworden, dass ich die Ereignisse sehr an Wien orientiert beschreibe. Es ist mir nur am Rand gelungen, Aktivitäten in den Bundesländern adäquat zu würdigen.

Zwei Texte beeinflussten meine politische und theoretische Sichtweise: *Die Welt verändern, ohne die Macht zu ergreifen* (Holloway 2002) ist ein Buch, das wir in der Redaktion der *grundrisse* breit diskutierten, ergänzt durch die Anwesenheit des Autors und seines Übersetzers Lars Stubbe bei zwei Diskussionsveranstaltungen in Wien.

Weiters der Bestseller *Empire* (Hardt / Negri 2000), mit dem ich mich mit anderen in einem Arbeitskreis auseinandersetzte. Die Beteiligung von Menschen aus künstlerischen, akademischen und polit-aktivistischen Zusammenhängen veränderte manche meiner Sichtweisen.

Für Beiträge, Diskussionen und Kritiken zu einzelnen Teilen, den Rohfassungen und / oder den schon in den *grundrissen* veröffentlichten Texten danke ich Roland Atzmüller, Wolfgang Bacher, Martin Birkner, Christine Czinglar, Bernhard Dorfer, Manfred Eigner, Eva Fels, Georg Fingerlos, Rainer Hackauf, Alex Hosner, Martina Kögl, Renate Nahar, Franz Naetar, Karl Reitter, Jo Schedlbauer, Gerold Wallner, Eli Weber, Klaus Zoister, außerdem einigen DiskutantInnen, die anonym bleiben wollen. Ergänzt wurde das durch Gespräche mit Personen, deren Anregungen eingeflossen sind, die aber zu viele sind, um alle aufzuzählen. Fehler liegen trotzdem in meiner Verantwortung. Für das ausgezeichnete Lektorat, das auch eine inhaltliche Bereicherung bedeutete, danke ich Nika Sommeregger. Dank auch an Harald Mahrer für die technische Betreuung und das Layout.

Zum Schluss möchte ich noch über meine prekären Lebensumstände berichten. Dem Arbeitsmarktservice habe ich es zu verdanken, dass ich meinen Lebensunterhalt bestreiten konnte. Ich wurde nur ein bisschen schikaniert, ich musste nur zwei Berufsorientierungskurse innerhalb eines Jahres absolvieren. Das Interesse dieser Kurse ist offensichtlich die Zerstörung von Kreativität und Intellektualität. So wie während der Weltwirtschaftskrise Kaffee ins Meer geschüttet wurde, um die Preise stabil zu halten, werden im Zeitalter der immateriellen Arbeit (die Produkte sind immateriell wie etwa Wissen und vermehren sich beim Konsum) in Krisenzeiten intellektuelle Kapazitäten vernichtet.

Abschließend noch einige Anmerkungen zur geschlechtsneutralen Schreibweise. Nomen werden prinzipiell mit großem I geschrieben: *SlowenInnen.* Ausgenommen sind Fälle, bei denen es sich offensichtlich um Frauen oder Männer handelt: *Feministinnen, Zivildiener.* Umlaute folgen der weiblichen Form: *BäuerIn.* Da die Flexion adjektivischer Ergänzung relativ kompliziert ist, wird nur die weibliche Form gewählt: *jede BäuerIn* statt *jedeR BäuerIn.* Jene Begrifflichkeiten, die aus Diskussionen stammen, bei denen an eine geschlechtsneutrale Sichtweise noch nicht gedacht wurde, behalten die originale Form, werden aber unter Anführungszeichen gestellt: z.B. die «Arbeiterklasse» in der operaistischen Diskussion der 1960er. Institutionen werden in der Originalform zitiert: *Verband Sozialistischer Mittelschüler (VSM),* wenn möglich, wird bei mehrfachem Vorkommen die Abkürzung benutzt. Wörtliche Zitate sind kursiv, dort wird in der Regel die originale Schreibweise beibehalten.

Ergänzend möchte ich noch die vielfache Unterstützung in technischen Dingen erwähnen, die mir von verschiedenen Personen aus meinem Umfeld gewährt wurde (von der Suche nach Texten über die Korrektur bis hin zum Layout und der Bearbeitung der Bilder).

Viele setzten ihr Können und ihre Kreativität ein, ohne zuerst an Verwertbarkeit zu denken. Es geht auch ohne kapitalistische Organisation, wenn auch immer schwerer, weil der Existenzdruck steigt, auch unter meinen FreundInnen.

Das System schließt immer mehr kreative Lücken, um sie der Verwertung zu unterwerfen. Auch darum ist eine andere Welt notwendig. Und dieses Buch soll eine Ermutigung sein, gegen Ausbeutung und Unterdrückung zu kämpfen, für ein besseres Leben für alle.

Robert Foltin

Wien, im September 2004

Einleitung

Ist von sozialen Konflikten und Revolten die Rede, so wird behauptet, in Österreich hätte sich nichts bewegt. Dass es trotzdem möglich ist, hunderte Seiten zu füllen, zeigt, dass dem nicht so ist. Dann nicht, wenn von Ereignissen berichtet wird, die mehr einer Kopie von Entwicklungen an anderen Orten gleichen und erst recht nicht, wenn die für Wien (und Österreich) spezifische Geschichte sozialer Bewegungen nachgezeichnet wird. Auch wenn der Blickwinkel der AktivistInnen manchmal lokal oder regional verengt ist, spätestens seit 1968 ist keine Bewegung vorstellbar, die außerhalb internationaler Entwicklungen analysiert werden könnte. Grund genug, den internationalen Kontext zu beachten.

Dass wir heute in einer Phase des Übergangs leben, ist evident. Noch nie haben sich gesellschaftliche Verhältnisse in so kurzer Zeit, innerhalb weniger Jahrzehnte, so stark geändert wie jetzt. Schnelle Wechsel von Herrschaftsformen waren früher Verschiebungen innerhalb der Eliten, Veränderungen, die größere Teile der (damals bäuerlichen) Bevölkerung berührten, dauerten Jahrhunderte. Das ist jetzt anders. Erstmals ist in diesem Ausmaß die Bevölkerung der ganzen Welt betroffen. Diese Entwicklungen werden in verschiedene Begriffe gefasst, als Umbruch von der Moderne zur Postmoderne, vom Fordismus zum Postfordismus, von der Disziplinar- zur Kontrollgesellschaft, von der Industrie- zur Dienstleistungsgesellschaft etc. Diese Veränderungen in Institutionen und Gesellschaft sind eng verbunden mit verschiedensten sozialen Bewegungen. «Kritische KritikerInnen» sehen darum die Bewegungen nur als Bestätigung des sich verändernden Kapitalismus. Das kann aber auch anders gesehen werden. Es sind die Institutionen des Kapitalismus, die auf Widerstand und Kämpfe reagieren müssen (vgl. Foltin 2002a). In diesem Buch versuche ich daher, den Blickwinkel emanzipatorischer Bewegungen einzunehmen und von da aus die Entwicklung, auch der herrschenden Strukturen, zu betrachten. Trotzdem besteht der Anspruch, faktisch genau zu sein (was Fehler nie ausschließt), aber schon die Auswahl der Ereignisse spiegelt bestimmte Sichtweisen wider.

Für meine Zwecke gibt es keine genaue Definition von dem, was mit «Bewegung» gemeint ist. Auf Hilfsbegriffe wie etwa ArbeiterInnenbewegung, Frauenbewegung wird zurückgegriffen. Als Bewegung bezeichneten sich sowohl die

AkteurInnen selbst, manchmal wurde (und wird) dieser Begriff medial als Bezeichnung für die politischen Subjekte verwendet. In ihrer Parteinahme für emanzipatorische Bewegungen ist die sogenannte (post)operaistische Theorie ein passender theoretischer Rahmen.

Der *Operaismus* entwickelte sich Mitte der 1960er Jahre in der italienischen Linken als Kritik am traditionellen Marxismus. Beschäftigte sich dieser hauptsächlich mit der Analyse des Kapitals, so änderte sich jetzt der Blickwinkel, die «Arbeiterklasse» wurde ins Zentrum gestellt (vgl. auch Foltin 2002, S. 7ff). Die Weiterentwicklungen des Kapitalismus wurden nicht als inneres Moment gesehen, sondern als Antwort auf Klassenkämpfe. Lohnsteigerungen bringen die KapitalistInnen dazu, den Arbeitsprozess umzustrukturieren, indem Maschinen eingesetzt werden. Es sind die Lohnkämpfe, die damit die KapitalistInnen zur Umsetzung technologischer Innovationen zwingen. Die Beschränkung auf die «Arbeiterklasse» wurde durch die vielfältigen Bewegungen der 1970er, besonders durch den Feminismus, in Frage gestellt. Hardt / Negri (2000) erweitern die operaistische Sichtweise auf andere gesellschaftliche Entwicklungen wie Reproduktion, Kultur, Körperlichkeit etc. Sie zeigen damit, dass die verschiedensten sozialen Bewegungen den Kapitalismus vorantreiben, darum *Postoperaismus*.

Was nun zum nächsten Punkt führt, zu den *Subjekten* der sozialen Bewegungen. Da Bewegung Tun voraussetzt, muss es dafür die entsprechenden AktivistInnen geben. Manchmal sind diese Subjekte genau und eindeutig feststellbar, es sind Gruppierungen mit Namen und eingrenzbaren sozialen Strukturen. Meistens lassen sich Bewegungen aber nur an Ereignissen (Demonstrationen, Besetzungen, Diskursen etc.) festmachen. Eine Etikettierung erfolgt häufig erst nachträglich. Selbst wenn es soziale Zusammenhänge gibt wie die «Feministinnen» oder die «Autonomen», die sich selbst so bezeichnen oder so bezeichnet werden, ändern sich die personellen Zusammensetzungen. Auch die Positionierungen in der Gesellschaft und die Art der Diskurse bleiben nicht gleich. Agierende Subjekte («wir», die *Multitude*) ändern sich durch ihre Praxis, in ihrem Lebenskontext und ihrem Verhältnis zu Institutionen und der übrigen Gesellschaft.

Gerade weil dieser Begriff *Multitude* so vage ist (so nichtssagend, wie manche meinen), lässt er sich gut verwenden (vgl. Foltin 2002, S. 14ff). Oberflächlich betrachtet ist damit die Vielfältigkeit und Unterschiedlichkeit gemeint, die sich nicht unter eine vereinheitlichende Repräsentation bringen lässt. Die Multitude ist das variierende Subjekt, das Widerstand gegen herrschende Strukturen (etwa gegen die patriarchale Geschlechterordnung) leistet und diese dadurch verändert. Trotz zeitweiser Verhärtungen und Verengungen, trotz Festhalten an Identitäten, kann die Multitude nicht homogen sein und sie ist nicht eingrenzbar.

Wann und warum Bewegungen auftauchen, ist meist erst nachträglich erkennbar. Manches ist beeinflusst durch die internationale Kommunikation («1968»), manches läuft parallel zu internationalen Entwicklungen (die Bewegung gegen Schwarzblau zur globalen Protestbewegung), manches erscheint lokal (Zwentendorf, Hainburg), ist aber auch abhängig von internationalen und allgemeinen Entwicklungen, die gesteigerte Beachtung, die der Ökologie in den Industriestaaten in den 1970er und 1980er geschenkt wurde.

Zunächst wird die *fordistische Ordnung* beschrieben, wie sie sich nach dem Krieg in den 1950ern und 1960ern etablierte. Mit dieser Ordnung verbunden ist das Modell der Kleinfamilie im *Familiensystem* und die *Verstaatlichung der ArbeiterInnenklasse*, die Integration der ArbeiterInnen in den Nationalstaat durch linke Parteien und Gewerkschaften. Die Integration der Klasse als Motor des Kapitalismus beschleunigte eine Reihe revolutionärer Umwälzungen, soziale und kulturelle Revolutionen wie etwa die massive Verringerung der Zahl der BäuerInnen, die Bildungsexplosion oder die kulturellen Veränderungen durch neue Massenmedien. Diese Umwälzungen schufen Widersprüche, die zum Aufbruch *radikaler Minderheiten* führten. Diese reichen von der kulturellen Revolte des Rock´n Roll bis zur «Studentenbewegung» 1968. Nach einer Durchgangsphase mit verschiedenen Parteiaufbauversuchen dominierte in einer *Differenzierung der Szenen* die Identitätspolitik, vom Feminismus (Frau-sein) angefangen über Schwule und Lesben bis hin zu neuen «Völkern». In diese Zeit fiel auch die Besetzung der Arena und der Widerstand gegen das AKW *Zwentendorf*. Gerade als danach Resignation und Niederlage zu dominieren schienen, brach um 1980 die «*Jugendbewegung*» aus, verbunden mit Hausbesetzungen und Krawallen. Zur selben Zeit wurden Strukturen der Alternativbewegung in der Stadt sichtbar und mit dem Widerstand gegen das Wasserkraftwerk bei Hainburg erreichte die Ökologiebewegung einen neuerlichen Höhepunkt. Parallel dazu kündigte sich die Institutionalisierung der «neuen sozialen Bewegungen» in der grünen Partei an, die in Österreich bereits zu Beginn einen großen Teil der linken und emanzipatorischen Kräfte aus ihren Reihen entfernte. Waren es Anfang der 1980er (zumindest in Österreich) die Institutionen, die auf die Bewegungen reagierten (HausbesetzerInnen wurden leerstehende Häuser zur Verfügung gestellt), so wurden die sozialen Bewegungen in der zweiten Hälfte der 1980er in die Defensive gezwungen. Demonstriert wurde gegen Sozialabbau, es wurden weiter Häuser besetzt, Erfolge hielten sich aber in Grenzen. Zur gleichen Zeit löste der Widerstand gegen den Präsidenten Kurt Waldheim erstmals bei größeren Teilen der Bevölkerung Diskussionen über die eigene antisemitische und nationalsozialistische Vergangenheit aus. Nach dem

Zusammenbruch des «realen Sozialismus» 1989 beschleunigte sich die Veränderung der Gesellschaft. Im Kapitel *Postmoderne, Postfordismus* wird diese veränderte Gesellschaft beschrieben. Die Aufnahme der emanzipatorischen Elemente der sozialen Bewegungen in die herrschenden Strukturen, wenn auch nur, um die Ausbeutung zu perfektionieren, erzeugte aber wieder Brüche. Für die meisten AktivistInnen waren die 1990er eine Phase, in der jede Hoffnung verloren schien, radikale Autonome und AntifaschistInnen verteidigten (beinahe als Einzige) Menschenrechte und Demokratie gegen den rassistischen Grundkonsens. Viele in den vorherigen Jahrzehnten entstandene Strukturen (von der «republikanischen Öffentlichkeit» gegen Waldheim bis hin zu den «Autonomen») bildeten die Grundlage für die Bewegung gegen die Regierungsbeteiligung der FPÖ ab Februar 2000.

Dieses Buch will aufzeigen, dass es nicht sinnlos war, Widerstand zu leisten, sondern dass unsere Kämpfe sehr viel veränderten, wenn auch nicht immer so, wie wir uns das wünschten. Und dass wir weiter an einer emanzipatorischen Überwindung des kapitalistischen Systems arbeiten müssen!

DIE FORDISTISCHE ORDNUNG

Der Begriff «Fordismus» (in Abgrenzung zum «Postfordismus») bezeichnet das kapitalistische Regime des modernen Wohlfahrtsstaats, das aus der Trinität von Fordismus, Taylorismus und Keynesianismus besteht. Das fordistische Moment (nach Henry Ford) beruht auf der Erzeugung von Massenprodukten (Autos, Fernseher, Nylonstrümpfe), die sich die «Massen» leisten können, darum die Zahlung hoher Löhne. Der Taylorismus ist die Organisation der Arbeit durch die Aufteilung der Arbeitsschritte, typischerweise am Fließband. Der Keynesianismus ist die makroökonomische Theorie, die die Wirtschaft sowohl innerhalb der Staaten wie auch international reguliert. Entstanden ist dieses Regime als Antwort auf soziale Auseinandersetzungen, ArbeiterInnenkämpfe, Krisen und Kriege. Es geht einher mit der sogenannten *Disziplinargesellschaft*, der Errichtung von Normen über Körper und Psyche der Individuen und dem *Familiensystem* mit der Kleinfamilie als ausgeprägteste Form der Zweigeschlechtlichkeit.

Ein New Deal für die Welt

Nach der russischen Oktoberrevolution 1917 hatte der Bolschewismus, die dritte Internationale, jede andere sozialrevolutionäre Bewegung absorbiert. War der Anarchismus vor dem Ersten Weltkrieg die treibende revolutionäre Kraft gewesen, so war er mit einer Ausnahme (Spanien) um 1930 als Massenphänomen verschwunden (vgl. Hobsbawm 1994, S. 74). Revolutionäre Bewegungen wurden entweder den rivalisierenden Mächten Kapitalismus oder «Kommunismus” untergeordnet oder vernichtet[1]. Die Einkreisung durch den Imperialismus führte nicht nur zur Liquidierung der gesamten bolschewistischen Elite durch Stalin («Trotzkistenprozesse»), sondern auch zu einer Versteinerung der Revolution in der Systemauseinandersetzung mit dem Kapitalismus. Erst die kommunistische Ausbreitung nach dem Zweiten Weltkrieg, die mit Siegen autochtoner Kräfte verbunden war (Jugoslawien, China, Kuba, Vietnam), produzierte Brüche, die auch im Westen wieder revolutionäre Wege außerhalb des «realen Sozialismus» zu denken erlaubten.

Dass der Internationalismus der Sozialdemokratien nur aufgesetzt war, wurde im Ersten Weltkrieg durch die Kriegsunterstützung der jeweils eigenen Nation offensichtlich. Der Zerfall der drei multinationalen Großreiche Russland, Österreich-Ungarn und Türkei am Ende des Krieges führte nur im ehemaligen Zarenreich zu einer nicht-nationalen Gesellschaft. Das vom amerikanischen Präsidenten Woodrow Wilson postulierte «Selbstbestimmungsrecht der Völker» war ein zusätzlicher Hebel gegen die Ausbreitung sozialrevolutionärer Bewegungen. So entstand in Osteuropa ein Gürtel nationalistischer und antikommunistischer Staaten als *Cordon sanitaire*, um die revolutionäre Ausbreitung der Sowjetunion zu blockieren (vgl. Hobsbawm 1994, S. 64).

Durch die revolutionären Aufbrüche wurden fast überall in Europa Gewerkschaften und (gemäßigte) ArbeiterInnenparteien gestärkt. Diese Parteien wurden alsbald als Antwort auf die sozialrevolutionären Bedrohungen in nationale Regierungen einbezogen (Schweden, Finnland, Deutschland, Österreich, Belgien, etwas später Großbritannien, Dänemark und Norwegen, Hobsbawm 1994, S. 84). Vor dem Ersten Weltkrieg wäre das unvorstellbar gewesen. Die Stärke der ArbeiterInnen führte zu Beginn der 1920er zu höheren Löhnen und Arbeitszeitverkürzungen, für die UnternehmerInnen stiegen die Produktionskosten (Hobsbawm 1994, S. 89). Die bis 1923 andauernde Inflation fraß die Lohnerhöhungen auf, enteignete die kleinen SparerInnen und schuf damit die Basis für den aufkommenden Faschismus (Hobsbawm 1994, S. 90). Von der Weltwirtschaftskrise 1929 bis 1933 war die ökonomisch isolierte Sowjetunion nicht betroffen, die Herrschenden im Westen fürchteten Bündnisse mit unkontrollierbaren sozialrevolutionären Entwicklungen. Gegen die Stärke der ArbeiterInnenbewegung in Gestalt linker (hauptsächlich reformistischer) Parteien und Gewerkschaften und die «kommunistische Bedrohung» entstanden in ganz Europa verschiedene Formen des Faschismus, mit zum Teil beträchtlicher Unterstützung der kapitalistischen Eliten.

Die Nazis unterdrückten mit Terror und Repression alle revolutionären und reformistischen Ansätze, benutzten aber Charakteristika der Massenmobilisierung, die sie von der ArbeiterInnenbewegung gelernt hatten. Mit der Verherrlichung der Arbeit und des Staates im NS-Regime in den Friedenszeiten vor dem Zweiten Weltkrieg war die Anerkennung der ArbeiterInnen als KonsumentInnen verbunden. Großprojekte (häufig militärisch) wurden durch Schulden des Staates (in Erwartung späterer Kriegsgewinne) durchgeführt und beendeten die Arbeitslosigkeit. Erste soziale Privilegien für die deutsche Bevölkerung wurden eingeführt (oder angedacht): Autobahnen, der Volkswagen für jede Familie, Urlaub und Reisen mit «Kraft durch Freude». Die meisten Ansätze wurden durch den Krieg abgebrochen, vieles von der Massenmobilität im eigenen Kraftfahrzeug bis zum Urlaub erst im «goldenen Zeitalter» (Hobsbawm) nach dem Krieg verwirklicht.

Nach 1941, dem Angriff Nazideutschlands auf die Sowjetunion, entwickelte sich der Zweite Weltkrieg zu einem Weltanschauungskrieg des liberalen Kapitalismus und des Kommunismus gegen Nationalsozialismus und japanischen Militarismus. Wo die Nazis keinen Vernichtungskrieg führten, wie in Ost- und Südosteuropa, war die Bevölkerung der besetzten Länder in einer ersten Phase gespalten, ein Teil unterstützte die deutschen OkkupantInnen. Die Kommunist-Innen wurden wegen ihrer hohen Opferbereitschaft und ihrer Militanz im Kampf gegen Faschismus und Nationalsozialismus in vielen Ländern zu einem entscheidenden Machtfaktor[2]. In Italien und Frankreich waren die KPen nach dem Krieg die größten Parteien, selbst in Staaten weit entfernt von einer sozialen Revolution wie Belgien, Dänemark und den Niederlanden erreichten sie 10% bis 12% (Hobsbawm 1994, S.166). Nur in Deutschland und Österreich, wo der antifaschistische Kampf marginal blieb, hatten KommunistInnen geringe Erfolge. Nach dem Krieg wurden fast überall Regierungen der nationalen Einheit unter Einschluss der KPen gebildet, die Stalinsche Politik war nicht mehr auf etwaige soziale Revolutionen ausgerichtet. Aus realpolitischen Gründen wurde der von 1944 bis 1948 kommunistisch geführte Bürgerkrieg in Griechenland gegen den englischen Imperialismus von Stalin nicht unterstützt (Hobsbawm 1994, S. 170). Kommunistischer Überschwang gegen die Bürgerlichen wurde überall gebremst. Nur in Jugoslawien zeigte sich Tito widerspenstig und weigerte sich, die MonarchistInnen entgegen den Empfehlungen Stalins in die Regierung aufzunehmen. Der jugoslawische Machthaber war aus eigener Stärke weniger von der sowjetischen Politik abhängig, was auch die Grundlage für den Bruch mit der SU 1948 legte.

Mit dem Sieg über den Nationalsozialismus wurden von allen antifaschistischen Gruppierungen soziale Transformationen versprochen. Das bedeutete nicht nur eine Verschiebung der WählerInnenstimmen nach links, sondern auch die Formulierung sozialreformerischer Ideen bis hinein in die konservativen Parteien. Von den kapitalistischen Eliten wurden Konzepte entwickelt, die sowohl soziale Revolutionen wie auch Krisen, Faschismus und Krieg verhindern sollten. Wurden die KommunistInnen anfangs noch für diese Projekte benutzt, so wurden sie spätestens ab 1947 aus den Regierungen im Westen gedrängt. Die Revolution erstarrte im Kalten Krieg, das bedeutete «Volksdemokratisierung» im Osten, Aufbau, Reformen und Militarisierung im Westen.

Um die Wirtschaft zu beleben, wurde schon 1935 in den USA als Antwort auf die Weltwirtschaftskrise der New Deal eingeführt (Hobsbawm 1994, S.101). Der Staat wurde nicht nur als Vermittler zwischen sozialen Gruppen gesehen, sondern integrierte die sozialen Bewegungen, insbesondere die Gewerkschaften als VertreterInnen der ArbeiterInnenbewegung (Hardt / Negri 2000, S. 242ff). Geregelte Lohnsteigerungen und Sozialleistungen sollten die KapitalistInnen dazu zwingen, die Produktivität zu steigern (durch Entwicklung neuer Technologien oder Umstrukturierung der Arbeit) und unkontrollierte Revolten verhindern. In den USA verschärfte sich 1939 nach einem kurzen Aufschwung neuerlich die wirtschaftliche Situation, weil die Löhne schneller stiegen als die Produktivität. Erst die Kriegsproduktion nach 1941 leitete den Nachkriegsaufschwung ein, der sich später auf die gesamte industrialisierte Welt auswirkte.

Nach dem militärischen Sieg der Alliierten wurden die USA zur dominierenden Weltmacht. Im Abkommen von Bretton Woods 1944 wurden die Weltbank und der IMF (*International Monetary Fund* – Internationaler Währungsfond) gegründet und der Dollar als Leitwährung durchgesetzt (Hobsbawm 1994, S. 274). Der Marshall-Plan, der Geld in das kriegszerstörte Europa pumpte, sollte die chaotischen Zustände in West- und Mitteleuropa möglichst schnell beseitigen und war auch eine Antwort auf Unruhen, die als «kommunistische Bedrohung» gesehen wurden. Der beginnende Kalte Krieg war damit entscheidend für die Dynamik des nachfolgenden großen Booms (vgl. Hobsbawm 1994, S. 275). Der *New Deal* knüpfte an die sozialreformerischen Wünsche der Menschen an und wurde auf die westliche, industrialisierte Welt (d.h. Westeuropa und Japan) ausgedehnt. Die Löhne stiegen so hoch, dass sich große Teile der Bevölkerung Autos und andere Konsumgüter leisten konnten. In der Zeit des Wirtschaftswunders stiegen die Einkommen mehr als die Inflationsrate, blieben aber unter den Produktivitätssteigerungen. Die soziale Absicherung außerhalb der Produktionssphäre durch Krankengeld, Pensionen etc., bedeutete aber neben den Vorteilen für die Menschen auch die Kontrolle des Staates über alle Lebensäußerungen. Dieses fordistische Wirtschaftssystem ist mit seiner staatlichen und gesellschaftlichen Organisation die entwickeltste Form der Disziplinargesellschaft (Hardt / Negri 2000, S. 242). Von der Wiege bis zur Bahre gibt es soziale Absicherung und gleichzeitig Disziplinierung und Kontrolle.

Die Disziplinargesellschaft entstand nach dem Feudalismus und setzte sich an der Wende vom 18. zum 19. Jahrhundert durch. Sie bedeutete eine Veränderung der Machtausübung (Foucault 1977). Die Macht ist nicht mehr die sichtbare Repräsentation des oder der Herrschenden, sondern die Beherrschten, die Unterdrückten unterliegen der Überwachung und Kontrolle. Das Modell dafür ist die Architektur des *Panopticon*, ein vielfältig verwendbares Gebäude mit einem Überwachungsturm in der Mitte und den Zellen mit Gefangenen, Kranken, Klienten etc. an der Peripherie, von der zentralen Position aus einsehbar (Foucault 1977, S. 256ff). Dieser *Panoptismus* ist ein Modell für das Funktionieren der Disziplinargesellschaft überhaupt, ein «Diagramm», eine Funktion, die von jedem spezifischen Gebrauch abgelöst gesehen werden muss (Foucault 1977, S. 264, Deleuze 1992, S. 102)[3]. Diese Art der Machtausübung durchzieht die ganze Gesellschaft, auffällig ist die Ähnlichkeit mit der Geschlechterordnung. Frauen sind die sichtbaren Körperlichkeiten, durch Kleidung, Schmuck und Mode geformt, diszipliniert, Männer die unkörperlichen Betrachter.

Die Disziplinargesellschaft war von Anfang an dazu angelegt, die ganze Gesellschaft zu durchziehen. Anfangs bestand sie als Archipel von Institutionen in unkontrollierten sozialen Zusammenhängen. Revolten der BäuerInnen und der Armen wurden durch Repression von außen niedergeschlagen. Erst mit dem Entstehen der Industriegesellschaft und der Integration der ArbeiterInnen in die Fabrikdisziplin, setzte sich das Konzept in allen Kapillaren des Lebens durch. Die Fabrikgesellschaft ist die Disziplinargesellschaft im Nachkriegsmodell des Fordismus (Hardt / Negri 2000, S. 243): Die tayloristische Zerlegung der einzelnen Arbeitsvorgänge ähnelt dem Exerzieren und dem Drill beim Militär. Die Prüfungen in den Schulen und auf den Universitäten lassen sich mit der Klassifizierung und der Produktion von Fällen in Gefängnis und Psychiatrie vergleichen (vgl. Foucault 1977, S. 238ff). Die Kontrolle über Körper und Seele erfolgt durch Einordnung und Normierung. Die Einteilung in die entsprechenden Institutionen Schule, Internat, Heim für auffällige Jugendliche, Universität, Militär, Fabrik, Gefängnis, Psychiatrie, Krankenhaus, Altersheim bis hin zur Familie erfolgt entsprechend den Klassifizierungen durch ExpertInnen, ÄrztInnen, LehrerInnen etc. Selbst die «Lebenswelt» außerhalb der Institutionen wird nach dem Diagramm der Disziplinargesellschaft organisiert: die Freizeit findet hauptsächlich in disziplinierenden Jugendgruppen statt, von den PfadfinderInnen bis zu den Parteiorganisationen. Überall geht es darum, die Kommunikation zwischen Zöglingen, KlientInnen, PatientInnen untereinander zu verhindern und zu kontrollieren. Die Kommunikation der Institutionen hat über das kontrollierende Zentrum zu erfolgen (Hierarchie und Dienstweg). Die Struktur ist vielfach gegliedert («eingekerbt» Deleuze / Guattari 2002, S. 496), zwischen den Institutionen, aber auch zwischen KlientInnen, Individuen etc. Zeit und Raum ist aufgeteilt, um aus den Körpern das Maximum herauszuholen (Foucault 1977, S. 282)[4].

Das antiautoritäre Moment der Revolte 1968 war ein Angriff auf die Institutionen der Disziplinargesellschaft. Die zum Teil heftig diskutierte «Randgruppenstrategie» bezog sich auf die konstituierenden Formen der herrschenden Gesellschaft. Gerade in den exponiertesten Bereichen der Disziplinargesellschaft wurden nach 1968 die meisten Veränderungen durchgeführt. Heime wurden liberalisiert oder abgeschafft, die Psychiatrie wurde reformiert, die Disziplin in vielen Kindergärten und Schulen wurde gelockert, selbst in den Betrieben und Büros veränderte sich das Regime über die Körper, Aussehen und Kleidung durften vielfältiger sein, individueller, bunter (über die neuen Formen der Machtausübung, Stichwort Kontrollgesellschaft, vgl. unten).

Zwei Geschlechter (Familiensystem)

Mit der Disziplinargesellschaft erreichte auch die geschlechtliche Arbeits- und Rollenverteilung, das «Familiensystem» seinen Höhepunkt. Die Familie ist eng verbunden mit der *heterosexuellen Matrix*. Judith Butler (1991, 1997) zeigt anhand feministischer Literatur und Theorie sowie den Arbeiten Jacques Lacans (und Foucaults), dass die Konzepte «Frau» und «Mann» von der herrschenden patriarchalen Ordnung konstruiert sind. Tatsächlich entscheiden ÄrztInnen bei der Geburt, ob es sich um einen Buben oder ein Mädchen handelt, was bei Grenzfällen zu Problemen im späteren Leben führt. In den westlichen Gesellschaften (und auch den meisten anderen) ist es so, dass die Geschlechter und Geschlechterrollen immer wieder erzeugt werden, um diese heterosexuelle Matrix aufrecht zu erhalten. Butler zieht diesen Begriff dem Begriff «Zwangsheterosexualität» vor, weil es nicht spezifisch Verbote sind, die die Heterosexualität fördern und bestätigen. In der Erklärung der Produktion der Geschlechter geht es um die Performativität (Butler 1997, S. 35ff). Der Ausgangspunkt ist dabei die Sprechakttheorie von John Austin, der nachweist, dass jedes Sprechen immer auch etwas bewirkt. Es gibt Sprechakte, deren Hauptfunktion die Wirkung ist. Sie werden performative Sprechakte genannt: Beispiele dafür sind die Heiratsformel oder der Urteilsspruch einer Richterin. Wenn diese im richtigen Kontext von den richtigen Personen geäußert werden, bewirken sie eine bedeutende Veränderung im Leben betroffener Personen. Die gleiche Sichtweise, von Austin auf Sprache bezogen, muss auf jede andere Kommunikation angewendet werden. Und alles, was von einer zweiten Person wahrgenommen wird, ist ein Akt der Kommunikation. So entsteht die Performativität in jeder Lebensäußerung: Kleidung, Bewegung, Gang, Art der Sprache, Gesten, Blicke u.ä., jedes Kind wächst in einer Umgebung auf, die durch alltägliche Aktivitäten immer wieder die Ordnung der zwei Geschlechter bestätigt und damit die heterosexuelle

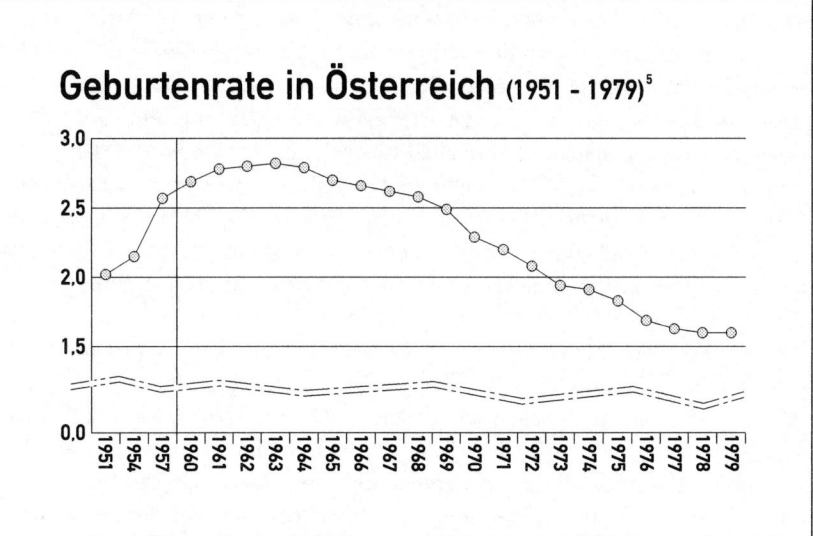

Geburtenrate in Österreich (1951 - 1979)[5]

Matrix. Die Geschlechterordnung ist (wie die Sprache) schon vor den aktiven Menschen da, wird aber ständig von Männern und Frauen nicht nur bestätigt, sondern auch produziert. Dadurch erscheint das herrschende System so stabil, quasi natürlich. Da das eigene Leben, das eigene Agieren immer wieder zur Norm beiträgt, ist es auch möglich, durch das eigene Leben Normen zu unterlaufen und sie auch zu verschieben. Was dann der Feminismus, die Schwulen- und Lesben-, sowie auch die Transgenderbewegung versuchten.

Die Familie ist die Institution, in der die Unterscheidung zwischen öffentlich und privat, zwischen Hausarbeit und «Arbeit» am stärksten mit der Zweigeschlechtlichkeit zusammenfällt. Dass die Familie in dieser Ordnung als natürlich erschien, bedeutete nicht, dass sie tatsächlich funktionierte. Obwohl sie (auch von Frauen) gewünscht wurde, war die Zufriedenheit mit der Lebenssituation keinesfalls gegeben. Tyler May (1999, S. 589ff) zitiert eine Frau, die wegen der damals *extrem hohen persönlichen, emotionalen und finanziellen Kosten einer Scheidung* mehr als 30 Jahre an einer unglücklichen Ehe festhielt (scheiden ließ sie sich erst in den siebziger Jahren). Homosexualität musste im Verborgenen, in der Subkultur gelebt werden, viele Homosexuelle gingen damals heterosexuelle Ehen ein.

In den ersten Jahrzehnten des 20. Jahrhunderts ging in den industrialisierten Staaten die Geburtenrate stetig zurück, ab den 1940ern schnellte sie steil in die Höhe (das bedeutete eine Umkehrung eines zweihundertjährigen Trends, Tyler

May 1999, S. 383). Verbunden war das mit einer Phase, in der Populärkultur und politischer Diskurs um Familienwerte kreisten (Tyler May 1999, 584). Die Folge waren der Baby Boom und eine Tendenz zur frühen Heirat. In den USA begann diese Phase bei Kriegsende und dauerte fast 20 Jahre (bis ungefähr 1965). Auch Österreich verzeichnete eine ähnliche Entwicklung. War die Fruchtbarkeitsrate (eine rechnerische Größe, die angibt, wie viele Kinder eine Frau im Laufe ihres Lebens zur Welt bringt), 1934 bei 1,6 (Hausa 1980, S. 103), 1937 bei 1,55, erreichte sie 1951 das erste Mal einen Wert über zwei, stieg von da an immer an, erreichte den Höhepunkt 1963 mit 2,82 und sank dann kontinuierlich ab (Zahlen nach Faßmann 1995, S. 401).

Im bäuerlichen Patriarchat und in kleinbürgerlichen Familienunternehmen gab es keine Trennung zwischen Haushalt und Betrieb. Männer und Frauen führten verschiedene Arbeiten am gleichen Ort aus. (Prost 1999, S. 23ff). Die Machtverteilung war patriarchal, Männer hatten die Entscheidungsgewalt über Frauen und Kinder, die Arbeit empfanden aber beide Geschlechter gleich schwer[6]. Privatheit gab es nicht, sie war ein Privileg der Reichen, des Bürgertums. In den Städten fand die Vermischung von öffentlichem und privatem Leben an der Schwelle zwischen Haus und Straße statt, die Wohnungen waren zu klein und zu überfüllt, um sich dort aufhalten zu können (Prost 1999, S. 18). Auch im frühen Kapitalismus, in den «alten Fabriken» gab es keine Privatheit, ArbeiterInnen hatten keine eigene Wohnung, sie wohnten, oder besser schliefen in Nebengebäuden oder in angrenzenden Internaten (vgl. Prost 1999, S. 33ff). Das notwendige «Private», vom Essen bis zum Wäschewaschen, wurde in Nischen oder Zwischenräumen verrichtet, die spärliche Freizeit draußen oder im Schlafraum verbracht (Prost 1999 S. 36). Diese Lebenssituationen konnten gar nicht zu einer bürgerlich-gesitteten Lebensweise führen. Sowohl Frauenbewegung wie ArbeiterInnenbewegung verwendeten den «sittlichen Verfall» als Argumente für ihre Forderungen nach Gleichheit und Gerechtigkeit.

In der ersten Phase des Kapitalismus wurden Männer, Frauen und Kinder in den Fabriken einfach vernutzt (weil die Überlebensstrukturen zerstört wurden oder weil die Menschen aus der Enge des bäuerlichen Patriarchats flüchten wollten) und wenn sie nicht mehr gebraucht wurden, wieder hinausgeworfen. Revolten und Kämpfe und die sich später entwickelnde ArbeiterInnenbewegung führten zur Einführung erster Reproduktionsstrukturen. Die ersten Sozialversicherungen wurden organisiert, Frauen- und Kinderarbeit eingeschränkt.

Versuche, aus der herrschenden Geschlechterordnung auszubrechen, gab es immer, aber besonders in der revolutionären Phase vom Ende des 19. Jahrhunderts bis die 1920er und 1930er Jahre: die erste Frauenbewegung (bürgerlich und proletarisch-sozialistisch), die erste Homosexuellenbewegung, Diskurse über Sexualität in Psychoanalyse und Wissenschaft bis hin zu Frauenzeitschriften. Während der Kriegszeiten fanden sich viele Frauen in männlichen Berufen wieder, aus denen sie nach dem Ende des Krieges durch die Rückkehr der Männer wieder verdrängt wurden. Das Familiensystem setzte sich durch.

Die Anerkennung der ArbeiterInnen als Subjekte führte nicht nur zu höheren Löhnen und Sozialleistungen zur Sicherung der Existenz außerhalb des Arbeitsplatzes, sondern auch die Institution Familie erreichte ab dieser Zeit die entscheidende Funktion für die Herstellung und Wiederherstellung wie auch für die Organisation des Lebens, für die «Reproduktion». Bezeichnenderweise wurden gerade in der «fortschrittlichen» Phase des *New Deal* die Frauen in den USA durch staatliche Maßnahmen von ihren Arbeitsplätzen verdrängt (in die sie übrigens kurz darauf wegen des Zweiten Weltkrieges wieder einrücken mussten (Tyler May 1999, S. 575ff).

Im frühen Kapitalismus war das «Leben» außerhalb der Gewinnung von Wert durch Arbeit einfach «unkontrolliert» vorhanden, andere Produktionsweisen wurden über den Handel in den Kapitalismus eingebunden, das Leben außerhalb der Verwertung wurde entweder verdrängt oder in den Kapitalismus integriert (als «Proletarisierung»). Jetzt wurde die Familie von kapitalistischen Institutionen propagiert, ExpertInnen versuchten sie zu formen und zu beeinflussen. Wurde zuerst aus dem Meer von Leben und Überleben geschöpft, so ist jetzt die Reproduktion Teil der Ordnung des Kapitalismus. Die hohen Löhne wurden in der fordistischen Ordnung als Familienlöhne definiert, dem Mann stand die «Ernährerfunktion» zu. Ein «verkehrter» Diskurs setzte sich durch, nicht die Frau im Haushalt wurde als Ernährerin gesehen, sondern der Mann, der den abstrakten Wert, das Geld, zur Verfügung stellte. Die Frau verschwand im Haushalt, wurde nur mehr über den Mann definiert. Die eintönige Arbeit, z.B. am Fließband, wurde bei entsprechend hohen Löhnen akzeptiert, weil die Freizeit mehr und die Familie zu einer «Insel der Entspannung und Erholung» wurde. Die Frau wurde für das «angenehme Klima» in der Familie verantwortlich gemacht. Hausa (1980, S. 110) zitiert aus einer Fessel-Studie 1972, in der die Frauen neben dem Haushalt und der Erziehung der Kinder die Aufrechterhaltung des Zusammengehörigkeitsgefühls und der Familienatmosphäre als Hauptaufgabe betrachteten. Nierhaus (1995, S. 597) erkennt dieses Ansinnen auch in der Architektur der in den 1950ern gebauten Wohnungen. Die Wohnzimmer sind im Vergleich zu den anderen Zimmern überdimensioniert: *Die Zigarre und das Glas Wein sollen hier besonders munden, wenn der Mann nach der Arbeit seinen Feierabend genießt* (zitiert aus einer damaligen Wohnfibel).

Das Familienmodell konnte allerdings nur so attraktiv sein, weil es nicht nur von Männern gewünscht wurde. Der Wunsch nach Selbstbestimmung und Sexualität förderte den Wunsch nach Privatheit. Da durch die geschlechtliche Arbeitsteilung, die ja schon vorher bestand, die Hausarbeit von Frauen verrichtet wurde, und das entweder zur Doppelbelastung oder zur Verwahrlosung von ArbeiterInnen und Kindern führte, entstanden berechtigterweise Wünsche nach Entlastung. Die «Linke» widersetzte sich (bis auf Ausnahmen wie Wilhelm Reich) nicht der Konstituierung und Ideologisierung der Familie. Die geordneten Verhältnisse der bürgerlichen Familie wurden für die aus dem Schmutz, dem Nicht-Privaten, dem «Unsittlichen» kommenden Proletarierfrauen ein Idealbild (ohne dass die Proletarierinnen die Möglichkeit hatten, durch Dienstboten ein angenehmes Leben als Herrscherinnen des Hauses zu führen).

War die romantische Liebe ein Diskurs in der Aristokratie und später im BürgerInnentum (die Ehe der Unterklassen war meist zufällig und zweckbestimmt[7]), wuchs (nach Tyler May 1999, S. 567 in den USA um 1890) der Wunsch, Ehe und Liebe zu verbinden. Durch das Entstehen der Massenkultur, beginnend mit Liebesromanen, fortgesetzt durch Filme, setzte sich dieser Wunsch nach romantischer Liebe bei immer größeren Teilen der Bevölkerung durch (damit korrespondierend auch die «Kameradschaftsehe» der SozialistInnen).

In den 1950ern erreichte die Familie als Modell für die Reproduktion der Arbeitskraft (durch Kindererziehung und Ernährung des Mannes) und als Insel der Erholung sowohl in den USA wie in Westeuropa ihren Zenit. In den USA wurde nach dem Zweiten Weltkrieg nicht nur die Kindheit idealisiert, auch der Vater bekam eine neue Rolle, er wurde erst als Vater zum richtigen Mann (anders als in der bürgerlichen «viktorianischen» Familie des 19. Jahrhunderts, wo der Vater einzig machtausübender Patriarch war, Tyler May 1999, S. 586ff). In Österreich wurde die autoritär-patriarchale Struktur, gefördert durch die katholische Kirche, aber auch durch den Nationalsozialismus aus der bäuerlichen und kleinbürgerlichen Großfamilienstruktur auf die Kleinfamilie übertragen. Diese durchzog dann alle Schichten der Gesellschaft: BürgerInnen, KleinbürgerInnen, ArbeiterInnen, Angestellte, BäuerInnen[8].

Modellhaft ausgedrückt, bedeutete diese grundsätzliche Struktur, dass die Männer in ihrer Jugend in den Arbeitsprozess eintraten und dann (meist in der gleichen Firma) bis zur Pensionierung arbeiteten. Frauen arbeiteten in ihrer Jugend bis zur Heirat oder zumindest bis das erste Kind da war und schieden dann aus dem Erwerbsleben aus (vgl. Cyba 1995, S. 439). Vielfach blieb das nur ein Idealbild. Wegen der (noch) niedrigen Löhne waren auch viele Frauen mit Kindern gezwungen, weiter in Fabriken und Büros zu gehen. An den Arbeitsplätzen dominierte weitgehend geschlechtliche Segregation, bestimmte Branchen wie z.B. die Textilindustrie waren typisch weiblich, ebenso ein großer Teil des Dienstleistungssektors (Gesundheitswesen, Körperpflege, Lebensmittel). Führungspositionen blieben Männern vorbehalten. Auch in anderen Institutionen setzte sich die geschlechtliche Segregation der Disziplinargesellschaft fort, in den Schulen etwa begann die Koedukation in der Oberstufe erst Anfang der 1970er Jahre. Geschlechtlich getrennt blieben häufig auch Jugendgruppen und Jugendorganisationen.

Die Freizeit wurde als Erholung von der Arbeit definiert und schien mit der Arbeitszeitverkürzung und der Verlängerung der Urlaubszeit immer mehr zuzunehmen[9]. Nach Fischer-Kowalski (1980, S. 201) nahm bis 1965 die durchschnittliche Freizeit im Bevölkerungsdurchschnitt im Vergleich zu 1935 ab. Die Erklärung liegt in der leichten Zunahme der Arbeitszeit und Arbeitsnebenzeiten (das hat mit den Überstunden in der Hochkonjunktur, aber auch mit einer Steigerung der Fahrtwege als Arbeitsnebenzeit zu tun), besonders aber an einer starken Zunahme der aufgewendeten Zeit für den Haushalt[10]. Durch die Rollenverteilung und die Bindung ans Haus fiel der Haushalt vollkommen den Frauen zu, die Freizeit zu einem maßgeblichen Teil den Männern (Fischer-Kowalski 1980, S. 206). Die Verwendung von Haushaltsgeräten entlastete die Frauen nicht. Bis Mitte der 1960er verringerte sich nur die Zeit für die Zubereitung der Mahlzeiten und die Instandhaltung der Kleidung, die Einkaufszeiten und die Wartung der größeren Anzahl von Haushaltsgeräten nahm aber zu (Fischer-Kowalski 1980, S. 198).

Der Freizeitbereich war ebenso segregiert, es gab die männlich dominierten Vereine, während Frauen die Freizeit meist «mit der Familie» verbrachten. Für junge Burschen und Mädchen gab es getrennte und gemischte Zusammenhänge, Jugendorganisationen (z.B. der Parteien), die Heimabende und gemeinsame Veranstaltungen wie Ausflüge oder kulturelle Ereignisse organisierten[11]. Daneben waren die öffentlichen Orte: Parks und die Straße wurden von jungen Männern dominiert, aber das Schwimmbad, sonstige Freizeiteinrichtungen, später bei höherem Einkommen auch Cafés und Tanzlokale wurden bedeutende Treffpunkte, die beinahe als «Heiratsmarkt» bezeichnet werden konnten. Um die heterosexuelle Anziehung zu fördern, wurde dort auch die Maskerade der Geschlechtlichkeit forciert.

Obwohl die (Kern-)Familie, wie oben beschrieben, erst seit kurzem existierte, erschien sie als völlig «natürlich». Allerdings, kaum, dass sie entstand, wurde sie durch die kapitalistische Entwicklung schon wieder in Frage gestellt. Die Suche nach neuen Märkten und die Anerkennung der Frau als Konsumentin (wenn auch für «frauenspezifische» Artikel wie Haushaltsgeräte, Kleidung und Kosmetik) schufen neue Bedürfnisse. Die Privatheit der Familie wurde durch die «Privatheit» der Einkaufszentren ergänzt. Frauen als maßgebliche Konsumentinnen wurden zum Machtfaktor, was Konsumkritik auslöste, aber auch den Anstoß für den Feminismus bedeutete.

Ab 1968 ist oft von einer antiautoritären, antifamiliären Revolte die Rede, weil Ansprüche und Wirklichkeit auseinanderklafften. Wenn sich ein Widerspruch in der Familie auswirkte, dann der zwischen der strengen Sexualmoral und dem «Sex» als zu konsumierendem Produkt, von Filmen über Bücher bis zu Zeitschriften. Die Zersetzung der Familie erfolgte weniger durch den Kampf in den alten Familien als durch den Versuch nachfolgender Generationen, andere Lebensprojekte auszuprobieren.

Revolutionen im Kapitalismus

Ab 1950 beginnt weltweit eine Phase der gesellschaftlichen Entwicklung, die Hobsbawm (1994) als soziale (S. 287ff) und als kulturelle Revolution (320ff) bezeichnet. Schnelle Umwälzungen bezogen sich bisher auf die Bevölkerungen des industrialisierten Teils der Welt und einer kleinen Elite im Trikont. Ab 1950 entwickelte sich die «dramatischste, schnellste und universellste soziale Transformation in der menschlichen Geschichte» (Hobsbawm 1994, S. 288). Dabei bezieht sich Hobsbawn nur am Rande auf die «Studentenbewegung» 1968, sieht sie als (kleinen) Teil davon.

Mit Massenproduktion und Massenkonsum beschleunigte sich die technologische Entwicklung schon während und zwischen den Kriegsjahren und wurde dann fortgesetzt im Wirtschaftswunder des goldenen Zeitalters. Das bedeutete eine massive Änderung des Alltagslebens, besonders in dem Bereich, der als «privat» bezeichnet wird, die Haushaltsführung im Familienmodell betrifft. Nylon wurde 1935 erfunden, aber erst nach dem Krieg begann die kommerzielle Massenproduktion (z.B. von Nylonstrümpfen). Der Kühlschrank, die Waschmaschine, der Fernseher und das Auto wurden in der zweiten Hälfte des 20. Jahrhunderts zu Massenartikeln (Hobsbawm 1994, S. 264).

Durch die Einführung von Radio und Fernsehen veränderte sich das tägliche Leben. Stand zuerst das Radio im Mittelpunkt des Haushalts (der «Volksempfänger» der Nazis), so löste ihn der Fernseher ab und übernahm die Rolle des zentralen Geräts. Im Herbst 1955 begann in Österreich der Fernsehbetrieb (Bernold 1995, S. 226). Damals gab es in ganz Österreich ein paar hundert

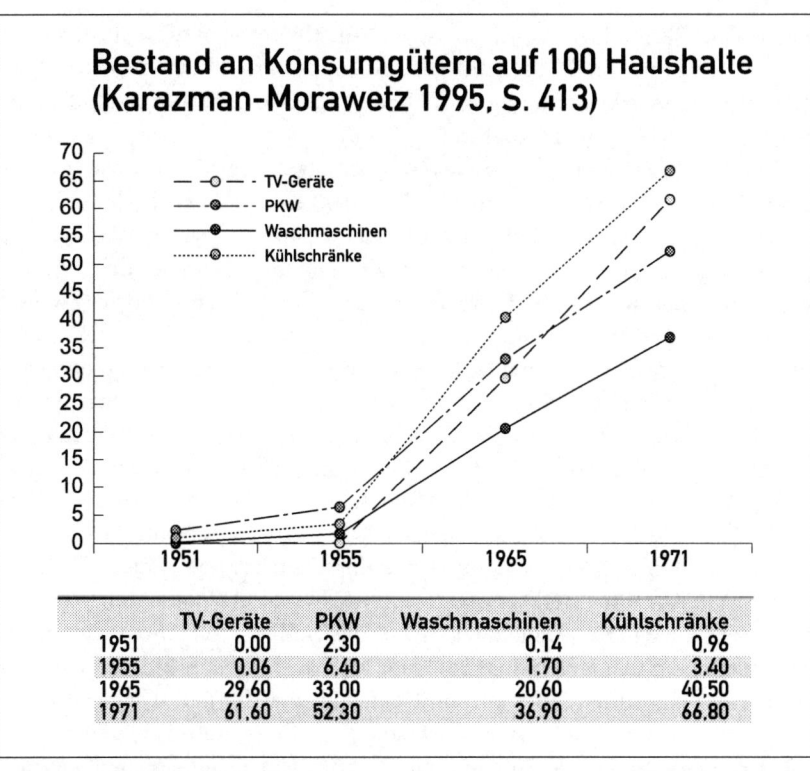

Bestand an Konsumgütern auf 100 Haushalte (Karazman-Morawetz 1995, S. 413)

	TV-Geräte	PKW	Waschmaschinen	Kühlschränke
1951	0,00	2,30	0,14	0,96
1955	0,06	6,40	1,70	3,40
1965	29,60	33,00	20,60	40,50
1971	61,60	52,30	36,90	66,80

Fernsehgeräte, 1971 besaßen schon 61,6% der Haushalte welche. Durch das Transistorradio wurden die Geräte kleiner und billiger und konnten auch von einzelnen Familienmitgliedern besessen werden, was zu einer Individualisierung innerhalb der Familie führte (Prost 1999 S. 140ff). Jugendliche konnten ab 1967 Ö3 (vorher «Radio Luxemburg») konsumieren und waren nicht mehr gezwungen, mit der ganzen Familie «Autofahrer unterwegs» oder das Nachmittags-»Wunschkonzert» zu hören (Karazman-Morawetz 1995, S.413).

Neben den Veränderungen des Alltags bedeuteten die «technologischen Erdbeben» enorme Konsequenzen für die weitere gesellschaftliche Entwicklung (Hobsbawm 1994, S. 265ff). Die komplexere Technologie erforderte einen größeren Aufwand an Forschung und Entwicklung, was eine Bildungsexpansion oder zumindest eine Diskussion darüber auslöste. Darüberhinaus sparten diese neuen Technologien viel Arbeit (Automatisierung der Fließbänder). Die Ausdehnung von Produktion und Dienstleistung durch die steigenden und sich verändernden Wünsche der KonsumentInnen bedeutete, trotz der Einsparungen durch neue Technologien, einen massiven Anstieg der Zahl der erforderlichen Arbeitskräfte (bis zur Ölkrise 1973). Die gewaltigen Produktivitätssteigerungen erlaubten eine starke Erhöhung der Löhne und der Sozialleistungen und damit wieder eine Steigerung des Konsums.

Um 1950 begann eine sich beschleunigende Entwicklung der Reduzierung der bäuerlichen Bevölkerung. Das erste Mal seit der neolithischen Revolution (dem Sesshaftwerden und dem Entstehen der Landwirtschaft) ist die Mehrheit der Weltbevölkerung nicht mehr in der Landwirtschaft tätig. Das betrifft nicht nur die Industriestaaten, sondern gerade auch den Trikont[12]: am Ende des Zweiten Weltkriegs waren in Lateinamerika überall (mit Ausnahme von Venezuela) mehr als die Hälfte der Bevölkerung BäuerInnen, jetzt sind sie, bis auf Haiti und kleine mittelamerikanische Staaten, nur noch Minderheiten, in den Staaten des westlichen Islams (Nordafrika) ist die bäuerliche Bevölkerung auf ein Viertel zurückgegangen (Hobsbawm 1994, S. 290ff, Zahlen jeweils zwischen 1950 und Anfang der 1980er). Hobsbawn (S. 291) sieht nur drei Ausnahmen: das subsaharische Afrika, Indien und China. Seit den 1980ern erreicht aber auch in den meisten südasiatischen Staaten (Indonesien, Philippinen, Pakistan, Bangladesch, Sri Lanka) die Abnahme des Agrarsektors revolutionäre Ausmaße. Auch an den Rändern Chinas (Taiwan, Südkorea) wurde die Landwirtschaft inzwischen zu einem demographischen Randphänomen (Hobsbawm 1994, S. 291). Und in den letzten zwanzig Jahren setzte auch in China eine massive industrielle Entwicklung und eine Abwanderung in die Städte ein. Die sich ab den 1970ern und 1980ern beschleunigende Entwicklung ist mit einem rasanten Anwachsen der Städte verbunden, ab Mitte der 1980er lebte bereits die Hälfte der Weltbevölkerung in den Städten.

In Österreich fand die rasante Veränderung der Landwirtschaft durch Rationalisierung in den 1950ern und 1960ern statt und verlangsamte sich dann in den folgenden Jahrzehnten. 1951 waren noch 30,3% der Beschäftigten in der Landwirtschaft tätig, 1993 nur noch 5,2% (Krammer 1995, S. 569). Diese Umbrüche, die in einigen Staaten reaktionäre Revolten der BäuerInnen auslösten (z.B. in Frankreich in den 1950ern), führten auch in Österreich immer wieder zu Demonstrationen, die sich besonders gegen die «eigene» Partei, die ÖVP, richteten. Diese sah sich gezwungen, einen Spagat zwischen der bäuerlichen Basis und kapitalistischer Modernisierung durchzuführen[13].

Ein weiteres Phänomen ist die gewaltige Mobilisierung der Menschen in die Städte und durch die Arbeitsmigration während des europäischen goldenen Zeitalters in die entwickelteren Regionen. In die ehemaligen Kolonialreiche Frankreich und Großbritannien begann die Zuwanderung aus Kolonien schon

Arbeitskräfte in der Landwirtschaft (Krammer 1995, S. 569)

1951	971.000	1971	424.000	1991	212.000
1961	709.000	1981	291.000	1993	192.000

früher, in Westdeutschland Ende der 1950er. Die Zuwanderung von «Gastarbeiterhnen» nach Österreich als Land mit niedrigen Löhnen setzte erst später ein. 1963 gab es erst 21.300 ausländische Arbeitskräfte, der Spitzenwert wurde 1973 mit 226.801 erreicht (Faßmann 1995, S. 403). Als unterstes Segment und noch nicht durch die Einbindung in die hiesigen Gewerkschaften diszipliniert, waren MigrantInnen zeitweise die HauptakteurInnen sozialer Auseinandersetzungen[14]. Trotz Wirtschaftskrise und rassistischem Diskurs ist die Zuwanderung und die Ausbeutung migrantischer Arbeitskräfte nie abgerissen. Es entwickelte sich eine Eigendynamik, die von staatlichen Strukturen und vom Kapital trotz brutalster Maßnahmen nie völlig kontrolliert werden konnte. In der Ära Kreisky wurde durch restriktive Maßnahmen die Anzahl der MigrantInnen in Österreich um 40% vermindert, dennoch kann ein Migrationsexperte äußern: «*Der größte Erfolg des Widerstands ist [...] vor allem die Tatsache, daß die MigrantInnen trotz allem weiter hier sind.*» (Bratic 2003, S. 43)

Die Ausdehnung des Kapitalismus bedeutete auch eine rapid steigende Zunahme der Frauenbeschäftigung[15]. In vielen Staaten dürften bereits in den 1960er und 1970er Jahren mehr verheiratete Frauen als früher arbeiten gegangen sein,

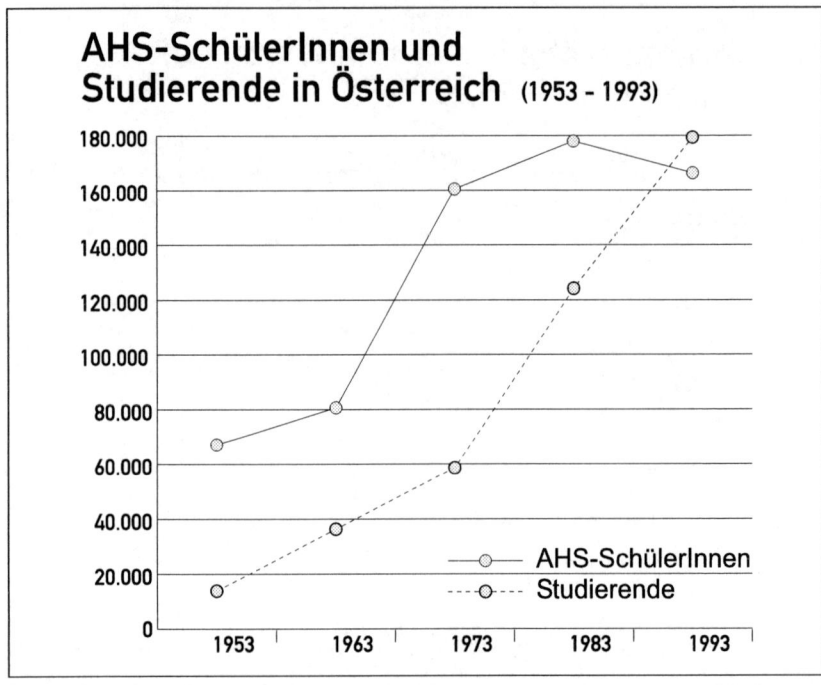

AHS-SchülerInnen und Studierende in Österreich (1953 - 1993)

in Deutschland und Österreich setzte sich diese Entwicklung erst später durch. Die Zahlen für Österreich zeigen gar keine Änderung, sie sind sowohl 1950 wie 1980 51,1% (Schmidt 1984, S. 81). Die Beschäftigung von Frauen dürfte in den 1960ern sogar (leicht) abgenommen haben, als das Familienmodell am ausgeprägtesten war. Nach einer Grafik von Cyba (1995, S. 439) ist die Erwerbsbeteiligung der Frauen 1971 unter 50%, einen deutlichen Anstieg gab es erst in den 1980ern[16].

Eine weitere dramatische Veränderung der letzten Jahrzehnte war die Zunahme der Bildung. Nur noch wenige Staaten wie Afghanistan haben große Analphabetismusraten (Hobsbawm 1994, S 295). Die Ausbildung an den Universitäten wuchs, in den ambitioniertesten Staaten stieg die Studierendenrate zwischen 1950 und 1980 aus dem Promillebereich auf bis zu 2,5% der Gesamtbevölkerung, selbst im Trikont, wie z.B. in Ecuador auf 3,2% oder auf den Philippinen auf 2,7% (Hobsbawm 1994, S. 295). In Österreich begann die Umwälzung zu Beginn der 1960er. In der Regierungserklärung von damals wurde von einer Mobilisierung des geistigen Kapitals gesprochen, der wirtschaftliche und soziale Aufstieg sei im Zeitalter von Forschung und Entwicklung von der

Bildung der jungen ÖsterreicherInnen abhängig. Bildung wurde nicht mehr als Teil der Kultur von Eliten gesehen, sondern als notwendiger wirtschaftlicher Aspekt (Lassnigg 1995, S. 461ff). Schon zu diesem Zeitpunkt begann der Ausbau der Allgemeinbildenden Höheren Schulen (AHS, «jedem Bezirk eine Höhere Schule» – Lassnigg 1995, S. 462). Die Zahl der AHS-SchülerInnen nahm von 1953 bis 1963 nur wenig zu, stieg dann aber sprunghaft an, bis 1973 verdoppelte sich die Anzahl beinahe. Die Expansion der höheren Bildung erfolgte für die Politiker-Innen etwas überraschend, sie glaubten, die Bildung durch zusätzliche Maßnahmen fördern zu müssen und waren überrascht, dass die Bevölkerung ein so großes Interesse an der Aneignung von Wissen hatte (Lassnigg 1995, S. 463[17]). An den Universitäten stieg die Zahl der Studierenden erst nach der Abschaffung der Studiengebühren durch die Regierung Kreisky 1972 in einem größeren Ausmaß.

Häufig wird der Übergang von der Eliten- zur Massenuniversität als ein Auslöser der «Studentenbewegung» interpretiert. So sieht Kleemann (1971, S. 88ff) die US-StudentInnen-Revolte u.a. als Reaktion auf die steigende Anonymität, die damals entstehenden *Free Universities* als den Versuch, das persönliche «sokratische» LehrerInnen-SchülerInnen-Verhältnis wieder herzustellen. Der spätere Anstieg der Studierendenzahlen könnte eine, aber sicher nicht die einzige Erklärung für die Schwäche der österreichischen «Studentenbewegung» sein[18]. Die relativ starke Zunahme der Zahl der MittelschülerInnen könnte mit ein Grund für ihre prominente Stellung in der dann entstehenden Linken gewesen sein, auch wenn die Themen, an denen sich Revolten entzündeten, selten mit Schulpolitik zu tun hatten, sondern autoritäre (Nazi)-LehrerInnen und das Bundesheer waren (vgl. unten).

Massenkonsum brachte auch Veränderungen in der Art der Produktion mit sich. Um Produkte zu verkaufen, müssen KonsumentInnen darauf aufmerksam gemacht werden. In der ersten Zeit, als es etwa um die Einführung neuer Haushaltsgeräte ging, wurde Werbung lediglich als Produktinformation bezeichnet. Alsbald verschob sich ihre Struktur immer mehr in die Richtung Imageproduktion[19]. Da diese Entwicklung parallel mit Rationalisierung der Produktion, der Einsparung von Arbeitskräften und einer Auslagerung in die Trikont einherging, veränderte sich die kapitalistische Arbeit in Europa. Gab es früher beinahe nur «persönliche Dienstleistungen» (z.B. Friseusen, Krankenschwestern), so entstanden schon mit dem Fordismus unternehmensbezogene Dienstleistungen (von der Werbung bis zu den UnternehmensberaterInnen). Da die geschlechtliche Arbeitsteilung auch in der Lohnarbeit erhalten blieb, nahm die Beschäftigung durch die Steigerung der Zahl der Arbeitsplätze für Frauen im schlecht bezahlten Dienstleistungsbereich weiter zu. Diese Entwicklung begann in den meisten Regionen der Metropolen bereits in den 1960ern, in Österreich in breiterem Ausmaß erst in den 1980ern.

Die steigende Bedeutung der Werbung und damit das Eindringen des Kapitalismus in immer größere Bereiche des Alltags und des Lebens führte zu Widersprüchen. Die werbenden Firmen wollten auf der einen Seite möglichst viel verkaufen, zugleich aber das Exklusive vermitteln, um es attraktiv zu machen. Gegen die kapitalistische Vereinnahmung wuchs der Wunsch nach dem vermeintlich «Authentischen», das der Kapitalismus der Massenproduktion (noch) nicht befriedigen konnte. Aus der Suche nach dem «Ursprünglichen» entstand das Postulat der «Bedürfnislosigkeit» und «Konsumverweigerung» als Protest gegen die «Überflußgesellschaft» (Luger, 1995, S. 506). Die Suche nach etwas «Anderem» öffnete dem Kapitalismus aber gleichzeitig neue Märkte, das Image des Natürlichen, des Ökologischen oder Rebellischen wurde zum Verkaufsargument.

War die Privatheit der Familie einmal etabliert, wurde sie auch schon verändert. Immer mehr Bereiche des öffentlichen Lebens wurden ins Private verlagert (vom Kino zum Fernseher, aus dem öffentlichen Verkehrsmittel in den Innenraum des Autos, das Zelt als Kopie des eigenes Hauses im Urlaub am Campingplatz, vgl. Prost 1999, S. 76 und Bachmayer / Fischer-Kowalski 1980, S. 143), besonders aber verschwanden die Übergangsbereiche zwischen dem Privaten und dem Öffentlichen. Das wird durch Wohnhausanlagen illustriert, die in den 1950ern und 1960ern gebaut wurden (Nierhaus 584ff). Während früher Innenhöfe eine Art dörflicher Struktur kopierten (z.B. in den Wohnbauten des Roten Wien der Zwischenkriegszeit), so waren die Grünflächen der Nachkriegsneubauten nur noch Durchgangsflächen[20]. Alles war auf den Konsum des Individuums und der individuellen Familie zugeschnitten. Der Verlust des Übergangsbereiches zwischen privat und öffentlich war dann häufig die Motivation dafür, um Jugend- und Kulturzentren zu kämpfen, für einen öffentlichen Bereich als Ersatz für die verloren gegangenen sozialen Kontakte in den Bezirken, auf den Straßen, in den Parks etc.

Ein Element des Konsums war die «mobile Privatisierung» (Luger / Rest 1995) als eines der bedeutendsten Kennzeichen des Westens. Was mit der Sommerfrische der Privilegierten im 19. Jahrhundert begann, wurde im 20. Jahrhundert zum Allgemeinzustand. Seit der Massenmobilisierung durch den Autoverkehr ist der Urlaub nicht nur mit Erholung, sondern auch mit Reisen verbunden[21]. In den 1950ern und beginnenden 1960ern genügte noch der Ausflug an die Obere Adria, in der Folge verlangte der Wunsch nach Neuem und Besonderem nach immer neuen Destinationen. Auch hier erzeugte die Suche nach dem «Authentischen» Momente der Revolte. Für viele Jugendliche war eine Reise nach Indien, Nepal oder Afghanistan ein Ausbruch aus der fordistischen Ordnung des normalen Urlaubs (vgl. Reitter 2002, S. 14ff). Die steigende Reiselust der Jugendlichen, z.b. durch Autostoppen, stellte Kontakte zu den Szenen, den Subkulturen in anderen Städten her, Schallplatten und Klamotten wurden eingekauft, Drogen kennengelernt und Politkontakte geknüpft[22].

Am bedeutendsten für die Entstehung von «Jugendrevolten», das gilt auch für «1968», war die «Entdeckung» von Jugendlichen als soziale Subjekte (Hobsbawm 1994, S. 324). Sie wurden, mit steigendem Familieneinkommen, auch als KonsumentInnen interessant. Im Zentrum der Konsumgesellschaft stand die Idee, dass die Menschen arbeiten, um zu leben, besser gesagt, um zu konsumieren. Das bedeutete, die entfremdeten Arbeitsbedingungen (z.b. am Fließband) zu akzeptieren, um genug Geld zum Leben zu haben (Karazman-Morawetz 1995, S. 418ff). Die Halbstarken der 1950er waren die VertreterInnen, eigentlich VorläuferInnen der fordistischen ArbeiterInnen, sie nahmen nur das Konzept des Konsums zu früh zu wörtlich. Die nach dem Krieg noch im Wiederaufbau steckenden Erwachsenen störten sich besonders an «unvernünftigem Vergnügen» und «sinnlosem Herumfahren» mit dem Moped (Karazman-Morawetz 1995, S. 420). Für die weitere Entwicklung konnten die kapitalistischen Produktinnovationen an verschiedenen Wellen der Jugendrebellion anknüpfen. Erstmals in der Geschichte gaben Jugendliche vor, welche Mode und Kultur aktuell werden sollte. Diese gesteigerte «Wertschätzung» war ein Ansporn, sich wichtig zu nehmen und darum revolutionäre oder gesellschaftsverändernde Aktionen zu setzen.

Der Kult um die Jugend war verbunden mit dem Kult um den Sex. Der Blick auf den weiblichen Körper wurde ins Zentrum gestellt. Bereits in den 1950ern begann ein Diskurs um die Sexualität in der Ehe oder als Vorbereitung für die Ehe (Prost 1999, S. 90). Mit dem Rock´n Roll wurde die Sexualität und «Unsittlichkeit» der Unterklassen (der *African-American*) populär gemacht. Die davon ausgelöste «Sexwelle» brachte die Akzeptanz und Befreiung der Körper und der Sexualität, bestätigte aber auch die jugendlich-weiblichen Körperbilder (von einem unsichtbaren Mann gesehen). Diese Sichtweise auf die Sexualität war wohl einer der wichtigsten Anstöße für die Jugendrevolten, die mit 1968 verbunden werden[23]. Immer wieder war die geschlechtliche Trennung, etwa in Studierendenheimen Auslöser von Demonstrationen und politischen Aktivitäten. Die Beziehung zwischen Macht und Blick auf der einen, Körperlichkeit und Weiblichkeit auf der anderen Seite war dann ein Motiv für die Feministinnen gegen die männlichen «Revolutionäre» von 1968 aufzubegehren.

Auch das Umweltbewusstsein entstand aus der Umwälzung der Lebensrealitäten. War die Orientierung nach dem Krieg und noch bis in die 1960er auf Wohlstand gerichtet (genug Geld für ein annehmbares Leben verdienen), so entstand nach der materiellen Absicherung der Wunsch nach Lebensqualität (Karazman-Morawetz 1995, S. 420). Kein Zufall also, dass die ersten BürgerInneninitiativen als Vorläuferinnen der Ökologiebewegung dort entstanden, wo die materielle Absicherung früher vorhanden war, in «bürgerlichen» Bezirken.

Österreich – Staat und Nation

Die Grenzen des heutigen Staates Österreich wurden nach Ende des Ersten Weltkriegs festgelegt. Es war der Rest eines großen Reiches und wurde von kaum jemand für lebensfähig gehalten. Die ökonomischen Verbindungen des Großraumes der Österreich-Ungarischen Monarchie wurden gekappt. Die wirtschaftliche Entwicklung war in dieser Zeit durchgehend unter dem Durchschnitt der anderen europäischen OECD-Staaten (Wachstum des Bruttonationalproduktes: OECD 1,2%, Österreich –0,4%, Weber 1995, S. 68). Das Land war zu einem großen Teil agrarisch-klerikal geprägt, mit dem austromarxistisch regierten Wien als Gegenpol. Das katholische und das sozialdemokratische «Lager» bildeten einen Antagonismus, der keine Verständigung zuließ. Im Sommer 1927 protestierten zehntausende ArbeiterInnen gegen den Freispruch von Heimwehrlern (der paramilitärischen Organisation der Konservativen), die zwei Personen bei einer sozialdemokratischen Kundgebung im burgenländischen Schattendorf erschossen hatten. Im Zuge dieser Auseinandersetzungen wurde der Justizpalast angezündet und die Polizei erschoss über hundert DemonstrantInnen. 1933 benutzte Bundeskanzler Engelbert Dollfuß verfahrenstechnische Tricks, um das Parlament auszuschalten und den klerikal-faschistischen Ständestaat einzuführen. Am 12. Februar 1934 wehrten sich sozialdemokratische ArbeiterInnen in einem bewaffneten Aufstand, der nach dreitägigen Kämpfen scheiterte. Einige Aufständische wurden hingerichtet, andere wurden interniert oder flohen ins Ausland. Das war das praktische Ende der legalen Sozialdemokratie. Im selben Jahr scheiterte ein stümperhafter Putschversuch der NationalsozialistInnen, bei dem Dollfuß ermordet wurde.

Im Angesicht der Bedrohung durch das nationalsozialistische Deutschland, versuchte der Austrofaschismus ein österreichisches Profil zu entwickeln. Durch ökonomischen und politischen Druck wurde im März 1938 der Anschluss Österreichs an Großdeutschland herbeigeführt. Übereinstimmung zwischen dem

Nationalsozialismus und der österreichischen Bevölkerung gab es hinsichtlich der Ablehnung der Ersten Republik und dem rabiaten Antisemitismus.

Bereits vor der Ankunft der deutschen Soldaten am 11. März strömten 80.000 bis 100.000 WienerInnen in die Leopoldstadt, wo die meisten JüdInnen lebten, plünderten dort Häuser, zerstörten Synagogen und verprügelten hunderte JüdInnen (Bukey 2000, S. 192). In den nächsten Tagen fanden dann in ganz Österreich Pogrome und pogromartige Ausschreitungen statt. Es begann eine Phase der «wilden» Arisierungen, die die Nazis erst nach einigen Wochen eindämmten, um Enteignungen in einem geordneten Rahmen durchzuführen[24]. Mitte Oktober 1938 wurden wieder Läden und Wohnungen zerstört und an die 20 Synagogen in Brand gesteckt. Das Ausmaß an Gewalt und Blutvergießen des Novemberpogroms («Reichskristallnacht») in der Nacht zum 10. November 1938 war in Wien höher als in fast allen Orten und Städten des Deutschen Reiches (Bukey 2000, S. 206ff). Vertreibungen, Deportationen und Ermordungen in den KZs löschten die größte jüdische Gemeinde im deutschsprachigen Raum vollkommen aus. Viele ÖsterreicherInnen profitierten davon. 70.000 Wohnungen wurden «arisiert», tausende Firmen und Geschäfte von ÖsterreicherInnen übernommen und nach dem Krieg nicht zurückgegeben (eine detaillierte Aufzählung vieler enteigneter Objekte: Walzer / Templ 2001). Im Dorotheum konnten geraubter Hausrat und arisierte Möbel etc. günstig erworben werden.

Auch wenn es Ärger über die «Piefke» gab, kann keine Rede davon sein, dass die ÖsterreicherInnen den Nationalsozialismus nicht befürworteten. Sie mekkerten zwar, wie häufig in Gestapoberichten erwähnt (vgl. Bukey 2000), aber 700.000 wurden Parteimitglieder, eine Reihe von ÖsterreicherInnen hatte zentrale Positionen im NS-Vernichtungsapparat (z.B. Eichmann, Kaltenbrunner), nennenswerten Widerstand außerhalb kleiner Gruppen von KommunistInnen und LegitimistInnen gab es nicht, nur vereinzelt wurden JüdInnen versteckt und gerettet. Im Zweiten Weltkrieg dienten 1.286.000 Österreicher, sie «erfüllten ihre Pflicht» in der deutschen Wehrmacht, viele davon in Südosteuropa und in Russland, wo ein rassistischer Vernichtungskrieg gegen die dortige Bevölkerung geführt wurde.

Die ÖsterreicherInnen profitierten aber auch durch die Veränderung der wirtschaftlichen Struktur. Das regionale Gewicht der Industrie verlagerte sich nach Westösterreich, die Konsumgüterindustrie verlor die Dominanz gegenüber Investitionsgütern, Großbetriebe wuchsen und damit verbunden war auch eine Verschiebung der Eigentumsverhältnisse, die als «Germanisierung» beschrieben werden kann (Weber 1995 S. 72). Ein Zentrum waren die Hermann-Göring-Werke, die spätere VÖEST in Linz. Sie wurden während des Krieges fast ausschließlich von ZwangsarbeiterInnen errichtet. Auch wenn Teile der Industrien durch Kriegseinwirkungen zerstört oder beschädigt wurden, bildeten sie doch die Grundstruktur für das Wirtschaftswunder ab den 1950ern (vgl. Jacob 2000, S. 22ff)[25].

Den Sieg der Alliierten im Zweiten Weltkrieg empfand ein großer Teil der österreichischen Bevölkerung nicht als Befreiung. Die Erste Republik der Zwischenkriegszeit war ungeliebt, jetzt musste «Österreich-Bewusstsein» aufgebaut werden. Der Ausgangspunkt war die Moskauer Deklaration vom 1. November 1943, in der es hieß, dass «*Österreich das erste freie Land war, das der Angriffspolitik Hitlers zum Opfer gefallen war*»[26]. Die staatstragenden Parteien leugneten die Schuld und Mitverantwortung an den Taten des NS-Herrschaftssystems. Obwohl es in der Moskauer Deklaration weiter hieß, «*daß Österreich allerdings für die Teilnahme am Krieg an der Seite Hitler-Deutschlands Verantwortung trage, der es nicht entrinnen könne.*», erreichten die VerhandlerInnen der österreichischen Regierung im Mai 1955, im letzten Augenblick, dass dieser Punkt aus dem Staatsvertrag eliminiert wurde. Der österreichische Mythos des «ersten Opfers» wurde nicht angekratzt (Manoschek 1995, S. 98).

In den ersten Nachkriegsjahren waren die ehemaligen NationalsozialistInnen von Wahlen ausgeschlossen, es kam auch zu einer ansatzweisen Verfolgung von Naziverbrechern. Von einem Großteil der österreichischen Bevölkerung wurde die Entnazifizierung der ersten Jahre nicht als Selbstreinigungsprozess empfunden, sondern als Strafe der Sieger (Manoschek 1995, S. 98ff[27]). 1947 wurde das Entnazifizierungsgesetz geändert, es wurde zwischen belasteten NationalsozialistInnen und MitläuferInnen unterschieden. 1948 wurde die Amnestie für Mitglieder der NS-Organisationen auch auf «Minderbelastete» ausgedehnt. Damit war es mit der Vergangenheitsbewältigung vorbei, alle Parteien, einschließlich der KPÖ (sie gründete die «Nationale Liga» als Vorfeldorganisation), buhlten bei der Wahl 1949 um die Gunst der ehemaligen NationalsozialistInnen. Für diese Wahl wurde mit Unterstützung der SPÖ (zur Spaltung des bürgerlichen Lagers) der Verband der Unabhängigen (VdU) gegründet und zum Sammelbecken ehemaliger NationalsozialistInnen (viele fanden aber auch in den beiden Großparteien Unterschlupf). Im Gegensatz zur Bundesrepublik Deutschland wurde nicht an eine Wiedergutmachung für die Opfer gedacht, die «Opferrepublik» fühlte sich dafür nicht zuständig. Keine der politischen Gruppierungen bemühte sich je um die Rückkehr der Exilierten.

Das wirtschaftliche Wachstum Österreichs war in den 1950ern um einiges über den Werten der übrigen OECD-Staaten (1953-1962: europäische OECD-Staaten: 4,8% Wachstum des Bruttonationalproduktes, Österreich: 6,3%, Weber

1995, S. 68). Dafür gab es verschiedene Gründe: Nach den ersten Jahren des Verzichts konnte der Wiederaufbau an den vom Nationalsozialismus begonnenen Projekten anknüpfen (z.b. die VÖEST und das Speicherkraftwerk Kaprun). Zwischen 1947 und 1953 war Österreich einer der wichtigsten Empfänger der ERP (*European Recovery Program*) Gelder, dem so genannten Marshall-Plan (u.a. wegen der Randlage gegenüber den realsozialistischen Staaten): 1948/1949 bekam Österreich 14% des Bruttonationalproduktes an ERP-Zuschüssen, in Westdeutschland betrug der Anteil nur 2,9% (Weber 1995, S. 78). Weiters wurden billige Investitionsgüter (Elektrizität, Maschinen, Rohstoffe wie Stahl) für den Aufbau einer Konsumgüterindustrie durch die in der Zweiten Republik verstaatlichte Großindustrie zur Verfügung gestellt.

Das Bewusstsein der österreichischen Bevölkerung lebte vom Mythos einer Stunde Null 1945. Die Beteiligung am Nationalsozialismus wurde im besten Fall ignoriert, am Stammtisch, nicht im öffentlichen Diskurs, positiv gesehen. Der Antisemitismus durfte nicht mehr öffentlich geäußert werden, brach aber immer wieder auf, weil er nie verarbeitet wurde. Es entstand die *Selbstinfantilisierung zum ersten Opfer der nationalsozialistischen Expansionspolitik* (Manoschek 1995, S. 96). In Ablehnung der Besatzung durch die Siegermächte entwickelte sich eine Identifikation mit Staat und Nation, die es in der Ersten Republik nie gab. Das deutschnationale dritte Lager, die VdU, später umbenannt in FPÖ, lehnte bis in die 1990er als Einziges eine österreichische Nation ab. Die Stabilität der österreichischen Identität beruhte auf der Verleugnung der verbrecherischen Vergangenheit. Bezeichnenderweise war die antifaschistische Empörung immer dann am größten, wenn die «österreichische Nation» geleugnet wurde. Für größere Teile der Bevölkerung änderte sich das erst mit den Diskussionen um die Kriegsvergangenheit des Bundespräsidenten Kurt Waldheim (vgl. unten).

Die Verstaatlichung der ArbeiterInnenklasse

Die Anerkennung der organisierten ArbeiterInnenbewegung, in Österreich in Gestalt der SPÖ und des ÖGB, war entscheidend für die Konstitution des Nachkriegskapitalismus in den Industriestaaten. In der Zwischenkriegszeit bestand ein unversöhnlicher Gegensatz zwischen dem sozialistischen und dem katholischen Lager. Die politische «Gesinnung» oder «Weltanschauung», wie es damals hieß, war in den sozialen und regionalen Strukturen verankert. So hatte Wien die typischen BürgerInnenbezirke und die typischen Bezirke der ArbeiterInnen. Politische Traditionen wurden über die Generationen weitergegeben. Die Errichtung von Gemeindebauten in der Zwischenkriegszeit verstärkte diese Strukturen noch. Soziale Zusammenhänge außerhalb der Arbeitszeit waren dabei mindestens genauso wichtig, wie der Zusammenhalt der ArbeiterInnen in den Fabriken.

Der Nationalsozialismus hatte als Ziel, diese sozialen Strukturen zu zerschlagen und die Menschen, unter Verwendung der Kommunikationsformen der ArbeiterInnenbewegung, wie Aufmärsche und Fahnen, in eine nationale Einheit zu formen. Die Individuen sollten allein dem (deutschen) Staat untergeordnet werden. Einerseits wurden Familien gefördert, andererseits funktionierte die Jugendorganisation, die Hitlerjugend (HJ), als Instrument zur «Konstitution des Volkes» gegen die Familientraditionen. Die Situation der Nachkriegszeit zeigte aber, dass dies nicht gelungen war. Nach dem Sieg der Alliierten bestanden die gleichen sozialen Zusammenhänge, die gleichen «Lager», nur die vertriebenen und ermordeten JüdInnen, als Kern eines bürgerlichen Liberalismus, waren nicht mehr da. Auch die massiven demographischen Umwälzungen in den ersten Nachkriegsjahren änderten nichts an dieser Situation. Hunderttausende sogenannte *Displaced Persons* (DPs) wurden in Barackenlagern und Stadtrandsiedlungen gettoisiert[28].

Die Zweite Republik wurde am 27. April 1945 in Wien gegründet, die drei antinazistischen Parteien ÖVP, SPÖ und KPÖ bildeten die erste Regierung. Die VertreterInnen dieser Parteien wollten die Konflikte der Ersten Republik vermeiden, trotzdem bestanden die sozialen Strukturen der «Lager» weiter. 1947 mit dem beginnenden Kalten Krieg traten die KommunistInnen aus der Regierung aus, von da an herrschte bis 1966 die «Proporzdemokratie» (Enderle-Burcel 1995, S. 87) zwischen ÖVP und SPÖ, wobei die ÖVP als stärkere Partei immer den Bundeskanzler stellte. Das bedeutete die Aufteilung aller wesentlichen Positionen im Staat unter den beiden Großparteien. Die Wahlen wurden zwar sehr gehässig geführt, trotzdem wurde danach die Koalition wieder fortgesetzt.

Während die sozialen Trennungen aus der Zwischenkriegszeit aufrecht blieben, suchten die Eliten der beiden großen Parteien ÖVP und SPÖ, bis 1947 auch die KPÖ, die Zusammenarbeit. Die Angst vor revolutionären Umwälzungen wie nach dem Ersten Weltkrieg war groß wie auch unbegründet, unter anderem weil die antagonistischen Auseinandersetzungen von der pragmatischen Politik der KPÖ und der internationalen Politik Stalins gezähmt wurden. Die Angst vor dem Kommunismus und die Erfahrungen aus der Weltwirtschaftskrise 1929 führten nicht nur zur großen Koalition, sondern auch zur «Planwirtschaft», das bedeutete in der damaligen Diskussion nicht das Modell des «realen Sozialismus», sondern die Verstaatlichung zentraler Sektoren der Wirtschaft, wie sie die SPÖ vertrat (Deutsch 1979, S. 56ff), oder eine «gelenkte Wirtschaft» von Seiten der ÖVP (Deutsch 1979, S. 68ff). Die Verstaatlichung großer Teile des Bergbaus, der Maschinen- und Metallindustrie, des Fahrzeugbaus, der Elektroindustrie und der chemischen Industrie am 19. Juli 1946 wurde aber auch zur Verhinderung – insbesonders sowjetischer – Demontageabsichten durchgeführt. Ein großer Teil dieser Grundstoffindustrie begründete als Zulieferer für die in Westeuropa entstehende Konsumgüterindustrie das nachfolgende «Wirtschaftswunder».

Der ÖGB wurde 1945 als Einheitsgewerkschaft (sozialistisch, christlich und kommunistisch) von oben gegründet, konnte sich aber sehr schnell gegenüber den ArbeiterInnen etablieren. Die sozialen Unruhen in den ersten Jahren nach dem Krieg waren von schlechter Ernährung und der Mangelwirtschaft geprägt. «Hungerstreiks» für eine angemessene Versorgung spitzten sich um 1947 zu, immer wieder gab es Tumulte auf den Märkten und Forderungen nach Preiskontrollausschüssen. Ab 1947 stimmte der ÖGB den (ab dann jährlichen) Lohn-Preis-Abkommen zu: die Gewerkschaften verpflichteten sich zu einer moderaten Lohnpolitik, die Wirtschaftskammer zu einer Beschränkung der Preiserhöhungen. Da sich die UnternehmerInnen nicht disziplinieren ließen, zeigte sich 1948 und 1949 Unmut in der Bevölkerung durch Streiks und Krawalle.

Am 26. September 1950 begannen, ausgehend von Oberösterreich, spontane Streiks und Demonstrationen gegen das vierte Lohn-Preis-Abkommen. In der Linzer VÖEST (im damaligen amerikanischen Sektor) arbeiteten im unqualifizierten Bereich (die «Knochenmühle» VÖEST, einmal in der Woche ein tödlicher Arbeitsunfall) besonders viele DPs und Flüchtlinge, die noch nicht gewerkschaftlich diszipliniert waren. Dort und in der SPÖ-Hochburg Steyr entzündete sich am 26. September 1950 die mehrtägige Streikbewegung. Bei Demonstrationen in Wien wurden mehrere Polizeikordons durchbrochen. Obwohl diese Bewegung immer als kommunistischer Putschversuch denunziert wurde, kamen die Streiks auch der sowjetischen Verwaltung nicht gelegen, weil jeder Streiktag sehr viel Geld kostete, wie der KP-Leitung vermittelt wurde (vgl. Spira 1979, S. 16). Schon am zweiten Tag, als die spontane Bewegung die breiteste Entfaltung erreichte, beschloss eine von der KPÖ dominierte Versammlung eine gesamtösterreichische Betriebsrätekonferenz für Samstag, den 30. September und die Aussetzung des Streiks. Dadurch wurde die Spontaneität der Bewegung abgewürgt. Die Arbeit wurde in den KP-dominierten Betrieben im sowjetischen Sektor wieder aufgenommen, während die Ausstände in Oberösterreich weiter gingen. Die Betriebsrätekonferenz am 30. September stellte ein Ultimatum zur Zurücknahme des Lohn-Preis-Abkommens bis 3. Oktober. Am 4. Oktober befolgten fast nur noch KommunistInnen die Streik- und Demonstrationsaufrufe, in Oberösterreich wurde die Arbeitsaufnahme durch die Gendarmerie mit aufgesteckten Bajonetten erzwungen. In Wien und Niederösterreich machten die Schlägertrupps («Fünfzig-Schilling-Manderl») des Führers der Bau- und Holzarbeitergewerkschaft Franz Olah Jagd auf KommunistInnen und zerschlugen Blockaden der ArbeiterInnen.

Durch die Niederschlagung des 1950er-Streiks etablierte sich der ÖGB als Vertretung der ArbeiterInnen, was nicht bedeutet, dass damit schon die «Sozialpartnerschaft» begonnen hätte. Auch nach dem letzten Lohn-Preis-Abkommen 1951 vertrat der ÖGB eine «vorsichtige Lohnpolitik» zur Stabilisierung der Währung und der österreichischen Zahlungsbilanz, ab 1953 war Österreich das erste Mal gezwungen, ohne Auslandshilfe auszukommen (Klenner 1979, S. 1996). Nach dem Ende der Boom-Phase zur Zeit des Koreakrieges (die kriegsbedingt hohen Staatsausgaben der USA bewirkten eine erhöhte Nachfrage nach Gütern in Europa) war der wirtschaftliche Einbruch in Österreich nicht so groß, weil die Bundesrepublik Deutschland als Konjunkturlokomotive zu laufen begann. Trotzdem erreichte die Zahl der Erwerbslosen im Winter 1954 das größte Ausmaß der Zweiten Republik. Der Raab-Kamitz-Kurs der Bundesregierung von 1953 bis 1957, der als Ziel einen ausgeglichenen Staatshaushalt hatte, wurde vom ÖGB nicht bekämpft. Der ÖGB erwies sich als staatstragend, das nationale Interesse war ihm immer wichtiger als die «Einzelinteressen» der ArbeiterInnen[29]. Trotz gewerkschaftlicher Forderungen nach Fortsetzung der Zusammenarbeit wie zur Zeit der Lohn-Preis-Abkommen (das 1951 eingeführte Wirtschaftsdirektorium wurde 1954 wieder abgeschafft), wurde die Paritätische Kommission erst am 27. März 1957 konstituiert. Beteiligt waren dabei VertreterInnen der beiden Regierungsparteien ÖVP und SPÖ, der Arbeiterkammer (AK), des ÖGB, der Wirtschaftskammer und der Landwirtschaftskammer. Diese Kommission musste zu konsensualen Ergebnissen kommen und hatte hauptsächlich über Lohn- und Preiserhöhungen zu beraten, die dann erst von den entsprechenden Organen beschlossen werden sollten (Klenner 1979, S. 2017). Der ÖGB behielt sich vor, mit einer *latenten Unruhe* 1956 gegen den Preisauftrieb zu drohen (Klenner 1979, S. 2007: *Eine weniger verantwortungsbewußte Führung hätte die latente Unzufriedenheit zu übermäßigen Lohnforderungen genutzt und dadurch die Wirtschaft schwer gefährdet.* Tatsächlich weist die Streikstatistik des ÖGB 1956 als Spitzenjahr zwischen 1950 und dem Beginn der 1960er aus, Klenner 1979, S. 2737). Der ÖGB sah sich in Zusammenhang mit der Paritätischen Kommission als Motor der Produktivitätsentwicklung und der Modernisierung (Klenner 1979, S. 2026: die Wirtschaft solle die Arbeitszeitverkürzung nicht auf die Preise aufschlagen, sondern eine Kompensation *durch entsprechende Produktivitätssteigerungen, be-*

triebliche Rationalisierungen und Umstellungsmaßnahmen erreichen). Die Zunahme der Produktivität wurde mit Lohnsteigerungen (und Arbeitszeitverkürzungen) verbunden, die damals kontinuierlich stattfanden. Die Verschärfung der Arbeitsbedingungen durch Umstrukturierungen («Arbeitshetze», stärkere Kontrolle) wurde für höhere Löhne und mehr Freizeit auch von den Arbeiter-Innen in Kauf genommen.

Ab 1959 geriet die Paritätische Kommission in eine Krise. Die Gewerkschaft wollte an mehr planenden Maßnahmen der Wirtschaft beteiligt sein. Der ÖGB kritisierte den Preisauftrieb durch die Konjunktur zu Beginn der 1960er, die Nachfrage stieg stärker als die Güterproduktion (Klenner 1979, S. 2035). Am 28. Dezember 1961 unterzeichneten der damalige Chef des ÖGB, Franz Olah und der Präsident der Bundeswirtschaftskammer Alt-Bundeskanzler Julius Raab von der ÖVP ein Abkommen, das dann als Raab-Olah-Abkommen bekannt werden sollte. Dieses Abkommen war vor allem als Belebung der Paritätischen Kommission gedacht, sollte diese durch Konstituierung eines Unterausschusses entlasten und Bedingungen für die Anwerbung von «Fremdarbeitern» festlegen (Klenner 1979, S 2126ff). Der Ausbau der Kooperation, die «Sozialpartnerschaft», war ein alter Wunsch des ÖGB. Bis auf die Anwerbung von AusländerInnen funktionierte allerdings diese SozialpartnerInnenschaft noch nicht, sowohl Olah wie Raab waren in ihren eigenen Parteien umstritten. Öffentlich wurde darüber diskutiert, ob diese beiden eine «Nebenregierung» bilden wollten (Klenner 1979, S. 2039).

Obwohl am 4. April 1962 der Nationalrat die Maßnahmen des Raab-Olah-Abkommens bestätigte, bedeutete das nicht, dass es in Betrieben keine Unruhe gegeben hätte. Es wurde immer wieder von Schwierigkeiten gesprochen, wenn versucht wurde, ...*den Gewerkschaftsmitgliedern die Ergebnisse von Abschlüssen klarzumachen und ihre Zustimmung zu erreichen* (Klenner 1979, S. 2061). Im Frühjahr 1962 begann der größte Streik der Zweiten Republik. 200.000 Metall- und BergarbeiterInnen legten vom 9. bis zum 13. Mai die Arbeit nieder, um arbeitsrechtliche Verbesserungen des Kollektivvertrages zu erreichen. Ein Streik der Exekutive verursachte am 2. August 1962 ein veritables Verkehrschaos, ein länger andauernder Streik konnte *nur mit Mühe verhindert* (Olah) werden (Eppel / Lotter 1980, S. 314). Am 8. Oktober 1963 wurde der Beirat für Wirtschafts- und Sozialfragen gebildet, der die wirtschaftliche Entwicklung weiter beeinflussen sollte. Die Grundlagen für eine funktionierende SozialpartnerInnenschaft wurden gelegt, aber noch keineswegs verwirklicht. Der ÖGB sprach sich 1964 zwar für eine halbjährliche Lohnpause aus, «um die wirtschaftliche Entwicklung nicht zu gefährden», aber schon 1965 führten Post und Eisenbahner-

Streikstunden/Jahr (1951-1969)[32]

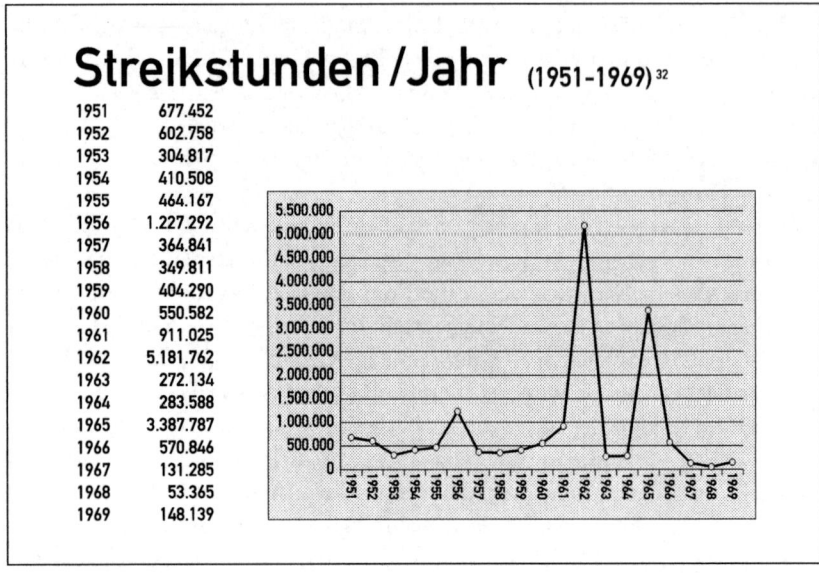

Jahr	Streikstunden
1951	677.452
1952	602.758
1953	304.817
1954	410.508
1955	464.167
1956	1.227.292
1957	364.841
1958	349.811
1959	404.290
1960	550.582
1961	911.025
1962	5.181.762
1963	272.134
1964	283.588
1965	3.387.787
1966	570.846
1967	131.285
1968	53.365
1969	148.139

Innen Warnstreiks durch. Ab 1966 war es mit größeren Kampfmaßnahmen vorbei, die organisierte ArbeiterInnenklasse kann ab da als in die Wirtschaft integriert, als verstaatlicht gelten[30].

Hartnäckig hält sich der Mythos, der ÖGB hätte Streiks nur verhindert. Für die Zeit vor 1966 kann das nicht behauptet werden. Karlhofer (1983, S. 34) stellt richtig fest, dass der ÖGB Streiks dann inszenierte (oder auch unterstützte), wenn es den UnternehmerInnen schadete, ohne dabei das Gesamtinteresse aus dem Auge zu verlieren. Karlhofer bezeichnet die sozialpartnerschaftlichen Steuerungsinstanzen als Ursache für eine Minimierung der Streikquote: *So fallen etwa die beiden Jahre 1957 (Schaffung der Paritätischen Kommission) und 1963 (Installierung des Wirtschafts- und Sozialbeirats), verglichen mit dem Vorjahr, als besonders streikarme Jahre auf. Die Streikstatistik der Zweiten Republik ist daher in einem hohen Ausmaß als Indikator für die Wirksamkeit sozialpartnerschaftlicher Konfliktsteuerung anzusehen.* (1983, S. 36[31]) Die Streikbeteiligungen in diesen streikarmen Jahren sind um oder nur wenig unter dem Durchschnitt der meisten Jahre. Vieles deutet darauf hin, dass Abkommen immer nach besonders unruhigen Jahren abgeschlossen wurden, der ÖGB also den Druck der Streiks für seine gewünschte Teilhabe an der Wirtschaftslenkung ausnützen konnte:

Karlhofer hat Recht, wenn er festhält, dass für die Streiktätigkeit nicht mehr explizit ökonomische Faktoren maßgeblich waren. Wurden die Gewerkschaften (und linke Parteien) in früheren Phasen nur als GegnerInnen gesehen, die mit ökonomischem Druck etwas erreichen konnten, so waren jetzt die ArbeiterInnen über die Bürokratien zum Transmissionsriemen im staatlichen Gesamtinteresse geworden, auch gegen kapitalistische Einzelinteressen. Ihre typische Machtausübung wurde die geordnete Massenmobilisierung. Dauerten in der Zwischenkriegszeit Streiks bei geringer Beteiligung relativ lange, so waren Streiks in der Zweiten Republik kurz, aber unter großer Beteiligung (Karlhofer 1983, S. 32). Während früher meist einzelne Unternehmen bestreikt wurden, so ging es jetzt häufig um Verträge in einer gesamten Branche. Streiks waren häufiger erfolgreich und endeten meist in formalen Abschlüssen oder Kompromissen. Die jetzt diskutierten Zahlen betreffen nur die gewerkschaftlich anerkannten Streiks. Es gab immer ein ähnliches Ausmaß an «wilden» Streiks, auch nach 1966, während die Zahl gewerkschaftlicher Streiks rapide abnahm (die Ausnahme war der LehrerInnenstreik 1973). «Wilde» Streiks entstehen aus lokalen Ungerechtigkeiten und sagen nichts aus über die Integration der ArbeiterInnenklasse in den kapitalistischen Staat[33]. Linke Parteien und Gewerkschaften erreichten mit ihrer Integration in den fordistischen Staat und ihrer Anerkennung als «Motor» der Produktivität ihre größte Macht, funktionierend mit ausgehandelten Lohnerhöhungen und Arbeitszeitverkürzungen und möglichst wenig Störungen durch Streiks und Demonstrationen. Durch die weiter steigenden Einkommen war die Unruhe in den Betrieben gering, SPÖ und ÖGB führten 1969 ein Volksbegehren für die Einführung der 40-Stunden-Woche durch. Nach langen Verhandlungen wurde das Gesetz zur schrittweisen Einführung am 11. Dezember 1969 noch unter der ÖVP-Regierung verabschiedet, wenige Monate vor den Nationalratswahlen, die Bruno Kreisky für die SPÖ knapp gewann und die ÖVP für sechzehn Jahre in die Opposition verbannte.

Die Identifikation mit einer «ArbeiterInnenklasse», die sozialen Zusammenhänge, in die die Menschen in ihren Wohnvierteln eingebunden waren, wurde immer schwächer. Das Vereinsleben und die Freizeit, die bisher hauptsächlich von linken Parteiorganisationen bestimmt wurden, verloren an Anziehungskraft. Jugendliche gingen nicht mehr in die von Erwachsenen angeleiteten Jugendorganisationen der Parteien, sondern suchten sich andere Zusammenhänge[34]. Mann oder Frau wurde Parteimitglied, weil eine Wohnung gebraucht oder sonstige Leistungen beansprucht wurden und nicht, weil Bekannte oder Verwandte in der Partei waren. Ähnliches galt für die Gewerkschaften. Sie wurden immer mehr zur Serviceorganisation. Selbst Lohnerhöhungen und Verbesserungen der Arbeitsbedingungen wurden individuell gesucht. Die Vollbeschäftigung gewährleistete, dass sicher wieder Jobs gefunden wurden, was Druck auf die Unternehmen ausübte. Die «Lohndrift» in Richtung höherer Löhne wurde wichtiger als Kollektivverträge. 1970 erreichte die Bruttolohndrift mit 4,2% den höchsten Wert (Klenner 1979, S. 2725)[35]. In Österreich scheiterten die Versuche der studentischen Linken, Kämpfe gemeinsam mit ArbeiterInnen zu führen, kläglich. Anfang 1966 sollte das Raxwerk in Wiener Neustadt reprivatisiert werden, die ArbeiterInnen wehrten sich mit einem Streik, der VSStÖ hielt ein Seminar mit dem Betriebsratsobmann ab, um die ArbeiterInnen zu unterstützen. Trotzdem setzte sich der ÖGB mit dem Aushandeln von Abfertigungen durch und nicht der VSStÖ mit der «Sicherung der Arbeitsplätze» (Keller 1983, S. 34). Im Mai 1968 demonstrierten Studierende und SchülerInnen gemeinsam mit ArbeiterInnen gegen Entlassungen in der Wiener Lokomotivfabrik. Betriebsräte hielten Reden in einem besetzten Hörsaal (vgl. unten). *Die Solidaritätsaktion mit den Arbeitern war erfolglos, die Belegschaft der Lokomotivfabrik lehnte es in einer Urabstimmung ab, gegen die Entlassungspläne zu streiken. Warum sollten die Arbeiter auch streiken, wenn sie jederzeit eine neue Stellung bekommen konnten?* (Keller 1983, S. 77)

Brüche im fordistischen Frieden

Ende der 1950er, Anfang der 1960er war die Angst vorbei, dass es nach dem Wiederaufbau zu einem Rückschlag kommen könnte. Wegen der Vollbeschäftigung konnten sich die Menschen mehr leisten als zum einfachen Überleben notwendig war, nach zwei schwächeren Jahren (Zunahme des Bruttomasseneinkommens: 1958: 5.9%, 1959: 6,5%) erreichte die Einkommensentwicklung neue Höhepunkte: 1960: 8,4%, 1961: 11,1%, 1962: 10,7% (Klenner 1979, S. 2724). Von einer *um sich greifenden Kaufpsychose* (Klenner 1979, S. 2036) war die Rede. Die Verstärkung der individuellen Sicherheit führte zu einer Schwächung der Beziehung zu den «eigenen» Organisationen und somit auch zu den politischen Parteien. Die erste Hälfte der 1960er war nicht nur von den größten Lohnstreiks der Zweiten Republik geprägt (mit Höhepunkten 1962 und 1965), sondern auch von einer fast permanent andauernden Krise der Großen Koalition. Sie bereiteten die Phase der Alleinregierungen vor (ab 1966 der ÖVP, ab 1970 dann SPÖ) und damit den Höhepunkt des fordistischen Planstaates.

Die immer wiederkehrenden Krisen der Koalition bedeuteten, dass gegen die jeweils andere Partei mobilisiert wurde. Ab den 1960ern wurde immer wieder gegen das Auftreten von MonarchistInnen und die mögliche Einreise des Kaisersohns Otto von Habsburg demonstriert. Organisiert wurde das meist von der

KPÖ (Eppel / Lotter 1981, S. 17ff). Im Sommer 1963 griffen auch die Parlamentsparteien dieses Thema auf, «Tumulte im Nationalrat» waren die Folge, SPÖ und FPÖ sprachen sich gegen eine Einreise Habsburgs aus (Eppel / Lotter 1981, S. 24). Als der Monarchensohn im Herbst 1966 mehrmals nach Österreich einreiste, brachen spontane Streiks aus, die nachträglich vom ÖGB gebilligt wurden (Klenner 1979, S. 2277ff). Die Streikstatistik in diesem Jahr war hauptsächlich von der Anti-Habsburg-Bewegung geprägt.

Aber auch die ÖVP-Basis konnte gegen die SPÖ mobilisiert werden. Im November 1964 reiste der SPÖ-Verkehrsminister Otto Probst nach Vorarlberg, um ein Schiff in der Bodenseewerft Fußach nach dem Sozialdemokraten «Karl Renner» zu benennen. Dort wurde er von zehntausenden DemonstrantInnen mit Steinen und sonstigen Wurfgeschossen empfangen und musste daraufhin flüchten. Das Schiff sollte dann den Namen «Vorarlberg» bekommen (Eppel / Lotter 1981, S. 25ff).

Risse und Brüche entwickelten sich auch innerhalb oder «neben» den «Lagern». Für die SPÖ und den ÖGB kristallisierte sich das durch die Konflikte um die Person Franz Olah heraus. Diese Auseinandersetzungen markierten den Übergang von einer Gesellschaft, in der stabile Beziehungen zwischen dem Sozialen und dem Politischen vorherrschten und einer Mediengesellschaft, in der die Inszenierung von Personen dominiert (wie später um Jörg Haider). Olah war seit seiner Jugend Mitglied der österreichischen Sozialdemokratie, während dem Austrofaschismus in der Illegalität aktiv und deshalb auch im Gefängnis. 1938, nach dem Einmarsch, wurde er interniert und von den NationalsozialistInnen ins KZ Dachau gebracht. Nach 1945 wurde er Obmann der Gewerkschaft der Bau- und HolzarbeiterInnen, ab 1948 SPÖ-Abgeordneter zum Nationalrat. Er war maßgeblich daran beteiligt, Kontakte mit den US-Gewerkschaften herzustellen und aufrecht zu erhalten. So wurde der Marshall-Plan propagiert, der sich als *Strategie zur Rettung des kapitalistischen Systems und der Ausrottung des Klassenkampfes sah, und doch eine sozialistische Gesellschafts- und Wirtschaftspolitik hineininterpretierte* (Svoboda 1990, S. 21ff). Olah war an der Aushandlung der Lohn-Preis-Abkommen beteiligt und organisierte 1950 seine BauarbeiterInnen, um den Streik gegen das 4. Abkommen niederzuschlagen. Diese paramilitärischen Kampftruppen wurden in der Folge zu einer antikommunistischen Untergrundgruppe aufgebaut, die im Falle einer kommunistischen Machtübernahme Widerstand leisten sollte, aber nach dem Staatsvertrag 1955 mit der Gründung des Bundesheeres überflüssig wurde (Svoboda 1990, S.34ff). 1955 wurde er Vizepräsident des ÖGB und nach dem Tod von Johann Böhm 1959 Präsident. Im Herbst 1961 trat er als Nationalratsabgeordneter zurück, nachdem

SPÖ und ÖVP das Budget für 1962 beschlossen, ohne ÖGB-Forderungen zu berücksichtigen (Olah: «...*sozial gerechtfertigte Wünsche der Arbeiter, Angestellten und Beamten..*», Klenner 1979, S. 2254ff). Klenner interpretiert das als Bemühung um das Zustandekommen einer kleinen Koalition zwischen SPÖ und FPÖ, dessen Proponent Olah war[36]. Seine ParteikollegInnen in der SPÖ erfuhren den Rücktritt aus dem Rundfunk (Svoboda 1986, S. 89). Im darauf folgenden Jahr kandidierte er aber wieder für die SPÖ und Anfang 1963 wurde Olah Innenminister der großen Koalition, seine Funktionen im ÖGB legte er zurück.

Seit Anfang 1963 liefen Untersuchungen über unklare Transaktionen von Geldern des ÖGB, für die Olah verantwortlich war. Diese Gelder gingen einerseits an die FPÖ, andererseits wurden sie zur Gründung der Kronenzeitung verwendet. Am 28. Jänner 1964 sagte Olah in einem Gespräch mit Dr. Helmut Zilk, die Staatspolizei hätte unter seinen Vorgängern als Innenminister tausende von ÖsterrreicherInnen bespitzelt. ParteikollegInnen kritisierten die Machtfülle, die Olah in der SPÖ und in der Gewerkschaft aufgebaut hatte. Von Olah lancierte Artikel in der Kronenzeitung griffen parteiinterne Rivalen an. Christian Broda verfasste daraufhin einen Artikel mit dem Titel «*Die Sozialistische Partei ist keine 'Führer'-Partei*». Am 17. September 1964 veranlasste die SPÖ den Rücktritt Franz Olahs als Innenminister mit der Begründung, dass er ohne Einvernehmen mit dem Parteivorstand an nichtsozialistischen Presseerzeugnissen mitgearbeitet hätte (er gab der konservativen «Presse» ein Interview, Klenner 1979, S. 2452, Svoboda 1986, S. 90). Dieses Interview war nur ein Vorwand, hinter den Kulissen wurde über die finanziellen Transaktionen, über die Stapo-Affäre und über Angriffe der Kronenzeitung auf Feinde Olahs innerhalb der Parteiführung diskutiert (Svoboda 1990, S. 98). Es erschien offensichtlich, dass sich Olah eine Machtbasis aufbauen wollte, um mit Hilfe der FPÖ Kanzler zu werden. Er hatte außerdem innerhalb von SPÖ und ÖGB eine solide Anzahl von AnhängerInnen und versuchte seinen Einfluss auch über Medien (die Kronenzeitung) zur Geltung zu bringen.

Aus Protest gegen den erzwungenen Rücktritt Olahs schalteten am 18. September 1964 ArbeiterInnen der E-Werke den Strom ab und demonstrierten vor dem SPÖ-Haus in der Löwelstraße, es herrschten *bürgerkriegsähnliche Zustände in Wien*[37] (Svoboda 1990, S. 99). Erst Anfang Oktober wurden Vertrauenspersonen in der SPÖ informiert, am 22. Oktober fand ein Bericht der ÖGB-Kontrollkommission nicht die Zustimmung der anwesenden BetriebsrätInnen, woraufhin es zu Tumulten kam. Der VSM (Verband Sozialistischer Mittelschüler) brachte am 27. Oktober in einem Flugblatt die Spende von einer Million Schilling für die FPÖ an die Öffentlichkeit. Von vielen Tageszeitungen wurde das aufgegriffen (Svoboda 1986, S. 91). Am 30. Oktober wurde neuerlich die Löwelstraße belagert. GegnerInnen Olahs mussten von der Polizei geschützt werden, begleitet wurde das von antisemitischen Szenen[38]. Im November wurde Olah aus der SPÖ und der Gewerkschaft der Bau- und Holzarbeiter ausgeschlossen (Svoboda 1990, S. 100).

Olah blieb als «wilder» Abgeordneter im Parlament. Im Oktober 1965 demissionierte die Regierung, nachdem sie sich nicht über das Budget einigen konnte. Neuwahlen wurden ausgeschrieben. Olah kandidierte für die Demokratisch Fortschrittliche Partei – Wahlgemeinschaft Franz Olah (DFP). Seine Basis fand die populistische Partei unter (sozialistischen) ArbeiterInnen, aber auch unter RechtsextremistInnen (so hatte er kein Problem mit einem Gespräch mit der «Deutschen National- und Soldatenzeitung» – Svoboda 1990, S. 114). Unterstützt wurde er von der Kronenzeitung, als Populist spielte er, obwohl selbst vom Naziregime verfolgt, mit dem Antisemitismus[39]. Die DFP bekam 150.000 WählerInnenstimmen und kein Mandat. Aber die SPÖ verlor genug Stimmen und die ÖVP gewann die absolute Mandatsmehrheit und konnte vier Jahre allein regieren. Olah erkannte ziemlich früh die überragende Rolle der Medien und versuchte damit auch umzugehen, indem er bei der Gründung der Kronenzeitung finanziell behilflich war. Der Widerstand der noch traditionell denkenden Sozialistischen Partei, insbesonders der «Linken» um Bruno Pittermann, aber auch sein rücksichtsloses Vorgehen gegen KonkurrentInnen im eher «rechts» angesiedelten ÖGB, verhinderten seinen Erfolg. Bezeichnenderweise setzte sich dann 1967 Bruno Kreisky gegen die Parteilinke durch. Kreisky, der als «Olah-Mann» galt, konnte durch seinen Umgang mit den Medien die SPÖ zum Erfolg führen. Olah war ein Populist, der auch auf Massenmobilisierung auf der Straße setzte, während Kreisky das Spiel mit den Medien beherrschte.

Mit der Olah-Affäre verbunden war die Boulevardisierung der Printmedien. Die SPÖ und der ÖGB wollten eine Zeitung «in der Art des Volkes» machen, als Gegengewicht zu den bürgerlichen Medien (Svoboda 1990, S. 51). So wurden zuerst der Expreß (1958 gegründet) und dann auch die Kronenzeitung mit Gewerkschaftsgeldern unterstützt. Durch interne Informationen aus der SPÖ (vermutlich von Olah geliefert) konnte die Kronenzeitung Mitte der 1960er ihre Auflage steigern (Eppel / Lotter 1981, S. 501ff). Nach der Verurteilung Olahs 1969 kam es zu einem Vergleich mit dem ÖGB, der wegen der angeblich veruntreuten Gelder gegen ihn prozessierte. Seither ist das gute Verhältnis der Gewerkschaften mit der Kronenzeitung wiederhergestellt. 1970 wurde der Expreß über Nacht eingestellt und mit der Kronenzeitung verschmolzen[40].

Die Brüche um diese Zeit waren auch mit einem verstärkten Auftreten von rechtsradikalen und neonazistischen Tendenzen verbunden. Mit dem Abzug der Besatzungsmächte nach dem Staatsvertrag 1955 konnten RechtsextremistInnen offener auftreten. Im Oktober 1959 marschierten etwa 2000 Deutschnationale in Wien auf, getarnt als Feier zum 200. Geburtstag Friedrich Schillers. Sie sangen und legten Kränze nieder, während antifaschistische GegendemonstrantInnen von der Polizei verprügelt wurden. Anfang der 1960er nahmen rechtsradikale Vorfälle zu, randalierende Studierende wurden verhaftet, die Burschenschaft Olympia aufgelöst (Eppel / Lotter 1981, S.450ff). Prozesse gegen Kriegsverbrecher endeten meist mit Freisprüchen, gegen die nur wenige Gruppen protestierten (Svoboda 1986, 48ff). Die eigene Beteiligung am NS-Regime und der Antisemitismus großer Teile der Bevölkerung wurde nicht thematisiert. Mit einer Ausnahme: am 15. November 1961 strahlte der ORF den «Herrn Karl» von Helmut Qualtinger und Carl Merz aus. In der Darstellung des typischen Wiener Opportunisten wurde die Seele der DurchschnittsösterreicherInnen getroffen. Empörte LeserInnenbriefe sahen sich als die MitläuferInnen des Nationalsozialismus falsch dargestellt. Der Schweigebann über die Vergangenheit wurde kurzfristig durchbrochen, tiefergehende Wirkung dürfte diese Episode aber nicht gezeitigt haben[41].

Die Auseinandersetzung um Faschismus und Antifaschismus spitzte sich um den «Fall» Taras Borodajkewycz zu. Der a.o. Professor für Sozial- und Wirtschaftsgeschichte an der Hochschule für Welthandel in Wien verbreitete offenen Antisemitismus. 1962 klagte Borodajkewycz zwei Autoren, weil sie ihn in einem Artikel in Zusammenhang mit «Neonazismus» gestellt hatten. Die beiden wurden am 25. November 1963 schuldig gesprochen. Da die Diskussion um solche Äußerungen immer wieder aufgegriffen wurde, so wurden Zitate in der Kabarettreihe «Zeitventil» verwendet, sah sich Borodajkewycz bemüßigt, am 23. März 1965 eine Pressekonferenz in den Räumen der Hochschülerschaft durchzuführen. Antisemitische Bemerkungen wurden dabei jeweils vom Johlen des sympathisierenden Publikums begleitet. Am folgenden Tag gerieten bei der Vorlesung von Borodajkewycz sozialistische StudentInnen und SympathisantInnen des Antisemiten aneinander. Der Vorsitzende der Hochschülerschaft solidarisierte sich mit dem angegriffenen Hochschulprofessor. FlugzettelverteilerInnen, «die keinen Antisemiten und Antidemokraten» dulden wollten, wurden mit «Heil Borodajkewycz»-Rufen bedrängt (Svoboda 1986, S. 57ff). Am 29. März stießen etwa 1000 DemonstrantInnen auf 200 Rechtsradikale, die den Zug unter Rufen wie «Saujuden», «Kommunistenschweine» und «Hoch Auschwitz» angriffen. Am 31. März attackierten rechtsextreme Studierende eine weitere Demonstration mit Stahlruten und Stöcken. Der 67-jährige Kommunist Ernst Kirchweger, der eine Diskussion mit den GegnerInnen suchte, wurde vom Neonazi Günter Kümel so schwer verletzt, dass er zwei Tage später starb. AnhängerInnen von Borodajkewycz, wie auch die Medien, verbreiteten, dass Kirchweger von «Tätern in Blauhemden» (der «Tracht» der sozialistischen Jugendorganisationen) verletzt worden sei. Die Öffentlichkeit war nach dem Tod erschüttert und an die 25.000 Menschen, darunter Spitzenfunktionäre von ÖVP und SPÖ, beteiligten sich am Begräbnis, es handelte sich um die größte antifaschistische Demonstration, die es bis dahin gegeben hat. Der Mörder Günter Kümel erhielt zehn Monate Arrest wegen «Notwehrüberschreitung». Es dauerte noch ein Jahr, bis Borodajkewycz bei vollen Bezügen zwangspensioniert wurde (Svoboda 1986, S. 62ff, Keller 1983, S. 31).

Radikale Minderheiten

In den scheinbar monolithischen Kontrahentinnen des Kalten Krieges wurden ab Mitte der 1950er Brüche sichtbar. Im «kommunistischen» Herrschaftsbereich entwickelten sich Differenzierungen. Jugoslawien und China gingen eigene Wege, in Westeuropa entstand der Eurokommunismus und in der Tschechoslowakei der «Kommunismus mit menschlichem Antlitz». Antikoloniale Aufstände und Bewegungen ließen sich nicht mehr unbedingt in das bipolare System einordnen. Die integrierte Gesellschaft des kapitalistischen Westens veränderte sich durch die «sozialen und kulturellen Revolutionen» (Hobsbawm) und produzierte die Bedingungen für die Revolten *radikaler Minderheiten* in der kulturellen, der künstlerischen und der politischen Sphäre.

Revolutionen - international

Die Ausdehnung des kommunistischen Machtbereichs nach dem Zweiten Weltkrieg ließ die revolutionären Bewegungen der ersten Hälfte des 20. Jahrhunderts versteinern, was blieb waren Stalinismus oder Kapitalismus. Die Grundlage für Veränderungen wurden in den Revolutionen in China und Jugoslawien gelegt, die zwar von der SU unterstützt, aber durch den PartisanInnenkrieg nicht von der Roten Armee abhängig waren. Die Unabhängigkeit des indischen Subkontinents 1947 konnte aufgrund der Trennung Indiens und Pakistans keine Attraktivität entwickeln, und China blieb in der ersten Zeit innerhalb der Frontlinie des Kalten Krieges.

Mitte der 1950er begann sich die Erstarrung in verschiedene Richtungen aufzulösen. Nikita Chruschtschows Geheimrede «Über den Personenkult und seine Folgen» zum 20. Parteitag der KPdSU im Februar 1956, in der er Stalin kritisierte, sowie der ungarische ArbeiterInnenaufstand im Oktober 1956, den sowjetische Panzer niederwalzten, verursachten Brüche im bisher scheinbar monolithischen Kommunismus. In Österreich wurden die, die sich enttäuscht vom real existierenden Sozialismus abwandten, entweder antikommunistisch oder zogen sich ins Privatleben zurück. Die ungarische Grenze, die Flüchtlinge, die direkte Wahrnehmung der Unterdrückung waren zu nah. Anders etwa in

Großbritannien, dort wurde *New Left Review* von dissidenten KommunistInnen gegründet, eine wichtige Zeitung der späteren «Neuen Linken». Für die italienische *Partido Communista Italiano* (PCI, Kommunistische Partei Italiens) und für andere kommunistische Parteien begann die zögerliche Entwicklung des Eurokommunismus, der sich durch Unabhängigkeit von der SU auszeichnete[1]. Auch der «Sozialismus mit menschlichem Antlitz» des Prager Frühlings wäre ohne das Jahr 1956 nicht möglich gewesen. Die Entwicklungen und Ereignisse in der Tschechoslowakei vor der Niederschlagung im August 1968 zeigten eine Alternative gegen den Kapitalismus, die nicht mit der Unterdrückung und dem Terror der SU identifiziert wurde.

Ein revolutionärer, linker Nationalismus, unabhängig von der Sowjetunion entstand durch die Bewegung der «Blockfreien». Ab 1955 trafen sich die antikolonialistischen HerrscherInnen von Indien, Indonesien, Ägypten, Jugoslawien u.a. zu regelmäßigen Konferenzen. Sie sahen sich als nicht-sowjetische SozialistInnen und unterstützten sich in ökonomischer und militärischer Hinsicht. Seit 1954 tobte in Algerien der Befreiungskrieg der nationalistischen FLN (*Front de Libération Nationale*) gegen die französischen Kolonialherren. Der arabische Nationalist Gamal Abdel Nasser verstaatlichte 1956 den Suezkanal, daraufhin wurde Ägypten im Oktober von Frankreich, Großbritannien und Israel angegriffen. Die Sowjetunion und die USA (weil sie Nasser als antikommunistisches Gegenstück innerhalb der antikolonialen Bewegung betrachteten) zwangen die alten Kolonialmächte zum Rückzug. Auch in Algerien übten die USA Druck auf Frankreich aus, aber die Unabhängigkeit wurde auch durch das militärische Patt zwischen FLN-Guerillas und französischer Armee erzwungen. Frantz Fanon, auf der französischen Karibikinsel Martinique geboren, beteiligte sich am Befreiungskampf in Algerien. Sein Buch «Die Verdammten dieser Erde», das den bewaffneten Unabhängigkeitskampf verarbeitet und die Umwandlung der Gewalt der Unterdrückten in Gewalt gegen die kolonialistischen UnterdrückerInnen propagiert, wurde ein vielgelesener Text der radikalen Bewegungen.

1959 griff der linke Nationalismus auch nach Lateinamerika über. Die kubanische Revolution stürzte den langjährigen Diktator Fulgencio Batista. Als Fidel Castro Konzerne verstaatlichte, eskalierte der Konflikt mit den USA. Allerdings scheiterte ein Invasionsversuch von ExilkubanerInnen in der Schweinebucht kläglich. Castro wandte sich zur Unterstützung an die Sowjetunion. 1961, während der Raketenkrise (US-Präsident John F. Kennedy forderte den Abzug sowjetischer Atomraketen von der Insel), schien die Welt am Rand einer atomaren Katastrophe zu stehen. Ein Mitkämpfer Castros, der argentinische Arzt Che Guevara, rief zum Guerillakampf auf, scheiterte aber in den bolivianischen

Bergen und wurde ermordet. Guevaras radikale Konsequenz und sein früher Tod machten ihn zu einer linken Ikone der Popkultur. Seine «Focus»-Theorie, bei der eine kleine bewaffnete Avantgarde eine Revolution auslösen kann, faszinierte die revolutionären AktivistInnen von 1968 und danach in den Metropolen, auch weil sie sich als radikale Minderheiten sahen.

Eine ähnliche popkulturelle Wirkung löste die chinesische Kulturrevolution aus. Im Westen war nichts Genaueres darüber bekannt, aber antiautoritäre Parolen wie «Rebellion ist gerechtfertigt» oder «Alle Autoritäten sind Papiertiger» beeindruckten die sich radikalisierenden Jugendlichen. Erst Anfang der 1970er wurde der popkulturelle Mao-Kult in den maoistischen Parteiaufbau transformiert[2].

Die erste Hälfte der 1960er war nicht von revolutionären Siegen gekennzeichnet (bis auf den Abzug der französischen Kolonialmacht aus Algerien 1962). Im Februar 1961 wurde der revolutionäre Führer des Kongo, Patrice Lumumba ermordet. Im Oktober 1965 übernahm General Suharto die Macht in Indonesien und zerschlug die stärkste kommunistische Partei außerhalb Chinas und der Sowjetunion. Hunderttausende ChinesInnen und vermeintliche KommunistInnen wurden umgebracht (selbst vorsichtige, antikommunistische Schätzungen gehen von einer Viertelmillion aus). Der Widerspruch zwischen der postulierten «Demokratie» und die reale Unterstützung brutalster antikommunistischer Diktaturen durch die USA und die westlichen Staaten war ein Anknüpfungspunkt linker Kritik. Gruppen der «Studentenbewegung» führten erste Demonstrationen gegen diese Diktaturen durch. Besondere Beachtung fanden in Österreich (und der BRD) die Diktaturen in den Urlaubsländern am Mittelmeer. Schon seit dem Ende des BürgerInnenkrieges 1939 herrschte der Klerikalfaschist General Franco in Spanien. Im April 1967 übernahm eine Militärjunta die Macht in Griechenland. Folterberichte über diese Staaten waren an der Tagesordnung.

Aufstände, Revolutionen und Revolten fanden unter verschiedenen Voraussetzungen in vielen Regionen der Welt statt. Zu einem gemeinsamen «1968» wurden sie durch den Widerstand gegen den Vietnamkrieg. So konnten selbst in irgendeiner Kleinstadt lange Haare als Widerstand gegen das Establishment begriffen und in einem internationalen Zusammenhang gesehen werden. In Lateinamerika kämpften Guerillas, in den Universitätsstädten die StudentInnen und die VietnamesInnen in einem Befreiungskrieg gegen die USA.

1954 besiegte die vietnamesische Armee die französische Kolonialmacht in der 55-tägigen Schlacht von Dien Bien Phu, Vietnam wurde am 17. Breitengrad zwischen dem kommunistischen Nordvietnam und einer westlichen Diktatur im

Süden aufgeteilt. Die USA unterstützten zuerst die französische Kolonialmacht (der Feind war im Gegensatz zu Ägyptens Nasser kommunistisch) und danach die südvietnamesischen Regime. Schleichend erhöhten die USA ihre militärische Präsenz. Waren es im Dezember 1960 erst 3200, stieg die Zahl bis Ende 1963 auf 16.300. Der «Tonking-Zwischenfall», am 4. August 1964, bei dem ein amerikanisches Kriegsschiff von NordvietnamesInnen beschossen worden sein soll, eskalierte den Krieg der USA. Nordvietnam wurde bombardiert. Nachdem Anfang März 1965 die ersten offiziellen Bodentruppen landeten, erlebte Washington im April die erste größere Antikriegsdemonstration. Die Zahl der amerikanischen Truppen stieg in den folgenden Jahren weiter und erreichte 1969 mit 543.000 einen Höchststand. Ende 1967 trat General Westmoreland vor den Kongress und verkündete, dass der Sieg in Sicht wäre. Die Tet-Offensive (Tet ist das vietnamesische Neujahr), bei dem die vietnamesische Befreiungsarmee ab dem 31. Jänner 1968 alle Großstädte Südvietnams angriff und die VietnamesInnen auch in die US-Botschaft in Saigon eindrangen, zeigte der breiten Öffentlichkeit in den USA, dass dieser Krieg nicht zu gewinnen war. Die Anti-Kriegsbewegung, bis dahin von einer Minderheit getragen, gewann Anerkennung bei größeren Teilen der Bevölkerung. Die Tet-Offensive endete mit einer militärischen Niederlage der vietnamesischen Befreiungsarmee, aber mit einem politischen Sieg. Der republikanische Nachfolger L.B. Johnsons, Richard Nixon, leitete Verhandlungen und den sukzessiven Rückzug der US-SoldatInnen ein. Das bedeutete die Einleitung des Endes des westlichen Südvietnams, im April 1975 übernahmen die KommunistInnen die Macht in Saigon.

Die «Studentenbewegung» unterschied sich von früheren Bewegungen durch die internationale Kommunikation und gegenseitige Beeinflussungen abseits von internationalen Organisationen wie den KPen oder der trotzkistischen 4. Internationale. Kleine Gruppen rezipierten die Kunstszene in den USA oder Avantgardefilme aus Frankreich. Die ersten größeren Bewegungen in den Industriestaaten außerhalb eines traditionellen Rahmens begannen in den USA. Aus der «Bürgerrechtsbewegung» ging das *Student Nonviolent Coordinating Committee* (SNCC) hervor, das die *direkte (gewaltfreie) Aktion* ins Zentrum stellte und neue Formen der Aktivität wie Sit-ins erprobte. Im Anschluss daran entstanden die *Students for a Democratic Society* (SDS). Über das *Free Speech Movement*, gegen die Einschränkung der Redefreiheit breitete sich die Bewegung an den Universitäten aus. Häufige Polizeieinsätze führten dazu, dass die StudentInnen militanter wurden. Mit der Eskalation in Vietnam rückte die Anti-Kriegs-Bewegung in den Vordergrund. Zuerst wurden Rekrutierungskampagnen auf dem Campus der Universitäten verhindert, dann wurden Einberufungsbefehle verbrannt und militante Demonstrationen und Desertionen aus der Armee organisiert. Desertierende US-Soldaten konnten auch in Europa mit Unterstützung rechnen[3]. Parallel zu den Aktionen der Antikriegsbewegung fanden Gettoaufstände der *African-American* statt, die durch ihre Militanz das Gefühl erzeugten, auch im «Herzen der Bestie» stünde die Revolution vor der Tür.

Besonders großen Einfluss auf die Wiener (und österreichische) Szene hatten natürlich die Ereignisse in Deutschland. *Österreichs größtes Nachrichtenmagazin im Jahr 1968 wurde in Hamburg gedruckt: Mit 37.000 verkauften Exemplaren war der «Spiegel» die klare Nummer 1 in Österreich.* (Ebner / Vocelka 1998, S. 89). Und gerade der «Spiegel» berichtete regelmäßig über die Aktivitäten der «Studentenbewegung». Die «Kommune Wien» ließ sich vom Sozialistischen Deutschen Studentenbund (SDS) und den Aktionen der Kommune 1 und Kommune 2 in Berlin anregen. Der VSStÖ organisierte eine Gemeinschaftsfahrt zum Vietnamkongress im Februar 1968.

Der SDS wurde bereits 1960 aus der SPD ausgeschlossen und machte seither eine eigenständige Politik. Als Zentrum der Bewegung entwickelte sich Westberlin, die «Hauptstadt des Kalten Krieges». Nachdem bei einer Demonstration gegen den Besuch des Schah von Persien am 2. Juni 1967 der Student Benno Ohnesorg erschossen wurde, begann die heiße Phase der «Studentenbewegung». Es hieß, mit der Überführung des Sarges nach Hannover sei der Funke der Revolte von Berlin auf Westdeutschland übergesprungen. Ein wesentliches Moment der internationalen Zusammenarbeit war die Organisation des Internationalen Vietnam-Kongresses im Februar 1968. Am 11. April 1968 löste ein Attentat auf den charismatischen «Studentenführer» Rudi Dutschke mehrtägige Unruhen in vielen Städten aus. Meist wurde versucht, die Auslieferung der Zeitungen des Springerkonzerns zu verhindern, dessen Blätter sich besonders als Hetzer gegen «die Studenten» hervorgetan hatten.

Die Bewegung in Frankreich fiel im Vorfeld von 1968 nicht sehr spektakulär aus. Aber aus dem Widerstand gegen die Geschlechtertrennung in StudentInnenheimen im März eskalierten die Auseinandersetzungen nach der Nacht der Barrikaden am 10. Mai 1968 im Quartier latin in Paris zu einem Generalstreik in ganz Frankreich. Von großen Teilen der Bevölkerung wurde ein Loch in den Mauern des kapitalistischen Systems gesehen (vgl. Reitter 2002a, S. 44). In der nachfolgenden Entwicklung konnte die *Partie Communiste Francaise* (PCF) gemeinsam mit der kommunistischen Gewerkschaft *Confédération Générale du Travail* (CGT) Lohnerhöhungen ausverhandeln und die ArbeiterInnen wieder in die Kampf- und Lohndynamik des Fordismus integrieren[4]. Die konservativen GegnerInnen mobilisierten die Straße und die Wahlen im Juni 1968 verlor die

Paris: Mai 1968 (Foto: Franz Naetar)

Linke. Nachträglich wurde der Pariser Mai zu dem Ereignis, das dazu führte, dass «1968» als prägendes Datum im Gedächtnis blieb. Tatsächlich handelte es sich um einen Bruch, der sich an keinem Datum, aber an einem verhältnismäßig kurzen Zeitraum der zweiten Hälfte der 1960er festmachen lässt. So kann Schwendter (1995, S. 166) feststellen, dass in Östereich so gut wie alle AktivistInnen von 1968 schon in den Jahren davor aktiv waren.

Obwohl es in Großbritannien keine so spektakulären Aktionen gab wie in Berlin und Paris, hatte gerade («*swinging*») London als Reise- und Einkaufsziel großen Einfluss auch für österreichische AktivistInnen. Von dort kamen die Platten der *Beatles* und der *Rolling Stones*, von dort bezog Frau und Mann die neueste Mode und ließ sich von den aktuellsten Hippieklamotten inspirieren. Keine Musikinteressierte, die nicht sehnsüchtig darauf wartete, von irgendeiner Bekannten die letzten Platten zu bekommen, die es in Wien noch nicht gab. Einen ähnlichen Reiz versprühte noch Amsterdam als Bezugsquelle für Haschisch und Marihuana.

Gegen die Disziplinargesellschaft (Rock'n Roll)

Das Aufbrechen der fordistischen Normen durch Kultur und Subkultur fand bereits früher statt als das mediale Ereignis «1968». Gerade in Österreich haben kulturelle Umbrüche im Vergleich zu politischer Theorie eine größere Bedeutung als anderswo, darum sollen die beiden nächsten Abschnitte das Aufbegehren vor und parallel zu den politischen Kämpfen beschreiben: «Jugend»-Subkulturen und radikale KünstlerInnen.

Gegen die geforderte Disziplin und Normen begehrten Menschen immer schon auf, auch im Nationalsozialismus. Die «Schlurfs» hatten unangepasste Kleidung, verweigerten den HJ-Dienst, stürmten HJ-Lokale, schnitten BDM-Mädchen die Zöpfe ab und hörten Schwarzsender und Jazzmusik. Entscheidend war der Widerstand gegen Uniformierung und Drill (Fischer-Kowalski / Wiesbauer 1985, S. 72). In Wien führte das 1943 zu Krawallen in Wien-Atzgersdorf. Es waren die typischen «Eckensteher». Ihr Treffpunkt war häufig der Prater als Verweigerung fremdbestimmter Verplanung der Freizeit (Bukey 2000, S.275ff). Auch nach dem Krieg waren die «Schlurfs» nicht besonders beliebt, weil sie (so heißt es) nicht arbeiten wollten. *«Wenn sie schon schwitzen, dann höchstens im Jazzrhythmus. Sie tragen die Haare lang, gebärden sich mit schlaksigen Bewegungen und reden nur über die neuesten Tanzschlager.»* (Neues Österreich, 1.8.1945, zitiert nach Kocensky 1975, S.11).

Ein allgemeines Revoltieren gegen die sich durchsetzende Disziplinargesellschaft (in den Industriestaaten) war die internationale Bewegung der «Halbstarken» (*teddy boys, Lederjacken, blouson noirs, Raggare*). Auffallendes Kennzeichen dieser Gruppe von Jugendlichen war die Kriminalität. Ließ sich die hohe Anzahl der Verbrechen in der ersten Nachkriegszeit durch die verbreitete Armut erklären, so gab es in den meisten Ländern zwischen 1956 und 1958 einen scheinbar unerklärlichen Anstieg der (jugendlichen) Delinquenz. Auch der Charakter der Verbrechen hätte sich geändert: «Asoziale Aktivitäten» geschähen wegen dem Nervenkitzel und der Aufregung (*thrill and excitement*)[5]. Zur gleichen Zeit trat der Rock´n Roll seinen weltweiten Siegeszug an (Fischer-Kowalski / Wiesbauer 1985, S. 64).

Rock´n Roll hatte einige typische Eigenschaften: Die Zeitspanne seines Erfolges war ziemlich kurz (von 1955 bis 1960). Die Stars, nur wenig älter als ihre Fans, kamen aus unteren sozialen Schichten, hatten eine enge Beziehung zur schwarzen Musik und was am wichtigsten war, Musik und Verhalten war offen aggressiv, sexuell, mit einer Menge Körpergefühl, Rasse- und Geschlechtsgrenzen im Stil und in der Kleidung überschreitend (Fischer-Kowalski / Wiesbauer 1985, S. 66). Eine zentrale Bedeutung hat gerade in der bürgerlichen Gesellschaft die Unterwerfung des Körpers (Fischer-Kowalski / Wiesbauer 1985, S. 74). In der Fabrikgesellschaft wird durch die Planung und die Arbeitsteilung die Überlegenheit des Geistes über den Körper gefeiert, IngenieurInnen, ExpertInnen,

Intellektuelle grenzen sich dadurch von den Unterschichten ab. Die Ausdehnung der Normen auf die ganze Gesellschaft, auf alle Lebensäußerungen bedeutete das Einzwängen der «unzivilisierten» Sexualität in einen genormten Rahmen des zweigeschlechtlichen Familiensystems. Die Halbstarken rebellierten mit ihrem Körper gegen diese Einschränkungen: durch körperliche Gewalt (Schlägereien) und in ihren sexuellen Ausdrucksweisen. Fischer-Kowalski / Wiesbauer (1985, S. 76) erkennen auch eine Revolte gegen die Geschlechternormen: es wurde männliche Stärke demonstriert, in der äußerlichen Erscheinung dominierte aber der Ausdruck *femininer, wenn nicht gar transvestitischer Elemente*[6] wie farbenfrohe Kleidung für Männer, extensive Hüftbewegungen, wie sie vorher nur Frauen vorbehalten waren. Frauen trugen enge Hosen und kurze Haare (u.a. wegen der Bewegungsfreiheit für den Rock'n Roll). In den Cliquen wurden Frauen als (auch sexuell) aktiv anerkannt.

Diese «Welle» körperlicher Rebellion blieb nicht wirkungslos. Teile dieses «Lebensgefühls» breiteten sich auf die ganze Gesellschaft aus, wie sich in den verflachten und weniger radikalen, auch deutschsprachigen Schlagern, zeigte. Die Toleranz gegenüber dem jugendlichen Anderssein, das Hören anderer Musik, das Führen eines eigenen Lebens, auch für junge Frauen, wurde mehr und mehr akzeptiert. Die «Sexwelle» konnte daran anknüpfen. Kulturelle Codes blieben nicht mehr schichtspezifisch, im Gegenteil, der verflachte Musikaufbruch erreichte alle sozialen Strukturen und war somit mit ein Vehikel, um die «Klassenunterschiede» auf kultureller Ebene aufzubrechen. Die Vervielfältigung und Individualisierung der Lebenskulturen waren ein ersten Schritt zu gesellschaftlicher Veränderung.

Fischer-Kowalski / Wiesbauer (1985, S. 70ff) vergleichen die Halbstarkenbewegung mit der «Studentenbewegung». Es war die gleiche Generation: geboren nach 1938, das Erwachsenenleben begann für die Unterschichtangehörigen der Halbstarkenbewegung zwischen dem 12. und dem 18. Lebensjahr, für die rebellierenden StudentInnen zwischen dem 17. und dem 27. Lebensjahr. In beiden Fällen stellten die involvierten Jugendlichen eine Minderheit ihrer Generation, die aber eine große mediale Wirkung erreichte. Sie erschienen in einem relativ kurzen Zeitraum (ca. fünf Jahre) auf der Bühne und verschwanden dann aus dem öffentlichen Diskurs. Beide Bewegungen wurden von männlichen Jugendlichen dominiert, schufen aber, wie jede emanzipatorische soziale Bewegung, Bedingungen für Veränderung auch für junge Frauen. Die Expansion bestimmter Massenmedien beeinflusste soziale Zusammenhänge: Radio, Film, Schallplatten bei den Halbstarken, Fernsehen, Taschenbücher, Zeitschriften bei den StudentInnen. Ein gravierender Unterschied bestand in den verbalen Möglichkeiten: die Halbstarken handelten, die StudentInnen theoretisierten das Handeln. So wurde der Wunsch der Halbstarken nach sexueller Befreiung von den Mittelklassejugendlichen der StudentInnenbewegung durch theoretische Diskurse ergänzt.

Die subkulturellen Aufbrüche, die Ablehnung der fordistischen Normalität waren mit der Verflachung des Rock'n Roll nicht abgeschlossen. Die GammlerInnen (Schimpfwort für «langhaarige Arbeitsscheue») tauchten auf, Drogen wurden konsumiert, es gab ein Leben neben der Studierendenbewegung. Die (meistens) Jugendlichen wussten, sie sind etwas Besseres, hatten «Bewusstsein» und waren gegen das Establishment. Viele trampten durch Europa, am Äußeren war zu erkennen, wer dazu gehörte. Diese vielen, aber doch wenige im Verhältnis zur Bevölkerung, bestimmten die «Szene» in den Städten, spielten mit einer Kreativität, die der Kapitalismus aus seiner damaligen inneren Logik heraus noch nicht ausbeuten konnte. Vor 1968 gab es in Wien nur vereinzelte Lokale, diese waren mit Bedeutung überdeterminiert. Es entsprach schon beinahe einer revolutionären Geste, dort hinzugehen (Silvio Lehmann in Roussel 1994, S. 213).

Bei vielen wurde das Leben zur Aktion, oft nicht theoretisiert, allein Kleidung, später lange Haare, der Besuch bestimmter Lokale und Trödelmärkte waren Ausdruck des Protests. Die Hippies zeigten, dass sie sich nicht an die Konsumgesellschaft anpassen wollten. Versatzstücke aus anderen Kulturen wurden gegen die herrschende Normalität gesetzt. *Nur wenige Mutige stellten sich wie bekennende Sektierer auf den Dorfplatz, um in zerrissenen Jeans und mit geflickten Sandalen den Mitbewohnern zu zeigen, daß sie falsch lebten.* (Kos 1998. S. 195). Waren es Anfang der 1960er wenige GammlerInnen, so gab es in den 1970ern beinahe in jedem Dorf einen oder zwei, die von den anderen Jugendlichen als «Giftler» bezeichnet wurden. Das Außenseiterdasein brachte es mit sich, dass sich diese Jugendlichen häufig an den Orten aufhielten, wo PolitaktivistInnen anzutreffen waren. Die Bewegungen erreichten immer dann die größte Wirkung, wenn das Politische mit dem «Subkulturellen» zusammenfiel, wie 1968 und danach, und letztlich in der Arena-Bewegung.

KünstlerInnen

Die völlig integrierte Gesellschaft des Fordismus provozierte geradezu die Subversion kleiner Gruppen. Das ist der Grund, weshalb KünstlerInnen für die Entwicklung der Bewegungen auch als Einzelpersonen oder Kleingruppen eine überragende Bedeutung bekamen. Ihre Radikalität führte zu Aktivitäten, die als kollektive Ansätze einer neuen Gesellschaft gesehen wurden. Nach dem Verebben einer Aufbruchsstimmung zogen sie sich wieder auf ihr Einzeldasein zurück. Dennoch ist es schwierig, die Auswirkungen auf Österreich festzustellen, weil KünstlerInnen international agieren. Der Wiener Aktionismus hatte kurz- und mittelfristig kaum regionale Auswirkung, im Gegensatz zur internationalen Bedeutung. Oder schafften die Diskussionen über die Lynchstimmung nach der «Uniferkelei» doch so etwas wie eine vorsichtige Toleranz gegenüber den AußenseiterInnen und damit eine erste Kritik an und ein Verschieben weg von der Disziplinargesellschaft?

In Österreich waren während dem Austrofaschismus und dem Nationalsozialismus alle avantgardistischen künstlerischen Ansätze verboten. Nach dem Krieg hatte sich das nur marginal geändert, das Kunstklima war reaktionär (so wurde das erste Museum Moderner Kunst erst 1962 errichtet). Der damalige Literaturdoyen Hans Weigel witterte überall kommunistischen Einfluss. Moderne Kunst wurde als pathologisch abqualifiziert, dem genialen Gerhard Rühm ein Frauenmord unterstellt, weil das in einem Gedicht beschrieben wurde. Homosexualität war strafbar (vgl. Pfoser-Schewig / Weyrer 1985, S. 284, Schwendter 1982, S. 70). Gegen dieses stickige Klima musste sich zwangsläufig oppositionelle Radikalität entwickeln.

Schon in der Postulierung des «poetischen actes» 1953 durch H.C. Artmann nahm die Wiener Gruppe (Friedrich Achleitner, H.C. Artmann, Konrad Bayer, Gerhard Rühm, Oswald Wiener) die Radikalität des Aktionismus vorweg. Jede Wiedergabe aus zweiter Hand wurde abgelehnt, Anerkennung, Lob und Kritik war unwichtig, Öffentlichkeit musste nicht sein, vielleicht durch Zufall in hundert Fällen einmal (Pfoser-Schewig / Weyrer 1985, S. 286). Spektakuläre Ereignisse waren das 1. und das 2. literarische Kabarett. Während eines Auftritts beim 2. literarischen Kabarett im Wiener Porrhaus wurde durch Konrad Bayer und Friedrich Achleitner ein Klavier zertrümmert, was einen Polizeieinsatz provozierte[7].

Die Zersetzung konventioneller Strukturen war ein zentrales Element des damaligen Avantgarde-Films: Der «*Strukturalistische Film*» nahm seine wesentlichen Impulse aus dem Material Film (Ernst Schmidt jr. in Bilda 2001, S. 213). *Die Gegenüberstellung, das Zusammen- und Gegeneinanderwirken verschiedensten Bildmaterials soll ein objektiviertes Abbild der Realität geben, mehr als dies durch Handlung und Didaktik möglich ist*, schrieb Ernst Schmidt jr. über seinen Film P.R.A.T.E.R. Fragmentarische Aufnahmen wurden durch eine asynchrone Tonspur mit Geräuschfetzen, Interviews und Lautgedichten von Ernst Jandl überlagert (Ernst Schmidt jr. in Bilda 2001, S. 30ff). *Die formale Provokation* [der

Filmemacher] *wurde kombiniert mit der inhaltlichen des Happenings, der Destruktion des menschlichen Körpers und bürgerlicher Werte.* (Ernst Schmidt jr. in Bilda 2001, S. 216). Der mit der Film-Avantgarde verbundene Aktionismus begann mit Materialaktionen, immer mehr wurde dann der menschliche Körper zum Material. Obwohl die meisten Aktionen in Wohnungen, vereinzelt in Galerien stattfanden und das Publikum von einigen wenigen bis zu einigen Dutzend reichte, herrschte *eine ganz intensive, existenzielle Stimmung,* wie Valie Export bestätigt: Regeln und Normen wurden nicht eingehalten, *man hat Wunden in die Regeln geschlagen.* (Valie Export in Roussel 1995, S. 119).

In der ersten Hälfte der 1960er fand eine Radikalisierung in allen Kunstsparten statt. Das *Extended Cinema* zersetzte die Struktur Kino mit Leinwand und Publikum: im Film «Demonstration» von Ernst Schmidt jr. wird das Auf- und Zuziehen des Vorhangs, das Aus- und Einschalten des Projektors, das Öffnen und Schließen der Türen minutiös choreographiert (Bilda 2001, S. 58ff). Ein aufblasbarer NIVEA-Ball wird zum Film «NIVEA»: «*Decken sich Abbild und Objekt, werden Abbild und Zelluloid überflüssig, Häuser werden als Häuser vorgeführt, NIVEA als NIVEA...*» (Bilda 2001, S. 77, aus Ernst Schmidts jr. «Filmtagebuch»).

(Männliche) Aktionisten, besonders Otto Mühl, betrachteten die Aktionen auch von einem psychoanalytischen Gesichtspunkt aus, und zwar im Sinne der «Massenpsychoanalyse» von Wilhelm Reich. Vom Material ging es über den Einsatz des Körpers zur Veränderung der Gesellschaft. Das Hauptproblem von Kapitalismus und Machtausübung wurde an der sexuellen Unterdrückung festgemacht. Die größte Breitenwirkung wurde durch die so genannte «Uniferkelei» am 7. Juni 1968 erreicht. Nicht allein mit dieser Aktion wurde der Versuch unternommen, die linke Politik der «Kommune Wien» (damals als Sozialistischer Österreichischer Studentenbund, SÖS, vgl. unten) mit dem künstlerischen Aktionismus zusammen zu bringen. Der eigentliche Aktionist, der dieser Aktion internationale Bedeutung verschaffte, war Michael Jeannée, Journalist der damaligen Boulevardzeitung «Expreß». Sein Bericht löste eine wochenlange Empörung in ganz Österreich aus. Unter dem Titel «*Sex-Orgien radikaler Studenten*» berichtete Jeannée ziemlich genau über die Vorgänge im Hörsaal: Oswald Wiener zeichnete Strukturen auf die Tafel, Günter Brus schnitt sich blutig und schiss, Otto Mühl peitschte einen Masochisten mit einem Gürtel, Teilnehmer der DirektArtGroup onanierten, schissen, tranken Bier und sangen die Bundeshymne und «Gaudeamus igitur».

Die Boulevardpresse reagiert faschistisch, tagelang hetzen sie auf den Titelseiten («Nach Orgie in Wien: Wir werden SoeS-Boss lynchen»). Sechs der Beteiligten und Veranstalter werden auf Weisung von oben zu Polizeiarrest von 2-4 Wochen verur-

teilt, *unter anderem wegen «Abhaltung eines unverständlichen, pseudowissenschaftlichen Vortrags».* Otto Muehl, Günter Brus und Oswald Wiener werden in *Untersuchungshaft genommen. Einzelhaft, Schreib- und Leseverbot.* Viele Wiener *Anwälte weigern sich, die Verteidigung zu übernehmen* (Ernst Schmidt jr. für die Zürcher Filmzeitschrift Supervisuell, in Bilda 2001, S. 114).

Die Lynchstimmung durch die Medienberichterstattung bewirkte das Ende der Zusammenarbeit der KünstlerInnen mit der Linken, und auch das Ende des Aktionismus in Wien. Die AktionistInnen gingen ins Exil (hauptsächlich in die BRD). Die AktivistInnen standen am Rande ihrer Existenz. *Ja, es waren ja wir alle schon ein paarmal in Gefängnissen, alle schon psychiatrisiert; hätten wir weitergemacht, wären wir wieder entweder ins Gefängnis oder in die Psychiatrie gekommen. [...] Wir haben uns zu weit über den Abgrund gelehnt und gewußt, wenn wir uns noch weiter über den Abgrund lehnen, dann stürzen wir hinunter.* (Peter Weibel in Roussel 1995, S. 139). Immer wieder wird gefragt, warum der Aktionismus gerade in Wien entstanden ist. Viele GesprächspartnerInnen in Roussel (1995) beziehen das (natürlich) auf die nicht verarbeitete Vergangenheit im Nationalsozialismus. Vor Austrofaschismus und Nationalsozialismus war Wien ein Zentrum der Moderne, nach der Vertreibung und Vernichtung der jüdischen Intelligenz blieb nur der theoretische und textliche Bezug. Von den AktionistInnen wurde der «Faschismus» in Österreich besonders in Zusammenhang mit der analen Fixierung gesehen, ein Grund, warum bei den Aktionen auch der Schmutz, das Scheißen eine wichtige Funktion hatte und nicht nur der Sex, der ja inzwischen auf eine «saubere» Art («schöne nackte Frauen») in der Öffentlichkeit akzeptiert wurde.

Der männliche Aktionismus blieb beschränkt, weil die Rolle der Frauen beschränkt blieb, er hat *die typische und repressive männliche Vorstellungswelt den Frauen gegenüber nicht verlassen* (Valie Export in Roussel 1995, S. 122). Valie Export war eine der ersten Frauen, die die männlichen Aktionisten kritisierte und versuchte, feministische Sichtweisen einzuführen. *Solange ich keine eigenen Aktionen gemacht habe, keine eigenen Auftritte, war die Beziehung* [zu den Aktionisten] *ganz normal, freundschaftlich, wir haben uns immer wieder getroffen, auf Festen etc. Als ich dann begann, meine eigenen Aktionen zu machen, ist die Beziehung gespannt geworden. Ich denke, der Grund war meine Stellung als Frau und Künstlerin, da die Frauen im Aktionismus doch eine andere Funktion hatten. Die Frau galt nicht als selbsttätiges Subjekt. [...] Ich glaube, die Emanzipation der Frau haben sie nicht bewältigt,..* (Valie Export in Roussel 1995, S. 119). *In den 60er Jahren gab es keine Frauenbewegung in Wien, auch keine einzige Künstlerin, die sich mit feministischen Gedanken oder mit den neuen Medien, die ja ebenfalls zum avantgardistischen künstlerischen Ausdruck gehörten, beschäftigte. Ich bezog meine ganze Information über feministische Bewegungen aus Magazinen und Büchern aus den USA. Dort war der Feminismus ja schon als Thema und Auseinandersetzung präsent, und durch Zeitschriften, aber auch persönliche Freundschaften und durch meine Korrespondenz habe ich mich informiert darüber* (Valie Export in Roussel 1995, S. 120).

Valie Export hat den Aktionismus Ende der 1960er radikalisiert. Im *Kriegs-Kunst-Feldzug* deutlich sichtbar. [Valie Export:] *Während Peter Weibel eine Ansprache gehalten hat, habe ich das Publikum ausgepeitscht, ich habe auch Stacheldrahtballen in das Publikum geworfen, auch Weibel hat das getan. [...] Es war gefährlich, es ist auch zu Saalschlachten gekommen, ich bekam eine Flasche auf den Kopf, die Leute haben mich zusammengeschlagen, ich mußte ins Spital und genäht werden. Die Leute waren in Aufruhr und sind aggressiv geworden, weil ich sie mit kräftigen Schlägen ausgepeitscht habe. Oft hat die Polizei den Saal abgeriegelt, und wir mußten fluchtartig und fast unter Lebensgefahr abhauen.*

Sie haben in Ihren Aktionen damals die Grenze zwischen Kunst und Realität überschritten.

Ja, absolut, denn das war für mich nicht nur eine Kunstaktion, sondern Realität. Für das Publikum war es unverständlich, daß eine Frau sich so aggressiv verhält, daß eine Künstlerin so einen radikalen öffentlichen Ausdruck findet (Valie Export in Roussel 1995, S. 122). Die künstlerische Militanz wurde Anfang der 1970er bewundert, während auch in Kreisen der StudentInnenbewegung über Straßen- und bewaffneten Kampf diskutiert wurde. So auch in: *Aktionshose: Genitalpanik.* Valie Export trat mit einer um die Genitalien ausgeschnittenen Hose und mit einer Maschinenpistole auf. Eine der wichtigsten Aktionen der Künstlerin war das *Tapp und Tastkino*: Export schnallte sich eine Box mit Vorhang vor den nackten Busen und forderte Menschen in der Öffentlichkeit auf, hineinzugreifen. Durch die Umkehrung der Schaustruktur wurde der übliche Voyeurismus unterminiert. Die «ZuschauerInnen» saßen nicht im Dunkeln, sondern ihr Tastblick passierte unter den Augen der Öffentlichkeit. Export bezeichnet ihr *Tapp- und Tastkino als echten Frauenfilm, [...] den ersten Schritt der Frau vom Objekt zum Subjekt. Sie verfügt frei über ihren Busen, befolgt nicht mehr die sozialen Vorschriften.* (Müller 1994, S. 34ff).

Die AktionistInnen hatten zum Abschluss ein Publikum von manchmal hunderten, nach dem Exil im Ausland oft von tausenden ZuschauerInnen. Mit der internationalen Bekanntheit verebbte die Aufregung, aber auch die Radikalität der künstlerischen Ausdrucksweise ging zurück. Die meisten KünstlerInnen etablierten sich nach der Subversion wieder im institutionellen Kulturbetrieb.

Einige haben die Radikalität in einer integrierten Gesellschaft nicht überlebt: Konrad Bayer von der Wiener Gruppe verübte Selbstmord, wie (wahrscheinlich) auch Rudolf Schwarzkogler von den Wiener AktionistInnen.

Zu einer Zeit, als sich Valie Export mit feministischen Aktionen internationale Anerkennung erwarb, der Aktionist Otto Mühl mit anderen damit begann, seine Kommunevorstellungen (mit autoritären Strukturen) umzusetzen, trat noch einmal eine Aktionistin in den Vordergrund, Erika Mis. Die Auseinandersetzung mit dem Körper war gerade auch für Frauen interessant. In einem Artikel im *Neuen Forum* verteidigte sie den Aktionismus gegen Otto Mühl, der den Aktionismus bereits für Geschichte hielt. Und ihr zentrales Thema war die Frauenbefreiung. (Neues Forum 228, Januar 1973, S. 39ff). Während sich die Frauenbewegung zu dieser Zeit, auch unter dem Einfluss linker Gruppen, noch darauf einließ, nur kein negatives Bild von Frauen zu zeigen[8], führte Erika Mis auf einer Demonstration gegen den § 144 (Abtreibungsverbot) am 9. Dezember 1972 eine Aktion durch, die beträchtliches Aufsehen erregte. Sie ließ sich während einer Demonstration in einem «Schandkarren» von einem «Priester», einem «Arzt» und einem «Richter» durch die Mariahilfer Straße ziehen. Zum Schluss zerschlug sie das Holzgerüst mit einer Axt. Ohne diese Aktion hätte die Abtreibungs-Demonstration kaum ein mediales Interesse ausgelöst. (Riese 1989, S. 23).

Wer die heutige Vielfalt der kulturellen Szene in Wien von der Bildenden Kunst über den Film bis hin zu Provokationen und Performances kennt, kann sich die damalige Situation kaum vorstellen. Dieser radikale Aufbruch schuf die Basis für «gemäßigtere» Formen, die anerkannt sind. Die Provinzialität in Bezug auf Kunst ist aber immer noch in Teilen der Gesellschaft vorhanden, wie die Proteste gegen das (relativ brave) Orgien-Mysterien-Theater von Hermann Nitsch in den 1990ern zeigten oder die Häme, die 1991 über Otto Mühl gegossen wurde, als die Justiz späte Rache am Wiener Aktionismus nahm und ihn zu sieben Jahren wegen sexuellem Missbrauch von Kindern in seiner Kommune verurteilte, die er bis zum letzten Tag absaß (zu problematischen Elementen seiner AAO-Kommune vgl. unten)[9].

Für Teile der Wiener Subkultur blieb der Aktionismus nicht wirkungslos. So wurde 1969 die Performance- und Musikgruppe *Drahdiwaberl* gegründet, deren exzessive Bühnenshows Elemente des Aktionismus aufgriffen. Auch wenn sie heute nicht mehr wirklich schockieren können, treten sie immer wieder auf, um Revolten und Bewegungen zu unterstützen oder auch sie zu ironisieren (z.B. mit neuen Auftritten und einer CD «Torte statt Worte» in Zusammenhang mit der Bewegung gegen schwarz-blau im Jahr 2000, vgl. unten).

In der ersten Hälfte der 1960er entstanden eine Reihe von Strukuren, die Kommunikation und Information zwischen verschiedenen sozialen, politischen und künstlerischen Gruppen und Individuen förderten und herstellten (darum würden sie genauso zur Subkultur passen, wie zu den KünstlerInnen, aber eben im Übergang zu den «politischen» StudentInnen). Eine solche informelle Gruppe war der «Freundeskreis», der sich seit 1959 regelmäßig traf und Veranstaltungen organisierte (Schwendter 1982, 2003, vgl. auch Keller 1983, S. 41). Häufig entfalteten sie ihre Aktivitäten in Wohnungen, es gab in Wien kaum Möglichkeiten, sich irgendwo am Abend zu treffen. Regelmäßig wurden hektographierte Informationsblätter erzeugt, die hauptsächlich der Veranstaltungsankündigung dienten. Im Laufe der Zeit waren in diesem Zusammenhang Hunderte, wenn nicht Tausende beteiligt. Viele wurden später AktivistInnen in den Gruppen der 1968er und danach. Schwendter (1982, S. 75) meint, er habe 1976 an die achtzig der in den 1960ern Beteiligten bei einer Großveranstaltung in der besetzten Arena wiedergetroffen. Ein ähnlicher Zusammenhang war die Dialog-Bewegung, ausgehend vom *Kreis 63*, einem Forum von LinkskatholikInnen, Sozialist-Innen und KommunistInnen, das sich im Café Hawelka traf. Dort ...*standen sich nicht Organisationen, repräsentiert durch ihre Spitzenfunktionäre gegenüber, um für ihre Mitglieder Entscheidungen zu treffen. Hier fand die Konfrontation der Überzeugungen im persönlichen Gespräch statt*[10] (Keller 1983, S. 37). Personen um den *Kreis 63* organisierten ab 1963 die jährlich stattfindenden Ostermärsche für Frieden und Abrüstung. Und ab 1964 richteten sich diese Friedensmärsche immer stärker gegen den Krieg der USA in Vietnam.

«Studentenbewegung»

Der Begriff «Studentenbewegung» entstand, weil die theoretisierenden ProtagonistInnen Studierende waren, noch mehr aber, weil sie sich auch an Krawallen beteiligten. Das, was medial als «Gewalt» zu verstehen ist, wurde bis dahin als proletarische oder subproletarische Kommunikationsform angesehen (über die Beteiligung Nicht-Studierender in der BRD 1968 vgl. Reitter 2002, S. 8). Die OrganisatorInnen, die Texte produzierten und zu Demonstrationen aufriefen, waren (auch in Österreich, wenn der Verband Sozialistischer Mittelschüler – VSM ausgenommen wird) studentisch, die nicht organisierten AktivistInnen kamen aus der (auch proletarischen) Subkultur. In einer nachfolgenden Beurteilung wurde 1968 als Schritt zur Reform von Hochschulen und Gesellschaft gesehen, die Institutionen und der Staat wurden ja durch die intellektuellen Eliten verändert. Tatsächlich interessierte sich ein maßgeblicher Teil der AktivistInnen mehr für eine Umwälzung der Gesellschaft.

Geht es um die Entwicklungen an den Universitäten, ist in jedem Fall von den Unruhen zu sprechen, die in der ersten Hälfte der 1960er stattfanden. Diese änderten nichts an der Dominanz der rechten Organisationen (dem katholischen Cartellverband – CV und dem hauptsächlich von rechtsradikalen Burschenschaftlern gebildeten Ring Freiheitlicher Studenten – RFS), deshalb werden diese nie in Zusammenhang mit 68 gesehen[11]. Im Dezember 1960 war die österreichische Rektorenkonferenz gezwungen, wegen Überfüllung private Säle, u.a. in Kinos, anzumieten, um einen geregelten Studienbetrieb zu gewährleisten (Eppel / Lotter 1981, S. 449). Gegen diese Raumnot demonstrierten immer wieder Studierende (am 29. Mai 1961, wo der Ring blockiert wurde und am 14. Dezember 1962, Keller 1983, S. 29). Im Mai 1963 rief die Hochschülerschaft zu einer «Aktion Vorschrift» auf. Die Studierenden sollten alle inskribierten Vorlesungen besuchen, um die Raumnot sichtbar zu machen. «Wilde» Demonstrationen am 17. Mai in der Wiener Innenstadt waren die Folge (Keller 1983, S. 30). In diesem Zusammenhang ertönten dann auch RFS-Parolen wie «Pittermann in den Kongo» und «Pittermann – Sozisau» (Keller 1985, S. 120). Die Hochschülerschaft sagte daraufhin alle weiteren Demonstrationen ab, weil die Aktionen *«von unreifen und radikalen Studenten zu Krawallen und Übergriffen mißbraucht»* wurden (Eppel / Lotter 1981, S. 451). Eine Liberalisierung der Universitäten war zu diesem Zeitpunkt noch nicht denkbar, aber immerhin wurde über Reformen diskutiert.

Die eigentliche Bewegung war mit hektischen Aktivitäten der Linken verbunden. In Österreich dominierten noch traditionelle Demonstrationsformen, «Provokationen» beschränkten sich auf radikale Transparentsprüche durch den VSM. Ab 1967 änderte sich die Haltung der AktivistInnen. *Direkte Aktionen* und *begrenzte Regelverletzungen* wurden theoretisiert und praktiziert. *Sit-ins, Go-ins, Love-ins* etc. vermittelten sich selbst und forderten keine «inhaltliche» Diskussion. Menschen konnten teilnehmen, auch wenn sie nicht in die linken Organisationen eingebunden waren. Mensch musste sich nicht anschließen, sondern wurde selbst aktiv. Der Einsatz des eigenen Körpers machte auch die Attraktivität für Jugendliche aus, die sich als «Subkultur gegen das Establishment» sahen. Vielfach wurde der eigene Körper (lange Haare, Kleidung) zum Zeichen für Widerstand. Keller (1983, S. 49) beklagt die mangelnde Bereitschaft zur kontinuierlichen politischen Arbeit. Aber gerade durch den Einsatz des «ganzen Lebens» innerhalb der Bewegung konnte Aktivität durch revolutionäre Träume nur kurzfristig aufrecht erhalten werden. Längerfristig dominierte dann wieder der Alltag:

Teach-in 1968, Uni Wien
(Foto: Franz Naetar)

das Studium musste fortgesetzt oder ein Job zum Überleben gesucht werden. Die den Wunsch auf Veränderung nicht aufgaben, entwickelten später die verschiedenen Kommune- und Alternativprojekte oder bauten die politischen Gruppen der 1970er, die «K-Gruppen» auf (vgl. unten). Diese Bewegung unterschied sich von früheren auch durch die Bezugnahme auf internationale Entwicklungen, besonders auf jene in Vietnam. Linke Regime wurden kaum kritisiert, trotzdem verstand sich ein Großteil der AktivistInnen kritisch gegenüber der Sowjetunion und anderen kommunistischen Staaten. Wenn es Identifikationen gab, dann mit «kämpfenden Völkern» wie den VietnamesInnen[12].

Um 1968 gab es drei Kristallisationskerne, zwei davon mit veränderten traditionellen Organisationsstrukturen. Die sogenannte «Basis» orientierte sich zwischen 1967 und 1969 weniger an den Organisationsdirektiven, sondern am Aktionismus der Bewegung. Da waren einmal der VSM und Verband Sozialistischer Studenten Österreichs (VSStÖ), die immer wieder zu Demonstrationen aufriefen, die dann, sicher auch im Sinne vieler ihrer Mitglieder, radikaler abliefen als die Polizei erlaubte und trotz Parteiverbot häufig gemeinsam mit KommunistInnen stattfanden (*Der VSStÖ distanziert sich andauernd von sich selbst.* Schindel 1998, S. 73). Weiters die Freie Österreichische Jugend (FÖJ) und die Vereinigung Demokratischer Studenten (VDS), die durch die «austro-eurokommunistische» Wende sehr viel Spielraum hatten und in dieser Zeit kaum von der KPÖ gegängelt wurden (die ja im Prinzip konservativ geblieben war, wie die Normalisierung nach 1969 zeigte). Die Gruppe, die am deutlichsten die Ideale von 1968 repräsentierte, war die so genannte «Kommune Wien». Nach einem Intermezzo als Sozialistische Österreichische Studenten (SÖS) benannte sie sich in Föderation Neue Linke (FNL) um und verschwand dann von der Bildfläche.

Der VSM, 1953 gegründet, war von Beginn an am linken Flügel der SPÖ angesiedelt. Ein direktes Verhältnis zum «Heroismus des Austromarxismus» bestand, wie auch gute Kontakte zu Josef Hindels, der als linkes Gewissen der SPÖ galt. Die linke Politik der MittelschülerInnenorganisation brachte den VSM immer öfter in Konflikt mit der Partei. So wurde die Verbindung zum SDS (Sozialistischer Deutscher Studentenbund), auch nach seiner Trennung von der SPD aufrecht erhalten. Im Mai 1964 wurde der Vorsitzende der deutschen SozialdemokratInnen Willy Brandt mit Transparenten «Herr Brandt – wir wollen ein sozialistisches Europa» und «Kein Marxistenausschluß aus der SPD» empfangen, die den VSMlerInnen von ParteifunktionärInnen entrissen wurden (Svoboda 1986, S. 87). Mitglieder einer trotzkistischen Gruppe wurden ausgeschlossen, weil sie beim Maiaufmarsch der KPÖ im Spalier gestanden hätten. Dennoch konnten sie den VSM weiter beeinflussen (Svoboda 1986, S. 94, Keller 1983, S. 25[13]). Sein Auftreten gegen Franz Olah und das Engagement in den Auseinandersetzungen um Borodajkewycz vergrößerte den Einfluss des VSM. Der permanente Widerspruchsgeist, insbesonders gegen die Parteiführung, erleichterte die Entwicklung in eine antiautoritäre Richtung (Svoboda 1986, S. 112ff).

Der VSStÖ war seit 1959 unter einer «rechten» Führung, die eigentlich in ihren gesellschaftlichen Einschätzungen näher an der Realität war als der austromarxistische Romantizismus des VSM. Die FunktionärInnen erkannten die Überholtheit der traditionellen ArbeiterInnenbewegung durch die Entwicklungen des Kapitalismus. Diese «kulturrevolutionäre» Position brachte sie dazu, Theodor W. Adorno und Ernst Bloch nach Wien einzuladen (Keller 1983, S. 27). Der VSM galt immer als links, der VSStÖ als rechts, was über die politischen Standpunkte der einzelnen Mitglieder wenig aussagte. «Rechte» Mitglieder im VSM wurden erst auf der Universität aktiv, «linke» VSStÖ-Mitglieder mussten stillhalten und blieben in Kontakt mit dem VSM. 1965 drohte ein Machtkampf, den VSStÖ zu spalten, Anfang 1966 konnten die «Linken» die Bundesführung übernehmen. In der Folge entwickelten sich drei Strömungen im VSStÖ und im VSM (Keller 1983, S. 49ff): einmal jene, die die alte austromarxistische Politik fortführen wollte, sich als «grundsatztreue Opposition» sah und deren Haupttätigkeit in Aufforderungen an die Mutterpartei bestanden, doch endlich nach links zu gehen. Dann ein Flügel, der sich aktionistisch und antiautoritär entwickelte. Dieser weigerte sich, an den Ostermärschen 1967 teilzunehmen, weil die Forderungen zu wenig radikal waren. Eine dritte Strömung sah sich in der Tradition Marcuses und der Frankfurter Schule, die besonders die Kritik an der «Eindimensionalität» der hochentwickelten Industriegesellschaften in den Mittelpunkt rückte[14]. Der VSStÖ, der sich nie von der SPÖ abnabelte, organisierte trotz oftmaligen Verboten durch Parteigremien eine Reihe von Veranstaltungen und Demonstrationen.

Eine Konsequenz der Tauwetterperiode in der Sowjetunion waren die «Thesen über Perspektiven», die am 19. Parteitag der KPÖ im Mai 1965 beschlossen wurden und für kurze Zeit eine «eurokommunistische» Wende einleiteten (Spira 1979, S. 52)[15]. Die Möglichkeit für offenere Diskussionen wirkte sich besonders auf die Jugendorganisation FÖJ aus, eine Radikalisierung der Positionen bei deren Mitgliedern war die Folge. Nachdem der VDS im Herbst 1967 von der FÖJ wieder politisch aktiviert wurde, sah sich aus Konkurrenzgründen auch der VSStÖ zu radikaleren Aktionen gedrängt (Keller 1983, S. 64).

Die Mitglieder der FÖJ-Gruppe des 1. Bezirkes, die ihre Abende häufig im Café Hawelka ausklingen ließen, gründeten die «Kommune Wien». *Im Zusammenhang mit der Gründung der neuen Gruppe [der FÖJ] [...] kam es zu Konflikten mit anderen Bezirken, da unser Programm sehr attraktiv war, und wir regen Zulauf hatten. Wir wurden innerhalb kurzer Zeit zu einer der stärksten Bezirksorganisationen in Wien. Natürlich entstanden die Konflikte auch deshalb, weil wir eindeutig die Linie der Eurokommunisten unterstützten. [...]*

Die FÖJ-Gruppe ging zum großen Teil in die «Kommune Wien» über, dem Vorreiter und radikalsten Teil der Wienerischen Studentenbewegung. Das war im Herbst 1967. Zu diesem Zeitpunkt verließ ich auch die KPÖ. (Robert Schindel in Makomaski 2001, S. 147).

Eine der ersten Aktionen der begrenzten Regelüberschreitung wurde am Vorabend des 1. Mai 1967 gesetzt[16]. Während die Polizei mit einem starken Aufgebot die griechische Botschaft bewachte, am 21. April 1967 hatte in Griechenland das Militär geputscht, standen vor der amerikanischen Botschaft nur fünfzehn Polizisten. Diese wurden durch einen Demonstrationszug überrascht, der sich vom traditionellen Fackelzug der Sozialistischen Jugend (SJ) zur US-Botschaft bewegte. Sie hätte leicht gestürmt werden können. Die 300 DemonstrantInnen kehrten aber nach einem kurzen Sitzstreik wieder zum SJ-Aufmarsch zurück (Keller 1983, S. 45). Die Polizei revanchierte sich für diese Niederlage vor der US-Botschaft bei einer Kundgebung am 4. Mai 1967 gegen das griechische Obristenregime. Die DemonstrantInnen wurden vor der griechischen Botschaft verprügelt, was zu einigen Verletzten führte (Keller 1983, S. 46).

Ab dem Herbst 1967 übernahm die Kommune Wien die politische Initiative. Sie entstand aus einem Freundeskreis im Café Hawelka um Robert Schindel und dem aus dem VSStÖ ausgeschlossenen SDSler Günther Maschke, der als Deserteur die BRD verlassen musste. Maschke berichtete über die Entwicklung in der BRD und als Robert Schindel nach einem längeren Besuch beim Berliner SDS und in den beiden Kommunen zu Beginn des Wintersemesters 1967 nach Wien zurückkehrte, wurde eine Organisation gegründet, die frei vom Ballast der traditionellen Linken (SPÖ und KPÖ) war (Keller 1983, S. 52). Bei einem Go-in des VSStÖ gegen Hochschultaxen am 3. Oktober 1967, trat die Kommune das erste Mal öffentlich auf und erweckte gleich großes Interesse bei den Studierenden, besonders innerhalb der Linken. *Von den VSStÖlern erhielten sie [...] den Spitznamen «Kommunarden». Die Bezeichnung Kommune Wien blieb der informellen Gruppe, obwohl sie ihrem Selbstverständnis nach eher die Konzepte des SDS als die der Kommunen I und II verwirklichen wollte.* (Keller 1983, S. 53). Die Kommune rief für den 9. Oktober zu einem Love-in in der Universität auf. Am gleichen Tag war Maschke verhaftet worden, weil er in der BRD als Deserteur gesucht wurde. Am 12. Oktober wurde aus diesem Grund wieder ein Sit-in durchgeführt und Agitproptheater gespielt: *Das durchaus lehrreiche Spiel von der Verhaftung und Einkerkerung des Günther Maschke, dargestellt von der Schauspieltruppe der Kommune unter Anleitung des Herrn Hofrat Doktor Puffer in der Aula der Universität mit einem erbaulichen Dankchoral an die Staatspolizei und an die Gefängnisverwaltung auf der ehemals Kaiserin Elisabethpromenade zu Wien.»* (Keller 1983, S. 54).

Am 15. Oktober 1967 organisierten die Kommunarden vor dem Polizeigefängnis Roßauer-Lände einen Sitzstreik, den sie aber nach dem Einschreiten der Polizei abbrachen. Maschke wurde schließlich nicht per Schub in die BRD transportiert, wo ihn eineinhalb Jahre Gefängnis wegen Desertion erwarteten, er durfte nach Kuba ausreisen, dem einzigen Staat, der zu seiner Aufnahme bereit war.

Die Kommune Wien erhielt schnell Zulauf [...] [Die Neuen] faszinierte der Anspruch, gemeinsam geänderte Lebensverhältnisse aufzubauen. Die künstlerischen Aktionisten hängten sich an die Kommune an. [...] Otto Mühl plante psychoanalytische Gruppenexperimente; [...] Joe Berger plante mit seinen Freunden die Besetzung des Burgtheaters – der Versuch wurde abgebrochen, weil der Portier fragte: «Was? Das wollt ihr besetzen? Da sind doch nur Rentner drinnen!» [...]

Die Kommune Wien bestand am Höhepunkt ihres Einflusses aus etwa fünfzig Aktivisten, von denen ein Teil in zwei Wohngemeinschaften zusammenlebte. Ihre Entscheidungen fällten die Kommunarden in öffentlich zugänglichen Vollversammlungen, die meist den Vorschlägen der Kerngruppe folgten. (Keller 1983, S. 58).

Am 22. Februar 1968 störten Jugendliche von VDS und FÖJ den Opernball. Eine Blockade auf der Kärntner-Straße löste die Polizei auf, aber in der Oper konnten Flugblätter geworfen werden (Keller 1983, S. 64). Als am 11. April auf Rudi Dutschke geschossen wurde (ein *anarchistischer Kommunist* Kronenzeitung nach Keller 1983, S. 66), demonstrierten auch in Wien an die 500 Menschen. *Die Kundgebungsteilnehmer zogen – ihren Marsch auf jeder Kreuzung durch einen Sitzstreik unterbrechend – zur Wiener Niederlassung der Springer-Zeitung*

Hör zu. VSStÖ-Funktionäre hielten Hitzköpfe vom Sturm auf das von einem Polizeikordon gesicherte Gebäude ab. Weiter ging der Zug zur Oper und in die Kärntnerstraße. An der Stelle, wo bei der Borodajkewycz-Demonstration Ernst Kirchweger erschlagen worden war, fand eine Gedenkminute statt. Am Stephansplatz löste sich die Demonstration auf. [...] Eine Kundgebung vor der BRD-Botschaft am Abend verlief ebenfalls in bemerkenswerter Ruhe [...] (Keller 1983, S. 68)

Zum Jahrestag der Machtergreifung durch das griechische Obristenregime wurden Scheiben der Botschaft eingeschlagen und am 21. April 1968 während der Auferstehungsprozession der griechisch-orthodoxen Gemeinde eine Protestkundgebung abgehalten (Keller 1983, S. 69). Beim Aufmarsch der SPÖ am 1. Mai 1968, beinahe so heilig wie für die Kirche die Fronleichnamsprozession, wurden alle Transparente penibel kontrolliert, die Angst vor einer Störung durch «Studenten» war besonders groß. Die Zwischenfälle blieben aber aus. Das zu störende Objekt der Begierde war ein anderes, das Blasmusikkonzert[17]. *Für den Nachmittag des 1. Mai hatte ein Aktionskomitee sozialistischer Studenten zu einer Kundgebung aufgerufen. Das Komitee bestand aus Kommunarden und unzufriedenen VSStÖlern. [...] Als eine Trachtenkapelle alpenländische Weisen intonierte, begannen einige Demonstranten Reigen zu tanzen, andere bildeten im benachbarten Rathauspark Diskussionsgruppen.* (Keller 1983, S. 72). Allein die Anwesenheit der anders aussehenden StudentInnen, die sich scheinbar anpassten, aber genau dadurch die SPÖ-Trachtencodes störten, waren eine Provokation. Kurz vor Beginn der Fernsehübertragung wurde die polizeiliche Räumung des Platzes angedroht. Die Polizeikommandos wurden mit Ho-Ho-Holaubek-Rufen (nach dem damaligen Polizeipräsidenten) begrüßt, es kam wie so oft zu erheblichen Verletzungen. *Nach Ablauf des Ultimatums griff die Polizei ein – trotz beginnender Auflösung und flehender Bitten von VSStÖ-Funktionären [...] Es hagelte Fußtritte und Faustschläge. «Friedliche» Musikfans unterstützten die Ordnungshüter tatkräftig. Die Polizei ließ schon gefangene Demonstranten flüchten, um sie nochmals zu stellen und zu Boden zu werfen. Wachmänner knüppelten Demonstranten, sodaß sie auf die mit SPÖ-Prominenz gefüllte Tribüne kletterten, von wo sie in die Hände der Polizei gestoßen wurden. Ein Mädchen, das von den Ordnungshütern niedergetreten worden war, mußte verletzt ins Spital. Einen Demonstranten schleiften die Polizisten einige Meter an den Haaren übers Pflaster.* (Keller 1983, S. 72). Am zweiten Mai traten eine Reihe von Mitgliedern aus Protest gegen die SPÖ aus dem VSStÖ aus. Ein Teil von ihnen gründete mit der Kommune Wien den Sozialistischen Österreichischen Studentenbund (SÖS), der sich am 16. Mai der Öffentlichkeit präsentierte.

Im Mai 1968 war der politische Höhepunkt ein *Teach-in* über «Weltrevolution

Als sich der Rektor einer studentischen Öffentlichkeit stellt, benutzt das die FNL mit Unterstützung der Kabarettgruppe «die Komödianten» zu einer Aktion (Foto: Franz Naetar)

und Konterrevolution» mit Bahman Nirumand, einem dem deutschen SDS nahestehenden Perser. Nach dieser Veranstaltung am 29. Mai wurde der Hörsaal 1 besetzt, spät in der Nacht hielten einige Betriebsräte der Floridsdorfer Lokomotivfabrik Reden und sprachen über die drohende Schließung des Werks. Die Besetzung wurde am nächsten Tag beendet, damit sich die TeilnehmerInnen an der großen SchülerInnendemonstration beteiligen konnten. Dabei wurde auch die Parlamentsrampe gestürmt. *Im Lycée traten die Oberstufenschüler aus Solidarität mit den französischen Studenten in den Streik. Im Gymnasium Stubenbastei boykottierten die Oberstufenschüler am Tag der Schülerdemonstration den Unterricht. Von den Professoren am Verlassen des Gebäudes behindert, besetzten sie den Zeichensaal und diskutierten dort ihre Forderungen.* (Keller 1983, S: 78).

Am 4. Juni wurde dem SÖS untersagt, sich so zu nennen, weil er mit dem VSStÖ hätte verwechselt werden können. Die Veranstaltung «Kunst und Revolution» mit den AktionistInnen am 7. Juni war eine Scheidelinie. Die Reaktionen der Linken auf die mediale Hetzkampagne zeigte, dass die politisch gewordenen StudentInnen nicht mit der künstlerischen Radikalität umgehen konnten (noch heute reden alte Linke von einer «kleinbürgerlichen Aktion»). Ein Großteil der Mitglieder distanzierte sich vom SÖS und den AktionistInnen. Nach einer Erklärung löste sich auch der Rest-SÖS auf. Als Nachfolgeorganisation wurde die FNL gegründet. Dem VSStÖ war es immerhin gelungen, durch Filibuster- und Stör-aktionen das Disziplinarverfahren gegen die studentischen SÖSler zum Scheitern zu bringen. (Keller 1983, S:78ff).

Am 17. Oktober hätte die Inauguration des neuen Rektors gestört werden sollen. Die wenigen, die es geschafft hatten, früh genug im Festsaal zu sein, wurden von RFSlerInnen und Korpsstudenten unsanft aus diesem befördert. Die später hinzu gekommenen GenossInnen *warteten nun in der Aula auf das Ende der Veranstaltung. Die Würdenträger, nun nicht mehr so gut abgeschirmt vom studentischen Saalschutz, fanden sich in einer Traube von Studenten eingeschlossen, Konfetti wurden gestreut, Paradeiser flogen* (Ebner / Vocelka 1998, S. 182).

Ebner / Vocelka (1998, S. 185) sehen den eigentlichen Höhepunkt der Bewegung im Jänner 1969. Während sich die Linken bisher auf zivilen Ungehorsam beschränkt hatten und dafür von der Polizei mit Prügel bedacht wurden, wurde an diesem Tag die Konfrontation gesucht.

Der Schah hielt sich am 20. Jänner in Wien auf, Kundgebungen begleiteten den Besuch: DemonstrantInnen waren vor dem Amerika-Haus und vor dem Hotel Imperial. Vor der Oper flogen auch Steine und die Polizei prügelte. Ein Teil der DemonstrantInnen flüchtete über den Ring in die Universität und besetzte das Auditorium Maximum. Der Siegfriedkopf in der Aula, von antisemitischen StudentInnen und ProfessorInnen gestiftet, wurde mit Kot beschmiert (Keller 1983, S. 84).

Am Dienstag, den 21. Jänner wurden StudentInnen und oppositionelle Perser-Innen mit Latten und Eisenstangen von Schah-AnhängerInnen («Jubelperser») geschlagen. 3000 Menschen beteiligten sich am nächsten Tag an einer Demonstration für die Ausweisung des persischen Geheimdienstes. *Die Demonstranten verließen den schützenden Universitätsboden [...] Ihnen folgten Gegendemonstranten, hauptsächlich RFSler, mit Sprechchören wie «Bravo Polizei!», «Nieder mit den roten Fahnen!», «Lieber tot als rot!» Bei der Freyung hinderte ein Polizeikordon die Kundgebungsteilnehmer am Weitermarsch.* Trotz der polizeilichen Drohung, die Kundgebung aufzulösen, zogen die Demonstranten, die während der Aussprache einen Sitzstreik abgehalten hatten, über den Graben Richtung Oper weiter. Bei der Oper gab es neuerliche Prügeleien, Flüchtende verfolgte die Polizei bis zum Schwarzenbergplatz (Keller 1983, S. 84ff).

Die Verhaftung des Obmannes des oppositionellen Iranischen Studentenvereins Esmail Salem löste weitere Aktivitäten aus, so ein *Teach-in* im Hörsaal 1 der Universität. *Am Dienstag, den 27. Jänner 1969, wurde ein Protest-Sitzstreik organisiert. Am Dienstag traten österreichische und iranische Studenten in den Hungerstreik [...] Einziges Zugeständnis der Sicherheitsbehörden war, daß Salem*

Demonstration vor der Oper gegen den Besuch des Schah von Persien am 20. Jänner 1969
(Foto: Franz Naetar)

nicht in den Iran abgeschoben wurde, was einem Todesurteil gleichgekommen wäre, sondern in ein Land seiner «Wahl» ausreisen durfte (Keller 1983, S. 86ff).

Nachdem amerikanische SoldatInnen Anfang Mai 1970 in dem schon bisher bombardierten Kambodscha einmarschierten, verzeichneten viele westliche Staaten große Demonstrationen (z.B. versammelten sich an die 100.000 ManifestantInnen in Washington). Auch in Wien wurde mobilisiert, so fand bereits am 8. Mai eine kleinere Kundgebung statt. *Am 13. Mai wurde das Dachgeschoß der Akademie der Bildenden Künste besetzt, die Fahne der vietnamesischen Befreiungsfront gehißt und ein Transparent «Nieder mit dem Scheiß-US-Imperialismus» entfaltet. Besetzt wurde auch das soziologische Institut der Universität Wien. Vom Dach des Hotels Bristol, dem Sitz der US-Delegation bei den SALT-Gesprächen, flatterte [...] die Fahne der vietnamesischen Befreiungsfront. Im okkupierten Hörsaal 1 des neuen Institutsgebäudes fand ein Teach-in zwecks Vorbereitung der weiteren Aktionen statt.* Fünftausend Menschen demonstrierten, im Anschluss trafen sich viele wieder zu einer Veranstaltung im Audimax (Keller 1983, S. 110ff).

Studentische Organisationen, insbesonders der VSStÖ, versuchten ab 1969 autonome Gegenmachtpositionen an den Universitäten zu entwickeln. Immer wieder wurden Störaktionen durchgeführt, die VertreterInnen mehrerer Institute schlossen sich zu einer IVK («Institutsvertreterkonferenz») zusammen, die dann auf alle österreichischen Universitätsstädte ausgeweitet wurde. Die IVK verlangte nicht nur Reformen, sondern die völlige Neugestaltung der Universitätsstruktur, ad hoc-Maßnahmen seien nur zur Behebung der gravierendsten Missstände zulässig (Keller 1983, S. 89ff). *Ende des Sommersemesters 1969 sprengten Institutsvertreter eine öffentliche Sitzung des Hauptausschusses der Österreichischen Hochschülerschaft in Salzburg. Das war der Auftakt für eine Kampagne, mit der die Wahl des Rektors durch alle akademischen Bürger – Studenten, Assistenten, Professoren – durchgesetzt werden sollte.[...]* Die offiziellen Wahlmänner kürten in wenigen Minuten den Wunschkandidaten der Professoren. *Der VSStÖ forderte die Studenten zur Nichtanerkennung der Wahl auf. Allgemein wurde diese Erklärung als Aufruf zur Störung der Inaugurationsfeier gewertet, [...] Aus Angst vor Zwischenfällen sagte der Rektor die Feiern in Wien ab.[...]*

Als 109 Hochschulprofessoren in einem Memorandum die Erhöhung des Sach- im Verhältnis zum Personalaufwand im Budget für die Hochschulen forderten, schlossen sich die Institutsvertreter Physik zur Verwunderung der Professoren dieser Forderung an und riefen zum Streik auf. Von den Physikern übernahmen die Geisteswissenschaftler die Streikparole. Der Ausstand wurde dann am 30. Oktober 1969 an allen Instituten, die Vertreter gewählt hatten, durchgeführt (Keller 1983, S. 90f). Ab dem Wintersemester 1969 / 1970 gründeten sich «Basisgruppen», denen die «Klassenanalyse» wichtiger war als die Auseinandersetzung mit Universitätsstrukturen. *Die IVK war nun einem Druck von rechts und links, von Hochschülerschaft und Basisgruppen ausgesetzt. 1970 sprengte der RFS eine Vollversammlung der IVK, die sie zwecks Neuwahl ihrer Sprecher für das Sommersemester abhielt* (Keller 1983, S. 107). Damit war der Versuch, eine Studierendenvertretung außerhalb der HochschülerInnenschaft zu gründen, gescheitert.

Die österreichische 68-Bewegung fiel durch einen Mangel an Theorie und durch geringe Militanz auf. Eine weitere Besonderheit im Unterschied zur BRD war, dass die studentische Linke bis in die 1990er nie eine Mehrheit bei den Universitätswahlen erreichte. Studierende, die gegen den katholischen Konservativismus rebellierten, fanden sich denn auch am ehesten in den Reihen von Burschenschaftern und NazianhängerInnen des RFS (wie nach den Unruhen am Anfang der 1960er). Die Konservativen aus dem CV konnten sich im Gegensatz dazu «antifaschistisch» geben, ihre eigene Vergangenheit des Austrofaschismus und der späteren Anpassung ans Naziregime musste nicht diskutiert werden. Als liberaler Kontrapunkt zum CV entstand Mitte der 1960er die Katholische Hochschulgemeinde (KHG). Selbst im CV entwickelte sich die Verbindung «Austria» nach links. Sie organisierte zur 600-Jahr-Feier der Wiener Universität 1965 ein Gegensymposion u.a. mit Rudolf Augstein, Manès Sperber und Ernst Bloch

(Ebner / Vocelka S. 66ff). In Graz gründete sich gegen die Dominanz des CV die «Aktion», von LinkskatholikInnen geprägt, eine ähnliche Gründung in Wien folgte – die Wiener Aktion konnte schon als «linksliberal» gesehen werden. Durch die Gründung der ÖSU (Österreichische Studenten Union, später in Aktionsgemeinschaft – AG umbenannt) wurde eine weitere Entwicklung des katholischen Milieus nach links aufgehalten, sie konnte die nächsten Jahrzehnte in relativ loser Verbindung mit der ÖVP die Universitäten dominieren. Einige der ProtagonistInnen der «Aktion» näherten sich der SPÖ an, andere bildeten die liberale Wiener ÖVP (Erhard Buseks «bunte Vögel» der 1970er). Der RFS, der sich um 1968 mit seinem Kampf gegen die Linke profilieren wollte, verlor immer mehr an Zustimmung. Dafür tauchten neue Organisationen an den Universitäten auf, die konservativ-monarchistische JES (Junge Europäische Studenteninitiative) und als Nazi-Splittergruppe die ANR (Aktion Neue Rechte). Ihr war der RFS und die Burschenschafter bereits zu nahe an etablierte Strukturen herangerückt[18].

Eine Neue Linke

In der zweiten Hälfte der 1960er verband sich die subkulturelle und künstlerische Revolte mit der Linken und veränderte die Art der Aktivitäten. Direkte Aktionen ergänzten die üblichen Demonstrationen. Die «Studentenbewegung» war ein Kristallisationspunkt für einen vielfältigen Aufbruch «gegen das Establishment». Während sich ein großer Teil der AktivistInnen an die herrschenden Institutionen in den sozialdemokratischen Parteien oder im akademischen Betrieb anpasste, agitierten andere unter proletarischen und subproletarischen «Randgruppen» oder suchten für einige Jahre ihre Hoffnung in der Kopie der kommunistischen Organisationen der 1920er und 1930er Jahre.

Demokratie und Revolution

In der ersten Hälfte der 1970er schien der Aufschwung der Linken unübersehbar. Neben dem Wachsen linksradikaler Gruppen nahmen soziale Auseinandersetzungen in Europa, aber auch in anderen Teilen der Welt zu, von Streiks in Italien und Großbritannien bis zu von Massen unterstützten Guerillaaktionen in Lateinamerika. In einer Anzahl europäischer Staaten regierte die reformistische Linke, in Österreich die Kreisky-Regierung. Die Ölkrise 1973 machte die (vermeintliche) Abhängigkeit von den Ölstaaten und die Schwäche des Imperialismus sichtbar. 1974 verfolgte die Welt die Watergate-Affäre, US-Präsident Richard Nixon musste zurücktreten (er hatte angeordnet, WahlkämpferInnen der konkurrierenden Demokratischen Partei abzuhören). Die USA zogen sich bis 1973 aus Vietnam zurück. Im April 1975 marschierte die vietnamesische Befreiungsarmee in Saigon ein, kurze Zeit später übernahm der Pathet Lao die Macht in Laos. Die Roten Khmer hatten Pnom Phen schon zwei Wochen vorher erobert. Dort errichtete Pol Pot aus einer Utopie des ländlichen Kommunismus heraus ein Schreckensregime, durch das 20% der Bevölkerung umkamen. 1978 eskalierte der durch nationalistische Emotionen aufgepeitschte Konflikt zwischen Vietnam und Kambodscha. Die VietnamesInnen marschierten in Kambodscha ein und beendeten das Pol-Pot-Regime. China griff daraufhin Vietnam an, wurde aber zurückgeschlagen. Die Welt schien wieder einmal am

Rand eines Krieges zu stehen, der auch mit Atomwaffen geführt hätte werden können. Nachdem in Lateinamerika in den 1960ern die linksnationalistischen Bewegungen meist durch Militärputsche beendet worden waren, erlebte die Linke Ende der 1960er, Anfang der 1970er einen neuen Aufschwung. Diese Entwicklungen wurden jäh gestoppt, 1972 durch einen Putsch in Uruguay, der lateinamerikanischen Schweiz, 1976 in Argentinien. Am meisten Aufmerksamkeit erregte der Putsch in Chile am 11. September 1973 gegen die seit 1970 regierende gewählte Volksfrontregierung von Salvador Allende. Damit wurden nicht nur Proteste gegen die Unterdrückung durch das Regime von General Augusto Pinochet provoziert, es emigrierten auch viele linke politische Flüchtlinge nach Europa, nicht nur aus Chile, sondern auch aus anderen lateinamerikanischen Ländern. Die Politik der damaligen Kreisky-Regierung gewährte diesen relativ leicht Asyl, was die Linke in Österreich verstärkte und auch kulturelle Auswirkungen hatte. Auftritte lateinamerikanischer Folkloregruppen waren bei linken Festen nicht mehr wegzudenken, lateinamerikanische Lokale entstanden als linke und alternative Treffpunkte in Wien.

1974 / 1975 wurde auch Europa von vermeintlichen Revolutionen erschüttert. Im April 1974 putschten in Portugal linke Militärs, wodurch eine revolutionäre Dynamik ausgelöst wurde: Fabriken wurden besetzt, Großgrundbesitz enteignet, eine starke radikale Linke entstand aus dem (scheinbaren) Nichts. Die seit 1967 bestehende griechische Diktatur stürzte 1974 aus eigener Unfähigkeit, aber auch unter dem Druck einer starken linken Bewegung. Auch in Spanien wurde nach dem Tod des Diktators Francisco Franco im Dezember 1975 in einem friedlichen Übergang die Demokratie eingeführt. Alle drei ehemaligen Diktaturen verzeichneten einen Aufschwung der radikalen Linken[1]. In der weiteren Entwicklung wurden diese drei Staaten «normale» westliche Demokratien. In Portugal wurde eine Revolution durch militärischen Druck der NATO, aber auch durch massive finanzielle Unterstützung der gemäßigten Linken durch die BRD verhindert (ob eine Umwälzung tatsächlich möglich gewesen wäre, lässt sich natürlich nicht sagen). So überraschend die (scheinbar) revolutionären Entwicklungen gekommen waren, so schnell waren die Hoffnungen wieder verflogen.

«Arbeiterjugendliche» und SchülerInnen gegen das Bundesheer

Töchter und Söhne von KPÖlerInnen und SPÖlerInnen bildeten den Kern des Aktivismus von 1968 (vgl. Salanda 1998, S. 366ff). Die Faszination von 1968 und das internationale Klima bewirkten die Politisierung junger Menschen. Jugendliche auch aus ehemals faschistischen oder MitläuferInnenfamilien gerieten in Bewegung.

Die erfolgreichste Gruppe bei der Organisation von «Arbeiterjugendlichen» war jene, die sich ab 1970 «Spartakus» nannte. Den Kern bildete eine 1968 gegründete Wohngemeinschaft im sechsten Wiener Gemeindebezirk. Diese Gruppe verstand sich als «Kampforganisation der österreichischen Arbeiterjugend» (Svoboda 1986, S. 160). Es begann mit der Kampagne zur Unterstützung der Fürsorgezöglinge des Caritasheimes in der Geblergasse, das nach dem Ausscheiden der letzten Leiterin in Selbstverwaltung geführt wurde. Von den Kirchenoberen wurde es aber aus «hygienischen und baupolizeilichen Gründen» geschlossen. Die nun unterstandslosen InsassInnen biwakierten aus Protest in einem Zeltlager im Rathauspark. Von dort durch die Polizei vertrieben, begannen sie einen Hungerstreik in der Türmerstube des Stephansdomes. Nachdem auch dort die Polizei einschritt, besetzten die HeiminsassInnen einen leeren Tigerkäfig im Tiergarten Schönbrunn. Immer wieder folgten Verhaftungen. Die Aktionen um das Caritas-Heim waren die Initialzündung für die Kampagne «Öffnet die Heime!». Bei verschiedenen Veranstaltungen und Diskussionen standen die in der Jugendstrafanstalt Kaiser-Ebersdorf verwendeten «Resozialisierungsmethoden» im Mittelpunkt[2]. Die Linken halfen auch praktisch, indem sie entlaufenen Zöglingen Unterschlupf gewährten (Keller 1983, S. 97).

Einige Aktionen verstärkten das militante Image der zukünftigen Spartakisten. Um gegen die Privatisierung von Teilen der verstaatlichten Industrie zu protestieren, besetzten AktivistInnen den Siemens-Pavillon auf der Wiener Herbstmesse 1969. Auch bei der Besetzung des Daches des Wiener Neustädter Raxwerkes waren sie maßgeblich beteiligt, wo sie rote Fahnen hissten und gegen den Ausverkauf österreichischer Firmen protestierten. *Staatspolizisten konnten von den vier noch am Dach befindlichen Manifestanten zwei zum freiwilligen Abstieg bewegen, zwei mußten gewaltsam abgeseilt werden* (Keller 1983, S. 99). 1971 wurden die Festgenommenen wegen Sachbeschädigung verurteilt. Im November 1969 wurde der Twen-Shop als «größte Jugendmesse, die Wien je sah», von der Tageszeitung Kurier veranstaltet. Neben Firmen konnten sich dort auch linke Organisationen präsentieren. Nach ersten Auseinandersetzungen tauchte ein Flugblatt auf, in dem es u.a. hieß: *«Twenshop-Revolte, Dienstag, 4. November, 20 Uhr, prügelnde Ordner, Polizeiterror. Bilanz: Mehrere Verletzte, drei Verhaftete. Das wahre Gesicht des Twen-shop. Habt ihr immer noch nicht verstanden? Entweder ihr kommt gar nicht mehr zum Twen-Shop oder ihr kommt bewaffnet! Organisiert euch! Schließt euch zusammen! Verteidigt euch!»*. Bei Michael Genner – einer wichtigen Person des zukünftigen Spartakus – fand eine Hausdurchsuchung

WIR BRAUCHEN

...deine Fähigkeiten, deine Zeit, deine Freunde, deine Phantasie, dein Moped, deinen Hass, dein Geld, deine Intelligenz, deine technischen Kenntnisse, deinen Mut, deine Kraft...

DICH

ÖFFNET DIE HEIME

Plakate des Spartakus

statt. Er wurde wegen Anstiftung zum Aufstand angeklagt und saß sechs Wochen in U-Haft. Später wurde er wegen «Aufwiegelung gegen Polizeibeamte» zu einem Monat verurteilt (Keller 1983, S. 99ff). Ab 1970 wurde die Zeitung *Nachrichten für Unzufriedene* herausgegeben, die sich besonders mit den Problemen von «Arbeiterjugendlichen» auseinandersetzte. Die Militanz machte die Organisation für viele attraktiv, aber auch die Konsequenz bei der Unterstützung von Jugendlichen gegen Institutionen, Polizei und Eltern, wenn sie von daheim oder aus Heimen abgehauen waren. Es wurde versucht, das eigene Leben mit dem politischen Kampf zu verbinden. *«Ich kämpfe für mich und meine Freunde. Und mein Freund bist du und auch du. Aber glaube ja nicht, wir sind die Caritas, wenn ich davon spreche, daß wir für euch kämpfen, dann meine ich, daß wir gemeinsam mit euch kämpfen werden, für uns. Ist das klar?»* (Nachrichten für Unzufriedene Nr. 1, S. 19, vgl. auch 1983, S. 115). Neben dem Kampf gegen Autoritäten, war es die Thematisierung der Sexualität, der den «Spartakus» für Jugendliche interessant machte.

Die Heimkampagne wurde weitergeführt, es wurde versucht, die Kampagne vom «Subproletariat» auf Lehrlinge auszudehnen. So wurde im Sommer 1970 in Mürzzuschlag ein Lehrlingslager durchgeführt, das von Rechtsradikalen überfallen wurde. In der Verteidigung wurde Norbert Burger von der NDP (National-demokratische Partei) von den BewohnerInnen des Camps «festgenommen» und der Polizei übergeben. Am 29. Jänner 1971 wurde *eine Demonstration vor dem Durchzugsheim Im Werd im zweiten Wiener Gemeindebezirk durchgeführt, die mit Polizeigewalt beendet wurde. Die Forderung «Reißt die Gitter aus den Fenstern», war mit einer Initiative zur Schaffung eines Jugendheimes verbunden worden.* Im Februar wurde vor einem Erziehungsheim in Linz Wegscheid demonstriert, wo sich einige Beteiligte weitere Verfahren einhandelten (Neues Forum 218, Februar 1972, S. 37ff). Der Kampf gegen Jugendheime und damit die Erziehungsproblematik waren zentrale Anliegen der Gruppe. Einen Höhepunkt erreichte die «Heimkampagne» mit einer Demonstration am 25.3.1971 in Kaiser-Ebersdorf, an der annähernd tausend Jugendliche teilnahmen (Svoboda 1986, S. 161).

1972 war die Spartakus-Gruppe mit einer Reihe von Verfahren eingedeckt. Demonstrationsdelikte häuften sich, hinzu kam noch die «Entführung Minderjähriger» und auch kriminelle Aktivitäten von (entflohenen) Heimzöglingen. Michael Genner sagte dazu 1986 in einem Club 2: *« Ich glaube, ich kann sagen, daß allerhand Kreise in der österreichischen Polizei gerne gehabt hätten, daß wir die Rolle der österreichischen Baader-Meinhof-Gruppe übernehmen, und uns dazu drängen wollte. Das ist ihnen nicht gelungen.»* (Svoboda 1986, S. 163). Die Kerngruppe flüchtete in die Schweiz und gründete in den nächsten Jahren die «Kooperative Longo mai» (vgl. unten). Genner (1998) meint, sie hätten die Verfahren damals durchstehen sollen und zur Agitation nützen, statt ins Exil zu gehen. Aber es dominierte die Einschätzung, dass Österreich auf dem Weg zum Faschismus sei, dass es nur die Alternative gegeben hätte, in den Untergrund zu gehen. Auf jeden Fall wurde durch das Exil eine Reihe von Jugendlichen im Stich gelassen. Die Heimkampagne zeitigte trotzdem Ergebnisse. *Unsere Aktionen führten (freilich erst nach unserer Emigration) zur Heimreform: Kaiser-Ebersdorf und alle Bundeserziehungsanstalten wurden aufgelöst. An ihrer Stelle richtete die Bewährungshilfe, wie wir es gefordert hatten, offene Wohngemeinschaften ein* (Genner 1998, S. 290).

Mit Unterschichtjugendlichen («Randgruppen») zu arbeiten, bedeutete notwendigerweise die Auseinandersetzung mit Gewalttätigkeit. Einerseits konnte dadurch ein funktionierender OrdnerInnendienst (z.B. gegen die Nazis bei der Lütgendorfdemo vgl. unten) gewährleistet werden, andererseits wurden Konflikte mit anderen linken Gruppen mit *schlagenden Argumenten* (Keller 1983, S.114) ausgetragen, was den «Heimspartakus» weiter isolierte. Probleme bereiteten auch autoritäre Strukturen, die sich letztlich bis in die «Kooperative Longo mai» auswirkten (vgl. unten, Genner 1998). Bevor sich der Spartakus 1972 auflöste, war er die einzige linksradikale Organisation, die (begrenzte) Anziehungskraft auf ArbeiterInnenjugendliche hatte.

Während die Bewegung an den Universitäten stagnierte, erreichten Unruhen die Mittelschulen und breiteten sich auch außerhalb von Wien aus. Schon am 30. Mai 1968 streikten die MittelschülerInnen des Gymnasiums Stubenbastei, um an der SchülerInnendemonstration teilzunehmen. Die antiautoritäre Strömung im VSM setzte durch, dass die Schulpolitik und nicht politische Diskussionen im Zentrum standen. In der folgenden Phase hatte der VSM so großen Einfluss wie nie zuvor[3]. Es wurde eine neue Zeitung mit dem Namen «frontal» produziert, die besonders nicht organisierte SchülerInnen ansprechen sollte. Regional begrenzte Schulkonflikte wurden beschrieben, aber auch Themen wie Pop-Musik, Sexualität und das österreichische Bundesheer (Svoboda 1986, S. 139). Eine Erklärung vom Oktober 1968 zeigt, was die Attraktivität von SchülerInnenzeitungen (in diesem Fall durch den VSM) ausmachte: «*Wir haben eine ganz enorm teuflische Absicht: Wir wollen direkt in den Schulen die Revolution anheizen und deshalb Zeitungen oder ähnliches Druckwerk fabrizieren, welch selbiges zur Beschimpfung der Professoren dienlich sein soll.*» (Zitiert nach Svoboda 1986, S. 138).

Ein Streik der MittelschullehrerInnen für höhere Löhne am 14. Oktober 1969 heizte die Diskussionen unter SchülerInnen noch einmal an. Für die LehrerInnen gälte eine Doppelmoral, einerseits nützten sie alle demokratischen Möglichkeiten bis zum Streik, andererseits gewährten sie den SchülerInnen nicht einmal die Grundrechte (Keller 1983, S. 94, vgl. LeserInnenbriefe, Neues Forum 191, November 1969, S. 635ff). Im November 1969 lud das Bundesministerium für Unterricht zu einem «Schülerzeitungsseminar» mit einer Reihe politischer Jugendorganisationen ein. Trotz der Dominanz konservativer Organisationen wurde eine Resolution verabschiedet, die Forderungen gegen die Einschränkung der Herausgabe von SchülerInnenzeitungen aufstellte: *Da der Abnehmerkreis der Schülerzeitungen sich auf Schüler beschränke, sei es logisch, daß Herausgeber, Verantwortlicher und Redakteure Schüler seien. Eine Änderung der Rechtslage (Großjährigkeit) und eine Neufassung des Schulunterrichts- sowie des Pressegesetzes wurden verlangt. Die Ablehnung der Zensur, die Versammlungsfreiheit bei Redaktionssitzungen und eine Möglichkeit, bei Anwendung von Repressionen seitens der Schulbehörde eine beim Unterrichtsministerium einzusetzende Schiedskommission zu informieren,...* (Svoboda 1986, S. 164ff). Im Februar 1970 organisierten der VSM, das Evangelische Jugendwerk und die Institutsvertretung der Pädagogischen Akademie eine «Kritische Schule»[4]. Anlässlich eines Seminars im Albert-

Schweitzer-Haus am 2. November 1970 *schloß sich ein Großteil der etwa fünfzig Schülerzeitungen dem neugegründeten Österreichischen Schülerzeitungszentrum (ÖSZ) an, das sich als Basisgruppe Kommunikation der Schülerbewegung im Kampf um eine demokratische Schule verstand. Das ÖSZ stand in einem Naheverhältnis zum VSM, der seine gesamten technischen Hilfsmittel zur Verfügung stellte. Die inhaltliche Beeinflussung erfolgte jedoch nicht über bürokratischen Druck, sondern durch intensive Diskussionen* (Keller 1983, S. 95).

Da die Zeitung «frontal» nur eine vertriebene Auflage von 7000 (statt 10.000 bis 15.000) erreichte, wurde sie 1970 wieder eingestellt (Svoboda 1986, S. 140), löste aber eine Welle von Schülerzeitungsgründungen aus. 1971 existierten annähernd 130 SchülerInnenzeitungen, wobei einigen überregionale Bedeutung zukam (Svoboda 1986, S. 165, vgl. Anzeigen im Neuen Forum 1971)[5]. Der antiautoritäre Impuls wurde durch die allgemeine Diskussion über Sexualität und die «Studentenbewegung» gefördert, *eine gewisse atmosphärische Unterstützung bedeutete auch der damals populäre Film «if»* (Keller 1983, S. 94), in dem es um eine Revolte von SchülerInnen geht. Im Zusammenhang mit der SchülerInnen-zeitungsbewegung erreichten die Unruhen viele Schulen außerhalb der Universitätsstädte. Am bekanntesten wurde die Affäre um den Geschichts-professor Johann Stadler in Mürzzuschlag. Er war als Erwachsener verantwort-lich für die SchülerInnenzeitung «plus» des Bundesgymnasiums Mürzzuschlag. Ein Artikel über die Inhaftierung von Michael Genner bei der Twen-Shop-Aktion und das Wort «Onanie» wurden zum Anlass genommen, disziplinäre Maßnahmen gegen den Lehrer einzuleiten. Geschichtsunterrichtsverbot war die Folge. 1971 war er Mitorganisator eines Polit-Musicals «Mürzer Hair» und wur-de daraufhin versetzt. *Die mittlerweile österreichweite Publizität trug dann dazu bei, daß Unterrichtsminister Fred Sinowatz Mitte November 1971 das vom steiri-schen Landesschulinspektor ausgesprochene Klassenvorstands- und Geschichts-unterrichtsverbot wieder annulierte* (Svoboda 1986, 131ff). Und noch ein Beispiel: 1971 beging ein linker Schüler in Vöcklabruck Selbstmord, weil er von seiner Schule entfernt wurde. Der Vorzugsschüler wurde von den LehrerInnen schikaniert, nachdem er sich kritisch geäußert hatte. Der Direktor der Schule weigerte sich, eine schwarze Fahne aufzuziehen und verbat jede Kundgebung, trotzdem demonstrierten dreißig SchülerInnen (Neues Forum 217, Jänner 1972, S. 47ff)[6]. Ein Höhepunkt der SchülerInnenbewegung war eine Demonstration am 27. April 1972. *So wurde die [...] Demonstration gegen den «Maturantenerlaß» - er bot dem Ministerium die Möglichkeit, Maturanten nach der Matura zum Präsenzdienst einzuberufen - mit einer Teilnehmerzahl von 3500 bis 4500 durch Agitation und Blockbildung der linken Schüler in eine antimilitaristische*

Demonstration umfunktioniert. Nach einem Beitrag der Zeitschrift «Projektil» sollen es 10.000 Demonstranten gewesen sein.
Die Demonstration brachte den erhofften Erfolg. Der zuständige Minister Karl Lütgendorf erklärte sich bereit, ab dem Jahr 1972 die Maturanten den Präsenzdienst in zwei Teilen zu je drei Monaten ableisten zu lassen (Svoboda 1986, S. 137ff, zur Bewegung gegen das Bundesheer vgl. unten). *Die Demonstration gestaltet sich zu einer Demonstration gegen das Bundesheer um, wobei die Bannmeile des Parlaments verletzt wird* (Eppel / Lotter 1981, S. 397). Ein Zeichen für die Politisierung der MittelschülerInnen war auch die spätere Veränderung des linken Potentials an den Universitäten, die im Anschluss an die Matura besucht wurden. Keller (1983a, S. 161) schlüsselt die Wahlergebnisse der Linken bei ÖH-Wahlen auf, bei denen zwischen 1971 und 1974 ein deutlicher Sprung stattfand: 1967: 13,1, 1969: 13,2, 1971: 13,2, 1974: 26,4, 1975: 26,5, 1979: 26,7, 1981: 26,2[7].

Im gleichen Zeitraum spitzte sich die Bewegung gegen das Bundesheer zu. Antimilitaristische Aktivitäten hatten in Österreich Tradition. So protestierten bereits nach der Unterzeichnung des Staatsvertrags 1955 sozialistische Jugendorganisationen gegen die Einführung des Bundesheeres, später gegen die Grußpflicht und den Drill. In der ersten Hälfte der 1960er wurde im Rahmen der Ostermarschbewegung der «Thirring-Plan» (benannt nach dem sozialistischen Bundesrat und Universitätsprofessor Hans Thirring) vorgelegt, der die Abschaffung des Bundesheeres vorschlug. Als wegen des sowjetischen Einmarsches in die Tschechoslowakei im Sommer 1968 der Präsenzdienst verlängert wurde, reagierten die dann doch nicht Abrüster in den Kasernen mit Wut und Empörung. *Bei einer großen Diskussionsveranstaltung mit Jugendlichen in der Wiener Stadthalle zum Nationalfeiertag entrollten Teilnehmer ein Transparent mit der Aufschrift: «Wir fordern die Abschaffung des Bundesheeres». Eine Wanderausstellung «350 Jahre österreichische Armee» wurde in Innsbruck von sozialistischen Studenten mit Rufen wie «Nieder mit dem Bundesheer» empfangen.* In Wien und einigen Landeshauptstädten gab es Demonstrationen gegen die «Wehrmilliarde». *Damit kam die Kampagne richtig ins Rollen. Popularisiert wurde sie durch ein Bed-in von John Lennon und Yoko Ono im Hotel Sacher und ihren auf Millionen Platten zu hörenden Ruf «Give peace a chance!». Viele Diskussionsveranstaltungen fanden statt, in der Diskothek camera obscura etwa und in den Jugendsendungen des Rundfunks und des Fernsehens.*

Im Oktober 1969 präsentierte der VSM ein Manifest «Reformiert das Bundesheer!» mit einer Fülle von Vorschlägen (Verkürzung des Präsenzdienstes, Soldatengewerkschaft, Abschaffung des Uniformzwanges außerhalb der Kasernen, des Exerzierens, der Rangabzeichen usw.). Die Mittelschüler wollten ihr Manifest als

Minimalplattform verstanden wissen, aus der die prinzipielle Notwendigkeit des Bundesheeres nicht abgeleitet werden dürfe[8] (Keller 1983, S. 95ff).

Durch «Zufall» entstand dann das «Volksbegehren gegen das Bundesheer». Nach einem als Aprilscherz gedachten Artikel im Neuen Forum, mit einer angeblichen Rede von Außenminister Kurt Waldheim «Warum das Bundesheer aufgelöst wurde?» schlug jemand in einem LeserInnenbrief ein Volksbegehren vor. In der Dezembernummer 1969 (Heft 192) des Forum wurde diese Idee aufgegriffen und bereits eine Reihe von befürwortenden bis begeisterten Briefen abgedruckt. Das Volksbegehren enthielt als entscheidende Punkte die Abschaffung des Bundesheeres, sowie die Versetzung des Kaderpersonals in die Gendarmerie und in einen Katastrophendienst. Das Heft 192 des Neuen Forum wurde mit einer erhöhten Auflage gedruckt und enthielt ab dieser Nummer immer eine Beilage, die sich «Kleine österreichische Soldatenzeitung» nannte. Berichte über Schikanen in den Kasernen, Diskussionsbeiträge zum gewaltfreien Widerstand, LeserInnenbriefe und verschiedene Pressereaktionen wurden abgedruckt. Die Unterstützung des Volksbegehrens weitete sich bis in konservative Kreise aus. Teile des CV erklärten sich bereit, es zu unterstützen. Die Salzburger Nachrichten sprachen von einer «Leserbriefflut auch in unserer Zeitung» zum Thema Bundesheer (Neues Forum Nr. 194, S. 175). Bei den Nationalratswahlen im März 1970 gewann die SPÖ die relative Mehrheit und bildete eine Minderheitsregierung. Ein Grund für den Erfolg der SozialdemokratInnen war der Slogan «Sechs Monate Bundesheer sind genug».

Die Bundesheerkampagne löste nicht nur Diskussionen, sondern auch Aktionen aus. So wurden im Juni 1970 bei einem Rotkreuzfest in Grieskirchen, bei dem sich auch das Bundesheer präsentierte, Flugzettel mit dem Spruch «Das Bundesheer ist eine Mörderbande» verteilt. Eine Anklage folgte. (Neues Forum 219, März 1972, S. 28). Beim «großen Zapfenstreich» am 14. Mai 1970 in Salzburg wurde ein mit Fett beschmiertes Ferkel ausgelassen, das die Ordnung des Bundesheeres ein bisschen durcheinander brachte. Das Tier ließ sich zwischen den stramm stehenden Soldaten nicht so leicht fangen. Polizei und Militärpolizei prügelten auf echte und vermeintliche DemonstrantInnen ein und nahmen einige fest. Das Salzburger Volksblatt erschien mit der Schlagzeile: *Aktionseinheit: Gammler und ein Schwein.* Auf Grund der Vorfälle in Salzburg verweigerte Anfang Juni ein Leutnant den Wehrdienst: *«Das Bundesheer ist eher eine Gefährdung der Demokratie.»* (Neues Forum 198/199, Juni, Juli 1970, S. 767).

Warum die Initiative für das Volksbegehren einschlief, ist unklar. Fritz Keller meint: *Die 28.000 gesammelten Unterschriften ließ mein sozialdemokratischer Mitstreiter Günter Nenning, Herausgeber des Neuen Forums, später verschwinden.*

Er wollte sich bei der, ab März 1970 mit Duldung der FPÖ, amtierenden SPÖ-Minderheitsregierung Kreisky lieb Kind machen (Keller 1998, S. 373). Eine konsequente Umsetzung hätte aber auch nichts geändert, Volksbegehren müssen im Parlament diskutiert werden und verschwinden dann meist ohne Konsequenzen in einer Schublade. Trotzdem wurde eine Bewegung ausgelöst, deren Dynamik sich nicht so leicht eindämmen ließ. Die Wehrgesetznovelle (die dann am 15. Juli 1971 verabschiedet wurde) sah einen Wehrdienst von sechs Monaten und zwei 14-tägige Waffenübungen vor. Diese Wehrdienstverkürzung wurde als nicht genügend empfunden. Außerdem provozierte der Haarschnitterlass, «Bärte und Beatle-Haarschnitt (lange Haare) sind verboten», vom 10. März 1971 (gerade zu einer Zeit, wo die Haare immer länger wurden). Immer wieder wurde der Wehrdienst verweigert, besonders brutale Ausbildner («Schleifer») angeprangert und die Diskussion um einen Alternativdienst weitergeführt.

Am 20. Mai 1971 hielt Verteidigungsminister Lütgendorf eine Rede vor dem Kameradschaftsbund, in der er die positive Rolle des Bundesheeres in der Ersten Republik hervorhob (es wurde 1934 gegen die sozialdemokratischen Arbeiter-Innen eingesetzt, gab aber 1938 keinen Schuss gegen die Nazis ab) und von einer Bedrohung durch «geistig verblendete und von ausländischen Anarchisten gesteuerte Heißsporne» sprach (das Folgende nach der Berichterstattung im Neuen Forum Heft 211/212, Juni / Juli 1971). Er relativierte zwar nachträglich seine Aussagen, aber es war klar, dass er die AktivistInnen des Bundesheervolksbegehrens meinte. Schon am 27. Mai 1971 wurden schwarze und rote Transparente gegen das Bundesheer vom Dach des Verteidigungsministeriums und aus dem Karl-Marx-Hof entrollt. Am 4. Juni fand ein *Teach-in* statt, bei dem Zitate von «General Lü» präsentiert wurden und unter den Anwesenden Gelächter auslösten. Am 8. Juni demonstrierten in Wien über 3000 TeilnehmerInnen, aber auch in Linz waren es 500, in Salzburg[9] 1000 und in Innsbruck 500 Menschen. Die SPÖ hatte ihren Jugendorganisationen verboten, an diesen Demonstrationen teilzunehmen, trotzdem protestierte ein Demonstrationsblock mit den Tafeln «Ich bin SPÖ-VSStÖ-Mitglied»[10]. Auch der VSStÖ forderte in einem Manifest «Weg mit Lü, weg mit dem Bundesheer». Das Verteidigungsministerium und die Albrechtskaserne wurden von DemonstrantInnen eingeschlossen. Nicht nur der Rücktritt Lütgendorfs wurde gefordert, sondern auch die Gründung von Kasernenkomitees und die Beendigung der Zusammenarbeit des Bundesheeres mit Rechtsradikalen. 100 bis 200 NDP-AnhängerInnen versuchten zu provozieren. Die Demonstrationsleitung verlangte von der Polizei die Entfernung der rechtsradikalen StörerInnen, sonst würden es die DemonstrantInnen selbst tun. In kurzer Zeit kam die Polizei dieser Aufforderung nach.

An dieser Anti-Bundesheer-Demonstration beteiligten sich zahlreiche «Arbeiterjugendliche», was mit der unmittelbaren Betroffenheit aller männlichen Jugendlichen zu tun hatte, aber auch, weil der «Spartakus» den OrdnerInnendienst organisierte.

In den Wochen nach der Demonstration steigerten sich die Aktivitäten in und um die Kasernen, die meisten waren nicht spektakulär. In vielen Kasernen wurden Komitees gegründet. Ein weiteres wichtiges Ereignis war die schon erwähnte antimilitaristische Demonstration gegen den «Maturantenerlaß» am 27. April 1972. Neben den Komitees entstanden auch einige (kurzlebige) Soldatenzeitungen (z.B. aus dem VSM-Umfeld *links um* in Linz, *spindzeitung* in Salzburg). Die Auseinandersetzung mit dem Bundesheer beschäftigte die «Szene» weiter. Als am 15. August 1974 der Präsenzdiener Kurt Wandl bei einer Übung an einem Hitzschlag starb (Eppel / Lotter 1981, S. 398), war das ein neuerlicher Anknüpfungspunkt für linke AntimilitaristInnen. Am 6. März 1974 wurde das Zivildienstgesetz beschlossen, das am 1. Jänner 1975 in Kraft trat. Es herrschte die nicht unberechtigte Angst, dass die «Neue Linke» innerhalb des Heeres zuviel Unruhe stiften könnte. Das wurde innerhalb der revolutionären Organisationen auch so diskutiert, so wurde verlangt, dass die Mitglieder der Gruppen den Präsenzdienst ableisten sollten und nicht den Zivildienst (am stärksten forcierte das der maoistische KB). Die antimilitaristische Bewegung wurde durch diese Reformen, aber auch durch die Abänderung des Maturantenerlasses geschwächt. Trotzdem bestand zwischen dem Dezember 1976 und März 1979 die Soldatenzeitung «Querschläger». Diese löste sich auf, als sie sich in eine antimilitaristische und eine maoistische («für die Volksbewaffnung») Fraktion spaltete. Die Nachwirkungen der Anti-Bundesheer-Bewegung waren vielfältig. Erwähnt sei noch das legendäre «Anti-Schleiferfest» am 27. Juni 1976 am Wiener Naschmarkt, von dem zur Besetzung der Arena mobilisiert wurde (vgl. unten).

Die Sprache der Vergangenheit («K-Gruppen»)[11]

Bis Ende der 1960er hatten die radikaleren AktivistInnen das Gefühl, die Revolution stünde vor der Tür und es bedürfe nur noch wenig Anstrengung, bis die Bevölkerung aus ihrer Lethargie erwachen würde. Aber im August 1968 wurde der Reformkommunismus in der Tschechoslowakei durch die Panzer der Warschauer-Pakt-Staaten niedergewalzt, in Frankreich gewannen die Konservativen die Wahlen. Überall stagnierten die Bewegungen, mehr Militanz und Organisation erschien notwendig. Der *Heimspartakus* versuchte den Ärger und die Wut des (Sub)Proletariats in revolutionären Kampf umzuwandeln. Er scheiterte (auch) an der Überforderung mit dem Leben der Unterschichtjugendlichen. Durch die Umwälzungen um 1968 war der VSStÖ zwar in eine organisatorische Krise gekommen und hatte viele AktivistInnen verloren, diese wurden jedoch durch neu politisierte StudentInnen ersetzt, die sich erst ab dieser Zeit der (linken) Sozialdemokratie annäherten. Die Föderation Neue Linke (FNL) konnte sich nie konsolidieren und löste sich nach einem Thesenpapier über italienische Arbeitskämpfe 1971 auf (Keller 1983, S. 102).

Mit der einsetzenden «Normalisierung» der KPÖ um 1969 und 1970 lösten sich einige Intellektuelle um die Zeitung «Wiener Tagebuch» und die formal unabhängige Freie Österreichische Jugend (FÖJ) von der Partei. Die FÖJ bildete in der ersten Hälfte der 1970er mit ihrem «Club Links» in der Odeongasse eine relativ undogmatische Organisationsstruktur. Gemeinsam mit der FÖJ kehrte auch ein Teil der Betriebskader der KPÖ den Rücken. Da die «Arbeitsgemeinschaft für Gewerkschaftliche Einheit» (GE) von ReformkommunistInnen formal angemeldet worden war, konnten sie den aus der KP-Vergangenheit übernommenen Namen behalten. Die KPÖ war so gezwungen, als neue Gewerkschaftsorganisation den Gewerkschaftlichen Linksblock (GLB) zu gründen. Die Vereinigung Demokratischer Studenten (VDS) als Studierendenorganisation der (damals noch Reform)-KPÖ durchlief eine Reihe von Spaltungen. Am 29. November 1970 beschloss eine Mitgliedervollversammlung den Ausschluss der EurokommunistInnen und benannte die Organisation in Marxistisch-Leninistische Studenten (MLS) um (Keller 1983, S. 118). Ende 1971 wurden die SympathisantInnen der «normalisierten» KPÖ ausgeschlossen, die später den Kommunistischen Studentenverband (KSV) gründeten. Im August 1972 bezog eine Minderheit der MLS trotzkistische Positionen, wurde ebenfalls ausgeschlossen und gründete daraufhin mit anderen die Gruppe Revolutionärer Marxisten (GRM) als Teilorganisation der 4. Internationale (Keller 1983, S. 120).

War die Palette der Bücher, die um 1968 gelesen wurden, breit und vielfältig (von kritischer Theorie und Marxismus über die Psychoanalyse bis hin zu AnarchistInnen und RätekommunistInnen, vgl. Reitter 2002, S. 15ff), so dienten die gelesenen Bücher immer mehr als Ausdruck der Zugehörigkeit zur jeweiligen Fraktion, Lenin und Trotzki den TrotzkistInnen und Lenin, Mao und schließlich auch Stalin den angehenden MaoistInnen (vgl. Salanda 1998, S. 379). Der antiautoritäre Spontaneismus der 68er wurde verantwortlich gemacht für geringe Fortschritte, leninistische Organisationen gaben die Sicherheit für die Aufrechterhaltung des revolutionären Elans. Das Leben wurde nicht mehr eingesetzt, weil es Spaß machte, mit sich selbst die Welt zu verändern und vice versa.

Nun hieß es, sich als Kader, als Berufsrevolutionär verpflichtet zu fühlen. Nicht selten ist das unsägliche Lenin-Zitat von den «Revolutionären als Tote auf Urlaub» gefallen. Um die augenscheinliche Schwäche der eigenen Gruppe zu kompensieren, wurde ein (revolutionäres?) Mutterland gesucht: die Sowjetunion für die KPÖ und den KSV und China für MLS und dem Kommunistischen Bund (KB).

In den Jahren nach 1968 war es modisch, links zu sein. Viele Studierende, die aus den Bundesländern nach Wien kamen, lernten in den dortigen sozialen Zusammenhängen die linken Gruppen kennen, denen sie sich häufig anschlossen. So konnten die linken Gruppen bis 1976 / 1977 immer wieder neue AktivistInnen gewinnen, wobei die Zugehörigkeit oft von zufälligen Bekanntschaften abhing. In dieser Zeit wuchsen die linken Organisationen, eine Dynamik, die die jeweiligen Parteiaufbauprojekte begünstigte[12].

Wer Mitte der 1970er als Linker auf die Unis kam, konnte sich zu dieser Zeit kaum vorstellen, dass das maoistische Intermezzo keine zehn Jahre andauern würde. Ende 1972 wurde der KB Wien als marxistisch-leninistische Organisation («ML») gegründet, bis 1974 auch die Kommunistischen Bünde in Graz, Salzburg/Hallein, Linz und Tirol, eine kommunistische Gruppe in Celovec / Klagenfurt sympathisierte mit dem ML. Zahlenmäßig bedeutend waren die Organisationen der Studierenden, die MLS, in Salzburg der Marxistische Studenten Bund (MSB). Bei den Wahlen an den österreichischen Universitäten 1974 erreichte die MLS 4,9%, 1975 3,9%, 1977 noch 3,1%. Zur Zeit ihres zahlenmäßigen Höhepunkts konnten die MaoistInnen in Wien Demonstrationsblöcke mit bis zu 1000 Mitgliedern und SympathisantInnen bilden. Nach eigenen Angaben wurden 1975 von der Nummer 4 des «Klassenkampf», dem Zentralorgan des KB, 5700 Stück verkauft (auch sonst dürften es an die 3000 gewesen sein). Der Bedeutung innerhalb der Linken war also beträchtlich (Svoboda 1998, S. 20). Im August 1976 wurde der KB Österreich gegründet, um nach der «vollständigen bürgerlichen Entartung» der KPÖ eine neue revolutionäre Kraft zu bilden. Als der KB in der Anti-AKW-Bewegung (vgl. unten) den größten Einfluss erreichte, hatte sein Niedergang schon begonnen. Schon 1975 wurde in einem internen Machtkampf eine Fraktion ausgeschlossen, was einige zweifeln ließ, ob sie in der richtigen Organisation seien. Forcierte Geldsammelaktionen (nach dem Parteiaufbau 1976 begann 1978 die Spendenkampagne «Landrover für Zimbabwe») und eine Kandidatur bei der Gemeinderatswahl 1978 in Wien und 1979 in Linz konnten die schwindende Attraktivität nicht überdecken. Anfang März 1980 spalteten sich die Reste des KBÖ. Ein Teil wollte eine vorsichtige politische Öffnung durchführen, der andere am ML-Konzept festhalten. Kurz darauf war der KBÖ politisch nicht mehr vorhanden[13]. Die Faszination des Maoismus ging von der Rebellion der Kulturrevolution aus, die wiederum einiges an Dynamik in die revolutionären Umwälzungen brachte. Revolution konnte im Gegensatz zur angepassten Politik der traditionellen kommunistischen Parteien als Prozess gesehen werden. Dieses revoltierende Moment, das vorher dem antiorganisatorischen Spontaneismus der «1968er» zugesprochen wurde, der in eine vermeintliche Sackgasse führte, konnte jetzt in organisatorische Stringenz («Ernsthaftigkeit») verwandelt werden. Die Bezugnahme auf Stalin war nicht ungebrochen, oft wurde das Diktum Maos zitiert, dass 70 Prozent der Aktivitäten des sowjetischen Siegers gegen den Nationalsozialismus gut gewesen seien und 30 Prozent schlecht. Und nicht zuletzt faszinierte die Parole «dem Volke dienen» die jugendlichen Intellektuellen, die dadurch einen (revolutionären) Sinn in ihrem Leben erkennen konnten. Die Ausrichtung auf «unterdrückte Völker» ermöglichte in der Anti-AKW-Bewegung eine Bündnispolitik, in der auch BäuerInnen vertreten waren[14]. Auch wenn gerade die MaoistInnen heftige Kritik am Antiimperialismus der übrigen Bewegung übten, um auf die «Arbeiterklasse» zu verweisen, passte das «Volks»-Konzept ganz gut zur damals verbreiteten Unterstützung des Befreiungsnationalismus.

In Österreich war der Trotzkismus innerhalb der revolutionären Linken immer stärker verankert als in der BRD. Vermutlich hat das damit zu tun, dass die Sozialdemokratie an ihren Rändern nach links offener war. So wurde ein Teil der GRM über den VSM und den VSStÖ politisiert und bildete dann stärkere Strukturen als anderswo. Auch der *Vorwärts* und der *Funke* (vgl. unten) entwickelten sich innerhalb der Jugendorganisationen der SPÖ. Die GRM war lange Zeit die größte und wichtigste trotzkistische Organisation[15]. Sie wurde 1972 durch Kader aus dem VSM und den MLS gegründet und gab ab 1973 die Monatszeitung «Rotfront» heraus. 1975 beteiligte sie sich an den Nationalratswahlen und konnte in Wien (sie kandidierte nur in Wien) 1000 Stimmen erreichen. Der Aufwand im Verhältnis zum dürftigen Ergebnis enttäuschte eine Reihe von AktivistInnen, viele verließen deshalb die Organisation (Angerer 1996, S. 189). Durch die (relativ) offene Politik gegenüber dem Feminismus und der undogmatischen Linken konnte die GRM bis 1979 ihren Einfluss wieder ausbauen. Auch bei HochschülerInnenschaftswahlen waren sie relativ erfolgreich, obwohl die Zahl ihrer Kader klein war. «Spontis» und andere unorganisierte Linke (vgl. unten) hatten selten Lust zu kandidieren, wodurch ein großer Teil des WählerInnenpotentials aus diesem Spektrum der GRM zufiel. 1979 / 1980 wurde auf Grund internationaler Diskussionen im Vereinigten Sekretariat der 4. Internationale (VS) eine Wende hin zu den Betrieben beschlossen. Die weitgehende Chancenlosigkeit dieser

«Permanente Revolution», Zeitschrift der IKL (1976)

Perspektive führte neuerlich zu Abgängen. 1980 ersetzte die Zeitung «Die Linke» die «Rotfront». Diese sollte mehr Diskussions- als Zentralorgan sein. 1986 wurde die GRM in SOAL (Sozialistische Alternative) umbenannt, im Studierendenstreik 1987 profilierte sich die SOAL mit einer täglichen Streikinfo (vgl. unten), konnte aber keine neuen Mitglieder gewinnen. Die damals im Zusammenhang mit der SOAL politisierten Jugendlichen waren mit der Annäherung an die Grünen unzufrieden, und schlossen sich jenen Gruppen an, die doktrinärer waren (RKL - Revolutionär Kommunistische Liga und ASt - ArbeiterInnenstandpunkt). Die SOAL ist heute eine kleine Gruppe, die noch immer ihre Zeitung «die Linke» herausgibt und sich in einigen wenigen Bereichen engagiert wie z.B. im *Austrian Social Forum* (ASF, vgl. unten).

In Wien überlebten trotzkistische Zirkel Austrofaschismus und Nationalsozialismus und es gab trotzkistische Gruppen in den 1950ern (vgl. Angerer 1996). So entstand 1976 eine weitere Gruppe, die Internationale Kommunistische Liga (IKL), aus Resten des schon vor 1968 bestehenden «Kampfbundes» gemeinsam mit GRM-DissidentInnen und einem Diskussionszirkel aus dem maoistischen Dunstkreis (das Folgende nach Angerer 1996, S. 196ff). Die IKL profilierte sich 1977 mit ihrem Aufruf zur Solidarität mit der revolutionären Linken, die auch bewaffnet kämpfte, zu dem Zeitpunkt als die staatliche Repression in Deutschland und am Rande auch in Österreich (vgl. unten) am schlimmsten war. Die Gründung 1976 bedeutete bereits den Zenit, denn erste Spaltungen begannen bereits 1977. Die sich abspaltende *Gruppe Commune* bildete später einen Kern der Alternativen Liste Wien (ALW). 1980 verließen einige GenossInnen die IKL, um eine kurzlebige Theoriezeitschrift *Der Marxist* herauszugeben. An der Frage der Wahlunterstützung für die SPÖ löste sich weiter die *Gruppe Arbeiterstandpunkt* (ASt, später *ArbeiterInnenstandpunkt*) Mitte der 1980er von der IKL. Die Rest-IKL gründete 1989 mit DissidentInnen der SOAL die *Revolutionär Kommunistische Liga* (RKL). Aus dem ASt entstand 1994 die *Arbeitsgruppe Marxismus* (AGM), die sich nicht als Parteiaufbauprojekt sah, sondern den Schwerpunkt auf die Beschäftigung mit theoretischen Fragen setzte. Alle diese Gruppen bestehen mehr oder weniger heute noch (die AGM spaltete sich im Herbst 2003)[16].

Vier Gruppierungen, die später entstanden, sollen hier noch erwähnt werden, weil sie in diesen Rahmen passen: der *Vorwärts*, die *Antifaschistische Linke* (AL) der *Funke* und die *Linkswende*. Der Vorwärts, entstanden 1981 innerhalb einzelner SJ-Gruppen (das Folgende nach Angerer 1996, S. 211ff), lehnte sich an die internationale *Militant*-Tendenz an, die als trotzkistisches Konzept den «Entrismus», die politische Arbeit in reformistischen Organisationen vertrat, um in revolutionären Situationen nicht den Kontakt zu den ArbeiterInnen zu verlieren. Ab 1991, verstärkt durch den Ausschluss von fünf VorwärtslerInnen aus der SJ, wurde die unabhängige antifaschistische Arbeit verstärkt und die Arbeit innerhalb der SP-Organisationen reduziert. Das Antifakomitee des Vorwärts engangierte sich in der *Jugend gegen den Rassismus in Europa* (JRE). Viele SchülerInnen fühlten sich durch die Antifa-Militanz angezogen. Durch die Gründung der *SchülerInnen AktionsPlattform* (SAP) konnte in die soziale Bewegung gegen das Sparpaket 1996 interveniert werden (vgl. unten). 1996 nabelten sich die VorwärtslerInnen endgültig von der SPÖ ab und gründeten die *Sozialistische Offensive Vorwärts* (SOV), die im Jänner 2000 in die *Sozialistische Linkspartei* (SLP) umbenannt wurde. Die TrotzkistInnen, die in den SPÖ-Jugendorganisationen blieben (besonders in Vorarlberg), begannen eine eigene Zeitung herauszugeben (*der Funke*) und dehnten ihre Aktivitäten von Vorarlberg nach Wien aus (vgl. Angerer 1996, S. 213ff). Eine weitere Abspaltung vom Vorwärts ist die *Antifaschistische Linke* (AL), die das enge Parteiaufbaukonzept der SOV nicht mitmachen wollte. Die Gruppe *Linkswende* bezieht sich auf eine internationale Strömung, die bereits in den 1950ern die SU als «staatskapitalistisch» analysierte. In der zweiten Hälfte der 1990er wurde sie von Kadern aus Großbritannien und Deutschland in Österreich aufgebaut und konnte durch ihren forcierten Aktivismus und die Einfachheit des Beitritts zwischendurch immer wieder Jugendliche anziehen.

Typisch für die damals entstandenen maoistischen und trotzkistischen Gruppierungen ist ein leninistisches Avantgarde-Verständnis und damit verbunden das Konzept des Parteiaufbaus mit der Ausbildung von Kadern und der Gewinnung von SympathisantInnen und Mitgliedern[17]. Die beschriebenen Gruppierungen sahen und sehen sich als zukünftige VertreterInnen der Massen / der ArbeiterInnen und agieren als deren virtuelle RepräsentantInnen. Sie kritisierten und kritisieren die «reformistische» Repräsentationspolitik, etwa der KPÖ oder der bürgerlichen Demokratie, aber nur, weil sie sich als revolutionäre MarxistInnen im Besitz des besseren Konzeptes glauben und auch wenn sie es oft bestreiten, eine Führungsrolle beanspruchen. In den 1970ern waren es zwei Bereiche, die für die leninistischen Organisationen von überragender Bedeutung waren: ArbeiterInnenkämpfe und internationale Solidarität. Diese sollen im folgenden betrachtet werden.

In der maoistischen und trotzkistischen Theorie, teilweise auch in der Praxis, wurde das Proletariat ins Zentrum gestellt. Dabei entstand ein recht bizarres Bild. Kopiert wurde die Sprache der Kommunistischen Internationale oder der Linksopposition der 1920er und 1930er Jahre. Diese wurde auf das heutige Bild der fordistisch integrierten ArbeiterInnenklasse projiziert. Die damaligen Erfolge der ArbeiterInnenbewegung in der Frühphase des Fordismus, verbunden mit dem Avantgarde-Anspruch der illegalen bolschewistischen Partei Lenins, wurden eins zu eins auf die heutige Situation gelegt. Zugleich wurde versucht, die Lebensform der heutigen Werktätigen zu übernehmen. So wurden in der Theorie die um 68 entstandenen kulturellen Widerstandsformen als kleinbürgerlich abgelehnt. Dabei wären gerade (ArbeiterInnen)Jugendliche anzusprechen gewesen, die nicht mehr so leben wollten wie ihre Eltern[18].

Gerade in der Phase zwischen 1970 und 1974, ein wenig noch bis 1976, war es in den Betrieben unruhiger als danach, auch wenn es sich bis auf den flächendeckenden LehrerInnenstreik im Mai 1973 um isolierte Aktivitäten handelte (vgl. den tabellarischen Anhang: Streiks in Österreich 1970-1981 in Karlhofer 1983, S. 150ff). Das lag wohl einerseits an der relativ starken individuellen Position der ArbeiterInnen zur Zeit der Vollbeschäftigung, aber auch an der Ansteckung durch die antiautoritäre Atmosphäre, in Italien oder Frankreich sicherlich mehr als in Österreich. Fast immer ging es um Lohnforderungen. Aber bei den spontanen, «wilden» Streiks und Aktionen war eine allgemein aufgestaute Konfliktsituation die Ursache der Unruhen. Die Forderungen wurden als Minimalforderungen verstanden, was eine Kompromisslösung erschwerte (Karlhofer 1983, S. 99).

Die Dominanz von Lohnforderungen ist darauf zurückzuführen, dass ArbeiterInnen «Geld» (im Sinne des Fordismus) als Machtverhältnis sahen, die eigene «Stärke» drückte sich in der Höhe des Lohns aus (Karlhofer 1983, S. 94). Beschissene Arbeitssituationen wurden für mehr Geld in Kauf genommen, trotzdem staute sich Wut auf, die dann in Auseinandersetzungen kulminierte.

Beispiele für nicht durch Lohn verursachte Konflikte waren ein Streik im Elektrounternehmen Elin in Weiz (Südsteiermark) im September 1970 und bei der Spritzgussmaschinenfabrik Engel in Schwertberg (Oberösterreich) im Jänner 1975. Bei Elin wurde ein auf einer Namensliste gewählter Betriebsrat nach einer Auseinandersetzung mit einem Werkmeister entlassen, weil er die Vorverlegung der Schicht forderte, damit die ArbeiterInnen noch die Autobusse erwischen konnten). Daraufhin legte die betroffene Abteilung die Arbeit nieder, die ArbeiterInnen zogen durch die Werkshallen, bis der ganze Betrieb mit 1200 Arbeitenden stillstand. Es gab keine Unterstützung durch die Gewerkschaft, der gefeuerte Betriebsrat wurde nicht wieder eingestellt (Karlhofer 1983, S. 84ff). Bei Engel weigerten sich die ArbeiterInnen spontan, das Betriebsgelände zu betreten, nachdem ein Zehn-Punkte-Programm mit einem neuem Akkord-Organisationssystem eingeführt wurde. Die Streikenden verzichteten auf jede Form der Organisation (darum konnten weder RädelsführerInnen ausgemacht, noch VerhandlerInnen gefunden werden). Die kompromisslose Forderung war die Absetzung des autoritären Werkdirektors. Der Streik endete mit einem Erfolg, der Direktor wurde versetzt, den ArbeiterInnen wurde nachträglich Geld ausgezahlt (Karlhofer 1983, S. 87ff).

Die «wilden» Lohnstreiks aus dem «Gußstahlwerk Judenburg» (die späteren Vereinigten Edelstahlwerke – VEW) im November 1972 (Karlhofer 1983, S. 55ff), bei der sich der Betriebsratsobmann Horst Skvarca profilierte (vgl. unten), von Böhler Ybbstal im Juli 1973 (Karlhofer 1983, S. 59ff) und Bauknecht Rottenmann im November 1970 (Karlhofer 1983, S. 69ff) zeigen, dass die Kampfsituationen immer aus einem Gefühl der Benachteiligung entstanden, im Vergleich mit Lohnverhältnissen anderer Beschäftigtengruppen, anderer Abteilungen oder auch in der Branche. Maßgeblichen Einfluss hatten hierfür nie Linksradikale oder studentische AktivistInnen, sondern meist SPÖ-Betriebsräte und in Randbereichen VertreterInnen des Gewerkschaftlichen Linksblocks (GLB) und der Gewerkschaftlichen Einheit (GE).

Zwei Ereignisse in Wiener Betrieben schufen eine Bühne für linksradikale Interventionen, auch weil sie sich gegen den ÖGB richteten. In der Polstermöbelfabrik Hukla verlangten die Beschäftigten (80% Frauen, 50% MigrantInnen) im Juni 1974 eine Anhebung der Löhne im selbem Ausmaß wie der zuvor abgeschlossene Kollektivvertrag für die holzverarbeitende Industrie. Als diese Lohnerhöhung nur den FacharbeiterInnen gewährt wurde, wurde das Kampfmittel «passive Resistenz» eingesetzt. Nachdem die «sechs größten Schreier» entlassen wurden, eskalierte der Konflikt. Die Folge: Streik um Lohnerhöhungen und für die Wiedereinstellung der Entlassenen. Der Chef setzte die Polizei ein, um StreikbrecherInnen in den Betrieb zu karren. Damit nicht genug, drohte auch die Gewerkschaft der Bau- und Holzarbeiter den Streikenden mit Kriminalisierung. Der Streik endete letzlich mit einem Kompromiss. Die Entlassungen wurden zurückgenommen, die geforderten Lohnerhöhungen konnten nicht durchgesetzt werden. FÖJ, KB und GRM waren mit den Streikenden in Kontakt und deren Hilfe wurde gern angenommen (Karlhofer 1983, S.72ff). Etwas anders war die Situation bei der Aufzugfirma Wertheim AG um die Jahreswende 1976 / 1977. Dieser Betrieb war in den Jahren vor 1968 kommunistisch dominiert, zur Zeit der Kämpfe hatten sowohl Betriebsräte wie ein großer Teil der Beschäftigten ein Naheverhältnis zur GE (Gewerkschaftliche Einheit). Der Arbeitskampf wurde vorbereitet, ein Aktionskomitee gegründet, um zusätzliche Prämien durchzusetzen. Der Konflikt dauerte drei Monate (von Dezember 1976 bis Februar 1977). Die Belegschaft setzte dabei verschiedene Formen des Kampfes ein (passive Resistenz, Punktstreik, rotierender Streik[19]), um der Betriebsleitung wenig Angriffsmöglichkeiten zu bieten. Koordiniert wurden die Maßnahmen durch das Aktionskomitee. Die Auseinandersetzungen endeten mit einem Teilerfolg. Den schlechter Verdienenden wurde eine Erhöhung der Bezahlung gewährt (Karlhofer 1983, S. 78ff).

Die wenigen Kämpfe in den Betrieben hatten keine Wirkung auf längere Zeit. Aus diesen minimalen Konflikten entstand nie eine widerständige Kultur, auch wenn es immer wieder kleinere Ausbrüche gab. Nur für die Gussstahlwerke Judenburg, die spätere VEW kann eine Linie gezogen werden zu den Abwehrkämpfen gegen die Zerschlagung der zentralen Strukturen des Fordismus, der verstaatlichten Industrie (vgl. unten).

Die internationalistischen Demonstrationen der 1970er (gegen den Militärputsch in Chile, zur Unterstützung politischer Gefangener im Iran, zu Vietnam) waren typischerweise aufgeteilt in die entsprechenden Blöcke: den KPÖ-Block, den KB-Block, den GRM-Block, die Anderen. Für den KB wurde in einer späteren Phase die Unterstützung konkreter Befreiungsbewegungen immer wichtiger, die «nicht revisionistisch» waren, d.h. die nicht von der Sowjetunion unterstützt wurden. Seit 1968 hatte sich die internationalistische Sichtweise verändert. Alle Gruppen der «Neuen Linken» bewerteten den bewaffneten Kampf nationalistischer Befreiungsbewegungen positiver als davor. Immer mehr ging unter, dass bei Lenin die Unterstützung unterdrückter Nationen ursprünglich nur als taktisches Moment eines revolutionären Internationalismus gesehen wurde. So neigte auch die GRM dazu, GuerillakämpferInnen besonders in Lateinamerika zu idealisieren oder die Kritik an stalinistischen Methoden der vietnamesischen KP zu vernachlässigen. Nur die IKL zeigte antiimperialistische Solidarität, kritisierte dabei aber die «bourgeoisen» FührerInnen der nationalen Befreiungsbewegungen.

Sowohl zu Beginn wie am Ende der Dominanz des leninistischen Parteiaufbaus ereigneten sich spektakuläre militante Demonstrationen, die hauptsächlich von diesen Gruppen organisiert wurden. Am 20. Mai 1972 sollte um 22.30 das Flugzeug mit dem amerikanischen Präsidenten Richard Nixon am Salzburger Flughafen ankommen. Am Nachmittag demonstrierte die KPÖ beim Bahnhof, während das sozialdemokratische Indochinakomitee eine Demo zum Flughafen anmeldete. Im letzten Augenblick wurde diese Demonstration ab der Schwedenbrücke, ungefähr drei Kilometer vom Ziel entfernt, untersagt. *Der Veranstalter löste die Demonstration noch vor der Schwedenbrücke auf, ermöglichte dadurch eine Umgehung der dort wartenden Polizeisperre, die Demonstranten durchsickerten oder umgingen drei weitere Polizeisperren, zuletzt schon im Dunkeln und in freier Natur und landeten – übrigens zu ihrer eigenen Überraschung – mitten auf der Rollbahn, statt ursprünglich 5000 immerhin noch 1500 Leute. (Andere beträchtliche Teile des Demonstrationszuges sickerten bis zum Flughafenempfangsgebäude durch.) Es wurde die erste gelungene Flughafenbesetzung in der Geschichte der linken Protestbewegung (außer in Japan) und insofern eine gewaltige Blamage für die Polizei und ihr Massenaufgebot* (Günter Nenning, In Neues Forum Heft 222, S. 34). Es waren die von der MLS (damals schon ohne KP-SympathisantInnen, aber noch gemeinsam mit den TrotzkistInnen) gut organisierten Demonstrationsteile, die viele Menschen dazu bewegen konnten, zum Flughafen weiterzugehen. Die Polizei verhandelte zuerst, um die DemonstrantInnen zurückzudrängen und rächte sich dann mit einem Knüppeleinsatz, der eine Reihe von Verletzten (ein Dutzend davon schwer) forderte.

Die Demonstration am 2. Oktober 1975 richtete sich gegen die Verhängung von fünf Todesurteilen durch die Franco-Diktatur. Schon am 26. September wurde das Iberia-Büro (spanische Fluglinie) besetzt, einen Tag später eine Demonstration vor der spanischen Botschaft durchgeführt. 30 Personen drangen dabei in die Räume ein (Svoboda 1998, S. 133ff). Die Demonstration am 2. Oktober war dann eine der größten, die es bis dahin in Österreich gegeben hatte. Durch die Organisation in Blöcken war es abzuschätzen, wieviele SympathisantInnen die jeweiligen Organisationen versammeln konnten: SP-

Organisationen: 1500, KPÖ: 2000, FÖJ: 800, GRM: 600, KB: 1000, dazu einige hundert KatholikInnen (Neues Forum 263 / 264, Nov / Dez 1975, S. 23). Die Botschaft war abgeriegelt, aber nach Abschluss der Demonstration gingen nach einem Aufruf von GRM und KB noch über 1000 DemonstrantInnen (nach anderen Angaben bis zu 2000) zurück zum Iberia-Büro am Ring und deckten es mit einem Steinhagel ein. Danach fand die übliche Jagd der Polizei nach DemonstrantInnen statt.

Es ist nicht abzuschätzen, wie viele Mitglieder und SympathisantInnen der «K-Gruppen» später in der Solidaritätsbewegung mit der «Dritten Welt» aktiv blieben. Obwohl es, das Leben betreffend, sehr rigide Vorgaben gab, wurde das vom Umfeld nicht unbedingt sehr ernst genommen. Insbesonders in der Anti-AKW-Bewegung wurde der persönliche soziale Kontakt mit einer «undogmatischen», oder wie sie manchmal genannt wurden, «hedonistischen» Linken wahrgenommen. Mitglieder und SympathisantInnen der Organisationen lebten in WGs, hatten lange Haare (die Männer) und hörten Rockmusik, die *Ausgeflippten am Rande des KB* (Stocker 1995, S. 182). Viele Studierende wurden (sehr häufig als LehrerInnen) in späteren Phasen aktiv bei den Grünen, in der Gewerkschaft, auch in alternativen Projekten wie Kindergruppen und Alternativschulen. Die GRM war insgesamt offener, so verbanden sich ihre Aktivitäten mit der aufkommenden Frauenbewegung, aber auch mit der Lesben- und Schwulenbewegung.

DIFFERENZIERUNG DER SZENEN

P arallel zum leninistischen Intermezzo entwickelten sich Strukturen einer vielfältigen Bewegung. Aus der Identifizierung mit einer Partei wurde die Identifizierung mit einer sozialen Gruppe. Die Identitätssuche war verknüpft mit der «Politik der ersten Person», die am deutlichsten von den *Spontis* und durch den *Feminismus* vertreten wurde. Diese Vervielfältigung führte zur Abwendung von der ArbeiterInnenklasse. Die wichtigsten Auseinandersetzungen verschoben sich in die Reproduktionssphäre. Die Arena, gefordert als Kultur- und Kommunikationszentrum, war der lebhafteste Ausdruck davon.

Hoffnung und Niederlage

Italien spielte für die österreichische Szene eine besondere Rolle. Schon allein die Stärke der Linken (1975 / 1976 mit den höchsten Wahlergebnissen der eurokommunistischen PCI - *Partido Communista Italiana*) und die vielen, auch militanten, Streiks, von der Mehrheit der ÖsterreicherInnen als die «typische italienische Faulheit» gesehen, machten die Ereignisse für die Linke attraktiv. 1976 / 1977 tauchte eine neue Jugendbewegung auf. Studierende und proletarische Jugendliche radikalisierten sich, ohne sich an den linken Parteien zu orientieren. Die so genannten *Indiani Metropolitani*, die StadtindianerInnen, als Teil der Bewegung, sahen sich als «Stämme» gegen Kapitalismus und Staat. Im von der PCI regierten Bologna wurden Panzer gegen diese Bewegung eingesetzt, immer wieder waren Tote auf Seiten der DemonstrantInnen zu beklagen. Die Militanz eskalierte, DemonstrantInnen schossen zurück. Viele kleine bewaffnete Gruppen entstanden und die «alten» *Brigate Rosse* erhielten als bewaffnet kämpfende Organisation massiven Zulauf. Die eskalierende Repression trieb immer mehr Beteiligte in die Illegalität oder auch in bewaffnete Auseinandersetzungen. Nach der Entführung und Ermordung von Aldo Moro durch die Roten Brigaden erreichten Verfolgung durch den Staat und Gegenwehr immer neue Höhepunkte. Im April 1979 wurden hunderte autonome AktivistInnen (u.a. Toni Negri) verhaftet. Insgesamt wurden zehntausende kriminalisiert, hunderte flüchteten ins Exil, für viele andere endete die Bewegung von «1977» in Resignation und Drogenabhängigkeit[1] (Azzellini 2002, S. 73ff).

Hauptaugenmerk lag aber auf der BRD. Es waren die neu aufkommenden Bewegungen, die in Östereich Interesse erweckten: der Feminismus, die Schwulen- und Lesbenbewegung, auch die Anti-AKW-Bewegung mit ihren militanten Demonstrationen von Whyl über Brokdorf und Grohnde bis Kalkar. Auch über alle möglichen Projekte der Alternativbewegung, von linken Buchhandlungen bis zu esoterischen Landkommunen wurde diskutiert. Und ein neues politisches Subjekt machte auf sich aufmerksam, der Sponti, der nach dem Vorbild der «1968er» die eigene Veränderung mit der politischen verbinden wollte. Große Aufregung verursachte der berühmte Mescalero-Artikel. In einer Göttinger Unizeitung erschien im Frühjahr 1977 der Artikel eines «Mescalero», der «klammheimliche Freude» über die Erschießung des Generalbundesanwalts Siegfried Buback durch die Rote Armee Fraktion (RAF) äußerte. Der Tenor des Textes war die Ablehnung des Mordes, da sich dadurch linke Aktionen nicht mehr von solchen der Herrschenden unterscheiden ließen. Das Verbot förderte erst die Verbreitung des Artikels, er wurde hundertfach nachgedruckt, aber er provozierte auch eine Distanzierungswelle linker Intellektueller[2].

Der bewaffnete Kampf der RAF wurde fasziniert beobachtet. Nach einer Reihe bewaffneter Aktionen wurde der Großteil der so genannten «ersten Generation» gefangen genommen. 1974 starb Holger Meins an den Folgen eines Hungerstreiks für bessere Haftbedingungen. Die Offensive der RAF 1977, die Erschießung Siegfried Bubacks und Jürgen Pontos, sowie die Entführung von Hanns-Martin Schleyer, endeten in der Katastrophe von Stammheim und Mogadischu. Nach der Erstürmung des entführten Lufthansa-Flugzeuges in Mogadischu, wurden Andreas Baader, Gudrun Ensslin und Jan-Carl Raspe im bestbewachten Gefängnis Deutschlands tot aufgefunden (Irmgard Möller überlebte als einzige diese Nacht). Die offizielle Version lautete «Selbstmord»[3]. Der repressive Angriff des bundesdeutschen Staates auf die Linke und die mediale Hatz auf «SympathisantInnen» ging als «Deutscher Herbst» in die Geschichte ein. Die «Terroristenjagd» zeigte auch in Österreich eine, wenn auch abgeschwächte Wirkung. Neben der RAF agierten als bewaffnete Organisationen noch die *Bewegung 2. Juni* (benannt nach dem Datum der Erschießung Benno Ohnesorgs 1967) und die *Revolutionären Zellen*. Beide wollten mit ihren Aktionen die Kommunikation mit den sozialrevolutionären Bewegungen und der übrigen Linken aufrecht erhalten. Sie übten mehr Faszination auf die Szene in Wien aus als die RAF. Besonders für die «Bewegung 2. Juni» war der «bewaffnete Kampf» Ausdruck eines subversiven Lebensstils und nicht nur revolutionäre Verpflichtung. Diese Gruppierung war auch an der Entführung des Strumpfindustriellen Walter Michael Palmers in Wien beteiligt (vgl. unten). Der «Deutsche Herbst» bestätigte für viele den Pragmatismus der Alternativbewegungen: von radikalen Projekten der Gegenkultur und Gegenöffentlichkeit über Kommuneprojekte, Kinderläden, Alternativschulen bis hin zum Rückzug in die Esoterik. Ein anderer Teil der Linken unterstützte erste Wahlprojekte, aus denen dann die Grüne Partei wurde.

Anders leben (Kommunen, WGs und Kindergruppen)

Versuche, das eigene Leben anders zu organisieren, hauptsächlich in Kommunen und Wohngemeinschaften, aber auch in Projekten wie dem ersten und zweiten Kinderkollektiv, entstanden bereits Ende der 1960er, Anfang der 1970er Jahre, zu einem Zeitpunkt, als die leninistischen Gruppen noch nicht ihre größte politische Stärke erreicht hatten. Zwei Kommuneprojekte sollen näher beschrieben werden, weil sie ihren Ursprung in Wien hatten und die österreichische Szene wesentlich beeinflussten. Die vom Aktionisten Otto Mühl gegründete Aktionsanalytische Organisation (AAO) und die Kooperative *Longo mai* (provencalisch: *es möge lange dauern*), entstanden aus dem Heimspartakus (vgl oben). 1972 flohen einige der wichtigsten ProtagonistInnen des «Spartakus» vor der Repression in die Schweiz. Von dort aus erwarben sie drei verfallene Bauernhöfe in der Provence und begannen eine Kooperative aufzubauen, die den Boden ökologisch und subsistenzwirtschaftlich bearbeitete. Dieses Projekt entwickelte zeitweise große Attraktivität, Tausende interessierten sich für sie. Longo mai erwarb mehrere Höfe in Frankreich, der Schweiz, Deutschland, der Ukraine, Costa Rica und Österreich. *Longo mai* beteiligte sich auch an politischen Aktivitäten, das *Europäische BürgerInnenforum* setzt sich immer wieder für Menschenrechte ein, zuletzt für illegalisierte MigrantInnen in Südspanien. 1977 wurde in Koroška / Kärnten, im zweisprachigen Gebiet (slowenisch und deutsch) ein Bauernhof erworben, um hauptsächlich Schafe zu züchten. Die landwirtschaftlichen Produkte wurden nicht nur in der Szene abgesetzt. Der Kampf um die Rechte der SlowenInnen wurde ebenso unterstützt wie die Ansätze eines freien Radios in Koroška / Kärnten. Die straffe kollektive Struktur wurde vielfach (von außen und von innen, vgl. Genner 1998) kritisiert und war mit ein Grund, warum die Kooperative längerfristig an Attraktivität verlor und an ihre Grenzen stieß[4].

Die AAO hatte grundlegende Prinzipien: Gemeinschaftseigentum und freie Sexualität als Befreiung von der Unterdrückung als Kleinfamilienmensch, damit die Ablehnung der Zweierbeziehung. Im Zentrum stand die Selbstdarstellung als Kern der Aktionsanalyse. Vor der Gruppe sollte versucht werden, die eigenen

Verklemmungen, den Körperpanzer schreiend, spuckend, schlagend etc. zu überwinden. Begonnen wurde dieses Projekt in der Wohngemeinschaft des Aktionskünstlers Otto Mühl. 1972 wurde der Friedrichshof im Burgenland erworben, auf dem nach dem Ausbau 1974 eine Tischlerei, ein Transportunternehmen, Viehzucht und Landwirtschaft betrieben wurden. Eine regelmäßig erscheinende Zeitung (AA-Kommune-Nachrichten), ein Verlag und eine Reihe von Projekten in mehreren europäischen Städten folgten. 1977 existierten neben dem Friedrichshof 18 weitere Kommunen mit 15 bis 40 Mitgliedern. Auffällig waren die KommunardInnen durch ihr Aussehen. Die Haare geschoren, die Kleidung einheitlich, um sexuelle Wünsche gleichwertig und ohne Äußerlichkeiten entstehen zu lassen. Das Konzept der AAO bezog sich im Wesentlichen auf Wilhelm Reichs Psychoanalyse, einschließlich seiner Genitalfixiertheit und Homosexuellenfeindlichkeit. Innerhalb der Kommune herrschte eine strenge Hierarchie entsprechend der «Bewusstseinsklasse». Mühl stand an der Spitze, um ihn herum eine autoritäre Elite (der «12er»-Rat), die hauptsächlich aus Frauen bestand. 1978 wurde die AAO aufgelöst, das Gemeinschaftseigentum abgeschafft, Lohn und Geld wieder eingeführt, und auch die «freie Sexualität» eingeschränkt. Der Friedrichshof schloss sich ab da für Jahre von der Szene ab, 1988 heiratete Otto Mühl. 1991 wurde er verhaftet, wegen Missbrauchs von Kindern angeklagt und zu sieben Jahren Haft verurteilt (vgl. Danneberg 1998, S. 274ff).

Die AAO war (bis 1978) keineswegs isoliert. Sie machte nicht nur über ihre Veröffentlichungen auf sich aufmerksam, sondern ihr Konzept wurde in der Spontiszene diskutiert. AAO-Frauen besuchten Frauenfeste, Feministinnen den Friedrichshof, weil sich innerhalb der Kommune eine eigene Frauengruppe namens *Frauenforderung* gebildet hatte. Daraufhin erschien ein kritischer Artikel in der Spontizeitung «Springinkal» (Nr. 3 Juli 1976, S. 15ff), in dem über die trotzdem bestehende Männerdominanz geschrieben wird. Alles weibische, verniedlichende und humane werde in der AAO als schwul bezeichnet. Zur erfolgreichsten Zeit 1976 existierte eine weitere aktionsanalytische Kommune, die BBO (abgeleitet von AAO). Diese kritisierte das autoritäre Konzept der AAO und profilierte sich 1977 als Organisatorin des regelmäßigen Wiener Wohngemeinschafts-Treffen. Sehr früh schon bestand der Verdacht, dass es auch der BBO bei diesen Treffen lediglich um die Gewinnung neuer Mitglieder ginge. Das Konzept der Abschaffung des Eigentums und die freie Sexualität wurde akzeptiert, aber weniger autoritär organisiert (keine «Fickpläne»). 1977 gründete sich eine weitere WG mit einem gemäßigten Modell der Selbstdarstellung. Sie durfte auch Spaß machen und musste nicht ausschließlich aggressiv sein, um «Körperpanzer zu durchbrechen». Außerdem wollten die homosexuellen WGlerInnen nicht von der Homosexualität geheilt werden, sondern sahen das schwul-lesbische Leben und Erleben als Bereicherung (*die AAO hat noch immer Schwulenangst wie Papa Reich*, ZB 14, Nov 1977, S. 11).

Gerade bei den früh entstandenen Kommuneprojekten verwandelte sich die Radikalität sehr schnell in autoritäres Sektenverhalten. Krisen und Niederlagen führten, ähnlich den politischen Gruppen, zu Dogmatismus und Verhärtungen. Die größte Wirkung erreichten solche Projekte in jener Zeit, in der auch Polit-AktivistInnen die Veränderung des eigenen Lebens ins Zentrum rückten, die Spontis aktiv wurden und die Alternativbewegung entstand. Eine indirekte Wirkung dieser Experimente erfolgte über das soziale Feld der Wohngemeinschaften und Projekte, in denen nicht so radikal experimentiert wurde und deren Lebenskonzepte nicht so stark ideologisiert waren.

Die ersten WGs, damals noch Kommunen genannt, entstanden schon 1968 / 1969. So berichteten mehrere Tageszeitungen 1969 über das Leben in einer der ersten Kommunen am Nestroyplatz (vgl. den Nachdruck eines Kurierartikels von Elfriede Hammerl in Danneberg et. al. 1998, S. 304ff). Es wurde zwar über «freie Sexualität» diskutiert und sie wurde auch gelebt, aber weit weniger radikal wie in der AAO.

Karin: [...] Da ging das Vögeln kreuz und quer los, ich weiß gar nicht, wie ich sie überlebt habe, diese Zeit ... (lacht) ... so wenig Ordnung. Aber andererseits dieses intensive Gefühl zu leben, das war auch wieder sehr schön.

Sissi: Hatte das Herumvögeln in der Wohngemeinschaftsszene etwas Erotisches für dich?

Karin: Ja, für mich hatte es das. Das war wirklich sexuelle Befreiung, ich meine, ich habe in diesen Beziehungen meine ganze sexuelle Empfindungsfähigkeit kennengelernt (Holzinger / Spielhofer 1998, S.315)[5].

Um 1970 war die Szene noch sehr klein. Alle, die in einer WG wohnten, kannten einander. Bis 1977 verbreitete sich das und splitterte sich auf. Erste Frauen-WGs wurden gegründet, es entstanden WGs mit verschiedenen Ansprüchen in der Lebensführung, gespalten nach politischen Organisationen. Immer mehr WGs entstanden als günstige Form des Zusammenlebens (Zweck-WGs). Sie gründeten sich, weil sich Studierende aus den Bundesländern zusammenschlossen oder weil sie die gleiche Studienrichtung hatten (ArchitekturstudentInnen, KunststudentInnen....). Heute sind WGs ohne ideologischen Anspruch eine Lebensform unter vielen, der Einfluss der typischen Kleinfamilie reduzierte sich und nimmt weiter ab.

Die damaligen Kindergärten waren hauptsächlich Kinder-Aufbewahrungsanstalten. AktivistInnen um und nach 1968, besonders Frauen (aber auch Männer) mit Kindern, war es aus diesem Grund wichtig, eine andere Umgebung für die Kinder zu schaffen. Über die Kinderladenbewegung und antiautoritäre Erziehung wurde diskutiert, Bücher über Summerhill und auch andere Projekte gelesen. 1969 entstand im Kritischen Klub, in den Räumen des «Neuen Forum» (der wichtigsten Zeitung der damaligen Linken) das erste Kinderkollektiv als antiautoritärer Kindergarten, der aber bald wieder eingestellt wurde. Das zweite Kinderladenkollektiv wurde 1971 gegründet, hatte aber erst ab 1973 feste Räumlichkeiten, eine alte Konsumfiliale. An den Umgang mit Kindern wurden hohe Ansprüche gestellt, die Diskussionen und die Ansprüche scheiterten *an der Überforderung der Erzieher – Ausgeflippte aller Bundesländer -, an den äußeren Bedingungen: Wir belebten Wohnungen und Abbruchhäuser, Abenteuerspielplätze und provisorische Unterkünfte aller Art* (Holzinger 1991, S. 41). 1974 wurde der Kinderladen Tempelgasse gegründet, der ebenso nach zwei Jahren scheiterte. Die resignierten Eltern brachten ihre Kinder zum Großteil in Regelkindergärten unter. Ab 1976 entstanden dann mehrere Kindergruppen, die sich weniger an ideologischen Konzepten orientierten, denn an emanzipatorischen Alternativen zu den öffentlichen Einrichtungen. Die Wiener Kindergruppen schlossen sich 1978 zur «Wiener Elterninitiative» zusammen (Weber 1991, S.14ff). Damit war der Grundstein zur Ausbreitung gelegt (1981 gab es in Wien 14, 1983 26 und 1991 40, Fischer-Kowalski et.al. 1991, S. 18). Die Kindergruppen waren ein permanent schlechtes Gewissen der Regelkindergärten, deren Rigidität und Disziplin sich nach und nach abschwächte. Aus den Kindergruppen heraus entwickelten sich in der Folge Alternativschulen (vgl. Drasch et. al. 1995). Das Konzept der Einbeziehung von Eltern sowie die Förderung der Eigenentwicklung und Kreativität der Kinder wurde fortgesetzt. Die erste Schule «Ätsch» wurde 1978 mit diesem, die antiautoritäre Herkunft signalisierenden Namen, gegründet. 1981 gab es bereits sieben Alternativschulen, davon zwei im WUK und eine in der Gassergasse (vgl. unten). Ende der 1980er nahm die Anzahl der Schulen noch weiter zu, auch in den Bundesländern. Alternativschulen müssen sich im Gegensatz zu konfessionellen Schulen bis heute selbst finanzieren.

Feminismus

Auch die Frauenbewegung entstand bereits zu einer Zeit, als noch die K-Gruppen dominierten. Die zentrale Organisation der autonomen Frauenbewegung in den 1970ern war auf jeden Fall die Aktion Unabhängiger Frauen (AUF), die informell am 4. November 1972 entstand und sich am 29. September

1973 offiziell als Verein konstituierte. In Österreich gab es keine spektakuläre Gründungsaktion wie die Tomaten auf Männer des SDS (Sozialistischer Deutscher Studentenbund) in Frankfurt am 13. September 1968 («Befreit die sozialistischen Eminenzen von ihren bürgerlichen Schwänzen»). Aber von einzelnen Frauen und Männern wurden bereits damals die internationalen Entwicklungen rezipiert. 1969 machten Frauen im VSM ein Flugblatt gegen die eigenen Männer *«Wir wollen nicht länger Tast- und Tapsobjekt flaumbärtiger Jungrevolutionäre sein!»* (Keller 1983, S. 122). Im Neuen Forum 212 vom August 1971 erschienen mehrere Artikel über die internationale Frauenbewegung. Neben einem Artikel von Günther Nenning «Wir Männer sind Schweine» wurde ein Text über die US-Frauenbewegung von Germaine Greer («Warum hassen uns die Männer?») veröffentlicht, eine Antwort von Heidi Pataki auf Nenning und eine Zusammenfassung über feministische Literatur von Trautl Brandstaller. In der nächsten Nummer (213, Sept / Okt 1971) wurde versucht, eine Diskussion über den vaginalen und klitoralen Orgasmus auszulösen, allerdings mit dem Artikel eines Mannes, Norman Mailer, der die Dominanz des vaginalen Orgasmus in Frage stellte (die Diskussion in den USA war schon um einiges weiter): Vagina : Klitoris 1:0. *Die Anerkennung des Klitoris-Orgasmus als Tatsache wurde die Institution der Heterosexualität bedrohen.* Auch die Feministin Ti-Grace Atkinson wurde zitiert: *Die große Mehrheit der Frauen, die vorgibt, einen Vaginal-Orgasmus zu haben, täuscht das nur vor, um den Job zu kriegen.* Am Muttertag 1971 (7. Mai) demonstrierten erstmals linke FrauenrechtlerInnen aus dem FÖJ-Umfeld, indem sie mit Pfannen und Kochlöffeln über die Mariahilfer-Straße zogen (Geiger / Hacker 1989, S. 13).

Die eigentliche Grundlage einer Struktur autonomer Frauen wurde in linken Organisationen[6] gelegt: 1969 hatte sich der «Arbeitskreis Emanzipation im Offensiv Links» (FÖJ) zur «Demokratisierung der Beziehungen zwischen Mann und Frau» gebildet – er löste sich Mitte 1972 auf. In der Jungen Generation der SPÖ gab es ab 1970 den AKE (Arbeitskreis «Emanzipation der Frau»), der sich mit Problemen der Kindererziehung und der Kindergärten beschäftigte, den Schwerpunkt seiner Arbeit aber in der Abschaffung des Abtreibungsparagraphen 144 sah (Geiger / Hacker 1989, S. 13). Innerhalb der Linken bereitete es Schwierigkeiten, Frauenthemen durchzusetzen. Im März 1973 (Nr. 230/231) erschien das Neue Forum mit einem Schwerpunkt zur Frauenbewegung, wo neben Texten von internationalen Größen wie Germaine Greer, Angela Davis und Alice Schwarzer auch Beiträge aus Österreich, u.a. vom AKE zur Diskussion standen. (Einleitung: *Jede Zeile dieses Heftes, die sich mit der Frauenbewegung beschäftigt, wurde von Frauen, die sich im Dunstkreis des NF bewegen, erkämpft. S. 31*). Auch ein zweiteiliger Artikel von Valie Export, «Woman´s Art», wurde unter großen Schwierigkeiten durchgesetzt (Nr. 228, Januar 1973 und 230/231, März 1973). Eine Arbeitstagung des AKE im Herbst 1972 war für einige Frauen der Anstoß, eine parteiunabhängige Frauengruppe zu gründen. Im Oktober wurden erste Thesen verschickt und die Gründungsversammlung der AUF am 4. November erwies sich als überraschender Erfolg, statt der erwarteten 30 kamen über 50 Frauen. Es entstanden Arbeitsgruppen, jeden Montag wurde ein «Open House» als Kontaktmöglichkeit für Interessierte im Café Alt-Wien abgehalten. Die Themen waren noch sehr stark von der «Neuen Linken» beeinflußt («bürgerliche und proletarische Frauenbewegung», «die Frau in sozialistischen Ländern» oder «die Frau in China»). In den nächsten Jahren beteiligten sich die AUF-Frauen auch an allen Aktionseinheiten zur Unterstützung von internationalistischen Demonstrationen (zu Vietnam im Dezember 1972, gegen den Militärputsch in Chile im September 1973, zur Unterstützung politischer Gefangener im Iran im Dezember 1973, im April 1974 gegen Folter und Terror in Chile). Zu Beginn wurde noch diskutiert, ob Männer vollständig oder nur partiell ausgeschlossen werden sollten, die Entscheidung fiel dann eindeutig gegen die Männer, aber noch drückte sich eine Ambivalenz gegenüber der eigenen Radikalität aus. Viele Frauen, die in linken Organisationen unzufrieden waren, waren trotzdem noch immer durch die Forderungen und Diskussionen dieser männlich dominierten Organisationen beeinflusst. Ab Herbst 1973 erschienen die «AUF-Mitteilungen», ab Oktober 1974 die AUF als periodische Zeitung. Noch heute, nach beinahe dreißig Jahren, ist diese Zeitung ein wichtiges Organ der feministischen Bewegung. Zu Beginn war die Gruppe auf linke Treffpunkte angewiesen, nach langer Suche und nach schwierigen Instandsetzungsarbeiten wurde Anfang 1975 ein Frauenzentrum in der Tendlergasse im 9. Bezirk eröffnet (Geiger / Hacker 1989, S. 15ff). Schon davor, aber besonders für die nächsten Jahre war die AUF die zentrale Institution und der Kristallisationspunkt des Feminismus in Wien und in Österreich.

Die erste Phase der autonomen Frauenbewegung war mit dem Kampf gegen das Verbot der Abtreibung, gegen den § 144, verbunden. Die sozialistische Alleinregierung plante eine Liberalisierung, provozierte aber dadurch vielfältige Aktivitäten der Kirche und konservativer Kreise, wie etwa der «Aktion Leben». Als sich im Oktober 1972 der Österreichische ÄrztInnenkongress in eine Linie mit der «Aktion Leben» stellte und sich gegen Abtreibungen aussprach, wurde eine Demonstration an einem Weihnachtseinkaufssamstag im Dezember organisiert. In diesem Zusammenhang thematisierte die AUF die Abtreibung auch als allgemeine Unterdrückung der Frauen und sah sie nicht nur beschränkt auf den

Klassenaspekt (Riese 1989, S. 21). Die Frauen passten sich allerdings noch an die Vorgaben der linken Organisationen an. *Das anstehende Bekenntnis zu einem negativen weiblichen Subjekt stand im Widerspruch mit dem Wunsch, von der Bevölkerung verstanden zu werden* (Riese 1989, S. 23). Die Propagierung der Fristenlösung war für die nächsten zwei Jahre eine der bedeutendsten Aktivitäten, am 9. November 1973 wurde wieder eine Demonstration organisiert, Pressekonferenzen und Briefaktionen an Abgeordnete und ÄrztInnen wurden durchgeführt. Auch gegen den Katholikentag im Oktober 1974 war es wieder die AUF, die eine Aktionseinheit zusammentrommelte. Kurz vor in Kraft treten des Gesetzes zur Fristenlösung am 1. Jänner 1975 organisierte die AUF eine Fahrt durch Wien, Niederösterreich und Burgenland, um über die Möglichkeiten der Abtreibung zu informieren (Riese 1989, S. 26). Die davon am meisten profitierende SPÖ betrachtete die AUF zu dieser Zeit als zu feministisch, Unterstützung gab es nie[7].

1975 und 1976 änderte sich die Art der Herangehensweise der AUF. Frau legte Wert auf die Politik der ersten Person. Die Wende kristallisierte sich (sicher nicht zufällig) an der Frage der Sexualität: im März 1975 diskutierte das Plenum den «Mythos vom vaginalen Orgasmus». Einige Frauen arbeiteten in diesem Frühjahr an einer Broschüre «Wissen wir Frauen alles über unsere Sexualität?», in der der klitorale Orgasmus als revolutionäre Entdeckung präsentiert wurde. Noch gab es ein Zögern, und der damalige Vorstand verhinderte die Verteilung dieser Broschüre am 1. Mai 1975[8]. In diesem Jahr *fand die AUF zu einer Bejahung des Feminismus, zum Prinzip der Selbsterfahrung, zur ideologischen Affirmation von Männerfeindlichkeit und feministischer Radikalität* (Geiger / Hacker 1989, S. 37). Selbsterfahrung wurde zu einem wichtigen feministischen Prinzip. Jede Frau war gemeint und von den großen Themen «betroffen»: Abtreibung, Verhütung, Erziehung, Gewalt gegen Frauen, Hausarbeit... (Geiger / Hacker 1989, S. 36ff). Eine neue Generation von Frauen wurde angesprochen und das Auftreten in der Öffentlichkeit veränderte sich. Ab jetzt gab es am 1. Mai ein eigenes Flugblatt und einen Frauenblock, der nicht nur Transparente mit Forderungen enthielt, sondern allein durch seine Präsenz ein Manifest war: buntes Erscheinungsbild, selbstbewusste Frauen, Männer mussten draußen bleiben. Auch neue Demonstrationstermine, wie z.b. die Walpurgisnachtdemo am Abend des 30. April kamen dazu – als Zeichen, dass Frauen keine Angst mehr haben und sich die Nacht zurückerobern («Die Nacht gehört uns, die Hexen sind zurück»). Das Verständnis für Männer hatte seine Wichtigkeit verloren, allein die Negation genügte und damit die Bejahung der Weiblichkeit[9].

Frauenfeste wurden Teil der feministischen Identität (auch die Teilnahme an Demonstrationen hatte immer auch Performance- und Festcharakter). Die autono-

1. mai
demonstration
11 uhr akademie-
strasse/ring. frauenblock

mit uns ist kein
staat zu machen

Feministisches Plakat zum 1. Mai 1979

me Organisation dieser Feste war auch eine Antwort auf Konflikte mit männlich dominierten Institutionen. Obwohl die AUF maßgeblich an der Organisation einer Frauenwoche im Z-Club (damals ein Ort, wo viele fortschrittliche Veranstaltungen stattfanden) beteiligt war, wurde sie nicht erwähnt. Die VeranstalterInnen weigerten sich, den Ausschluss von Männern von einzelnen Veranstaltungen und vom Fest mit den Musikerinnen «Flying Lesbians» zu akzeptieren. Das Frauenfest wurde in den Club Links verlegt, aber auch dort gab es Probleme mit Männern. Das erste Fest ohne Abhängigkeit von (männlichen) Organisationen am 30. April 1976 im Palais Liechtenstein war dann ein voller Erfolg, von da an wurden immer wieder solche Feste durchgeführt. Einer der spektakulärsten Höhepunkte der autonomen Frauenbewegung in Wien war das Frauenfest im Haus der Begegnung im 6. Bezirk am 14. April 1978. Die Überfüllung der Räume führte dazu, dass einige hundert Frauen draußen bleiben mussten. Ein Teil der Wartenden stürmte die Polizeisperren. Weil andere noch immer draußen waren, wurde das zum Anlass genommen, eine spontane, nächtliche Demo über die Mariahilfer Straße zum «Moulin Rouge» durchzuführen (Geiger / Hacker 1989, S. 91ff).

Die Stärke des Feminismus in dieser Zeit hatte mit der Sichtbarkeit zu tun, durch die Kleidung, durch getragene und gesprühte Frauenzeichen, sowie durch vielfältige Aktionen: gegen Sexshops, gegen sexistische Plakate, gegen AbtreibungsgegnerInnen etc. Eine der legendärsten Aktionen der autonomen Frauenbewegung der 1970er Jahre war die Aktion gegen Harald Irnberger, den Herausgeber der linksliberalen Zeitschrift Extrablatt. Nachdem die Weihnachtsnummer 1978 mit einer nackten Frau als Titelbild erschien, entschlossen sich einige Frauen, einen Termin bei Irnberger wahrzunehmen, ihn dann auszuziehen und zu fotografieren: *Das Ende der Aktion: Irnberger als Pinup-Boy*. Viele Frauen waren begeistert und es gab Gerüchte, dass sich andere Journalistenmänner vor ähnlichen Aktionen fürchteten. Ein Foto von Irnberger erschien auch in der bundesdeutschen feministischen Zeitung «Emma» (Geiger / Hacker 1989, S. 86ff).

Mit der Stärke der Bewegung nahmen auch die internen Auseinandersetzungen zu, die es eigentlich immer gegeben hat. In den Gruppen gab es Auseinandersetzungen zwischen Müttern und Nicht-Müttern, zwischen Lesben und Heterofrauen, zwischen Checkerinnen und ihren Kritikerinnen. Auch um die Entstehung von Projekten wie der Frauenbuchhandlung und dem Frauencafé wurde diskutiert, den Aktivistinnen wurden kommerzielle Interessen unterstellt. Ein erster österreichweiter «Frauenkongreß der autonomen Frauenbewegung» im Mai 1977 mit einigen hundert Teilnehmerinnen endete mit heftigen Konflikten und Diskussionen. Die «Konferenz der Wiener Frauenbewegung» im Juli des nächsten Jahres wurde dann nur noch von 80 Frauen besucht (Geiger / Hacker 1989, S. 90). Es entstanden «konkurrierende» Initiativen zur AUF wie z.B. jene für ein Frauenkommunikationszentrum (FKZ). Ab 1977 gab sich die AUF eine neue dezentralisierte Struktur, um Spaltungen vorzubeugen und Konflikte zu vermeiden (Geiger / Hacker 1989, S. 68). Das war ein weiterer Ansatz zur Vervielfältigung der Aktivitaten. Viele Frauen, die sich jetzt aktivierten, ließen sich gar nicht mehr organisatorisch einbeziehen, sondern wollten hauptsächlich in ihren Zusammenhängen (auch radikal-feministisch) leben. Mit der Dezentralisierung war die Grundlage gelegt für eine Vielfalt von Frauenprojekten, aber auch für Frauenradikalität der 1980er Jahre[10].

SlowenInnen, Volksgruppen und neue «Völker»

In der zweiten Hälfte der 1970er wurden von einem Teil der Szene «unterdrückte Nationalitäten» unterstützt, die vorher wenig Beachtung fanden. Aber im Gegensatz zur BRD waren es in Koroška / Kärnten nicht nur träumerische Projektionen eines neuen Regionalismus, sondern die gelebte Existenz der SlowenInnen im zweisprachigen Gebiet.

Im zweisprachigem Gebiet (slowenisch und deutsch) von Koroška / Kärnten, an der Grenze zu Jugoslawien, fand im Zweiten Weltkrieg der einzige maßgebliche bewaffnete Kampf gegen das Nazi-Regime statt. Den SlowenInnen wurde das nicht gedankt, im Gegenteil, Koroška / Kärnten galt und gilt als deutschnationale und nationalsozialistische Hochburg. Im Staatsvertrag 1955, im berühmten Artikel 7, wurden grundlegende Rechte der «Minderheiten», der SlowenInnen in Koroška / Kärnten und der Steiermark, sowie der KroatInnen im Burgenland festgelegt[11]: zweisprachiger Unterricht, zwei Amtssprachen, zweisprachige topographische Bezeichnungen (Ortstafeln). 1958 erzwang eine Boykott-Kampagne des deutschnational-antislowenischen Kärntner Heimatdienst (KHD) die praktische Abschaffung des zweisprachigen Unterrichts. Als Ersatz wurde das Slowenische Gymnasium in Celovec / Klagenfurt errichtet, das immer wieder als «slowenisches Gift» angefeindet wurde.

1972 setzte die Regierung Kreisky mit knapper Mehrheit im Parlament das Ortstafelgesetz durch, das entsprechend dem Artikel 7 im gesamten zweisprachigen Gebiet zweisprachige topographische Aufschriften vorsah. Nachdem am 20. September 1972 die ersten Ortstafeln aufgestellt wurden, begann der berüchtigte «Ortstafelsturm». Jede Nacht wurden die neuen Ortstafeln wieder und wieder demoliert, meist unter den Augen, wenn nicht mit Unterstützung der Gendarmerie. Bei einem Besuch in Koroška / Kärnten musste Bundeskanzler Kreisky vor einem deutschnationalen Mob flüchten. Ende des Jahres wurde eine «Ortstafelkommission» konstituiert, die aber von den Organisationen der SlowenInnen nicht mehr beschickt wurde, nachdem die Durchführung einer «Minderheitenfeststellung» beschlossen wurde, die eine «geheime Erhebung der Muttersprache» vorsah (Eppel / Lotter 1981, S. 199ff). In den ländlichen Regionen mit dörflicher sozialer Kontrolle bedeutete dies massiven Druck, sich nicht als SlowenIn zu bekennen.

Diese Entwicklungen bewirkten eine Umstrukturierung der politischen Strukturen der Kärntner SlowenInnen / Koroškh Slovencev. Dominierten bisher der katholisch-konservativ orientierte *Rat der Kärntner Slowenen / Narodni svet Koroškin Slovencev* und der linke, oft als «titokommunistisch» bezeichnete *Zentralverband / Prosvetna zveza*, die hauptsächlich (erfolglose) Lobbypolitik bei den politischen Parteien betrieben, so verlagerte sich der Widerstand durch die akademisch gebildeten Angehörigen der Minderheiten in den außerparlamentarischen Bereich. In allen Universitätsstädten bildeten sich Solidaritätskomitees zur Unterstützung der SlowenInnen (Baumgartner / Perchinig 1995, S. 516).

Die Minderheitenfeststellung am 14. November 1976 scheiterte insofern, als sie im zweisprachigen Gebiet von den meisten SlowenInnen boykottiert wurde, während die Linke in den Städten slowenisch ankreuzte. So wurde festgestellt, dass in Wien dreimal soviele SlowenInnen leben wie in den gemischtsprachigen Regionen Kärntens / Koroške. Baumgartner / Perchinig (1995, S. 517) sehen in dieser Boykottbewegung eine der breitenwirksamsten politischen Bewegungen der Zweiten Republik. Konkrete Verbesserungen für die slowenische Bevölkerung brachte diese Bewegung nicht. Eine Zeit lang fand jährlich in Celovec / Klagenfurt die Oktobrski Tabor / Oktoberarena statt, eine Veranstaltung, die die politischen

Anliegen der SlowenInnen mit den kulturellen verbinden wollte (Baumgartner / Perchinig 1995, S. 521). Inzwischen fanden gesellschaftliche Veränderungen statt: während die Assimilation in den traditionell gemischtsprachigen Regionen fortschritt, immer weniger Menschen aktiv slowenisch sprachen, verbreitete sich das Bewusstsein über die Vorteile der Zweisprachigkeit unter Linken und Liberalen der Städte. Die Ostöffnung und der Beitritt zur EU veränderten den Stellenwert der Sprache und der Beziehungen zum Nachbarland Slowenien. Heute gibt es zusätzliche ökonomische Motivationen für den Erwerb zweisprachiger Kompetenz.

Parallel zur Solidaritätsbewegung mit den Kärntner SlowenInnen / s Koroškimi Slovenci wurden in den Städten neue Subjekte und ein neuer Regionalismus «entdeckt» (verbunden auch mit Elementen eines «Heimatgefühls» im Zusammenhang mit BürgerInneninitiativen): die unterdrückten «Völker», die erst jetzt ihren Kampf um Selbstbestimmung begannen, die «Bretonen», die «Okzitanen», die «Korsen» in Frankreich, die «Sarden» in Italien, die «Basken», die «Katalanen», dann auch noch die «Galizier» in Spanien, die «Schotten» und die «Waliser» in Großbritannien, natürlich die IRA als bewaffnet kämpfende Organisation der katholischen «Nordiren». Aus der Stimmung von 1968 heraus galt die Sympathie besonders jenen, die bewaffnet kämpften und sich einer linken Rhetorik befleißigten. Die «kämpfenden Völker» hatten sich vervielfältigt. Auch in den entkolonisierten Staaten wurden neue «Stämme und Völker» entdeckt. Auf sie hatten die Grenzziehungen keine Rücksicht genommen (vgl. ZB Nr. 8, S. 16). Ein Lieblingsobjekt wurde dabei das «größte Volk ohne Staat», die «Kurden». Aufgeteilt zwischen der Türkei, dem Iran, dem Irak und Syrien. Die Idealisierung mancher dieser «kämpfenden Völker», oder besser, irgendwelcher bewaffneter Organisationen, die sich als VertreterInnen dieser «Völker» sehen (die ETA als bewaffnet kämpfende baskische Organisation, die PKK als kurdische Organisation, solange sie noch bewaffnet gegen die Türkei kämpfte), hat sich bis heute fortgesetzt, andere sind einfach vergessen worden. Wen interessieren heute noch die «Korsen», die «Sarden», die «Bretonen»?

Auch die «Indianer» (wie es damals hieß, heute werden sie Indigenas genannt) wurden «entdeckt» und mit ihnen auch eine, in diese Menschen projizierte, Spiritualität. Die Metropolenlinken identifizierten sich mit der (angeblich) anderen Beziehung der «Indianer» zur «Natur», daher wurde ein logischer Zusammenhang zwischen den «naturnahen Völkern» und der rasant zunehmenden Ökologiebewegung gesehen. Die verzweifelte Suche nach Identifikationssubjekten führte zu einer neuerlichen rassistischen Idealisierung der exotischen «guten Wilden». Der Regionalismus der BürgerInneninitiativen wurde gemeinsam mit diesen

Projektionen von einem Teil der Szene als Ersatz für den verloren gegangenen Internationalismus gesehen.

Gegen das AKW Zwentendorf

Die breiteste Bewegung der zweiten Hälfte der 1970er Jahre war die gegen das Atomkraftwerk (AKW) Zwentendorf. Die Beteiligung an Aktionen, wie auch ihre Wirkung auf die Gesellschaft und die Eliten in Österreich, war enorm. Der Widerstand gegen AKWs begann lokal, bevor er durch die Linke österreichweit und international wurde. In der Region um Zwentendorf war Kritik am geplanten AKW minimal. Initiiert von WissenschaftlerInnen und UmweltschützerInnen, wurde 1970 eine Sternfahrt organisiert, an der an die 200 Personen teilnahmen. Bei den Bauverhandlungen 1972 in Zwentendorf protestierte eine Einzelperson (mit Vollmachten von einigen hundert AnrainerInnen), die von der Stapo aus dem dortigen Saal gewiesen wurde. Dagegen gab es in Vorarlberg zwischen 1973 und 1975 massive Aktivitäten gegen ein geplantes grenznahes AKW in der Schweiz (Rüthi), wobei ein Höhepunkt eine Demonstration mit 20.000 TeilnehmerInnen in Feldkirch war. 1975 gab die Schweizer Regierung die entsprechenden Pläne auf (Brandstätter et. al. 1984, S.159ff).

War bisher der Protest gegen AKWs konservativ, «lebensschützerisch» und teilweise rechtsextrem geprägt, so änderte sich das mit dem Beginn der Planung eines AKW bei St. Pantaleon unweit von Linz. 1974 wurde die «Bürgerinitiative gegen Atomgefahren» gegründet und bereits im selben Jahr begann sich der kommunistische Bund Linz (KB Linz) an der Bewegung zu beteiligen. 1975 wurde der Bauplatz des AKW Wyhl in Baden-Württemberg besetzt. Diese Besetzung erreichte einen Baustopp und motivierte die Öko-AktivistInnen in Österreich. Am 22. April 1975 wurde eine öffentliche Diskussion über Atomkraft mit Bundeskanzler Kreisky in Linz teilweise vom Fernsehen übertragen und als argumentativer Sieg der AKW-GegnerInnen gesehen. In Salzburg wurde der Arbeitskreis Ökologie gegründet, in Wien der Arbeitskreis Atomenergie, 1976 und 1977 entstanden ähnliche Gruppen in Graz, Innsbruck, Linz und Klagenfurt (Svoboda 1998, S. 143ff).

Die Regierung kündigte eine Aufklärungskampagne über Atomkraft an und förderte so den Zusammenschluss der rechten und linken AKW-GegnerInnen. So wurde am 17. Mai 1976 in Enns die IÖAG (Initiative Österreichischer Atomkraftwerksgegner) gegründet. Von Oktober 1976 bis März 1977 fanden die «Informationsveranstaltungen» der Regierung in vielen österreichischen Städten statt, immer begleitet von lautstarken Protesten der GegnerInnen, die durch diese Aktivitäten starken Zulauf bekamen. Eine letzte Veranstaltung am 24. März 1977 in Wien wurde aus Angst vor Ausschreitungen abgesagt (3000 DemonstrantInnen gab es an diesem Tag allein in Wien, 4500 in ganz Österreich)[12]. Ein weiterer Höhepunkt war eine Sternfahrt nach Zwentendorf mit 6000 bis 7000 TeilnehmerInnen am 12. Juni 1977 (Svoboda 1998, S. 150ff). Am 25. Juni demonstrierten noch 3000 WaldviertlerInnen gegen den geplanten Standort einer Atommülllagerstätte.

Schon die Demonstrationen am 24. März und am 12. Juni wurden von den Spontis als zu wenig bunt und auch zu brav kritisiert. Der OrdnerInnendienst des KB wurde als lästig empfunden, die Demonstration in Zwentendorf wurde in Spontizeitungen mit einem Fronleichnamszug verglichen. Zu einer Kundgebung am 26. Oktober 1977 meinte Bundeskanzler Bruno Kreisky, er müsste mit den AKW-GegnerInnen nicht reden, weil sie nur «Lausbuben und Baader-Meinhof-Sympathisanten» wären (Svoboda 1998, S. 152). Da außerdem DemonstrantInnen Widerstand gegen die Polizei leisteten, durch das Niedersetzen auf der Straße wurde der Abtransport eines Festgenommenen verhindert, begannen sich die bürgerlichen und rechten AKW-GegnerInnen von den «Linksradikalen» abzusetzen. Sie wollten nichts mehr mit der KB-dominierten IÖAG zu tun haben, obwohl der KB ebenso gegen diese «spontaneistischen» Aktionen auftrat. Das bedeutete die Zersplitterung der Anti-AKW-Bewegung. Der Unmut gegenüber der vom KB dominierten IÖAG kam von zwei Seiten. GRM, FÖJ und Unorganisierte aus dem Umfeld der Spontis waren gegen die Dominanz des KB, aber auch die «Rechten» wollten die MaoistInnen nicht mehr und griffen sie an. Zugleich blieb die Position der IÖAG ambivalent: war sie eher offene Plattform oder «Massenorganisation» des KB? Trotzdem blieb der gut organisierte KB handlungsfähig. Es war bezeichnenderweise der «Klassenkampf», die Zeitung des KB, der im Jänner 1978 die geheime Anlieferung der Brennstäbe aufdeckte und Demonstrationen in Zwentendorf und am Flughafen Hörsching organisierte. Daraufhin mussten sie mit dem Hubschrauber eingeflogen werden (Svoboda 1998, S. 153, Brandstätter et. al. 1984, S. 176). Bei einer Demonstration nach einem Fest im Prater am 9. April 1978 in Wien spitzten sich die Auseinandersetzungen neuerlich zu, KB-OrdnerInnen gingen gegen bunte DemonstrantInnen vor («das ist ja kein Maskenball» – ZB Nr. 20, S. 16ff).

Am 22. Juni 1978 kündigte Kreisky eine Volksabstimmung über Zwentendorf an. Das vereinigte wieder alle AKW-GegnerInnen. Überall entstanden «Stimmt-Nein»-Initiativen. Die bestehenden Organisationen wie die IÖAG wurden zu LieferantInnen von Agitationsmaterial reduziert. Es gibt Einschätzungen, dass bis zu 500.000 Menschen in dieser Kampagne aktiv wurden (Brandstätter et. al. 1984, S. 168). Diese Aktivitäten waren die Grundlage für eine Verbreiterung eines zumindest diffus ökologischen Bewusstseins, das in den nächsten Jahren bis in die herrschenden Eliten dominierend werden sollte.

Die Volksabstimmung endete mit einem knappen Nein (50,47%). Dafür gibt es mehrere Gründe: 1. Durch die vielfältige Aktivität von unten konnten die GegnerInnen ziemlich stark mobilisiert werden, während die finanziell, wirtschaftlich und politisch dominierenden Kräfte mit ihren Hochglanzbroschüren die BefürworterInnen nicht in die Wahllokale locken konnten. 2. Um Kreisky zu schaden, rief die ÖVP dazu auf, mit Nein zu stimmen, obwohl die industriellen AKW-BefürworterInnen in ihren Reihen waren. 3. Die AtomgegnerInnen in der SPÖ, besonders die Jugendorganisationen bewirkten, dass die intellektuellen und akademischen UnterstützerInnen der SPÖ mit Nein stimmten[13].

Spontis

Ab 1976 änderte sich die Stimmung in der linken Szene, die Kaderorganisationen dominierten zwar noch immer das Erscheinungsbild, aber an den Universitäten gewannen Basis- und/oder Institutsgruppen an Bedeutung. Immer mehr Einzelpersonen verstanden sich als links, wollten aber keiner Organisation zugeordnet werden. Sie sahen sich als undogmatische Linke oder sie waren «unpolitisch», nur an den Interessen der Studierenden am Institut orientiert (vgl. LiLi-Info Nr. 0, Juli 1977, S. 5)[14].

Aus bestehenden Projekten entstand 1976 die Zeitung «Springinkal – Zentralorgan der umherstreunenden Linken». Sie sollte kein *Instrument zur Verteilung von irgendwelchen Nachrichten sein, sondern die Kommunikation innerhalb der Linken ermöglichen* (Springinkal Nr. 1, März 1976, Editorial). Ausgehend vom Standpunkt, AktivistInnen seien nicht eine Elite, die den «Massen» erklären, was für sie gut ist, oder die ihre Version eines Ereignisses als revolutionären Fortschritt anpriesen, sollte diese Zeitung über die eigenen individuellen Schwierigkeiten in WG, Uni, Fabrik berichten. Die Beiträge in der ersten Nummer waren charakteristisch für das angesprochene Spektrum: die «Fabrik», ein Alternativprojekt, das anders arbeiten wollte als in der kapitalistischen Gesellschaft, die SchwarzfahrerInnen, die Tipps für die *Erschleichung einer Leistung gaben («Fahr dich frei und spar dabei»)*, die Feministinnen der AUF, die ihr Konzept und ihre Arbeitsgruppen vorstellten, die Amerlinghausleute, die über die Besetzung 1975 und über ihre Vorstellungen berichteten, die Werkstatt

für kreative Kommunikation, die Alternativen zur Musikpädagogik anbot, die Schwulen – eine revoltierende Gemischtwarenhandlung (Springinkal 1, März 1976, Nr. 4, Juni 1977)[15].

Die Spontis lehnten in Abgrenzung zu MaoistInnen und TrotzkistInnen hierarchische Strukturen ab, was bis hin zur gänzlichen Verweigerung jeglicher Organisation ging. Darüber hinaus stellten sie die eigene Subjektivität ins Zentrum: «Wir wollen alles und das sofort!» In der Anfangsphase war der Unterschied zwischen einer Alternativbewegung, die an anders organisierte Betriebe innerhalb des Systems (die Arbeit sollte «bunt statt grau» sein) dachte und einer radikalen Ablehnung des Kapitalismus minimal. Später wurde das durch die Kritik an den Illusionen der Alternativen ergänzt, es wurde zu Recht darauf hingewiesen, dass die Dynamik des Kapitalismus keinen autonomen Weg, keine ökonomische Nische außerhalb zuließ.

Der Beginn der Schwulenbewegung in Wien war in Teilbereichen mit der Spontibewegung verbunden, wie eine große Anzahl von Artikeln in den Zeitungen *Springinkal* und *ZB* zeigen. Bis zur kleinen Strafrechtsreform 1971 war Homosexualität in Österreich strafbar. Einige Paragraphen ersetzten das Verbot (als Zugeständnis gegenüber der katholischen Kirche): § 209: das Schutzalter für männliche Homosexuelle ist bei 18 Jahren, bei heterosexuellen Kontakten beträgt es 14 Jahre, § 210: Verbot der gleichgeschlechtlichen Prostitution, § 220: Werbeverbot für Homosexualität, § 221: Vereinigungsverbot für Homosexuelle. Die Liberalisierung der Sexualität und die internationalen Entwicklungen erlaubten schon in den 1970er Jahren ein leichteres (Über)Leben der Homosexuellen. Die politische Emanzipation war aber mit der Gruppe *Coming Out (CO)* verbunden, die im Winter 1975 gegründet wurde (das folgende nach Handl 1989, S. 120ff und Rudi Katzer: *Subkultur verdirbt die Buben nur* in den Lambda-Nachrichten 3/1984, S. 29ff). Bis 1978 wurde ein Informationsblatt herausgebracht. Arbeitsgruppen (Politdiskussion, Selbsterfahrungsgruppe, Paragraphengruppe) konstituierten sich und in der ersten Zeit wechselte der regelmäßige

Treffpunkt. Höhepunkte waren die Einladungen der schwulen Theatergruppen *Brühwarm* aus Hamburg und *Hot Peaches* aus New York. Zum Pfingsttreffen 1977 trafen sich 150 BesucherInnen im Treibhaus in Wien, damals noch eine WG in einer Villa am Stadtrand von Wien[16] (Arbeitsgruppen wurden durch Kultur, Feste und Spaß ergänzt). Abschließend zogen 200 Schwule, auch im Fummel, durch die Innenstadt. Ab Frühjahr 1977 hatte CO ein Lokal in der Krummgasse, mit einem regelmäßigen, nicht kommerziellen, Clubbetrieb. 1978 spaltete sich die Organisation. Die «politischen Schwulen» zogen ins Treibhaus in der Margaretenstraße, jene, die mehr auf Geselligkeit beharrten, blieben in der Krummgasse, mussten aber auch bald aufgeben. Ergänzend soll noch erwähnt werden, dass es Mitte der 1970er in kulturellen, intellektuellen und politisch linken Kreisen fast ein bisschen Mode war, homo- oder bisexuell zu sein, oder sich so zu geben (ein sich beklagender Text «Kaputt in Wien» in der Arena-Zeitung Nr. 11, Oktober 1977: *immer noch heterosexuell, trotz der «linken Mode»*). Zur gleichen Zeit war auch die Mode relativ androgyn und gerade der Glamrock strahlte in die Breitenkultur aus, aber auch Soul und Disco (von Linken als Kommerz abgelehnt) wurden häufig von Schwulen produziert. Das erleichterte das Leben der «echten» Schwulen in der (auch in Wien) zunehmenden Subkultur.

In dieser Zeit tauchte ein «Phänomen» auf, das später nur mehr marginal auffiel, eine (heterosexuelle) Männerbewegung. Der Druck durch die Frauenbewegung zwang die Männer, sich mit ihrem Rollenverständnis auseinanderzusetzen. Es wurde versucht, die eigenen weiblichen (oder auch homosexuellen) Elemente zu entdecken. So wurde 1978 im Treibhaus ein «Männerfest» organisiert[17]. In der späteren Szene der 1980er wurde das private Leben wieder ins Private verbannt, die Auseinandersetzungen fanden innerhalb der Beziehungen statt. Mann in der Szene übernahm die feministischen Parolen und ersparte sich die Auseinandersetzung – was noch jetzt dazu führt, dass sich Frauen weit mehr verändert haben, selbstbewusster und stärker sind. Den Männern genügt es, sich an bestimmte äußerliche Codes und Normen (der Szene) zu halten, während die Machtverhältnisse gleich geblieben sind.

Eine Bewegung vor der Arena-Besetzung, die nicht mehr nur im politischen Rahmen ablief, sondern verschiedene Ebenen einbezog (Stadtteilarbeit, Arbeit mit Jugendlichen und Kindern), war die Besetzung des Amerlinghauses. Am Beginn stand eine Gruppe von ArchitektInnen und KünstlerInnen, die sich gegen die Kaputtsanierung des Spittelbergviertels mit seinen alten Biedermeierhäusern aussprachen (das folgende nach Springinkal Nr. 1, März 1976, sowie ZB Nr. 15, 16/17, 18, Jänner bis März 1978). Denen schlossen sich einige Leute an, die Interesse an einem selbstverwalteten Kommunikationszentrum für den

Bezirk hatten. Im Sommer 1975 wurde das Haus in der Stiftgasse für ein 4-Tage-Fest freigegeben, dabei wurden Unterschriften für ein Kommunikationszentrum gesammelt. Anschließend wurde das Haus besetzt und ein «Demonstrationsbetrieb» aufgenommen. Benutzt wurde das Haus den Sommer über hauptsächlich von Kindern der näheren Umgebung und Jugendlichen aus anderen Bezirken, viele von ihnen aus migrantischen Familien. Menschen aus der «Szene» kamen nur zu größeren Veranstaltungen, aber oft auch zu Plena, um PraktikerInnen, die die Betreuungsarbeit mit den Kindern und Jugendlichen machten, zu kritisieren. Die Gemeinde Wien sagte eine Sanierung

Das Amerlinghaus während der Besetzung 1975

zu und Anfang Oktober schlossen die BesetzerInnen das Haus mit gemischten Gefühlen, weil sie etwas aufgeben mussten, aber die Arbeit sehr aufreibend war und eine Pause Zeit zur Reflexion bot. Die Gruppe wurde danach ohne Haus weitergeführt. Regelmäßige Spielaktionen mit den Kindern aus dem Bezirk und Straßenfeste machten weiter auf das Projekt aufmerksam. Zur Eröffnung am 1. April 1978 waren nur mehr wenige AktivistInnen übrig geblieben. Das Amerlinghaus wird bis heute von der Gemeinde Wien finanziert, die Nutzungsbedingungen sind dabei ein kompliziertes Konstrukt. Ein Teil der Räume wird vom Bezirksmuseum belegt. Diese ungünstige Situation war ein Grund, warum das Haus die *Bewegung verloren* hatte (Reinprecht 1984, S.85). Nach der Arena gab es viele andere Initiativen, für dieses Kommunikationszentrum interessierte sich vorerst kaum jemand. War das Amerlinghaus ursprünglich als Kommunikationszentrum in einem proletarischen und migrantischen Stadtteil gedacht, so hat sich das Projekt ganz anders entwickelt. Es ist noch jetzt ein linkes Zentrum und ein wichtiger Treffpunkt, aber in einer ganz anderen Umgebung. Ein Großteil des Spittelbergs wurde renoviert (nicht abgerissen, wie befürchtet). Dieses Viertel kann als Beispiel für Gentrifizierung gesehen werden, die dort lebende und arbeitende Bevölkerung ist heute eine andere, nicht mehr migrantische ArbeiterInnen, sondern die besser gestellte Klientel der Grünen, von links bis liberal.

Die Besetzung der Wiener Arena

Während die Besetzung des Amerlinghauses nur lokale Bedeutung hatte, konzentrierten sich im Sommer 1976 die Bewegungen in der Besetzung der Arena im Auslandschlachthof St. Marx, an der Grenze zwischen Erdberg und Simmering. Für eine kurze Zeit fielen alle Elemente der Subversion zusammen, um sich dann wieder zu differenzieren: Subkultur und KünstlerInnen, Studierende und entflohene Heimzöglinge, politische *eggheads* (KB, GRM, IKL & Co) und subkulturelle KifferInnen, die Feministinnen, die Soldatenbewegung, Kinder, KonsumentInnen und AktivistInnen. Die Vielfalt war nicht neu, aber diese drei Monate beschleunigten viele Entwicklungen.

Initiativen für Jugend- und Kulturzentren gab es mehrere, das Amerlinghaus wurde schon erwähnt, eine andere kämpfte für die Errichtung eines Jugendzentrums im Flakturm im Augarten. Im Februar 1975 besetzten Jugendliche ein Haus an der Ecke Simmeringer Hauptstraße / Gottschalkgasse, nachdem sie aus einem Kellerlokal geworfen wurden. Nach zehn Tagen wurde das Haus abgerissen, die Jugendlichen standen wieder auf der Straße (Wien wirklich 1983, S. 142).

Die Veranstaltungsreihe «Arena» war als junge Alternative zu den Wiener Festwochen gedacht und fand 1970 und 1972 im Museum des 20. Jahrhunderts und 1974 im Theater im Künstlerhaus statt. Eine autonome Gegenveranstaltung linker KünstlerInnen, die Arena 70/II wurde im adaptierten Striplokal Casanova durchgeführt (Keller 1983, S. 101). 1975 aber wurde die Festwochenarena erstmals im Schlachthof abgehalten. Nach der Festwochenarena 1976 sollten die Gebäude abgerissen und statt dessen ein mehrstöckiges Textilzentrum errichtet werden. Am 20. Juni verteilte eine Gruppe ArchitekturstudentInnen ein Flugblatt mit der Parole «Der Schlachthof darf nicht sterben». Mit den Musikgruppen «Schmetterlinge» und «Keif» wurde abgesprochen, dass am Ende der Festwochen möglichst viele Menschen über den Abbruch informiert werden sollten (Langer 1983, S. 16ff).

Am 27. Juni 1976 fand am Wiener Naschmarkt das «Anti-Schleiferfest» gegen Schikanen beim Bundesheer statt. Im Anschluss daran riefen die «Schmette-rlinge» und «Keif» dazu auf, ein Abschlussfest im Schlachthof St. Marx zu feiern. Um 21 Uhr waren schon viele Menschen auf der Wiese vor der Arena anwesend, die Polizei hatte das Gelände abgeriegelt. Etwa 700 Menschen diskutierten, was zu unternehmen sei. Als jemand mitteilte, dass eine Tür offen sei, verlagerte sich das Geschehen nach innen, die Forderungen der ArchitektInnen wurden um die Forderung nach Selbstverwaltung erweitert (Steiner 1998, S. 140ff): 1. Der Schlachthof St. Marx darf nicht abgerissen werden, 2. Das gesamte Gelände muss als Kultur- und Kommunikationszentrum das ganze Jahr offen sein, 3. Selbstverwaltung: alle, die mittun, bestimmen gemeinsam, was in der Arena geschieht, 4. Die Gemeinde Wien soll zur Unterstützung der Aktivitäten die Betriebskosten zahlen (Langer 1983, S. 23). Die Polizei versuchte einen der ArchitektInnen verantwortlich zu machen, worauf die Versammlung mit «verantwortlich sind wir alle» antwortete. In der Nacht bröckelten die BesucherInnen ab, für den nächsten Tag, den 28. Juni wurde eine Pressekonferenz einberufen und die BesetzerInnen wurden wieder mehr. Ein Konzert, für den Dienstag, den 29. Juni angekündigt, wurde zuerst von der Polizei untersagt, durfte aber nach langen Verhandlungen mit 2000 BesucherInnen durchgeführt werden. Bis zum ersten Wochenende fanden zahlreiche Veranstaltungen statt, von Dichterlesungen bis zu Musik und Theater. Obwohl (oder gerade weil?) es keine Verhandlungen gab, wurde zugesagt, Strom und Wasser vorerst nicht abzudrehen. Die Veranstaltungen am 3. Juli und 4. Juli waren ein voller Erfolg. Einige tausend BesucherInnen waren anwesend (die Angaben schwanken zwischen 8000 und 12000), um Mitternacht, nach seinem Auftritt im Konzerthaus, erschien noch der international bekannte Musiker Leonhard Cohen, in der Arena. Auch der Psychologe Peter Brückner, der auf Einladung der FÖJ zu Besuch war, sprach an diesem Wochenende zu den BesetzerInnen (Langer 1983, S. 24ff).

Das Besondere an der Arena war ihre architektonische Struktur. Eine Reihe unterschiedlicher Bauten auf einer Gesamtfläche von 70.000 m2, umgeben von einer Mauer. Trotz der Räumungsangst in den ersten Tagen konnte sich ein riesiges Potential an Kreativität und Einfallsreichtum austoben. Viele Räumlichkeiten wurden für verschiedene Funktionen adaptiert (Langer 1983, S. 29). So entstanden mit der Zeit neben den Veranstaltungssälen (Theaterhalle, Video und Dia, Diskothek, Große Halle, die Rote Halle der KPÖ) das Haus Simmering für die Jugendlichen aus der Umgebung, mehrere Cafés (Café Schweinestall, Teehaus, Literatencafé), eine Galerie, ein Soldatenhaus mit Rechtsberatung für die Soldatenkomitees, ein Frauen- und ein Kinderhaus. Die Organisation lief über ein gewähltes Komitee (lauter Männer mit einer Alibifrau – AUF Nr. 8, S. 24), durch das sich – wie denn auch anders – soziale und intellektuelle Trennungen (Kopf- und Handarbeit) ausdrückten. Die das Maul am weitesten aufrissen, wurden gewählt.

Frauen versuchten sich zu organisieren und stießen auf große Probleme (vgl. AUF Nr 8, S. 20ff): Da war der unverhohlene Sexismus, der etwa aus dem Frauenhaus ein «Freudenhaus» machen wollte und von der Mehrheit der BesetzerInnen nicht oder nur widerwillig kritisiert und bekämpft wurde. Als einzig positives Erlebnis wird in den AUF-Artikeln erwähnt, dass sich doch einige Männer für die

Betreuung der Kinder zu interessieren begannen. Sonst blieb wie immer alles an den Frauen hängen. Die wenigen aktiven Feministinnen fühlten sich isoliert und suchten Unterstützung. Hinzuzufügen ist noch, dass die negativen Berichte über ihre Situation als Frauen und Feministinnen aus den ersten Wochen stammten, als Resignation und Probleme noch gering waren. Es verwundert nicht, dass diese Arena-Erfahrungen mit ein Grund waren, den Feminismus zu radikalisieren. Im Herbst gründeten die Arena-Frauen eine Radikalengruppe, die radikal-feministische Alltagspraxis umsetzen wollte (Geiger / Hacker 1989, S. 59).

Anfangs konnten durch Spenden bei Veranstaltungen ein großer Teil der Besetzungskosten gedeckt werden. Mit der Dauer der Besetzung nahmen die Probleme zu. Anfang August konnte die Küche nicht mehr weitergeführt werden. Geld fehlte, Gratisessen gab es ab da nur noch für jene Menschen, die auf dem Gelände arbeiteten. Immer mehr der kreativen BesetzerInnen blieben weg, die Problemfälle, deren Existenz an der Arena hing, blieben. Interne Konflikte nahmen zu. Schon von Beginn an wurden von den Medien die hygienischen Bedingungen kritisiert, ein (angeblicher) Fall von Krätze ausgeschlachtet. Immer wieder gab es Diskussionen über die Kompetenzverteilung zwischen Plenum und dem Komitee. Als Ergänzung wurde ein Arbeitsgruppenrat mit Delegierten aus den Arbeitsgruppen gewählt[18]. Die Gemeinde Wien verstärkte Mitte August den Druck, so verlangte sie jetzt von auftretenden MusikerInnen die Bezahlung der Getränke- und Vergnügungssteuer. Und sie verlangte eine verbindliche Rechtsform (einen Verein). Die OpponentInnen beharrten auf dem Komitee als verhandlungsbevollmächtigtem Gremium. Am 9. und am 10. September überfielen Nazis die Arena. Mit dem ebenfalls Anfang September erfolgten Angebot eines Ersatzgebäudes, dem Inlandschlachthof, verstärkte sich auch der Druck durch die Polizei, Razzien wiederholten sich. Die aktive Solidarität der zehntausenden UnterschreiberInnen und BesucherInnen hielt sich in Grenzen, für die meisten bedeutete die Arena doch nicht mehr als eine kreative Konsummöglichkeit. Am 19. September wurden Strom und Wasser abgedreht, am 27. September beschloss der Gemeinderat den Verkauf des Auslandschlachthofes. Die Diskussionen bei den Plena führten zu widersprüchlichen Entscheidungen, je nachdem, wer gerade mehr Leute mobilisieren konnte: Übersiedlung in den Inlandschlachthof oder Verteidigung? Mit einem Umzug durch die Stadt am 6. Oktober wurde gegen die Schikanen der Gemeinde protestiert[19]. Am selben Abend beschloss das Plenum einen freiwilligen Abzug, der Inlandschlachthof wurde nicht angenommen, weil die Gruppe zu zerrüttet war. Den Abschluss bildete ein Fest am 9. Oktober, am 12. Oktober begann der Abriss. Arena-Vollversammlungen wurden ab jetzt in einem Saal in der Innenstadt (Porrhaus am Karlsplatz) abgehalten. In einer letzten theatralischen Demonstration wurde am 22. Oktober mit schwarzdrapierten Fiakern, Blasmusik und Klageweibern die Wiener Kulturpolitik zu Grabe getragen (Langer 1983).

Während die BesetzerInnenbewegung darniederlag – die PolitaktivistInnen fanden andere Aktivitäten, besonders in der aufkommenden Anti-AKW-Bewegung, andere zogen sich in ihre WG zurück –, bemühte sich ab 1977 eine kleine Gruppe von InteressentInnen um die Nutzung des Inlandschlachthofes und gründete den Verein «Forum Wien Arena». Am 23. März wurde das Gebäude nach einer Begehung besetzt, allerdings schnell wieder geräumt (ZB Nr. 5). Zum Fackelzug der JungsozialistInnen am 30. April 1977 wurde unter Applaus ein Arena-Transparent entfaltet, im Juli 1977 traten einige AktivistInnen in einen Hungerstreik und ab 29. Juli 1977 konnten sie in einem halblegalen Zustand in den Räumlichkeiten bleiben (Arenazeitung Nr. 15, April 1978). Anfangs zeichnete sich die Situation durch Unsicherheit, interne Streitereien und soziale Probleme aus. Trotz der prekären Lage konsolidierte sich die Situation. Die wesentlich kleinere «Arena» im Inlandschlachthof wurde 1981 unter Druck einer neuen «Jugendbewegung» legalisiert (Wien wirklich 1983, S. 145, vgl. unten).

Trotz des tristen Endes hatte die Arena eine gewaltige Ausstrahlung. Zehntausende hatten sie besucht. An den Wochenenden kamen viele BesucherInnen aus den Bundesländern und schnupperten in eine relativ befreite Atmosphäre hinein – für Außenstehende erschienen die Probleme untergeordnet. Hunderttausende hatten die Auseinandersetzungen über die Medien mit Sympathie beobachtet und praktisch die gesamte Öffentlichkeit in Österreich erfuhr von den Ereignissen. Das bestärkte kleine Gruppen von AktivistInnen und brachte neue UnterstützerInnen. So entstanden in vielen Kleinstädten Initiativen für Jugendzentren oder für alternative Kultur: in Bregenz für den Erhalt der Randspiele als Ergänzung zu den Bregenzer Festspielen, in Schwaz (Tirol) kämpfte im Sommer 1977 eine Initiative für ein Jugendzentrum, in Mödling (Niederösterreich) existierte kurzfristig ein Jugendzentrum, der «Kursalon Mödling», nach einem Rockerüberfall wurde es geschlossen, aber es demonstrierten 300 Menschen. In Feldbach (Südsteiermark) wurde für ein Jugendzentrum gefeiert, «Gießhübl aktiv» forderte mehr Kultur. 1979 wurde in Celovec / Klagenfurt ein Haus besetzt und als Kommunikationszentrum geführt.

Aber auch längerfristige Initiativen wurden beeinflusst und radikalisierten sich. Sehr rührig kämpfte schon seit 1974 der Wühlmausclub (WC) in der Tiroler Kleinstadt Kufstein um ein Jugendzentrum. Die Stadtverwaltung wollte die Kontrolle behalten, die durch die Arena-Besetzung motivierten Wühlmäuse wurden als Linksradikale bezeichnet. Ein offizielles Jugendzentrum wurde von den Kufsteiner Jugendlichen relativ erfolgreich boykottiert, die alternative Initiative gründete als Ersatz eine alternative Zeitung, den WC-Jodler. Jedes Jahr wurde ein Pfingstfestival veranstaltet. Nach einer Zeit im «Exil», in Gasthäusern, wurden 1979 Räumlichkeiten eingerichtet, wo mit relativem Erfolg Kulturveranstaltungen durchgeführt wurden (Blaukopf et. al. 1983, S. 57ff).

In Salzburg wurde im Sommer 1976 der Petersbrunnhof mit der Forderung nach einem «offene Haus in Selbstverwaltung» besetzt und gleich wieder von der Polizei geräumt. Daraus entstanden verschiedene Initiativen. Am wichtigsten war das im Herbst

1976 gegründete Alternativblatt «Die Zeitung», die 1977 eine verkaufte Auflage von 1200 Stück erreichte[20]. Diese Salzburger Stadtzeitung war aber nur eine im Zusammenhang der explosionsartigen Verbreitung von Programm- und / oder Stadtzeitungen. Vom Konzept her konnte dort jeder schreiben («LeserInnen machen Zeitung»), formal gab es manchmal nicht einmal eine Abgrenzung nach rechts, real waren eigentlich alle alternativ (was immer das heißen mag), undogmatisch links bis anarchistisch. In der Arenazeitung Nr. 12 (November 1977) wurde über die neu entstandene Gegenpresse informiert: innerhalb eines Jahres seien allein in Wien an die zwanzig Zeitungen entstanden. Heute bestehen die meisten nicht mehr, aber eines der damals entstandenen Projekte war die Programmzeitung «Falter», angefeindet von jenen Blättern, die sich als «echte» Gegenöffentlichkeit verstanden. Aus der vorgeblich alternativen Zeitung ist inzwischen ein Projekt geworden, das als Sprungbrett in den «seriösen» Journalismus dient, an der aber heute keine kulturelle Initiative vorbei kommt. Der Erfolg des Falter ist ein Zeichen dafür, wie sich die Kulturszene in Wien seither verändert und verbreitert hat, eine Vervielfältigung von Veranstaltungsmöglichkeiten und Lokalitäten.

Repression und Rückzug

Für die BRD war der «Deutsche Herbst» ein massiver Einschnitt, der die Radikalität der entstandenen vielfältigen Bewegungen in etablierte Strukturen der Alternativbewegung führte, in die Integration in den Staat als alternative und grüne Parteien, aber auch in eine Welle des Spirituellen und Esoterischen. Die schwachen Ausläufer der Diskussion um bewaffneten Kampf und Repression streiften auch Österreich.

Die Radikalisierung nach 1968 führte in Österreich zu keinerlei Ansätzen des bewaffneten Kampfes, vielleicht deshalb, weil die radikalste Gruppe, der Heimspartakus, ins Exil ging (vgl. oben). Viele AktivistInnen der bundesdeutschen bewaffneten Gruppen arbeiteten 1968 mit Randgruppen wie Heimzöglingen und Psychiatriebetroffenen. Erst im Dezember 1976 erreichte der «bewaffnete Kampf» Wien, als das RAF-Mitglied Waltraud Boock bei einem Banküberfall in Wien gefangen genommen wurde[21]. Im Frühjahr 1977 gründete sich eine «Österreichische Initiative zur Unterstützung des Russell-Tribunals über die politische Repression in der BRD», an der sich ein Großteil der linksradikalen Gruppen beteiligte. Eine Untergruppe davon war der APG (Arbeitskreis politische Prozesse – politische Gefangene), der sich u.a. mit den Haftbedingungen von Boock auseinandersetzte[22]. Schon über den Sommer 1977 eskalierten Auseinandersetzungen zwischen dem APG auf der einen, den traditionellen Organisationen FÖJ und GRM auf der anderen Seite sowohl in der Russell-Initiative wie auch in der Linken Liste. Dort arbeiteten Unorganisierte der Institutsgruppen mit dem APG zusammen (*doch wie könnte es anders sein, unsere Politfreaks murksen sich gegenseitig ab [...] sinnigerweise schauts jetzt so aus, als ob es bald zwei getrennte Unterstützungskomitees geben wird* - ZB Nr.11/12, S. 15). Die undogmatische Linke und die Spontis standen zwischen der moralischen Rigorosität eines Teils des APG (die brutalen Haftbedingungen als Argument für eine kritiklose Solidarisierung) und der Distanzierung durch einen Großteil der Linken. Immer wieder wurde über das «Modell Deutschland» diskutiert, aber auch über Haftbedingungen und die Einschränkungen der Besuche der RAF-Gefangenen Waltraud Boock. Nach den Toten in Stammheim im Oktober demonstrierten ein paar Dutzend Mutige in der Wiener Innenstadt und wurden dabei von PassantInnen geschlagen und bedrängt.

Am 9. November 1977 wurde der Strumpfindustrielle Walter Michael Palmers von einem Kommando der «Bewegung 2. Juni» entführt. Nach der Übergabe von über 31 Millionen Schilling Lösegeld am 13. November wurde die Geisel freigelassen. Zehn Tage später wurden durch Zufall Thomas Gratt und Othmar

Keplinger beim Versuch, die Grenze von der Schweiz nach Italien zu überschreiten, festgenommen. Sie hatten einen kleinen Teil des Lösegeldes bei sich. Dadurch wurde eine Welle von Hausdurchsuchungen und Festnahmen in Wien ausgelöst. Die meisten Betroffenen wurden nach wenigen Tagen wieder freigelassen, nur Reinhardt Pitsch blieb in Haft und wurde angeklagt. Zugleich schürten die Medien die Hysterie, endlich hatten sie auch hier eine Terrorberichterstattung. Die Linke blieb von Repression und Medienkampagne nicht unberührt. Ein großer Teil der Organisierten übte sich in Distanzierung, nur die IKL forderte martialisch *«Jetzt nicht in die Knie»* (vgl. Palmers, eine Dokumentation 1978). Auch innerhalb der Spontiszene kam es zu Streitereien, inwieweit es noch opportun sei, mit bestimmten Menschen zu verkehren. So distanzierte sich das «Treibhaus» (allerdings nur kurzfristig) von der Stadtzeitung ZB, weil diese Beiträge und Einschätzungen über Stammheim und die Palmersentführung bringen wollte (ZB Nr. 15, Jänner 1978, Editorial). Aus Angst wurden Kontakte abgebrochen, manche wollten mit der Politszene nachher nichts mehr zu tun haben und zogen sich zurück. Da aber die Welle der Terrorhysterie mangels anderer Ereignisse nicht lange andauerte[23], beruhigte sich auch die Situation. Die «Palmers-Dokumentation» mit Erklärungen der unterschiedlichen Gruppen zur Entführung, einem Zeitungsspiegel und Tipps für Hausdurchsuchungen und Festnahmen wurde erstellt. Auch die regierende Sozialdemokratie ließ sich nur wenig vom Medienklima anstecken, und wurde dafür von der ÖVP gescholten[24].

Was von Koenen (2002) als das «rote Jahrzehnt» (1967-1977) bezeichnet wurde, begann mit dem Aufbruch kleiner Gruppen hauptsächlich an den Universitäten. Diese versuchten, in die Gesellschaft hineinzuwirken. Zuerst mit Randgruppenarbeit, dann als proletarische Avantgarden (MaoistInnen, TrotzkistInnen). Immer wieder wurden neue Gruppen von Jugendlichen «politisiert». Beschleunigt durch die Besetzung der Arena entstand neben den bisher bestehenden Politsekten eine Vielzahl von Aktivitäten, Gruppen und Projekten: WGs, Alternativbetriebe, Kindergruppen, feministische (und auch nicht feministische) Fraueninitiativen, Umweltgruppen und BürgerInneninitiativen, Ökofreaks und Landkommunen, Alternativ- und Stadtzeitungen, Kommunikationszentren, die nicht kommerziell basiert waren (Amerlinghaus, Treibhaus), die Demokratische Psychiatrie, Selbsthilfegruppen. Auch Solidaritätsgruppen mit Befreiungsbewegungen im Trikont oder mit unterdrückten Volksgruppen von den OkzitanierInnen bis zu den «IndianerInnen».

Das Ende der Hoffnungen auf eine internationale Revolution (durch den Krieg zwischen Kamboscha, Vietnam und China), beschleunigte eine Entwicklung in

Richtung Resignation und Anpassung. Die Politik der ersten Person wurde zum Argument, sich zurückzuziehen und / oder sich an die kapitalistische Realität anzupassen. Es wurde wieder Zeit, ein Studium fertig zu machen, oder es ging darum, Lebensprojekte auf längere Zeit abzusichern. Es bildeten sich Projektgruppen, um auf Subventionen durch die Gemeinde Wien hinzuarbeiten oder sonstwie im Kapitalismus zu überleben. Diese bildeten oft die Basis für die Veränderungen der 1980er vom Werkstätten- und Kulturhaus (WUK) bis zur Rosa-Lila-Villa und dem Kinderhaus Hofmühlgasse mit zahlreichen Kindergruppen und einer Alternativschule. Die Spontis als der «politischste» Ausdruck der «unpolitischen» Alternativen, begannen bereits zu dieser Zeit (unter dem Einfluss der Diskussion in Italien und der BRD) manche Entwicklungen dieser Alternativbewegung zu kritisieren, insbesonders die Illusion einiger Projekte, irgendwie außerhalb des Kapitalismus zu stehen. Gar nicht so Wenige entdeckten Spiritualität und Esoterik und fingen an, irgendeinem Guru nachzulaufen. Die AAO hatte sich überlebt. Sehr attraktiv wurden die Sanyassin mit ihrem Bhagwan in Poona. Daneben blieb aber ein *untergründiger Strom der Rebellion* (Schrage 1983), der 1979 / 1981 als «Jugendbewegung» wieder spektakulär sichtbar werden sollte, später im autonomen Kulturzentrum Gassergasse (GAGA), in der Aegidigasse, bei den Opernballdemos.

Revolte und Anpassung

D ie vielfältigen Bewegungen leiteten Veränderungen der Gesellschaft und ihrer (urbanen) Institutionen ein. Immer mehr Projekte wurden angedacht und näherten sich einer Verwirklichung Die Revolten wurden «unpolitischer», an «eigenen Bedürfnissen» orientiert wie Hausbesetzungen oder für eine lebenswerte Umwelt. Während die Bereitschaft an Demonstrationen teilzunehmen wuchs wie ebenso die Militanz kleiner Gruppen, entwickelten sich zur gleichen Zeit erste institutionelle Initiativen wie die Grüne Wahlpartei.

Das Ende der Revolutionen

Gerade als ein Zyklus der revolutionären Hoffnungen zu Ende gekommen schien, stürzte Anfang 1979 eines der stärksten vom Westen unterstützten Regime, Persien unter der Herrschaft des Schah. Die Revolution im Iran begann mit Massendemonstrationen im Jahr davor, die anhielten, bis das Regime am Ende war. Im Jänner 1979 verließ der Schah das Land, Ayatolla Khomeiny kehrte aus dem Exil zurück. Am 10. Februar wurde die noch vom Schah eingesetzte Übergangsregierung gestürzt. Die starke iranische Linke (die marxistisch-leninistischen Volksfedayin und die linksislamischen Volksmudjahedin) beteiligte sich an den Aufständen, letztendlich setzte sich aber die reaktionäre, aber antiimperialistische Strömung um Khomeiny durch[1]. Die Linke wurde vernichtet und ins Exil getrieben, selbst die opportunistische Unterstützung des Regimes nutzte der sowjetisch orientierten Tudeh-Partei (und einem Spaltungsprodukt der Volksfedayin) nichts. Durch die Besetzung der amerikanischen Botschaft am 4. November 1979 wurde die islamische Revolution weiter radikalisiert. Eine Geiselbefreiungsaktion der USA scheiterte im April 1980 kläglich. Gerüchte besagten, dass ein größeres Luftlandeunternehmen kombiniert mit einem Militärputsch geplant gewesen wäre. Erst nach über einem Jahr wurden im Jänner 1981 nach Verhandlungen die amerikanischen Geiseln freigelassen.

Am 22. September 1980 griff der Irak unter Saddam Hussein den Iran an, von den USA unterstützt und ermutigt[2], womit einer der mörderischsten Kriege seit dem Zweiten Weltkrieg begann, der bis 1988 dauerte und damit die vom Iran ausstrahlende islamische Revolution eindämmte. Die Basis der iranischen Revolution waren zu einem großen Teil die Massen in den Slums der großen Städte, die durch die Agrarreformen des Schah vom Land vertrieben wurden. Während die siegreichen Revolutionen in den antikolonialistischen Umstürzen auf einer bäuerlichen Guerilla beruhten (China, Jugoslawien, Vietnam, Kuba, die ehemaligen portugiesischen Kolonien in Afrika), war jetzt die Revolution zu den städtischen Massen zurückgekehrt (vgl. Hobsbawm 1994, S. 458ff). Die Aufstände im Iran waren nur der zugespitzteste Ausdruck eines Typus von Revolte, die ihre Basis in den städtischen Slums hatte und noch hat. Diese Revolten entzündeten sich häufig an der Verteuerung von Grundnahrungsmitteln, weshalb sie oft auch als Brotrevolten, Hungerunruhen oder *Anti-IMF-riots (International Monetary-Fond-riots)* bezeichnet wurden (der IMF verlangte die Abschaffung von Subventionen auf Grundnahrungsmittel): ihre Ausdrucksformen waren Massendemonstrationen, Krawalle und Plünderungen. Oft fanden sie keine politische Repräsentation, aber die Unruhen im Herbst 1988 in Algerien leiteten den dortigen Aufstieg der IslamistInnen ein. Der Caracazzalero vom Februar 1989, Demonstrationen, Krawalle und Plünderungen in der Hauptstadt Caracas, bildete die Basis für den späteren Sieg des Populisten Hugo Chavez in Venezuela.

Hoffnungsvoller für die Linke war der Sturz des Diktators Anastasio Somoza und die Machtübernahme durch die SandinistInnen im Juli 1979 in dem kleinen mittelamerikanischen Land Nicaragua. Zugleich spitzte sich der Bürgerkrieg zwischen der Militärdiktatur und der linken Guerilla im wirtschaftlich wichtigen El Salvador weiter zu. Die USA reagierten mit der Unterstützung der Militärregime in Guatemala, El Salvador und Honduras, aber auch durch die Bewaffnung der antisandinistischen Contras. Die Unterstützung Nicaraguas durch «internationale Brigaden» und die Kampagne «Waffen für El Salvador», zeigten deutlich, wie bescheiden seither die revolutionären Projektionen der Linken geworden waren, kein Vergleich mit den riesigen BäuerInnenstaaten China und Vietnam. Der um ein vielfaches wichtigere revolutionäre Iran mit seinem religiösen Regime eignete sich nicht als Projektionsfläche.

Ein weiterer Brennpunkt der Auseinandersetzungen war die Mittelmeerküste des Nahen Ostens. Seit 1975 herrschte im Libanon ein Bürgerkrieg zwischen den verschiedenen religiösen und ethnischen Gruppen, verschärft durch die bewaffneten Milizen der palästinensischen Flüchtlinge. Im Juni 1982 marschierte Israel im Libanon ein. Die Invasion traf aber im Gegensatz zu den Kriegen 1967 und 1973 nicht auf reguläre Armeen, sondern auf Milizen, die in der Bevölkerung verankert waren. Das muslimische Westbeirut wurde belagert, Israel wagte keinen Angriff auf die befestigten Flüchtlingslager der PalästinenserInnen. Im

August 1982 wurde der Abzug bewaffneter Milizen der PLO verhandelt. Nach einem Attentat auf den christlichen Führer Bechir Gemayel eroberten christliche Milizen unter den Augen der israelischen Armee (der damalige Armeekommandant Ariel Sharon wurde dafür in Israel verurteilt) die Flüchtlingslager Sabra und Chatila und ermordeten tausende zurückgebliebene Unbewaffnete. In Israel entwickelte sich die stärkste Friedensbewegung (bei der größten Demonstration beteiligten sich 400.000), die es je gab. Nach dem Teilabzug der Israelis übernahmen westliche Truppen, unter Führung der USA, die Funktion von Friedenstruppen zwischen den verfeindeten Milizen. Zwei verheerende Anschläge auf die US- und französischen Truppen mit 285 Toten erzwangen den Rückzug der westlichen Armeen. Der Bürgerkrieg setzte sich mit verschiedenen Fronten fort, auch innerhalb der eigenen Religionsgruppen. Im Herbst 1989 wurde unter syrischer Patronanz ein Friedensabkommen geschlossen. Nach der Vertreibung der bewaffneten PalästinenserInnen setzten die Milizen der verarmten schiitischen Bevölkerung im Süden des Landes den Widerstand gegen die israelischen BesatzerInnen fort. Im Jahr 2000 zog sich dann Israel weitgehend aus dem Libanon zurück.

Die 1980er waren die Hochphase des Antiimperialismus. Selbst auf gemäßigter Seite wurde der lateinamerikanische Guerillakampf bewundert. Die Unterstützung vieler Diktaturen und reaktionärer Regime durch die USA führte zu verbreitetem Antiamerikanismus, parallel zu einer riesigen Friedensbewegung in Europa, die sich gegen die NATO-Nachrüstung in der BRD richtete. Diese Bewegung war so «friedlich», dass sie sich nicht gegen wirkliche Kriege richtete. Im Frühjahr 1982 demonstrierten in Großbritannien nur einige Tausend gegen den Krieg mit Argentinien um die Malvinas / Falklandinseln, während zur gleichen Zeit Hunderttausende auf Demonstrationen gegen die Nachrüstung zu sehen waren. Die KritikerInnen einer zu sowjetfreundlichen Politik bewegten sich dabei auf einen gegen die Atommächte USA und SU gerichteten europäischen, oder gar deutschen Neutralismus zu («Schlachtfeld Europa»). Die Nachrüstung wurde trotz der starken Gegenbewegung durchgesetzt und war mitentscheidend für die ökonomische «Totrüstung» der SU.

Zwei internationale Ereignisse sollen noch erwähnt werden, die in der ersten Hälfte der 1980er die Medien beherrschten, auch wenn der Einfluss auf die Bewegungen gering war (wenn auch wahrgenommen). Im Dezember 1979 marschierten sowjetische Truppen in Afghanistan ein, um das linke Regime, das von Fraktionskämpfen zerrüttet war, zu unterstützen. Die USA bewaffneten über Pakistan und Saudi-Arabien die Mudschahedin, die gegen die Sowjets kämpften und so dem realsozialistischen System große Probleme bereiteten. 1989, unter

Michael Gorbatschow zog die SU schließlich ihre Truppen ab. In Polen entstand 1980 durch Massenstreiks der Gewerkschaft Solidarnosc eine Situation der Doppelherrschaft. Durch eine Machtübernahme des Militärs Ende 1981 wurde ein sowjetischer Einmarsch verhindert, der polnische Nationalismus dämmte dann in Zusammenarbeit mit Militär und Kirche die Revolte ein. Die Integration der Bevölkerung ins «kommunistische» System erwies sich als unmöglich, ein erster Schritt in Richtung des Zusammenbruches 1989. In Österreich waren Trotzkist-Innen die einzigen Linken, die nennenswerte Diskussionen darüber führten und endlich, seit langem, wieder ihre ArbeiterInnenklasse kämpfen sehen konnten[3].

1980 / 1981 wurden europäische Städte von Krawallen erschüttert, die in ihren Ausdrucksformen den IMF-Revolten im Trikont ähnelten. In Großbritannien wurden die riots im Juli 1981 als «Rassenkrawalle» bezeichnet, weil sich viele mi-grantische Jugendliche daran beteiligten. Es war aber ein Aufstand, der von den verarmten Jugendlichen in den Vorstädten getragen wurde (CLASH: *This is the sound of the suburbs*). In Amsterdam eskalierten im Frühjahr 1980 die Krawalle von HausbesetzerInnen (*Kraaker*), besonders in einer Straßenschlacht zum Krönungs-tag am 30. April. Für Österreich am bedeutendsten waren aber die Ereignisse in Zürich («Züri brennt») und die HausbesetzerInnenbewegung in Berlin.

In Zürich begannen die Unruhen am 31. Mai 1980 mit den «Opernhaus-krawallen». 200 DemonstrantInnen protestierten vor der Oper gegen die verfehl-te Kulturpolitik der Stadt. Die Polizei vertrieb sie, ein Katz- und Mausspiel be-gann. Die Krawalle eskalierten, als die BesucherInnen eines Bob-Marley-Kon-zertes auf die Straßen strömten. Die Auseinandersetzungen endeten nicht mit dieser Nacht, sondern dauerten das Wochenende über an. Nach zahlreichen Demonstrationen im Juni (u.a. mit einer legendären Nacktdemonstration), wur-de den «Jugendlichen» am 28. Juni ein Gebäude, das Autonome Jugendzentrum (AJZ), in Selbstverwaltung übergeben. Am 4. September wurde das Haus unter dem Vorwand des Drogenkonsums wieder geräumt. In den folgenden Monaten spitzte sich die Situation immer wieder zu, weil DemonstrantInnen immer wie-der versuchten, das AJZ zu erobern. Nach einem ruhigen Winter ging es im Früh-jahr wieder los. Am 3. April 1981 wurde das AJZ wieder eröffnet. Zürich blieb die 1980er hindurch immer wieder Brennpunkt von militanten Auseinander-setzungen[4].

In Berlin waren im Herbst 1980 erst einige wenige Häuser besetzt. Als am 12. Dezember eine Instandbesetzung verhindert wurde, eskalierte die Situation zu dreitägigen Straßenschlachten. Im Jänner wurde ein Teil der Festgenommenen zur Abschreckung zu hohen Strafen verurteilt. Die Bewegung bekam aber gera-de dadurch erst richtig Schwung. Bis Mitte März waren in Berlin, hauptsächlich in Kreuzberg, über 120 Häuser besetzt, im Mai waren es über 160. Die SPD verlor im Mai die Wahlen in Berlin, die CDU fuhr eine härtere Linie. Neubesetzungen wurden nicht mehr geduldet. Bei Straßenschlachten am 22. September starb Klaus-Jürgen Rattay. War Berlin bis Anfang der 1970er schon ein Zentrum von Bewegungen gewesen, so konnte dieser Ruf 1981 wieder bestätigt werden, auch und gerade weil dadurch eine Welle von Besetzungen in der BRD ausgelöst wurde.

Auch BürgerInneninitiativen und die Ökologie- und Alternativbewegung erreichten in der BRD neue Dimensionen. 1981 wurde wieder gegen das AKW Brokdorf demonstriert. In Gorleben entstand ein Hüttendorf gegen die dort geplante Atommülldeponie, das 1980 geräumt wurde. Bei Frankfurt eskalierte der Widerstand gegen den Bau der Startbahn West des Frankfurter Flughafens in regelmäßige militante Auseinandersetzungen. Schon 1978 hatten sich erste grüne und bunte Listen gebildet, die dann ab 1980 in regionale und kommunale Parlamente einzogen. Bei den Wahlen 1983 konnten die deutschen Grünen das erstemal auf Bundesebene Erfolge feiern.

«Jugendbewegung» (Krawalle und Hausbesetzungen)

Am Anfang war der Punk. PunkerInnen kleideten sich mit Sachen vom Müll, konnten (angeblich) keine Musik machen (drei Akkorde genügen) und verweigerten sich jeder Anpassung an die Gesellschaft. Ihr Lebensstil war geprägt von Opposition, was sie in die Nähe militanter Jugendbewegungen brachte. Punkmusik und Punkstil wurden zum Code der autonomen Bewegung. Punk bedeutete das neuerliche Durchsetzen des DIY (Do it yourself) Prinzips gegen den immer glamouröser und teurer werdenden Rock. Auch in Wien entstand eine erste kleine Punkszene, beginnend mit einem Konzert der *Chuzpe* im November 1977. 1979 gab es angeblich nur 200 AnhängerInnen und die wären zwischen 14 und 17 Jahre alt (Arenazeitung 30, September 1979). Der Öffentlichkeit fielen die Punks bei einem «Rock brennt Fest» auf, das am 23. Mai 1979 im Metropol stattfinden hätte sollen, aber abgesagt wurde. An die 100 «MusikliebhaberInnen» wurden durch die Polizei auseinandergejagt, wobei hauptsächlich Punks die Prügel abbekamen. Die Polizei schikanierte die Punks immer wieder, indem sie sie wegen «illegalem Waffenbesitz» festnahm, weil sie Nietengürtel trugen. Auf einem ersten Sampler (*Wiener Blutrausch*) spielten *Chuzpe*, die Punk-Band der ersten Stunde, *Minisex, Mordbuben AG*, aber auch die «Rocker» von *Drahdiwaberl*. Viele kurzlebige Gruppen (oft nur für ein Konzert) entstanden, aber auch die legendären *Dead Nittels*[5]. Einen wichtigen Kern bildeten Punks später im Kultur- und Kommunikationszentrum Gassergasse (GAGA, vgl. unten). Dort konnten sie Proberäume benutzen, Konzerte organisieren oder einfach abhängen. Auch wenn ein Teil der AkteurInnen der «Jugendbewegung» neu war, so bildeten den aktiven Kern Freaks und Spontis. ProtagonistInnen dieser Bewegung lehnten das von den Medien geprägte Label «Jugendliche» ab. Die Kontinuität drückte sich in der Ablehnung politischer Organisierung, in der Rezeption von anarchistischer und autonomer Theorie, aber auch in den Kommunikationsformen aus. Es wurde nicht versucht, Demonstrationen über Aktionseinheiten mit VertreterInnen politischer Gruppen und Parteien zu organisieren, Aktionen wurden einfach gesetzt, die Mobilisierung erfolgte durch Flugblätter und Graffitis an öffentlichen Plätzen. Die Frage Legalität wurde nach dem Motto der Berliner HausbesetzerInnenbewegung «Legal, illegal, scheißegal» hintenan gestellt. Repression und Angebote der Gemeinde Wien führten aber dann doch zu Verhandlungen mit ihr. So wurden Rechtspersonen geltend gemacht (durch Vereinsgründungen) und Subventionen angenommen (vgl. unten).

In Wien begann die «Jugendbewegung» bereits im Frühjahr 1979. Der Burggarten, so etwas wie ein «Hippietreffpunkt», wurde nach einem Kronenzeitungsartikel über *öffentlichen Rauschgiftkonsum, Entenmord und Sexorgien* von der Polizei geräumt (das folgende hauptsächlich nach Arenazeitung Nr. 9, 6. Jahrgang, S. 49ff). Daraufhin wurde regelmäßig demonstrativ der Rasen besetzt, mit anschließender Vertreibung durch die Polizei. Die «Bewegung für Rasenfreiheit» entstand. Plena wurden im Amerlinghaus abgehalten, bei denen die Freigabe aller Rasenflächen und die Forderung nach einem Kommunikationszentrum entwickelt wurde. Im September 1979 nutzte die Bewegung den Tag der offenen Tür im Wiener Rathaus, um Präsenz zu zeigen. Am 20. Oktober 1979 wurde nach einem Burggartenfest in der Arena (Inlandschlachthof, vgl. oben) die Phorushalle im fünften Bezirk besetzt, in der die ÖVP gerade ihren «Ideenmarkt» durchführte. Am nächsten Tag in der Früh war die Halle von der Polizei umstellt. Im Laufe des Tages versammelten sich dann einige hundert SympathisantInnen, die zu Sturmversuchen ansetzten, die misslangen, die Polizei aber auf Trab hielten. Nach einigen Verhandlungen durften die BesetzerInnen abziehen, anschließend jagte die Polizei DemonstrantInnen durch die halbe Stadt. Diese Besetzung war gescheitert.

Nach der Durchführung einer größeren Demonstration am 26. Oktober 1979 beendeten die herbstliche Kälte und der Winter die Bewegung für dieses Jahr. Im Frühjahr 1980 gab es neuerliche Versuche, die Aktionen aus dem Vorjahr weiter-

Die «Burggartenbewegung» besucht am «Tag der offenen Tür» im September 1979 das Rathaus in Wien. (Foto: Arenazeitung)

zuführen. Im März wurde ein «Indianerfest» durchgeführt, am 1. Mai kam es zu einer Reihe von Festnahmen nach Auseinandersetzungen um den Burggarten. Am 3. Mai verlagerten sich die Krawalle in den ersten Bezirk auf das Stadtfest der ÖVP. Auch dort wurde eine größere Anzahl von Personen festgenommen. Im August 1980 wurden zwei Personen aus der Bewegung verhaftet, weil sie die Gloriette in Schönbrunn und teure Autos mit Parolen verschönert hatten (auch mit Parolen für die «Bewegung 2. Juni»). Weiters wurde Ende November 1980 das Amerlinghaus besetzt, um gegen die kommerzielle Nutzung zu protestieren und eine Art Selbstverwaltung durchzusetzen. Auch diese Besetzung wurde nach wenigen Tagen aufgegeben.

Die HausbesetzerInnenbewegung in der BRD, mit ihrem Schwerpunkt in Berlin, mobilisierte neuerlich die Wiener Szene[6]. Eine Sponti-Gruppe bereitete eine Hausbesetzung am Judenplatz im ersten Bezirk vor. Eine Vielzahl unterschiedlicher Flugblätter und Graffitis riefen zu einer Demonstration für Sonntag den 1. März 1981 auf, mit dem Hintergedanken, dadurch die Hausbesetzung zu unterstützen (das folgende hauptsächlich nach Arenazeitung 3/4, 6. Jahrgang 1981). Die Besetzung scheiterte an der Anwesenheit der Polizei. Einige hundert DemonstrantInnen trafen sich am Stephansplatz, zogen dann über den Ring, dort sollen es an die 1000 gewesen sein, und von dort wieder in den ersten Bezirk. Das einzige Transparent «High sein, frei sein, Terror muß dabei sein» wurde von den Medien natürlich ausgeschlachtet. Nachdem in der Rotenturmstraße einige Scheiben eingeschlagen worden waren, wurden 102 Personen festgenommen, darunter vier deutsche StaatsbürgerInnen[7]. Diese wurden in den Medien als «Rädelsführer» und «Terrorprofis» bezeichnet (später entschuldigte sich der

Innenminister bei einem, der offensichtlich als Tourist das Planetarium besucht hatte und danach in die Demonstration geraten war. Eine Woche nach den Massenverhaftungen beteiligten sich mehr als 1000 DemonstrantInnen an einer friedlichen Demonstration. Trotz eines Riesenaufgebots von Polizei und Medien wurde diese Demonstration medial ignoriert, weil es keine Krawalle gab.

Um Hausbesetzungen vorzubereiten, hatte sich ein «Wohnungsrat» gebildet, der sich aus verschiedenen Kollektiven zusammensetzte, die gemeinsame Projekte gründen wollten. Eine Gruppe besetzte am 1. Mai 1981 das Haus Windmühlgasse 24 im sechsten Wiener Gemeindebezirk. Mit Flugblättern auf der traditionellen linken 1. Mai-Demo[8] wurde dorthin mobilisiert. Am Nachmittag war ein Straßenfest vor dem besetzten Haus angesetzt (Arenazeitung 7/8 und 10, 6. Jahrgang), bereits am selben Abend wurden die SympathisantInnen von der Straße gejagt, das Haus, gemeinsam mit einer WG im Nebenhaus, geräumt. Die Zeitung «Kurier» stellte einen «linksextremen» Zusammenhang zwischen dem von PalästinenserInnen begangenen Mord an Stadtrat Heinz Nittel und der Hausbesetzung her.

Am 23. Mai versuchte eine andere Gruppe neuerlich ein Haus zu besetzen, diesmal in der Gutenberggasse im Spittelbergviertel. In nur zwei Stunden, noch bevor sich eine größere Anzahl von SympathisantInnen auf der Straße davor versammelte, wurde das Haus geräumt. Es zeichnete sich ab, dass die Polizei keine Besetzungen dulden würde. Die Kollektive, die gemeinsam mit dem Wohnungsrat leerstehende Häuser ausfindig gemacht hatten, nutzten ihr Wissen für Scheinbesetzungen im sechsten, siebten und achten Bezirk: Transparente wurden hinausgehängt, aber niemand blieb in den Häusern. SympathisantInnen errichteten auf der Straße davor ein paar symbolische Barrikaden und die Polizei stürmte dann ein leerstehendes Gebäude. Als nach mehreren solchen Aktionen die Polizei nicht mehr anrückte, sich aber AnrainerInnen über den Krawall beschwerten, wurden diese aufgefordert, doch die Polizei zu verständigen. Die HausbesetzerInnenbewegung erlangte nie größere Bedeutung, auch wenn versucht wurde, durch ein Zeltlager im Rathauspark im Sommer 1981 und eine Besetzung des Wohnungsamtes Druck auszuüben. Im November 1982 wies die Sozialistische Jugend mit einer symbolischen Besetzung in der Margaretenstraße auf die Wohnungsnot hin[9]. Der Gemeinde Wien ist es gelungen, die Entwicklung einer breiteren Bewegung zu verhindern, indem sie jede Besetzung sofort beendete, aber auch weil Initiativgruppen und Kollektiven leere Althäuser mit Prekariumsverträgen angeboten wurden (vgl. unten). Diese Prekarien bedeuteten, dass für Häuser und Wohnungen, die zum Abbruch bestimmt waren, Verträge vergeben wurden, die jederzeit kündbar waren und keine rechtlichen

Sicherheiten boten. Dafür blieb die Miete auf die Bezahlung der Betriebskosten beschränkt. Der militante Teil der Bewegung gruppierte sich ab dem Sommer 1981 um das Kultur- und Kommunikationszentrum in der Gassergasse, die GAGA.

Seit dem Herbst 1979 verhandelte eine Gruppe von Personen mit der Gemeinde Wien um die Benutzung des ehemaligen Gebäudes der Wiener Öffentlichen Küchen in der Gassergasse. Die Gespräche verzögerten sich, doch nach den Krawallen am 1. März 1981 wurden schon am 23. März die Schlüssel übergeben (das Folgende nach Schrage 1983 und Kleines Massenblatt Nr. 6, 1. Jahrgang). Es bildeten sich eine Reihe von Arbeitsgruppen und am 1. Mai wurde das Kultur- und Kommunikationszentrum Gassergasse (GAGA) mit Kulturveranstaltungen (einschließlich einer Polizeimusikkapelle) eröffnet. Eine Subvention von 2,1 Mio. Schilling im Jahr reichte kaum für die Instandhaltung des recht desolaten Gebäudes. Über den Sommer füllte sich die GAGA mit AktivistInnen. Eine Druckerei, die «Bewegung 1. März», eine Alternativschule, Kindergruppen, eine Fahrrad- und Autowerkstatt, MusikerInnen, die «Initiative Hanf legal» (INHALE), FotografInnen, eine Tischlerei, eine Haftentlassenenbetreuung und der Wohnungsrat fanden dort eine Heimstatt. Von Anfang an gab es Probleme mit AnrainerInnen, die sich über Lärmerregung, aber auch Kriminalität, «Rauschgiftsüchtige» und «Sexorgien» beschwerten. Aber auch interne Probleme und gegenseitige Anfeindungen zermürbten die AktivistInnen. Plena wurden nicht mehr besucht oder immer öfter für Machtkämpfe benutzt. Verschärft wurde diese Situation dadurch, dass die GAGA Anlaufstelle für Problemfälle wurde, die in anderen Einrichtungen nicht unterkamen. Ein permanenter Konflikt bestand zwischen denen, die für die Renovierung herangezogen wurden und dafür auch gleich ein Dach über dem Kopf hatten, im GAGA-Jargon «Hackler» genannt und den AnarchistInnen mit politischem Anspruch. So schrieb das «Kleine Massenblatt»: *Die Selbstverwaltungsstrukturen, die die GAGA offiziell hat, funktionieren nicht, wer etwas erreichen will, muß sich einer «Lobby» oder «pressure-group» bedienen.*

Lästig waren die sich wiederholenden kleineren Polizeieinsätze (meistens wegen Ruhestörung). Der Konflikt spitzte sich anlässlich eines Solidaritätskonzertes mit dem «Arbeitskreis Schwarzau» Mitte April 1982 zu. Weil im Hof Gewista-Plakate brannten, rückte die Feuerwehr aus, wurde aber, wie die auch anwesende Polizei, mit Steinen empfangen. Das verbarrikadierte Haus wurde aber nicht geräumt. Bei einer Rauschgifttrazzia im Jänner 1983 wurde in einer Waschmaschine (angeblich) ein halbes Kilo Haschisch gefunden, worauf die INHALE verboten wurde. Immer wieder gab es Gerüchte, dass die GAGA geräumt werden sollte. Ein noch nicht ausgezahlter Subventionsrest wurde von der Gemeinde auf ein Sperrkonto gelegt. Bei einem Protest-Open-Air im Hof der

Solidaritätsdemonstration mit der GAGA. (Foto: Kleines Massenblatt)

GAGA am 26. Juni 1983 (einem Sonntag) eskalierte die Situation. Als nach Mitternacht die Polizei anrückte, flogen Steine. Brennende Matratzen blockierten Teile der nahen Gürtelfahrbahn. AnrainerInnen und RechtsextremistInnen fanden sich ein, die unter den Augen der Polizei die Steine zurückwarfen. Als der Eingangsbereich erobert wurde, verbarrikadierten sich die GAGAistInnen, mehr um sich vor den «Jungfaschos» als vor der Polizei zu schützen. Eine weiße Fahne wurde gehisst, ein Verhandlungskomitee gleich verhaftet. Anschließend stürmte die Polizei und nahm die Anwesenden (insgesamt 62 Personen) fest. Noch am Abend des 27. Juni demonstrierten einige Dutzend vor dem Polizeigefangenenhaus, einen Tag später wurde ein Großteil der Festgenommenen freigelassen, die restlichen sieben dann im Laufe der Woche.

Für den Dienstag, den 28. Juni wurde für 17 Uhr eine Demonstration beim Sozialamt am Schottenring angemeldet, von der Polizei aber untersagt. Viele wussten davon nichts. Noch bevor sich eine Demonstration oder Kundgebung formieren konnte, begann die Polizei eine Hetzjagd auf alle, die nicht «normal» aussahen. Unter den 56 Menschen, die zwischen der Universität und dem Schottenring festgenommen wurden, befanden sich neben möglichen DemonstrantInnen und JournalistInnen auch eine Reihe von zufällig anwesenden PassantInnen. Nach einer großen Demo mit 1000 bis 2000 TeilnehmerInnen am 30. Juni 1983 und einer weiteren kleineren, verlor sich die Bewegung über den

Sommer. Ein Teil der bisherigen GAGA-BewohnerInnen kam im WUK unter und verlagerte die Probleme mit Menschen außerhalb der Norm in dieses Kulturzentrum.

Die Stadt verändert sich

Parallel zu den oben beschriebenen Bewegungen veränderte sich das äußere Erscheinungsbild der Stadt. Neue Treffpunkte entstanden, neue Initiativen wurden gegründet, das kulturell-politische Leben veränderte sich. Doch zuvor zu einer anderen Entwicklung, dem «Durchfluten der Gesellschaft mit Demokratie» in der Ära Kreisky (Eder 1995, S. 197). Die Wahlerfolge der SPÖ bis 1979 resultierten aus zwei Komponenten gesellschaftlicher Veränderung: der Abnahme der von der Landwirtschaft abhängigen Bevölkerung und dem internationalen Modernisierungsschub, der im Allgemeinen mit 1968 in Verbindung gebracht wird. Die Liberalisierungen dieser Zeit, die Strafrechtsreformen mit eingeschränkter Aufhebung des Verbots der Homosexualität, die Erleichterung von Ehescheidungen, die Liberalisierung der Geburtenkontrolle und die Verbesserung der Stellung von unehelichen Kindern wurden von oben politisch durchgesetzt. Die Autorität des «Sonnenkönigs» Bruno Kreisky konnte trotz dieser Veränderungen weiter Stimmen im «bürgerlichen» Lager gewinnen, um eine Linke brauchte er sich nicht kümmern. Einzig die Verkürzung des Wehrdienstes, die Einführung eines Zivildienstes und die Liberalisierung der Abtreibung wurden auf Grund innenpolitischen Drucks durch Bewegungen durchgeführt, alle anderen Reformen entsprachen internationalem Trend und kaum einer österreichischen Entwicklung. Teilweise waren es Antworten auf «Bewegungen», die in Österreich entstehen hätten können (z.B. die Schul- und Universitätsreformen als Antwort auf Studierendenbewegungen). Hinsichtlich des «Familienmodells» vertrat die SPÖ-Alleinregierung eine doppelte Strategie. Der Kleinfamilie, durch die Einführung eines Heiratsgeldes und durch Geburtenbeihilfen unterstützt, setzte Kreisky das Staatssekretariat für Frauenfragen unter Leitung von Johanna Dohnal entgegen. Von dort startete eine durchaus offensive Politik gegen die Diskriminierung der Frau (Fischer-Kowalski 1995, S. 201). Gesetzliche Verbesserungen ließen es zu, dass gesellschaftliche Veränderungen daran anknüpfen und sie von unten füllen konnten. So wurde das Staatssekretariat für Frauenfragen Anlaufstelle für Finanzierungen diversester Frauenprojekte. Überhaupt begann in dieser Zeit die Subventionspolitik für (Gegen)Kultur- und Alternativprojekte.

Gab es vor 1968 nur eine handvoll Lokale (Savoy, Hawelka, Café Sport), in denen sich die Szene traf, so waren es in den 1970ern schon mehr (vom Hellas, Dobner und Gärtnerinsel am Naschmarkt bis zur Räuberhöhle, einem griechischen Lokal, und anderen im siebten Bezirk). Aber in all diesen Lokalen dominierte das kommerzielle Interesse. Nicht-kommerzielle Gegen- oder Alternativkultur fand fast nur im Dramatischen Zentrum statt. Erst das Amerlinghaus, das im April 1978 eröffnet wurde, bot einen Treffpunkt ohne Konsumzwang[10]. Nach den Krawallen des 1. März 1981 beschleunigte sich die Entwicklung der alternativen Szene. Die Gemeinde Wien sagte eine Subventionierung der Arena im Inlandschlachthof zu, die Pläne für ein Rockhaus wurden konkreter, es wurde Anfang 1983 in der Hauffgasse im 11. Bezirk als «Szene Wien» eröffnet – alle Popgrößen von den Schmetterlingen bis zu Chuzpe hatten sich dafür eingesetzt. Neben dem Metropol, das der Wiener ÖVP gehörte, entstand die Kulisse als Veranstaltungsort, organisiert von KünstlerInnen aus dem Umfeld verschiedener Kabarett- und Musikgruppen. Das wichtigste Projekt war aber (neben der GAGA, vgl. oben) das Werkstätten- und Kulturhaus (WUK) im ehemaligen TGM (Technisches Gewerbemuseum), einem Industriekomplex, der vorher als Lokomotivfabrik, bis 1980 als Technisches Museum und Schule diente. 1978 bildete sich eine Initiativgruppe, die neben Verhandlungen mit der Gemeinde Wien auf Aktivitäten wie Parkfeste setzte. Das Gebäude wurde 1981 übergeben und stand von Anfang an unter einem besseren Stern als die GAGA. Von der Struktur her ähnlich selbstverwaltet, waren dort die «braveren» Gruppen aktiv, weniger Problemfälle, mehr kulturell und weniger politisch. Nach der Schleifung der GAGA im Sommer 1983 zogen einige Punks im WUK ein und die «Wukeria», wie MacherInnen und NutzerInnen bösartig genannt wurden, konnte das Projekt WUK nur retten, indem sie das Haus vorübergehend schloss und (vermeintliche) Punks nicht mehr einließ. Tatsächlich stand das WUK in einer Position zwischen einer radikalen Szene und einer Gegenkultur, die dann zum «Mainstream der Minderheiten» werden sollte, wie auch aus einer Diskussion zum zehnjährigen Bestehen hervorgeht: die DiskutantInnen konnten sich nicht entscheiden, ob das WUK Teil einer Subkultur ist oder nicht (Schaller 1998, 149ff). Das WUK besteht noch heute als wichtiges kulturelles Zentrum, auch den «Frauenturm», in dem sich in den 1980ern das wichtigste Wiener Frauenkommunikationszentrum (FKZ) entwickelte, gibt es heute noch.

Die Gemeinde Wien vergab aber nicht nur große Zentren, sondern parallel zur bereits bestehenden GAGA auch Häuser an Wohnkollektive. So eines in der Myrthengasse und ein weiteres in der Spalowskygasse 3, das ein markantes kulturelles Zentrum wurde (dort wurde der Undergroundfilm «Wiener Brut» ge-

Ankündigung für ein Fest im WUK

dreht). Das dritte Haus befand sich an der Wienzeile und wurde später die Rosa-Lila-Villa (vgl. unten). Nach der Räumung der GAGA wurden weitere Wohnungen und Häuser zur Verfügung gestellt. Das Haus in der Corneliusgasse wurde nach der Vergabe von Wohnungen mit Prekariumsverträgen vollständig besetzt. 1984 wurde es geräumt und abgerissen, die BewohnerInnen bekamen kleine Ersatzwohnungen. Das Kinderhaus Hofmühlgasse, das an die Rosa-Lila-Villa grenzt, beherbergt noch heute eine Alternativschule und mehreren Kindergruppen.

Parallel zu diesen Projekten entwickelten sich auch Initiativen, die nicht von Subventionen oder sonstigen Gaben der Gemeinde Wien abhängig sein wollten. Im Jänner 1980 übernahm das «Forum Alternativ»[11] das Treibhaus in der Margaretenstraße und etablierte das nun «Rotstilzchen» genannte Lokal als autonomes Zentrum (das folgende nach Rotstilzchen 1983). Wie das Amerlinghaus und auch das WUK war das Rotstilzchen als Stadtteilzentrum gedacht, eine der Initiativen, die sich dort traf, war die Alternative Liste Margareten. In der ersten Zeit litt das Projekt unter der Sogwirkung der großen Zentren. Nach der Räumung der GAGA belebten verschiedene Gruppen das Lokal. Es wurde zu einem der wichtigsten Treffpunkte der gerade entstehenden autonomen Szene (vgl. unten).

Eine der wichtigsten Entwicklungen war das Sichtbarwerden der Schwulen und Lesben. Nach dem Aus der *Coming Out* (vgl. oben) existierte keine politische Homosexuellenorganisation. 1979 setzten sich einige Männer zusammen und gründeten nach Rücksprache mit den Ministerien (es bestanden ja noch die § 220, 221, Vereinigungsverbot und Werbeverbot für Homosexuelle) im Jänner 1980 die Homosexuelleninitiative (HOSI). Einen ersten spektakulären Auftritt hatte die HOSI anlässlich der Wiener Festwochen 1980 (das Folgende nach Schmutzer 1989, S. 135ff, Lambda Nachrichten Nr 3 / 4, 1980: *Schwule Festwochen*, S. 4ff). Die HOSI war eingeladen, mit anderen Gruppen an den Alternativen Festwochen vom 23. Mai bis zum 15. Juni teilzunehmen und stellte am Reumannplatz im 10. Wiener Gemeindebezirk eine recht auffällige Konstruktion in der dortigen Budenstraße auf. Am 25. Mai wurde diese Bude (neben anderen) aufgebrochen und ein rechtsradikales Flugblatt hinterlassen. Die Antwort der Behörden war die Schließung der HOSI-Bude[12]. Am 30. Mai wurde die HOSI-Bude erneut aufgesperrt, daraufhin aber von der Gemeinde mit einem Kranwagen abtransportiert. Aus Solidarität funktionierten alle anderen teilnehmenden Gruppen ihre Buden in HOSI-Buden um und verteilten ein Flugblatt mit dem Titel «Für eine neue Liebesunordnung». Auf allen Veranstaltungen wurde der HOSI die Möglichkeit zur Selbstdarstellung geboten. Wegen dieser großen Öffentlichkeit sah sich die Gemeinde Wien gezwungen, am 7. Juni die Öffnung der HOSI-Bude wieder zuzulassen. Sich offen deklarierende Schwule in Österreich hatten bisher noch nie ein so großes Publikum erreicht, selbst ein (misslungener) Brandanschlag von Rechtsradikalen konnte die AktivistInnen nicht mehr einschüchtern.

1982 war ein wichtiges Jahr für die schwul-lesbische Öffentlichkeit: Beim Neujahrskonzert stürmten zwei Nackte mit einem Transparent «Menschenrechte für Schwule» auf die Bühne. Leider war die Live-Übertragung in diesem Augenblick wegen einer Balletteinlage unterbrochen, so wurde die Szene im Fernsehen nicht gesehen (Kronenzeitung 2. Jänner 1982: *Für 150 Millionen Fernsehzuschauer war Szene nicht auf dem Bildschirm: 2 Nackerte beim Neujahrskonzert!*). Diese und eine weitere Aktion am Opernball bewirkten, für einige Zeit jedenfalls, ein größeres Interesse für die Anliegen der Schwulen- und Lesbenbewegung.

Im selben Jahr entstand auch die Rosa-Lila-Villa an der Wienzeile («wo drinnen ist, was draußen draufsteht: erstes Wiener Lesben- und Schwulenhaus»). Die Geschichte begann wie vieles in der GAGA. Dort hatten sich auch ein paar schwule Spontis eingefunden (das Folgende nach Lambda-Nachrichten Nr. 2 / 3, 1983, Handl 1989, S. 126ff). Aufgrund der dortigen chaotischen Verhältnisse interessierten sich diese Leute für ein Haus der Gemeinde Wien, in das sie im

Gruß aus Wien

Postkarte der Rosa-Lila-Villa (Quelle: Lambda Nachrichten)

April 1982 einzogen. Im Laufe des Sommers bewohnten immer mehr homosexuelle Menschen das Haus und es reifte der Gedanke für den Rosa-Lila-Tip, eine Informations- und Beratungsstelle für homosexuelle Frauen und Männer. Die Eröffnung im November 1982 brachte eine Welle an Öffentlichkeit, aber auch Widerstand der Bezirks-ÖVP und sonstiger Reaktionäre mit sich. 1985 verursachte eine Postkarte, auf der die Villa und das Wappen der Stadt Wien zu sehen waren, beinahe einen Volksaufstand. Aber die AnrainerInnen begannen sich daran zu gewöhnen. Bis 1988 wurde das Haus totalsaniert. Heute befindet sich dort ein Café, eine Beratungsstelle, eine schwul-lesbische Bibliothek. Heute ist die Rosa-Lila-Villa ein sichtbarer Meilenstein schwul-lesbischer Emanzipation, kaum noch Stein des Anstoßes.

Neben den Bereichen Kultur, Wohnen und Leben veränderte sich in dieser Zeit auch die Demonstrationskultur. Seit der «Jugendbewegung» existierte eine radikale Minderheit, die bereit war, (auch organisierte) Militanz auszuüben und es waren mehr Menschen bereit, an Protesten teilzunehmen. Bislang bewegte sich die Zahl der DemonstrantInnen im Tausenderbereich, am meisten wahrscheinlich am 12. Juni 1977 in Zwentendorf mit 6000 bis 7000 TeilnehmerInnen. Die entstehende Friedensbewegung konnte Zehntausende mobilisieren.

Durch die Verkürzung des Wehrdienstes und die Einführung des Zivildienstes wurde die starke antimilitaristische Bewegung auf kleine Gruppen reduziert (vgl. oben). Bis 1979 wurde die antimilitaristische Zeitung Querschläger von den K-Gruppen noch aufrecht erhalten, danach beschränkte sich die Soldatenbewegung auf die VDSÖ (Vereinigung demokratischer Soldaten Österreichs), die das Bundesheer nicht ablehnte. Der Antimilitarismus hatte sich in andere Bereiche verlagert.

Wichtiger für die neu entstehende Friedensbewegung war die Diskussion um Waffenexporte österreichischer Firmen in Diktaturen wie Ecuador, Marokko, Tunesien u.a. (vgl. Forum Alternativ 1982, S. 49). Aufsehen erregten die gescheiterten Panzerexporte nach Chile, auch deshalb, weil dieses Land, nach der Machtübernahme durch das Militär 1973, bedeutend für die internationale Solidaritätsbewegung war (Pilz 1982, S. 125ff). Ebenso wurden bei einem Putsch am 17. Juli 1980 in Bolivien die von Österreich gelieferten Kürassierpanzer fernsehgerecht eingesetzt (Pilz 1982, S. 122)[13]. Und in Argentinien benutzte die Militärjunta österreichische Fahrzeuge im Krieg um die Malvinas / Falklandinseln (die linke Nr. 9, April 1982). Am 23. Juni 1981 versuchten an die 70 DemonstrantInnen den Abtransport von Panzern beim Steyr-Werk in Simmering zu blockieren, wurden aber von den ArbeiterInnen von den Schienen getrieben. Im Sommer 1982 wurde das Kriegsmaterialiengesetz verabschiedet, das die Lieferung von Waffen an kriegführende Länder untersagt[14]. Die europäische Bewegung gegen die NATO-Nachrüstung beeinflusste dann auch das Geschehen in Österreich. Neben vielen Aktionen mit bis zu einigen tausend TeilnehmerInnen demonstrierten am 15. Mai 1982 in Wien an die 70.000 und am 22. Oktober 1983 an die 100.000 Menschen. Die Breite der Bewegung reichte von linksradikalen Gruppen wie den gerade entstehenden Autonomen über KP- und SP-Organisationen, christlich-pazifistischen Gruppen bis hin zur Jungen ÖVP. Durch die abstrakten Inhalte – die atomare Bedrohung Europas – und die Formierung eines Bündnisses ohne echte Diskussion, blieb nach der Stationierung der Raketen nicht mehr viel von dieser Bewegung übrig. Die antimilitaristische Tradition wurde aber im Widerstand gegen die Abfangjäger weitergeführt.

Erst seit der Friedensbewegung sind Demonstrationen mit zehntausenden TeilnehmerInnen möglich. Die große Bereitschaft zur Beteiligung auch bei nicht ganz legalen Aktionen, zeigten die Auseinandersetzungen um die Rettung der Aulandschaft bei Hainburg.

Hainburg

Wie die Anti-AKW-Bewegung entstand diese Bewegung zuerst aus einer lokalen BürgerInneninitiative (das meiste, wenn nicht anders ausgewiesen, aus Nenning / Huber 1985). Ab Februar 1983 startete der WWF (World Wildlife Fund) eine Kampagne unter dem Titel «Rettet die Auen» für die Errichtung eines Naturschutzgebietes im Bereich des geplanten Flusskraftwerkes bei Hainburg. In den folgenden Monaten bis ins nächste Jahr hinein setzte sich eine Kampagne von BiologInnen, ÖkologInnen, UmweltschützerInnen (WWF und Global 2000), prominenten KünstlerInnen fort, mit wirkungsvoller Unterstützung der Kronenzeitung. Eine Reihe von Aktionen wurde durchgeführt und die Medien berichteten fast täglich. Im Mai 1984 wurde bei einer «Konferenz der Tiere», eine Reihe Prominenter hatte sich als geschützte Tiere angezogen, das Konrad-Lorenz-Volksbegehren[15] (KLV) der Öffentlichkeit vorgestellt. Der ÖGB rief zu einer Demonstration gegen die NaturschützerInnen und für die Fertigstellung des Kraftwerkes auf, wobei sich einige Zehntausend beim Ballhausplatz versammelten.

Am 26. November 1984 erließ der zuständige niederösterreichische Landesrat Dr. Ernest Brezowsky einen Bescheid, der praktisch die Bewilligung des Kraftwerksbaus bedeutete. Aus Protest gegen den «Brezowsky-Bescheid» wurde das niederösterreichische Landhaus, damals noch in Wien, von einigen hundert DemonstrantInnen besetzt. Der Landwirtschaftsminister unterzeichnete eine Rodungsbewilligung. Die ersten Rodungen wurden für Montag, den 10. Dezember angesetzt. Bis zu den Auseinandersetzungen im Dezember 1984 waren nur kleine Gruppen der Linken für das KLV aktiv. Wie beim Widerstand gegen das AKW Zwentendorf bildete sich auch hier wieder eine Gruppe «Gewerkschafter gegen Hainburg», die in der Au und gegen die BetoniererInnen des ÖGB auftraten. Sie war hauptsächlich durch die GE vertreten, die damals begann, ein linksalternatives Profil zu entwickeln.

Am Samstag, dem 8. Dezember wurde eine Kundgebung auf der Brücklwiese in der Nähe des Rodungsgebietes in der Stopfenreuther Au abgehalten, an der sich über 8000 Menschen beteiligten. Bereits zwei Tage zuvor waren die ersten BesetzerInnen in die Au gezogen. Ab Montag, dem 10. Dezember, wurde der Rodungsbereich zum Sperrgebiet erklärt. In der Nacht vom Sonntag errichteten Autonome (die sich erst in den Tagen zuvor einklinkten, weil es um konkreten Widerstand ging) die erste Barrikade. In der Früh versuchten «gewaltfreie» DemonstrantInnen, diese wieder abzubauen, was ihnen aber misslang (vgl. notkühlung Nr. 1, 1985, S. 21)[16]. Die Gendarmen und ArbeiterInnen konnten durch

Hinsetzen und unter-den-Bagger-legen nur begrenzt aufgehalten werden, die Menschen sammelten sich daher bei den ersten Barrikaden. Der erste Räumungsversuch musste abgebrochen werden. In den nächsten Tagen entstanden dann massenhaft Barrikaden. Im Laufe der Besetzung wurden sie beinahe wie Heiligtümer behandelt, von KünstlerInnen zu Kunstobjekten deklariert, von anderen mit rot-weiß-roten Fahnen geschmückt. Ein großer Teil der Lager befand sich innerhalb des Tiergartenarmes, der fast eine Insel bildete mit drei Zugängen für Forststraßen, die relativ leicht zu blockieren waren. Am 11. Dezember versuchte die Gendarmerie neuerlich zu räumen. Es gelang, eine Schneise zu schlagen, aber wegen der Barrikaden, die Fahrzeuge blockierten und dem anhaltenden Widerstand der DemonstrantInnen, wurde auch dieser Versuch abgebrochen. Die VertreterInnen des Konrad-Lorenz-Volksbegehrens konnten einen Räumungsstopp bis 17. Dezember aushandeln. Die mediale Wirkung der ersten Blockadetage löste einen starken Zustrom von BesetzerInnen und BesucherInnen in die Lager in und um die Au aus. Die Österreichische Hochschülerschaft (ÖH) rief einen Vorlesungsstreik aus und organisierte einen Shuttledienst mit Bussen zwischen Wien und Stopfenreuth[17]. Neben den Zeltlagern entstanden Erdhöhlen, die BäuerInnen der Umgebung spendeten Stroh und Nahrungsmittel. Andere Organisationen stellten Schlafsäcke, Zelte und Kleidung zur Verfügung. Noch Jahre danach waren diese in verschiedenen WGs und Hausgemeinschaften aufzufinden (meist gespendet von der Jungen ÖVP). Es war nie klar, wieviele Menschen die Au besetzten. Eine starke Fluktuation und der schwer auszumachende Unterschied zwischen BewohnerInnen und BesucherInnen ließen eine genaue Einschätzung nie zu. Es dürften immer mehrere tausend gewesen sein.

Ein neuerlicher Räumungsversuch am Montag, dem 17. Dezember musste trotz Stacheldraht und Polizeikordon wieder abgebrochen werden. BetriebsrätInnen des ÖGB versammelten sich in Hainburg und drohten mit einem Marsch von tausenden ArbeiterInnen, um die BesetzerInnen aus der Au zu vertreiben. Die Vorstellung dieses Aufmarsches löste Diskussionen und Ängste vor einem drohenden «Bürgerkrieg» aus. Die SPÖ-dominierte Regierung konnte die GewerkschafterInnen dann doch von ihrem Vorhaben abbringen. Die Au wurde noch einmal zum Sperrgebiet erklärt (das sie schon war) und am Mittwoch, dem 19. Dezember in der Früh eskalierte der Polizeieinsatz. Die Wiener Einsatzgruppe «Kobra» tat sich dabei durch besondere Brutalität hervor. Hunde, Stacheldrahtrollen, Gummiknüppel und Wasserwerfer wurden eingesetzt. Es gab zahlreiche Verletzte und Festnahmen. Während sich viele DemonstrantInnen zurückzogen, kamen zur gleichen Zeit immer wieder neue an. Auch MedienvertreterInnen

Illustrationen von Mauli über den Polizeieinsatz in Hainburg. Blecha war zur Zeit von Hainburg Innenminister (Quelle: notkühlung).

wurden nicht immer freundlich behandelt, was dann das Bild in der Öffentlichkeit prägte. Den ArbeiterInnen gelang es, ein fußballfeldgroßes Stück Auwald zu roden. Da sich aber noch immer tausende Menschen in und um die Au befanden, wurden die Arbeiten immer wieder behindert. Am Nachmittag gingen die Polizeieinsätze weiter. Zur gleichen Zeit sammelten sich in Wien an die 20.000 Menschen bei der Oper, zogen dann über den Ring, unterwegs schlossen sich weitere 20.000 an, die gegen die Polizei und das Kraftwerk Hainburg demonstrierten. Am nächsten Tag protestierten noch Tausende in allen Bundesländern. Damit war offensichtlich, dass der Bau des Kraftwerks Hainburg nur mit großen politischen Schäden durchzudrücken gewesen wäre. Während am 20. Dezember weitgehend Ruhe herrschte, ein Lager war zerstört, ein zweites blieb umzingelt, verbreiteten sich am 21. Dezember Gerüchte über neue Räumversuche. In der Nacht verkündete die Regierung einen Weihnachtsfrieden bis Anfang Jänner. Die Au blieb mit schwächerer Beteiligung besetzt, am 3. Jänner 1985 verbot das Höchstgericht weitere Rodungsarbeiten bis alle Beschwerdeverfahren abgeschlossen wären. Damit war eine Rodung bis ins nächste Jahr aufgeschoben (aus Naturschutzgründen darf nur im Winter gerodet werden). Somit war dieses Kraftwerksprojekt gestorben.

Die Ereignisse um Hainburg illustrieren sehr gut das veränderte Klima, das durch die Anti-Zwentendorf-Bewegung, aber auch durch andere Entwicklungen, entstanden war. Es waren Tausende, die in die Au fuhren, nicht trotz, sondern wegen des Polizeieinsatzes, die bereit waren, Gesetze zu überschreiten und Widerstand gegen eine (vermeintliche?) Ungerechtigkeit zu leisten[18]. Und es waren Zehntausende, die sich spontan entschieden, zu demonstrieren (und sich auch nicht darum kümmerten, ob das legal ist oder nicht). Bis 1984 war Ökologie nur ein Thema einer großen, aber wachsenden Minderheit, ab Mitte der 1980er, durch Hainburg, besonders aber nach dem Unfall im Atomkraftwerk Tschernobyl am 26. April 1986 behauptete ein großer Teil der Bevölkerung ökologisches Bewusstsein und auch die herrschenden Eliten stellten sich darauf ein. Dass dieses Bewusstsein sehr zwiespältig ist und war, zeigt die immer wieder geführte Diskussion um das Autofahren. Ein großer Teil der Bevölkerung kritisiert andere AutofahrerInnen, weigert sich aber, selbst auf dieses Verkehrsmittel zu verzichten. Der Erfolg der Ökologiebewegung, der bis in die herrschenden Parteien ausstrahlte, war ein Aspekt (neben Streitereien und dem Abschneiden des Bewegungsflügels), der auch die Entwicklung der grünen Partei verzögerte.

Grüne Alternativen

Grüne und Alternative waren Ausdruck einer Institutionalisierung von Bewegungen in den Städten, besonders der vielfältig entstandenen Alternativbewegung, aber auch allgemeiner Ausdruck eines irgendwie gearteten ökologischen Bewusstseins. In den UnterstützerInnenkreisen kursiert der Begriff einer «Wahlbewegung», was ausdrückt, dass es mehr um Macht und weniger um emanzipatorische gesellschaftliche Veränderung geht. In bestimmten Situationen können Wahlergebnisse als Symptom eines bestimmten (veränderten) Klimas gesehen werden. Ich sehe die Parteigrünen als Teil der Veränderung in den staatlichen Institutionen, als Antwort auf Entwicklungen in der Bevölkerung.

In der BRD entstanden die Grünen und Alternativen zu Beginn der 1980er, weil die Anti-AKW-Bewegung eine Niederlage erlitt (Schandl / Schattauer 1996, S. 88, ein großer Teil des Folgenden orientiert sich an der Beschreibung der Parteibildungsphase in Österreich, S. 115ff). Im Mai 1981 erreichte die Alternative Liste in Berlin mit 8% der WählerInnenstimmen einen Sensationserfolg, was in Österreich bemerkenswerte Medienreaktionen hervorrief und eine Dynamik in Richtung Parteigründungen beschleunigte. Die städtische

Alternativbewegung neigte bisher eher dazu, zu leben und ihre Projekte zu organisieren, als sich um eine Vertretung in den Parlamenten, Landtagen und Gemeinderäten zu kümmern. Ausnahmen bildeten ab 1979 alternative Listen in Kleinstädten, wie die «Demokratische Initiative Schärding» oder die «Alternative Liste» in Baden. Von konservativ-grüner Seite aus kandidierte Josef Buchner, später einer der wichtigsten VertreterInnen der Vereinten Grünen Österreich (VGÖ) für die «Steyregger Bürgerinitiative Umweltschutz» in dieser Umlandgemeinde von Linz. Andere frühere Entwicklungen brachten sich erst nachträglich in das grüne Parteiprojekt ein. In den 1970ern entstanden zwar «Bürgerinitiativen» (BI), wie jene, die 1973 gegen die Verbauung des Wiener Sternwarteparkes auftrat. Diese waren mehr eine Allianz zwischen konservativen HonoratiorInnen (ÄrztInnen, RechtsanwältInnen, LehrerInnen, KleinunternehmerInnen etc.) und Teilen der Medien, insbesonders der Kronenzeitung. Immerhin konnte damals die Verbauung dieses Parkes verhindert werden. Eine ähnliche Struktur hatte die Bürgerliste in Salzburg (ein lokalspezifisches Phänomen), die ein traditionelles ProtestwählerInnenpotential ansprach. Ihr Hauptthema war die Erhaltung der Altstadt im Sinne eines wachstumswilligen Fremdenverkehrskapitals (Gutmann / Pleschberger 1984, S. 120). Bei den Gemeinderatswahlen 1977 erreichte sie 5,6%, bei ihrem zweiten Antreten 1982 sensationelle 17,7%. In den Parteibildungsprozess wurde sie erst später einbezogen, behinderte aber in Salzburg die Entwicklung sowohl einer linksgrünen Alternative wie auch der konservativen VGÖ.

Die erste Parteigründungsphase begann im Herbst 1980 in Wien und in Graz (das Folgende nach Schandl / Schattauer 1996, S. 127ff). In Wien bildete sich aus den bestehenden Netzwerkinitiativen die «Kommunalpolitische Initiative», die die Vorläuferin der Alternativen Liste Wien (ALW) war. In Graz gründete sich hauptsächlich aus entwicklungspolitischen Zusammenhängen die «dezentrale». Daraus entstanden in den folgenden Jahren die Strukturen, die in den Diskussionen «Wiener» und «Grazer» Strömung bezeichnet wurden. Die Wiener galten ausdrücklich als links-alternativ, die Grazer wurden von den Wienern als «linksliberal» angesehen. Da sich ein Großteil der Wiener Szene kaum für eine Parteibildung interessierte, hatten die Grazer maßgeblichen Anteil an der Gründung. So wurde am Jahrestag der Zwentendorfabstimmung am 5. November 1982 die Alternative Liste Österreich (ALÖ) in Graz konstituiert. Erst wenige Monate vor den Wahlen am 24. April 1983 beteiligten sich in Wien Hunderte an den Plena. Als die ALW im Jänner 1983 ein Beitrittsansuchen an die ALÖ stellte, versuchte die Grazer Strömung die Wiener zurückzudrängen und konnte in der Parteisatzung durchsetzen, dass eine Zweidrittelmehrheit der BundesländervertreterInnen KandidatInnen streichen könne («Wiener Paragraph»). Dadurch sollte verhindert werden, dass «Extremisten», Homosexuelle und «schrille Feministinnen» an wählbare Stelle kommen. Obwohl sich die Grazer Strömung keineswegs als homophob oder antifeministisch begriff, zeigte sich, dass für einen Teil der AktivistInnen Wählbarkeit und gewählt werden schon damals wichtiger war als gesellschaftliche Emanzipation.

Schon seit der Volksabstimmung um das Kernkraftwerk Zwentendorf wälzten einige Prominente um Alexander Tollmann Pläne für ein Wahlprojekt. Am 9. März 1982 wurde die Partei VGÖ im Alleingang angemeldet. Erst im Februar 1983, zwei Monate vor der Wahl wurde eine Bundesversammlung in Linz durchgeführt. Die Partei weigerte sich, mit den Alternativen zusammenzugehen. Noch kurz vor der Wahl eskalierte ein Streit zwischen den Spitzenkandidaten Herbert Fux und Alexander Tollmann um angebliche Ausschweifungen des Schauspielers Fux. Die Wahlen brachten keinen Erfolg, die ALÖ gewann 1,36%, die VGÖ 1,93%. Einen begrenzten Achtungserfolg erreichte die ALW bei den parallel stattfindenden Gemeinderatswahlen, wo sie mit einem linken Programm und einem offen homosexuellen Kandidaten (Rudi Katzer alias «Gloria» warb für «Popolitik») 2,50% erreichte und in einige Bezirksparlamente einzog.

Dieses Resultat führte dazu, dass bei den folgenden Wahlen immer wieder versucht wurde, gemeinsame Listen aufzustellen, was nur teilweise gelang, weil die VGÖ häufig auf einer eigenen Kandidatur bestand (Schandl / Schattauer 1996, S. 149ff). Weder Bündnisse noch getrennte Kandidaturen waren erfolgreich. Eine Überraschung brachten erst die Wahlen in Vorarlberg, wo eine gemeinsame Liste am 21. Oktober 1984 13% gewann und der alternative Bauer Kaspanaze Simma für kurze Zeit zum Medienstar wurde. Obwohl er von Seiten der Alternativen aufgestellt worden war, näherte er sich der VGÖ an, weigerte sich später, wie vereinbart, seinen Sitz aufzugeben und zu «rotieren». In der Hainburgbewegung spielten die Parteiprojekte keine Rolle. Sowohl Alternative wie VGÖ mussten sich an die Bewegung anhängen. Es war ja ihre Basis, die besetzend in der Au saß. Durch das KLV kam ein neuer Machtfaktor in den Parteigründungsprozess, die prominenten ProponentInnen des Volksbegehrens. Sie wurden eine dritte Kraft, kamen aus beiden Großparteien, traten im Kampf gegen das Kraftwerk aber besonders gegen die SPÖ und den ÖGB auf. Die Kandidatur von Freda Meissner-Blau zur BundespräsidentInnen-Wahl im Mai 1986 wurde als Probegalopp für die geplanten Nationalratswahlen im Frühjahr 1987 gesehen. Das Ergebnis blieb weit unter den Erwartungen, obwohl sich kurz zuvor die AKW-Katastrophe in Tschernobyl ereignete. Meissner-Blau gewann im ersten Wahlgang nur 5,5%.

Das Scheitern der rot-blauen Regierung durch die Wahl Jörg Haiders zum Vorsitzenden der FPÖ führte zur Vorverlegung der Wahlen auf den 23. November 1986, wodurch der Druck zur einheitlichen Kandidatur größer wurde (das Folgende nach Schandl / Schattauer 1996, S. 207ff). Jede weitere Diskussion wurde unterbunden, es sollte «Die Grüne Alternative – Liste Meissner-Blau» kandidieren. Die «Diva» Meissner-Blau und der Ex-Linke Peter Pilz bestimmten praktisch im Alleingang die KandidatInnenliste. Trotz Widerständen wären die Wiener Linken bereit gewesen, sich unterzuordnen und sich mit einem Grundmandat in Wien zufrieden zu geben. Um sich ein demokratisches Mäntelchen umzuhängen, sollte aber Meissner-Blau bei einer Versammlung in Niederösterreich als Kandidatin bestätigt werden. Durch das Herankarren von Abstimmenden zur Sicherung des Sieges gegen die Linken entstand das böse Wort von der «Autobusdemokratie». Meissner-Blau wollte sich damit aber nicht zufrieden geben, sondern verlangte auch das Grundmandat in Wien. Dort kandidierte sie am 4. Oktober 1986 gegen die Linke Andrea Komlosy und verlor mit 155 gegen 222 Stimmen. Die verschmähte Kandidatin erlitt einen Schwächeanfall, ein großer Teil der Landesgruppen hätte dieses Ergebnis akzeptiert (die Grazer waren zwar GegnerInnen der Linken, wollten aber demokratische Strukturen). Meissner-Blau bestand aber auf der Kandidatur und sprach von einem durch «K-Gruppen» initiierten Putsch. Die Erpressung durch die Spitzenkandidatin erzwang praktisch den Ausschluss der Linken und eine Gegenkandidatur als die Grünalternativen – Demokratische Liste (GAL-DL). Diese Streitereien verhinderten ein besseres Ergebnis für die «Liste Freda Meissner-Blau», sie bekam 234.028 Stimmen (4,82%), konnte aber ins Parlament einziehen. Die linke Gegenkandidatur blieb mit 6000 Stimmen in Wien (nur dort wurden genügend Unterschriften gesammelt) weit unter der Ein-Prozent-Marke. Ab da spielten (im Gegensatz zu Deutschland) Linke keine Rolle mehr bei den Grünalternativen[19]. Die Grünen in Österreich waren somit von Anfang an «etabliert», eine Diskussion über einen Mythos als Bewegungspartei konnte damit gar nicht aufkommen. Das Abschneiden des aktivistischen linken Flügels verlängerte dann noch die Reihe der Niederlagen in Landtags- und Kommunalwahlen. Erst in den 1990ern konnten sie sich als wählbare Partei konsolidieren, wobei sie einige Jahre mit dem Liberalen Forum (LIF) um das gleiche Stimmenpotential kämpfen musste.

WENDEZEIT

Die «Wende» begann bereits vor dem Zusammenbruch des «realen Sozialismus» 1989. Im Ende der Zentralität von Kohle und Stahl als Kernindustrien des Fordismus, in Österreich unter dem Schlagwort Krise der Verstaatlichten diskutiert und (ein bisschen wenig) umkämpft. In der Verschiebung weg von «reformistischen» Regierungen hin zu konservativen, in Österreich durch die große Koalition von SPÖ und ÖVP, die Wahl Kurt Waldheims zum Bundespräsidenten und dem beginnenden Aufstieg der FPÖ nach einer innerparteilichen Rechtswende. Und nicht zuletzt in einem anderen Blickwinkel auf die alternativen Innovationen, die durch die Bewegungen seit den 1960er angestoßen wurden, von Seiten der Herrschenden. Unterstützung für Projekte waren weniger an der Befriedung der Militanz ausgerichtet, sondern wurden immer stärker nach den Möglichkeiten der Verwertung beurteilt.

Das Ende der Geschichte

International ging es in dieser Phase um die Krise einer staatlichen Linken (oder linken Staatlichkeit). Ein neuer Aufschwung sozialer Bewegungen im Trikont – in Lateinamerika nach dem Ende der Diktaturen – führte nicht zu revolutionären Machtübernahmen. Weltweit wurde eine Welle von Demokratisierungen ausgelöst, die sich bis Ende der 1990er fortsetzte. Friedliche Umstürze beendeten den «realen Sozialismus». Schon viel früher begannen in den Metropolen die «konservativen Revolutionen».

In Großbritannien wurde mit Margaret Thatcher im Mai 1979 die erste Frau in Europa zur Premierministerin gewählt, im November 1980 gewann Ronald Reagan die Wahlen in den USA und übernahm im Jänner 1981 die Regierung. Auch in der Bundesrepublik wurde im Oktober 1982 die SPD-geführte Regierung durch eine Regierung aus CDU und FDP unter Führung von Bundeskanzler Helmut Kohl abgelöst. Die konservativen Wenden bedeuteten die Einschränkung wohlfahrtsstaatlicher Leistungen und die Senkung der Steuern, was die Reichen und die Mittelklasse begünstigte. Auch wenn später sozialdemokratische oder exkommunistische Regierungen gewählt wurden, setzten sie diese

Politik fort. Obwohl die «Ausgabendisziplin», die geringe Verschuldung des Staates, eine dominante Funktion hatte, erreichte das Staatsdefizit der USA gerade unter der Reagan-Regierung neue Höchststände, da die Rüstungsausgaben stiegen.

Die konservativen Regierungen unter Reagan und Thatcher taten sich auch in der Bekämpfung der Gewerkschaften hervor. Schon 1981 zerschlug die Regierung Reagan einen FluglotsInnenstreik durch die Entlassung von zehntausenden Streikenden. In Großbritannien begannen am 12. März 1984 190.000 BergarbeiterInnen der staatlichen Zechen einen Streik gegen Personalabbau und Grubenschließungen. Eine massive, auch internationale Solidarität, stärkte die Streikenden. Die britische Regierung, vertreten durch Premierministerin Margaret Thatcher, blieb hart, Anfang März 1985 kapitulierte die Delegiertenversammlung der *National Union of Miners* (NUM), am 12. März gaben die letzten Streikenden auf. Nicht einmal eine Amnestie für Vergehen während des Streiks konnte erreicht werden. Eine ähnliche Niederlage, trotz Demonstrationen und Brückenblockaden, erlitten die BergarbeiterInnen in Duisburg-Rheinhausen im Ruhrgebiet zwischen Dezember 1987 und Mai 1988. Daran änderte auch ein Kompromiss, Ersatzarbeitsplätze sollten zur Verfügung gestellt werden, nicht viel. Das Ende der Stahl- und Kohleindustrie als zentraler Sektor des Fordismus war damit besiegelt (zumindest in den Metropolen).

Das sandinistische Regime in Nicaragua und die Guerilla in El Salvador waren mit einer indirekten Interventionspolitik konfrontiert. Die USA ließen in Mittelamerika wie auch in Angola und Mosambik Marionetten für sich kämpfen, Diktaturen und bewaffnete Banden wurden massiv gegen linke Regime und Guerillas unterstützt. Die scheinbare militärische Schwäche nach dem Abzug aus Vietnam und dem gescheiterten Kommandounternehmen im Iran wurde ab Oktober 1983 überwunden. Das US-Militär intervenierte auf der winzigen Karibikinsel Grenada. Ab Mitte der 1980er zeigte sich, dass die SU kein echter Gegner mehr war, die Nachrüstungspolitik brachte die USA auf den Weg zur atomaren Erstschlagkapazität. Im April 1986 bombardierten US-Flugzeuge die größten Städte in Libyen, Tripolis und Benghasi. Und im Dezember 1989 wurde Panama erobert und Staatspräsident Manuel Noriega als «Drogenhändler» festgenommen[1].

War der Antiimperialismus hauptsächlich gegen die USA gerichtet, so wurde mit dem Beginn der Intifada, des Aufstandes der PalästinenserInnen in den von Israel besetzten Gebieten, ab Dezember 1987, eine Identifikationsmöglichkeit gefunden (mit der Kehrseite Israel als Feindbild). Der Kampf mit Steinen gegen Panzer und die noch nicht ausgebildete Staatlichkeit waren den Wünschen autonomer KämpferInnen in den Städten der Metropolen ähnlich. Die Intifada glich den IMF-Revolten, die die ganzen 1980er über im Trikont stattfanden. Je länger der Aufstand andauerte, desto politisierter wurde er. Sowohl in Richtung der Unterstützung der Führung der Palästinensischen Befreiungsorganisation (PLO), die 1994 aus dem Exil zurückkehren konnte, wie auch der IslamistInnen, die anfangs von der israelischen Regierung als Gegenpol zum arabischen Nationalismus geduldet, wenn nicht unterstützt wurden. In der Palästinasolidarität wurden nur die emanzipatorischen Tendenzen der Intifada gesehen, nicht aber ihre sich verstärkende reaktionäre Entwicklung. Die Bedeutung der Religion wuchs an, antijüdische und antisemitische Ideologien verbreiteten sich. Die steigende Zahl der Getöteten verstärkte diese «Sakralisierung» (Bunzl 2001, S. 52ff) des Aufstandes. Das MärtyrerInnentum, verstärkt durch die Religion, gab die Kraft zur Aufrechterhaltung des Widerstands über sieben Jahre hindurch. Die Entspannung nach dem Osloabkommen 1994 konnte sich nicht durchsetzen, da die israelische Siedlungspolitik während des Friedens forciert wurde. In der Al-Aksa-Intifada seit dem September 2000 dominierten im Kampf gegen die Besetzung die reaktionären Kräfte. Die Solidarität mit den PalästinenserInnen löste auch Diskussionen über den Antisemitismus in der deutschen Linken aus. So wurde eine riesige Wandmalerei *Boykottiert Israel: Waren, Kibbuzim, Strände* auf einem besetzten Haus in der Hafenstraße in Hamburg kritisiert, das frappierend dem *Kauft nicht bei Juden* glich.

Bewaffneter Kampf und ein der Intifada vergleichbarer Aufstand entwickelte sich in den kurdisch besiedelten Regionen der Türkei. 1984, während der Militärdikatur nahm die Kurdische Arbeiterpartei (PKK) den bewaffneten Kampf gegen den türkischen Staat auf und konnte sich nach einigen Jahren der Unterstützung eines großen Teiles der kurdischen Bevölkerung sicher sein. Die Solidarität der Linken gestaltete sich schwierig, da sich die PKK in der BRD durch Angriffe auf DissidentInnen ihrer Organisation bis hin zu Morden profilierte. 1991 und 1992 ergriff ein Aufstand (*Serhildan*) einen Großteil der Bevölkerung Türkisch-Kurdistans, der noch einmal die PKK stärkte. KurdInnen der PKK, aber auch anderer kurdischer und türkischer ML-Organisationen beteiligten sich immer wieder an Aktivitäten der österreichischen Linken im Kampf gegen rassistische Gesetze und Maßnahmen genauso wie bei antiimperialistischen Demonstrationen.

Die 1980er prägte eine Entwicklung, die in der Linken nicht besonders beachtet wurde. Neben den andauernden «unpolitischen» Revolten oder auch politisch linken Streiks und Demonstrationen, begann sich im Trikont, unter Zurückdrängung der revolutionären Linken, eine Tendenz zu bürgerlicher

Steine gegen aus Österreich gelieferte Kürassier-Panzer - «Allerheiligenmassaker» 1979 (Quelle: Asamblea permanente de los derechos humanos, La Paz, Bolivien).

Demokratie durchzusetzen. In Lateinamerika galten die 1980er als verlorenes Jahrzehnt, ausgelöst durch die Weltwirtschaftskrise 1981 / 1982 («zweiter Öl-schock»). Die Diktaturen wurden dafür verantwortlich gemacht. Schon 1979 kehrte Ecuador zur Demokratie zurück, konservative Regierungen dominierten. 1982 wurde Bolivien wieder eine Demokratie. Bis 1985 regierte die «Linke», die Wirtschaftsreformen gegen Widerstände bis hin zu einem Generalstreik durch-führte und sich schließlich mit dem Ex-Diktator Hugo Banzer verbündete. In Argentinien stürzte 1983 die Diktatur über die Niederlage im Krieg um die Malvinas / Falklandinseln. Die nachfolgenden Regierungen setzten ein Amnestiegesetz für die Generäle durch. In Uruguay zogen sich 1985 die Militärs in die Kasernen zurück. 1987 scheiterte ein Plebiszit, das sich gegen die Straf-freiheit der Militärs wandte. 1988 wurde sogar der Diktator von Paraguay, Alfredo Stroessner, der seit 34 Jahren herrschte, gestürzt und eine demokratische Entwicklung eingeleitet. Und am Ende des Jahrzehnts kehrte auch Brasilien von einer Scheindemokratie zu halbwegs geordneten Wahlen zurück, am 15. März 1990 wurde der Präsident erstmals regulär gewählt. Obwohl es in Chile immer wieder Widerstand und Demonstrationen gegen die Diktatur gab, blieb der Diktator Augusto Pinochet bis 1990 an der Macht. Im Oktober 1988 erlitt er bei einem Referendum für die Verlängerung seiner Amtszeit eine Niederlage und nach den Wahlen im Dezember 1989 übernahm ein Christdemokrat die Regierung[2].

Besonders schmerzhaft war, dass 1990 in Nicaragua die Konservativen die Wahlen gegen die SandinistInnen gewannen. Damit existierte das hoffnungsvollste «linke» Land nicht mehr. Ein Großteil der Projekte, von Europa oder Nordamerika aus unterstützt, wurden trotzdem weitergeführt. Die Guerilla in El Salvador führte noch 1989 und 1990 eine bewaffnete Offensive durch und leitete dadurch die Demokratisierung und ihre Verwandlung in eine politische Partei ein.

Auch auf der anderen Seite des Pazifiks setzten sich demokratische Verhältnisse durch. Bis Mitte der 1980er galt die kommunistische *New People Army* (NPA) auf den Philippinen als die am schnellsten wachsende Guerilla der Welt. Im Februar 1986 wurde der langjährige Diktator Ferdinand Marcos durch eine demokratische Volksbewegung (*people power*) gestürzt, die Guerilla boykottierte die darauf folgenden Wahlen und wurde von da an in den Hintergrund gedrängt. Bis heute konnte sie nicht mehr ihre damalige Bedeutung zurückerlangen.

Selbst in Afrika begannen sich die Verhältnisse zu ändern. 1986 übernahm in Uganda Yoweri Museveni nach einer Reihe brutaler Diktaturen die Macht. Er führte zwar keine echte Demokratie ein, aber im Vergleich zu anderen afrikanischen Staaten war der Versuch eines demokratischen DelegiertInnensystems bereits ein Fortschritt. Die Veränderungen in Uganda erlangten ihre Bedeutung erst in den 1990ern, als Kämpfe und Massaker in den umliegenden Staaten Ruanda, Burundi und Kongo verheerende Auswirkungen zeitigten, später als afrikanischer Weltkrieg bezeichnet (vgl unten). Die meisten Staaten Afrikas erreichte die Welle der Demokratisierungen erst nach dem Zusammenbruch des «realen Sozialismus». Schon seit den 1970ern war das Apartheidregime in Südafrika Hauptzielpunkt liberaler und linker Agitation. In den 1980ern setzte sich eine starke Bewegung für den Boykott südafrikanischer Waren ein, der auch von österreichischen entwicklungspolitischen Organisationen unterstützt wurde. Durch den wirtschaftlichen Druck der USA wurde die südafrikanische Regierung dazu gezwungen, im Februar 1990 Nelson Mandela nach 28 Jahren Haft freizulassen, 1994 fanden die ersten demokratischen Wahlen statt.

Die einzige Region, die (noch) nicht von der Demokratisierungswelle betroffen ist, ist der arabische Raum (selbst die Diktaturen in den südostasiatischen Staaten von Südkorea über Taiwan bis Indonesien lösten sich in den 1990ern auf). Durch die anhaltende Konfrontation mit Israel konnten die Regime immer auf einen Außenfeind verweisen und damit jede linke, emanzipatorische oder auch nur demokratische Entwicklung unterbinden. Die Durchsetzung der Demokratien im Trikont ist zugleich Ausdruck von Stärke und Schwäche einer sozialrevolutionären Linken. Die reaktionären Diktaturen wurden akzeptiert oder auch vom Westen unterstützt, weil sozialrevolutionäre Entwicklungen die Staaten in die Hände des Sowjetblocks treiben hätten können. Diese Bedrohung war mit der Schwäche der SU verschwunden. Die Diktaturen scheiterten aber auch an sozialen Bewegungen bis hin zu Aufständen, die durch einen demokratischen Ausgleich gezügelt werden konnten. Dass die Menschen eher Demokratie und Marktwirtschaft befürworteten, hat mit fehlenden Alternativen zu tun. Aber immer mehr erweist sich auch die Marktwirtschaft nicht als Alternative und parallel zur globalen Protestbewegung entstehen neue Aufstandsbewegungen (vgl unten).

Was einige überschäumende reaktionäre IdeologInnen vom «Ende der Geschichte» reden ließ, war aber der Umbruch in der Sowjetunion und den übrigen Staaten des Warschauer Paktes. Die staatlich gelenkte Wirtschaft bot in den osteuropäischen Staaten eine relative soziale Sicherheit, wie sie vorher noch nie erlebt wurde. Das führte zu den typischen fordistischen Widerstandsformen. Die Stunden in der Fabrik wurden für die Organisation des eigenen Lebens benutzt. Die 1970er und 1980er Jahre waren dann im Vergleich zum Westen eine Phase der Stagnation. Die Bewegungen, die die westlichen Staaten zu Umstrukturierungen zwangen («neue soziale Bewegungen», als «Zivilgesellschaft» beschworen), konnten in der SU keinen Ausdruck finden. Bis 1960 verlief der Aufschwung parallel zu den fordistischen Erfolgen im Westen. Die technologische Entwicklung wurde forciert, die Löhne stiegen mit der Produktivität. Die Weltwirtschaftskrisen ab den 1970ern, die neben den emanzipatorischen Bewegungen die Umstrukturierung im Westen einleiteten, wirkten sich auch auf den Osten aus. Während die Sowjetunion durch die hohen Ölpreise als Ölproduzentin relativ unberührt blieb, gerieten die osteuropäischen Staaten in eine Schuldenkrise. Auch das nachfolgende Sinken der Ölpreise konnte die Krise nicht entschärfen. Die Grenzen der fordistischen Produktivitätssteigerung gemeinsam mit den Kosten für die Atomrüstung und den Afghanistankrieg führten in der SU zu Reformen. Der Wechsel zu Michail Gorbatschow als Vorsitzendem der KPdSU 1985 leitete dazu Perestrojka (wirtschaftliche Öffnung) und *glasnost* (Transparenz in der Öffentlichkeit) ein. Gorbatschow beendete den Kalten Krieg durch Vereinbarungen mit den USA und 1988 begannen Friedensverhandlungen in Afghanistan. Anfang 1989 begann dort der Abzug der sowjetischen Truppen, das sowjetfreundliche Regime dort hielt sich noch bis 1992.

Ungarn hatte bereits seit den 1970ern vorsichtige Reformen eingeleitet. Ebenso begann in Polen nach den Unruhen 1980 / 1981 unter General Jaruselski eine vorsichtige Öffnung. Die Öffnung der Grenzen Ungarns zu Österreich im Sommer 1989 führte zu einer massiven Ausreisewelle von DDR-BürgerInnen nach

Westdeutschland. Vielen gelang die Flucht durch die Besetzung von BRD-Botschaften in den östlichen Urlaubsländern. Dieser Exodus löste im Herbst 1989 in der DDR Massenkundgebungen aus, worauf im Oktober 1989 Staatschef Erich Honecker zurücktrat. Die Unsicherheit der neuen Regierung über die weitere Entwicklung führte am 9. November (eher aus Versehen) zur Öffnung der Berliner Mauer, massenweise strömten die Menschen in den Westen. Die Volkspolizei war nicht bereit, dagegen einzuschreiten. Runde Tische zwischen Regierung und Opposition leiteten das Ende der DDR ein. Wahlen fanden statt und am 3. Oktober 1990 wurde die DDR an die BRD angeschlossen. Im gleichen Jahr fielen in unterschiedlicher Form alle osteuropäischen «kommunistischen» Regime in gewaltfreien Umstürzen (zur Ausnahme Jugoslawien, vgl. unten), nur in Rumänien eskalierten bewaffnete Auseinandersetzungen[3].

In der Sowjetunion verbündeten sich die Reformer mit dem nichtrussischen Nationalismus gegen die alte Nomenklatura. Damit wurden die Grundlagen für den folgenden Zerfall gelegt. Im August 1991 versuchte ein (kleiner) Teil der alten Bürokratie zu putschen. Der kurz zuvor in Russland gewählte Boris Jelzin konnte diesen symbolischen Putsch, der kaum Unterstützung in der Armee und der Bürokratie fand, mit symbolischem Widerstand niederschlagen (Hobsbawm 1994, S. 494). Jelzin stieg vor einigen tausend Menschen, bildgerecht vor westlichen Kameras, auf einen Panzer und hielt eine heroische Rede[4]. Mit der Niederlage der PutschistInnen war auch Gorbatschow als Teil der sowjetischen (im Gegensatz zur russischen) Nomenklatura am Ende, die SU zerfiel. Alle Sowjetrepubliken erlangten die Unabhängigkeit. Die Zentrale hatte einfach keine Macht mehr, die wirtschaftlichen Zusammenhänge zu ordnen und zu lenken. Die Regionen waren gezwungen, die Wirtschaft selbst in Gang zu halten.

China ging einen anderen Weg. Nach dem Tod Maos 1976 leitete der alte KP-Kader Deng Xiaoping eine vorsichtige wirtschaftliche Öffnung ein. 1989 revoltierten StudentInnen und die entstehende urbane Intelligenz in Massendemonstrationen auf dem Platz des himmlischen Friedens in Peking. Am 4. Juli wurde diese Bewegung mit Panzern niedergewalzt. Die Antwort der chinesischen Nomenklatura war eine beschleunigte wirtschaftliche Öffnung unter diktatorischen Vorzeichen. Ein großer Teil der bäuerlichen Bevölkerung war bis dahin kaum von den Umbrüchen betroffen. In den 1990ern begann eine sich beschleunigende Entwicklung der Modernisierung und Mobilisierung der Bevölkerung in die Städte. In China wurde (und wird) nachvollzogen, was in den 1980ern und frühen 1990ern in anderen südostasiatischen Staaten (Südkorea, Taiwan, Thailand, Malaysia) geschah. Der Rückgang der bäuerlichen Bevölkerung, der sich in den letzten Jahrzehnten weltweit durchsetzte, erreichte jetzt auch China.

Die Niederlage der staatlichen Linken und die Vereinigung Deutschlands verursachten eine Welle des Rassismus und eine Zunahme rechtsradikaler Aktivitäten (vgl unten). Dieses Faktum wiederum bewirkte einen kurzfristigen Aufschwung einer radikalen Linken, etwa in der Kampagne «Nie wieder Deutschland». Momente der Hoffnung in entstehende Massenbewegungen flackerten kurz auf. In Berlin belebten im Sommer 1990 HausbesetzerInnen wieder das Stadtbild, da die Souveränitätsverhältnisse im östlichen Teil bis zum Anschluss noch unklar waren. Nach der deutschen Einheit setzte die Polizei zur Räumung der besetzten Häuser in der Mainzerstraße das größte Aufgebot ein, das es je gegen Autonome gab.

Die eigentliche Niederlage und Zersplitterung der Linken kam mit jenen Kriegen, die durch den Zerfall und das Ende der SU überhaupt erst möglich wurden. Im August 1990 eroberte der Irak Saddam Husseins die kleine und reiche Öldiktatur Kuwait. Die USA befreiten nach wochenlangem Bombardement das besetzte Land, während zur gleichen Zeit Saddam Hussein Israel mit Scud-Raketen angriff. Waren imperialistische Kriege bislang meist gegen «linke» Staaten gerichtet (oder solche, die sich links gaben, weil sie mit der SU verbündet waren), so war das ein Krieg gegen einen der brutalsten Schlächter. Noch verheerender wirkten sich die Bürgerkriege in Jugoslawien aus. Ein großer Teil der Linken unterstützte das «Selbstbestimmungsrecht der Völker», und wurde damit Teil der antiserbischen Propaganda. Ein kleinerer Teil unterstützte das «sozialistisch»-nationalistische Milosevic-Regime (vgl. unten).

Krise des Fordismus, Ende der Arbeit?

In ganz Europa stieg die Erwerbslosigkeit nach der Ölkrise 1973 / 1974 rasant an. Nicht so in Österreich. Da wurden 40% GastarbeiterInnen abgebaut und um Entlassungen österreichischer Arbeitskräfte zu verhindern, wurde die Verstaatlichte Industrie durch Subventionen der Republik unterstützt. Die neuerliche Absatzkrise 1980-1982 verschärfte die Situation aber weiter. Auch in Österreich verursachten Konkurse Betriebsschließungen und die Diskussion um die «Krise der Verstaatlichten» setzte ein. Grundstoffe wie Stahl und Kohle verloren ihre zentrale Bedeutung. Gutachten von UnternehmensberaterInnen forderten Modernisierung, Rationalisierung und Abbau von Arbeitskräften. Die BeraterInnenfirma Booz-Allen-Hamilton erwarb sich bei der Umstrukturierung der Vereinigten Eisen Werke (VEW) einen berüchtigten Namen. Nur in diesen früheren «Gußstahlwerken Judenburg» regte sich ein radikalerer Widerstandsgeist gegen die geplanten Kündigungen und betrieblichen Veränderungen. Schon im November und Dezember 1972 wurde für die Angleichung der Löhne in den einzelnen Abteilungen gestreikt. Auch 1979 wurde die Arbeit kurz niedergelegt, weil der VÖEST-Generaldirektor von einer möglichen Schließung des Werkes sprach (Karlhofer 1983, S. 55ff). Als 1981 der Abbau von 1600 ArbeiterInnen bekannt wurde, demonstrierten am 21. März 10.000 Menschen in Judenburg (linke Nr. 20/21, 1981). Im gleichen Jahr kandidierte die oppositionelle «Sozialistische Namensliste Horst Skvarca» und erreichte einen Erdrutschsieg. Aber auf Dauer ließen sich die Belegschaften an den verschiedenen Standorten der VEW auf Kompromisse mit weniger Entlassungen ein. Die ArbeiterInnen wurden dabei in einen «Krieg der Standorte» getrieben, wie Hermann Dworczak 1983 in der linken (Nr. 1, 1983) bedauert.

Die Reduzierung der Belegschaft in der VEW war aber erst der Beginn. Die ÖVP forcierte die Diskussion über die Krise der Verstaatlichten. Während in Europa die Erwerbslosigkeit anstieg, wurden in der österreichischen Verstaatlichten tausende Arbeitsplätze durch staatliche Zuschüsse erhalten, wodurch sich Umstrukturierungen verzögerten. Mit dem Abtritt von Bruno Kreisky (nach verlorenen Wahlen am 24. April 1983) und der Bildung einer kleinen Koalition, zeichnete sich ein erstes Umdenken innerhalb der Sozialdemokratie ab. Mit Franz Vranitzky übernahm ein «Nadelstreifsozialist» das Finanzministerium. Dieser prägte in den nächsten Jahren die Regierungspolitik und damit die Zukunft der verstaatlichten Industrie. 1985 brach nach einer verunglückten Finanzspekulation der VÖEST-Tochter Intertrading die Krise voll aus, das Management wurde ausgetauscht und das neue mit größeren Durchgriffsrechten ausgestattet (Aiginger 1996, S. 269). Die drohende Umstrukturierung und Teilprivatisierung der VÖEST führte zu zwei großen Demonstrationen am 16. Jänner 1986 in Linz und in Leoben, wo jeweils 40.000 und 15.000 Menschen aufmarschierten (linke Nr. 2, 1986). Diese Demonstrationen waren nach den Kundgebungen für den Bau des Kraftwerks Hainburg ein letzter Versuch, gewerkschaftlich auf die veränderten politischen und wirtschaftlichen Realitäten Einfluss zu nehmen. Größere Auseinandersetzungen der ArbeiterInnen in der Verstaatlichten fanden später nicht mehr statt. Die große Koalition führte die Umstrukturierung und Teilprivatisierung ohne größere Störungen von Seiten des ÖGB durch. Eine langsame Gangart der betrieblichen Veränderungen und Sozialpläne hielten das Konfliktpotential auf niedrigem Niveau. Die Niederlage der kämpferischen britischen BergarbeiterInnen förderte auch nicht gerade den österreichischen Kampfeswillen. Einzelne Kurzstreiks, wie bei Elin Anfang November 1987 (Alton, et.al. 1988, S. 21) oder jener der Kumpel in der Grube

Zangtal (linke Nr. 3, 1988), die den Abbau von Arbeitsplätzen fürchteten, änderten das Bild nicht, ein größerer gesellschaftlicher Einfluss blieb aus.

Am 23. und 24. Mai 1987 wurde in Steyr eine Solidaritätskonferenz für die Verstaatlichte durchgeführt, bei der sich einige prominente SPÖlerInnen, Grünalternative, KPÖ und SOAL trafen. Ein Teil der SPÖ-Betriebsräte wurden davon abgehalten, daran teilzunehmen (linke, Nr. 10, 1987). Ergebnisse im Sinne einer Radikalisierung der ArbeiterInnen gab es nicht. Auch die massiven Kampagnen der SPÖ-Linken für die 35-Stunden-Woche als Fortsetzung der fordistischen Sichtweise (weniger Arbeit, mehr – oder gleicher – Lohn) war nicht erfolgreich. ArbeiterInnen übten sich lieber in Lohnverzicht, um ihren Arbeitsplatz zu erhalten. Die sich an der ArbeiterInnenklasse orientierende Restlinke (als wichtigste linksradikale Organisation die GRM, ab 1986 dann SOAL) hatte ein verklärtes Bild dieser Menschen, die im Kernbereich des fordistischen Aufbaus arbeiteten. Allein durch die Tatsache, dass sie, wenn auch angepasste, IndustriearbeiterInnen waren, sollten sie ein revolutionäres oder sogar emanzipatorisches Bewusstsein entwickeln können. Um so größer die Enttäuschung, als sich die projizierten Objekte der Begierde gegeneinander ausspielen ließen und sich so manche der FPÖ und die meisten dem Rassismus zuwandten. Emanzipation kann nicht durch entfremdete Arbeit entstehen, erst recht nicht, wenn die Arbeit an sich verherrlicht wird. Die Konzentration auf das Problem «Arbeitsplätze» fördert die Bereitschaft, auf Lohn und bessere Arbeitsbedingungen zu verzichten und auf die Erwerbslosen als Sozialschmarotzer hinzuhacken.

Mit dem mäßigen Anstieg der Erwerbslosigkeit begann auch in Österreich, unberührt vom linken Arbeitsfetischismus, die Diskussion über ein Ende der Arbeit: durch die steigende Rationalisierung werde es immer weniger Arbeit, aber immer mehr produzierten Reichtum geben. Diskussionen um ein Grundeinkommen oder einen Basislohn, der nicht von der Arbeit abhängig ist, folgten (Wohlgenannt 1996, S. 261). Vorschläge gingen von einem niedrigen arbeitslosen Einkommen als unbürokratische Armutsverwaltung bis zu Utopien zur Überwindung der Arbeitsgesellschaft. Es entwickelten sich erste Ansätze zur Selbstorganisation von Erwerbslosen. Im Frühjahr 1983 entstand die AHA (Arbeitslose helfen Arbeitslosen) in Wien, etwas später die KRA (Komitee für die Rechte der Arbeitslosen) in Salzburg. Durch spektakuläre Aktionen (Besetzung der Industriellenvereinigung und einem Straßenfest am 2. Mai als «Tag der Arbeitslosigkeit») machte die AHA auf sich aufmerksam. Das Ziel war die Unterstützung von Erwerbslosen, damit sie zu ihren Rechten (und ihrem Geld) kommen, wie auch eine gesellschaftliche Veränderung weg vom Kapitalismus. Bald entstanden Widersprüche zwischen der Service-Arbeit, die immer mehr ins sozialarbeiterische abglitt und dem politischen Anspruch. Die AktivistInnen gaben frustriert auf und die Möchtegern-SozialarbeiterInnen konnten die Serviceleistungen nicht aufrecht erhalten, wohl auch weil die Arbeitslosenberatung der Arbeiterkammer (AK) besser wurde. Als radikaler Rest agierte noch bis in die 1990er die Initiative «FrauenLesben gegen Zwangsarbeit».

In diesen Jahren wurde erstmals auch die Prekarisierung der Arbeit diskutiert (In notkühlung Nr. 4 1984: *Sind Sie eigentlich Besitzer eines ganz normalen Arbeitsplatzes? Oder sind Sie ein Vogel im bunten Haufen der prekären Arbeit?*). Ein großer Teil der linken oder auch subkulturellen Szene, außerhalb des studentischen Bereichs, lebte von diversen Jobs oder arbeitete in Alternativbetrieben (oder Betrieben, die sich alternativ gaben). Bis Anfang der 1980er wählten die meisten diese Art des Lebens freiwillig. Mensch konnte einige Monate wegfahren, bekam danach wieder einen zeitlich befristeten Job, um genug Geld fürs Leben zu verdienen. Versichert war Frau und Mann über die StudentInnenversicherung und verborgte hin und wieder einen Krankenschein. Doch mit der Zeit zeichnete sich ein Umbruch ab. Diese Art des Lebens wurde immer weniger oft freiwillig gewählt. Immer mehr entsprach sie dem kapitalistischen Zwang und betraf breitere Bevölkerungsschichten. Der Versuch, nicht innerhalb der fordistischen Normalität zu leben, wurde Modell für «neue Arbeitsverhältnisse». Der Übergang von der Alternativbewegung zur Selbstorganisation als Alternative zum Sozialstaat wurde ein fließender. So veränderte sich auch das Verhältnis der (staatlichen) Institutionen zu den (alternativen) Projekten.

Projekte

Viele Projekte (vom Amerlinghaus über das WUK bis zur GAGA) entstanden seit dem Ende der 1970er und waren von Subventionen abhängig. Dafür war es notwendig, eine formal-juristische Struktur vorzulegen. Anfangs wurde das als notwendiges Übel betrachtet, später förderte das eine immer stärkere Arbeitsteilung. Die BenutzerInnen im WUK ignorierten finanzielle Diskussionen (außer mensch wollte selbst Geld), KünstlerInnen tauchten nur zu den Plena auf und beteiligten sich an der Aufrechterhaltung der Struktur, solange ihr Projekt lief. Für die Angestellten dominierte im Gegensatz dazu immer mehr eine Managementphilosophie, weil der Blick auf die Probleme ein anderer war (Schaller 1998, S. 157). Der Trend zur Anpassung ans kapitalistische System setzte sich in jedem Projekt durch, von Sozialinitiativen über Lokale und Treffpunkte bis hin zu kulturellen Initiativen und linken Buchhandlungen. Cafés oder

Buchhandlungen mussten sich an den Markt anpassen, manchmal zum Ärger linker oder linksradikaler KundInnen, aber eben nicht anders möglich im Kapitalismus.

Wurden viele Projekte der Frauenbewegung mit revolutionärem antipatriarchalen Elan gegründet, so setzte sich Ende der 1980er die Suche und der Kampf um Subventionen durch. Geld für die politische Arbeit, die finanzielle Basis der eigenen Erwerbsarbeit war früher kein Thema, jetzt stand es im Zentrum (Geiger / Hacker 1989, S. 208). Eine Verschiebung fand statt von Selbstausbeutung und Identifikation hin zu normalen Arbeits- und Lebensverhältnissen in feministischen Strukturen. Auch mit den Folgen, dass ein normales Arbeitsverhältnis zu unbewussten fordistischen Kampfformen führte: geregelte Arbeitszeiten und Lohn wurden wichtiger als die Identifikation mit dem Projekt. Dabei gingen die SubventionsgeberInnen weiter von der Freiwilligkeit aus. In den Projekten sahen sie einen billigen Ersatz zu den sozialen Sicherheiten des Wohlfahrtsstaates (Frauen-, wie Alternativprojekte im Allgemeinen sind auch ein Modell für die sich selbst organisierende Bürger-Innengesellschaft).

Die feministischen Strukturen änderten sich, wie sich an den Auseinandersetzungen um das Frauenkommunikationszentrum (FKZ) mit dem Lila Löffel / Sonderbar im WUK illustrieren lässt (Geiger, Hacker 1989, S. 147ff). Der Lila Löffel war als Lokal in feministischer und alternativer Tradition gedacht, als eine Art Stadtteil- und Kulturzentrum von und für Frauen. Nach der Eröffnung 1982 ging das Lokal nicht besonders gut, zugleich gab es Spannungen zwischen dem FKZ und den Beislbetreiberinnen. Im Herbst 1984 wurde das Lokal an zwei junge Frauen aus der Rosa-Lila-Villa übergeben, die hier ein lesbisches Lokal («Sub»: lesbische Subkultur statt alternativem Anspruch) einrichteten. Das änderte sich noch einmal nach einer Sommerpause 1986, als das Lokal als «Sonderbar» (*umgebaut, umgestylt, umkonzipiert und umbenannt*, Geiger / Hacker 1989, S. 150) wiedereröffnet wurde. Die FKZ-Frauen behaupteten, die Besucherinnen seien nur noch unpolitisch und kommerziell. Die Lesben hatten ihre Probleme mit den begehrenslosen Heterofrauen, die sich in einer Frauenumgebung nur von ihrem männerdominierten Alltag erholen wollten. 1988 spitzte sich der Streit zu und das FKZ entzog dem Verein Sonderbar die Nutzungsrechte[5].

Nach der Wahrnehmung des Frauseins als Defizit entwickelte die (zweite) Frauenbewegung ihre Stärke, indem sie das negativ besetzte Frausein positiv setzte. Frauen sahen sich als Subjekte. Frausein allein reichte als Kampfmittel gegen die patriarchale Gesellschaft. Die Negation der herrschenden Strukturen, etwa der sexistischen Ausbeutung, wurde ein Vehikel der Subjektwerdung[6]. Der Kampf war aber schnell verloren, die Negation erschöpfte sich in einem von den Herrschenden gewünschten Minderheitenprogramm. Als 1985 die Wienerin als Lifestyle-Frauenzeitung gegründet wurde, mit dem Ziel, selbstbewusste Frauen anzusprechen, konnte die Anti-Wienerin mit einem Mann in Unterwäsche als Ironie nur noch hinten nachhinken. Gerade in den Lifestylemagazinen, nicht ohne Einfluss vieler Schwuler, begannen sich um diese Zeit auch Männerkörper durchzusetzen. Der Feminismus war der Hase, vor dem immer wieder der kapitalistisch-patriarchale Igel auftauchte. Die Kritik der Feministinnen am Objektcharakter wurde umgedreht, indem gesagt wurde: seht her, wir sind selbstbewusste, sexy Frauen. Die Subjektbildung wurde vom Lifestyle übernommen.

Auch die Auseinandersetzung mit AIDS gehört in die Wendezeit der 1980er. Das Auftreten einer «Schwulenseuche» nährte zuerst Befürchtungen eines moralischen Roll-back, tatsächlich bedeutete es einen Sprung in der Anerkennung (männlicher) Homosexualität. Im März 1983 erschienen erste Berichte über AIDS-Fälle in Österreich (das Folgende nach Krickler 1989, S. 80ff). Die Medien stürzten sich darauf und auch die Homosexuelleninitiative HOSI konfrontierte sich mit dem Problem AIDS. Die Lambda-Nachrichten informierten relativ vorsichtig über die Krankheit, es war noch zu wenig bekannt darüber, besonders beachtet und kritisiert wurde die Medienberichterstattung. Die in den letzten Jahren immer aktiver gewordene Schwulen- und Lesbenbewegung konnte dann das Problem selbst in die Hand nehmen. Die bürgerliche Wissenschaft war auf die Betroffenen als ExpertInnen angewiesen[7]. Die erste HIV-Durchseuchungsstudie unter Homosexuellen in Wien wurde gegen Ende des Jahres 1984 in Zusammenarbeit mit der HOSI durchgeführt. 1985 wurde die AIDS-Hilfe gegründet, an der Homosexuelle maßgeblich beteiligt waren und sind. Natürlich gab es Angriffe und Verdächtigungen, aber durch die eigene Aktivität konnte erreicht werden, dass Homosexuelle als Risikogruppe weniger diskriminatorischen Vorfällen ausgesetzt waren als etwa Drogenabhängige (Krickler 1989, S. 88). Nicht zuletzt bewirkten die Propagierung von «Safer Sex» und die Verwendung von Kondomen die Enttabuisierung (nicht nur) homosexueller Sexpraktiken[8]. So veränderte sich das Bewusstsein größerer Teile der Bevölkerung gegenüber der Homosexualität: 1992 wurde in Wien der erste *Life Ball* als AIDS-Charity-Spektakel des vergnüglichen, homosexuellen und queeren Lebens veranstaltet. Inzwischen reißen sich PolitikerInnen darum, bei dieser Benefizveranstaltung zugunsten der Aidshilfe aufzutreten. Auch die 1996 erstmals in Wien organisierte Regenbogenparade in Gedenken an die Unruhen von Homosexuellen in New York 1969 ist inzwischen ein von Zehntausenden besuchtes Spektakel[9]. Die Selbsthilfe und Selbstorganisation der HIV-Positiven macht einen Aspekt sichtbar, der maßgeblich die Struktur der *Kontrollgesellschaft* prägt (vgl. unten). Angestoßen von der Frauen- und Alternativbewegung, entstanden im Laufe der Jahre tausende Selbsthilfegruppen. Die Fürsorge der staatlichen Institutionen, etwa im Krankheitsfall, wird weiter abgebaut, in den Blickpunkt gerät die («neoliberale») Eigenverantwortung.

Österreichs Vergangenheit (Bundespräsident Kurt Waldheim)

Mitte der 1980er veränderte sich die politische Landschaft. Ein Symptom dafür ist die Konstituierung einer grünen Wahlpartei (vgl. oben). Bei den Wahlen am 24. April 1983 verlor die SPÖ die absolute Mehrheit, Kreisky trat zurück und sofort wurden Verhandlungen über eine kleine Koalition (SPÖ und FPÖ) aufgenommen, die immer als Rettungsanker für den Machterhalt der SozialdemokratInnen vorgesehen war. Nach der Niederlage des SPÖ-Präsidentschaftskandidaten Kurt Steyrer bei der Bundespräsidentenwahl 1986 trat Kanzler Fred Sinowatz zurück und übergab die Regierung an Franz Vranitzky. Im September 1986 stürzte Jörg Haider den liberalen FPÖ-Obmann Norbert Steger, worauf Vranitzky die kleine Koalition beendete und vorgezogene Neuwahlen notwendig wurden. Neben dem knappen Einzug der Liste Freda-Meissner-Blau ins Parlament war die einzige Wahlgewinnerin die FPÖ unter ihrem neuen Obmann Haider. Im Jänner 1987 bildeten SPÖ und ÖVP die große Koalition, die krisengeschüttelt bis 2000 hielt. Parallel dazu konnte die FPÖ mit populistischen Themen einen fulminanten Aufstieg durchziehen, der erst durch die Teilnahme an der Regierung gestoppt wurde.

Die sechs Jahre des Präsidenten Kurt Waldheim (1986 bis 1992) sind Ausdruck der reaktionären Wende, die sowohl den Antisemitismus aktivierte, der in der österreichischen Seele mehr als anderswo virulent war und ist, als auch eine durchaus starke Gegenbewegung hervorrief. Dadurch wurde erstmals durch mehr als eine Minderheit von SpezialistInnen die Beteiligung der Bevölkerung an den Verbrechen des NS thematisiert. Seit der Affäre Borodajkewicz 1965 (vgl. oben) hätte es mehrere Gelegenheiten dazu gegeben, die aber nicht genutzt wurden.

Ein Ansatz hätte die so genannte «Kreisky-Wiesenthal-Affäre» sein können (das Folgende nach Wodak et.al. 1990, S. 285ff). Simon Wiesenthal präsentierte am 9. Oktober 1975 Dokumente, die bewiesen, dass der Chef der FPÖ, Friedrich Peter, bei einer SS-Einheit gewesen war, die sich in der SU an Kriegsverbrechen beteiligte. Bruno Kreisky stellte sich hinter den FPÖ-Chef und unterstellte Wiesenthal «Mafia-Methoden». Gegenüber einem israelischen Journalisten fiel außerdem der Sager «Wenn die Juden ein Volk sind, dann sind sie ein mieses Volk.» Antifaschistische SPÖ-Funktionäre fuhren darauf nach Israel, um die Wogen zu glätten und nach einigen Wochen schlief die Affäre ein. Zu einer Aufarbeitung der Vergangenheit kam es nicht, wohl weil den Streit zwei Juden führten, der betroffene Kriegsverbrecher konnte sich heraushalten. Darüber hinaus war die Dauer der Diskussion viel zu kurz und antifaschistische SPÖlerInnen hielten sich aus staatspolitischer Räson zurück[10].

Als Preludium für die Waldheim-Affäre galt der Handschlag des damaligen FPÖ-Verteidigungsministers Friedhelm Frischenschlager mit dem österreichischen SS-Offizier Walter Reder (vgl. Gehler / Sickinger 1995, S. 678). Am 25. Jänner 1985 bereitete Frischenschlager dem aus italienischer Haft freigelassenen Reder einen quasi offiziellen Empfang, indem er ihn am Flughafen empfing und begrüßte. Diese Hochschätzung des an Massenmorden beteiligten Kriegsverbrechers löste international und begrenzt auch in Östereich Empörung aus. Die Diskussion ebbte aber schnell ab, das Thema der österreichischen Vergangenheit wurde erst ab 1986 wieder aufgegriffen.

Bis März 1986 war der Wahlkampf für die Präsidentenwahl im Mai relativ langweilig (das Folgende hauptsächlich nach Wodak et.al. 1990, S. 60ff), bis dann das Wochenblatt *profil* verlautbarte, Kurt Waldheim, der Kandidat der ÖVP, habe verschwiegen, Mitglied im Nationalsozialistischen Studentenbund gewesen zu sein und die Darstellung seiner Kriegsbeteiligung am Balkan lückenhaft sei. Wäre es nur bei der österreichischen Veröffentlichung geblieben, wäre vor allem die SPÖ verantwortlich gemacht worden. Da aber eine Reihe von Veröffentlichungen auch in den USA durch den *World Jewish Congress* (WJC) erfolgten, löste das nicht nur an den Stammtischen, sondern auch in den Medien und bei PolitikerInnen der ÖVP eine Welle des Antisemitismus aus. Das Lieblingswort vieler FunktionärInnen der ÖVP wurde in dieser Zeit «die *campaign*», die von «gewissen Kreisen der Ostküste der USA» aus gesteuert sei. Auch wenn es so nicht gesagt werden durfte, war unter der Hand klar, dass mit den «gewissen

Kreisen» JüdInnen» gemeint waren. Den Wahlkampf führte die ÖVP unter dem Motto «Jetzt erst recht» weiter. Im ersten Wahlgang verfehlte Waldheim die absolute Mehrheit nur knapp, ein zweiter Wahlgang musste folgen. Waldheim wurde gewählt und am 8. Juli angelobt. Österreich hatte nun den Präsidenten, den es verdiente. Das Nicht-Wissen-Wollen und die Pflichterfüllung des Bundespräsidenten waren das exakte Abbild eines großen Teils der ÖsterreicherInnen.

Nach ersten Aufdeckungen und dem Anschwellen der antisemitischen Stimmung, hielten sich die politischen KontrahentInnen Kurt Steyrer von der SPÖ und die grüne Kandidatin Freda Meissner-Blau weitgehend zurück. Um die eigenen Wahlchancen aufrecht zu halten, wurde vermieden, mit den JüdInnen in einen Topf geworfen zu werden. Das änderte sich auch nicht in der Zeit zwischen den beiden Wahlgängen. Sogar liberale Medien wie das *profil*, das die Enthüllungen begonnen hatte, schrieben kaum etwas negatives über Waldheim, um die antisemitische Stimmung der österreichischen Gesellschaft nicht anzuheizen (die einzige Ausnahme bildeten die Salzburger Nachrichten, linke Nr. 9, 1986). Nur eine vorerst kleine Gruppe von Intellektuellen, das «Neue Österreich», machte sich auf, um in Militärarchiven in der BRD und in Jugoslawien – die österreichischen blieben unzugänglich – nachzuforschen und erstellte eine Broschüre über die verschwiegenen Teile der Biographie Waldheims (Gruppe «Neues Österreich» 1986, linke Nr. 8, 1986). Erst nach dem ersten Wahlgang traten bei jeder Wahlveranstaltung Waldheims kleine protestierende Gruppen auf, organisiert vom «Neuen Österreich», unterstützt nur von der GRM (später SOAL) und jüdischen Studierendenorganisationen (linke Nr. 10, 1986). Nach der Wahl bekam die Gruppe «Neues Österreich» Zulauf. Am 7. Juli versammelten sich 400 Personen vor der ÖVP-Zentrale, vor dem Parlament führten einige Personen einen Hungerstreik durch und am 8. Juli, zur gleichen Zeit, als Waldheim angelobt wurde, enthüllten KünstlerInnen «das Pferd, dem die Welt vertraut», eine meterhohe Holzkonstruktion mit SA-Kappe[11]. Auch an dieser Kundgebung beteiligten sich an die 500 Menschen. Das Holzpferd, gestaltet vom Bildhauer Alfred Hrdlicka, stand, wenn es nicht Waldheim bei seinen wenigen Auslandsbesuchen folgte, die nächsten Jahre am Stephansplatz. Nach der Wahl wagte auch die SPÖ mehr Kritik, um den Ruf Österreichs als antisemitische Hochburg für das Ausland nicht weiter zu bestätigen.

Die Vorstellung der ÖVP, die Aufregung würde sich schon legen, bewahrheitete sich nicht. Waldheim wollte eigentlich ein aktiver Präsident sein, musste aber bis auf Ausnahmen auf Einladungen ins Ausland verzichten. Die ständigen Diskussionen um den Bundespräsidenten rührten immer wieder an der österreichischen Lebenslüge als dem «ersten Opfer des Nationalsozialismus». Immer wieder wurden die ÖsterreicherInnen mit ihrem Verschweigen konfrontiert, auch der «jetzt erst recht»-Antisemitismus war Ausdruck davon. Das «Neue Österreich» blieb weiter aktiv. Das Holzpferd reiste oft und viel, so auch im Juni 1987 nach Rom, um dort gegen den Besuch des Bundespräsidenten beim Papst zu protestieren (linke Nr. 12, 1987). An Waldheims schlechtem Image änderte auch ein gegen Ende 1987 herausgebrachtes «Weißbuch» nicht viel. Im Gegenteil, es bestätigte, dass er kein Kriegsverbrecher war, sich aber zu kritischen Zeiten an den entsprechenden Orten befand. In Saloniki zur Zeit der Deportationen griechischer JüdInnen, in Westbosnien, als die Nazi-Armee Vergeltungsschläge und Massaker an der Zivilbevölkerung durchführten. Auch wurde nicht geklärt, für welche Verdienste ihm einer der höchsten Orden des faschistischen kroatischen Ustascha-Regimes verliehen wurde (linke Nr. 19, 1987).

Zum Gedenkjahr 1988, 50 Jahre nach dem Anschluss an Großdeutschland, wurde eine Reihe von Veranstaltungen organisiert. Durch die Diskussion um Waldheim wurde mehr über die Verstrickungen der ÖsterreicherInnen in den Kriegsjahren geredet, als sonst zu erwarten gewesen wäre. Die offizielle internationale Historikerkommission veröffentlichte den Bericht über die Kriegsvergangenheit des Präsidenten Anfang Februar 1988 und bestätigte, milden Formulierungen zum Trotz, die Vorwürfe gegen den Bundespräsidenten. Waldheim behauptete, dass die Ergebnisse in Teilen falsch seien und er den Verleumdungen nicht weichen werde. Zu einer durch die Gruppe «Neues Österreich» einberufenen Kundgebung trafen sich am 14. Februar 6000 bis 7000 DemonstrantInnen auf den Stephansplatz, die dann wie selbstverständlich vor die Präsidentschaftskanzlei zogen und den Rücktritt Waldheims verlangten. Aus den Schulen häuften sich Berichte, dass Bilder des Präsidenten abgehängt würden oder ein bisschen subversiver, auf den Kopf gestellt (linke Nr. 4, 1988). Zu den offiziellen Gedenkakten war Waldheim nur als schweigender, steinerner Gast zugelassen. Die Kundgebung des «Neuen Österreich» am 12. März besuchten trotz strömendem Regen über 10.000 Menschen, genausoviele wie an der staatsoffiziellen Kundgebung am 10. März auf dem Rathausplatz teilnahmen. Sein Rücktritt wurde nicht erreicht, wie die AktivistInnen hofften, aber für den Rest der Amtszeit wurde Waldheim in seiner Hofburg immer mehr isoliert und weitgehend ignoriert.

In einem Interview sagte Silvio Lehmann von der Gruppe «Neues Österreich» nach Waldheims Wahl zum Präsidenten, dass die Aktivitäten weiter gehen würden, um auf längere Sicht eine kritische «republikanische» Öffentlichkeit und eine intellektuelle Opposition herzustellen (linke Nr. 17b, 1986). Dieses Vorhaben ist sicherlich gelungen. Das Auftreten des Liberalen Forum (LIF) und dessen zeitweiser Erfolge in den Städten, kann als Bestätigung dafür gewertet werden. Maßgebliche Teile der Bevölkerung beschäftigten sich mit der eigenen NS-Vergangenheit, was seinen Ausdruck in der Rezeption einiger historischer Bestseller und im Erfolg der Ausstellung über die *Verbrechen der Wehrmacht* fand. Und nicht zuletzt war es Teil der Vorgeschichte für das Aufbrechen der Bewegung gegen die schwarz-blaue Regierungsübernahme im Februar 2000.

Es gibt mehrere Gründe, warum die Diskussion mit der nationalsozialistischen Vergangenheit erst so spät begann. Ein Faktum ist sicher, dass die staatstragende Elite dieser Zeit die letzte war, die der Kriegsgeneration angehörte. Alle folgenden Generationen waren nicht mehr betroffen («die Gnade der späten Geburt»). Vermutlich war die Kritik an der österreichischen Identität, die auf Schweigen und Verleugnen beruhte, auch erst jetzt möglich, weil sich die Bedeutung des Nationalstaates verminderte, wie sich am sich ankündigenden EU-Beitritt genauso zeigte wie an der Durchsetzung eines «neoliberalen» Kapitalismus.

Zum Schluss noch einige Anmerkungen zur autonomen Szene, die um diese Zeit verhältnismäßig stark war. Sie blieb von den Diskussionen um die Vergangenheitsbewältigung relativ unberührt, was auch mit der Ablehnung des Staates zu tun hat. Was sollte Autonome oder AnarchistInnen ein Bundespräsident interessieren? Die Nachwirkungen der Beteiligung an der Vernichtung der JüdInnen und anderer Opfer des NS kümmerte die autonome Szene (wie die österreichische Bevölkerung) nicht sehr. So nach dem Motto, wir sind eh links(radikal) und darum gut. Die Ignoranz gegenüber der eigenen Vergangenheit, die trotz aller Staatsfeindlichkeit eine österreichische ist, schlug sich in Diskussionen um Israel und Palästina nieder. Aber immerhin wurden erstmals ganz vorsichtig antisemitische Strukturen innerhalb der linken Palästinasolidarität angesprochen (vgl. die Diskussion um Artikel von Karam Khella und einer «autonomen Palästinagruppe», TATblatt minus 74 und folgende im Winter 1990[12]). Eine wirkliche Auseinandersetzung über linken Antisemitismus innerhalb der autonomen und linksradikalen Szene setzte sich in Österreich erst ab der zweiten Hälfte der 1990er durch.

Gegen Sozialabbau

Die Studierendenbewegung im Herbst 1987 als Bewegung gegen ein «Sparpaket» der großen Koalition brach überraschend auf. Genauso schnell verschwand sie wieder (eine Broschüre über diese Bewegung trug noch den Titel *unmut, der beginn einer protestbewegung*, Alton et.al. 1988). Seit dem Jänner 1987 kündigte die Regierung immer wieder Sparmaßnahmen an. Ersten Unmut gegen Kürzungen im Bildungsbereich äußerten im Juni protestierende LehrerInnen, besonders aus der Steiermark (linke 11, 1987). Nach der Ankündigung des «Sparpakets» wurde am 19. und 20. September eine Sozialkonferenz organisiert, an der sich hauptsächlich Menschen aus den Bundesländern beteiligten (viele SozialarbeiterInnen aus Oberösterreich und der Steiermark). Für den 24. Oktober wurde eine Großdemonstration in Wien angekündigt (linke 14, 1987). Die Ankündigung, die Kinderbeihilfe nur noch bis zum 25. Lebensjahr (bisher 27), verursachte Unruhe unter den Studierenden. An die Kinderbeihilfe waren eine Reihe von Vergünstigungen geknüpft, die nun wegfielen: Freifahrt mit den öffentlichen Verkehrsmitteln, 50% Preisnachlass bei der ÖBB, Befreiung von Rundfunk- und Telefongebühren. Ein Aktionskomitee gegen Studienverschärfungen, getragen vom Kommunistischen StudentInnenverband (KSV) und den Basisgruppen, kündigte für den 21. und 22. Oktober Aktionstage an, die von der ÖVP-nahen Aktionsgemeinschaft (AG) geführte Österreichische Hochschülerschaft (ÖH) rief einige Tage später zu einer Demonstration für den 11. November auf (linke 15, 1987). Als sich die Ereignisse überschlugen, wurden diese Planungen über den Haufen geworfen. Die Dynamik der Bewegung überraschte sowohl die AG wie die Linken (das Folgende nach Alton et.al. 1988, verschiedenen Flugblättern, insbesondere dem linke-Streikinfo und dem Zeigefinger, sowie linke Nr.16, 1987, Nr. 17, 1987).

Am Montag, den 19. Oktober 1987 wurde eine HörerInnenversammlung der Geisteswissenschaftlichen Fakultät (GEWI) und der Grund- und Integrativwissenschaftlichen Fakultät (GRUWI) im Hörsaal 1 des Neuen Institutsgebäudes (NIG) angesetzt. GEWI- und GRUWI-Versammlung wurde mit Absicht gemeinsam durchgeführt, die linken Gruppen befürchteten eine zu geringe Beteiligung. Im überfüllten Hörsaal verkündeten dann Studierende der Publizistik, dass sich KollegInnen im Audimax der Universität am Ring versammelt hätten und dieses besetzen werden. Die Versammlung zog anschließend vom NIG ins Audimax. Dort begann eine lähmende Diskussion über die Realisierbarkeit von Streiks und Besetzungen.

Die Stimmung schlug erst um, als die PublizistInnen ankündigten, das Audimax auf jeden Fall zu besetzen. Sofort wurde ein Streik ausgerufen. Um Mitternacht verhinderte die Anwesenheit des Rektors einen Einsatz der Polizei.

Am 20. Oktober in der Früh wurde durch die Besetzung eine wichtige Vorlesung der JuristInnen verhindert. Und ab neun Uhr vernahmen einige hundert Studierende die nacheinander eintreffenden Streikankündigungen von Instituten und anderen Fakultäten. Am Nachmittag wurde bekannt gegeben, dass die

Das besetzte Audimax im Oktober 1987

Uni Wien, die Wirtschaftsuniversität und die Veterinärmedizinische Universität streikten. Solidaritätserklärungen erreichten die Versammlung von der Universität für Bodenkultur (BOKU) und der Technischen Universität (TU). In Graz würde ab Mittwoch, den 21. Oktober gestreikt. In Salzburg besetzten Studierende das Rektorat und riefen einen sofortigen unbefristeten Streik aus. Das Audimax füllte sich mit tausenden Menschen, die eine Demonstration für den nächsten Tag beschlossen. ÖH-Vorsitzender Stefan Szyszkowitz (AG) versuchte noch, für die Demonstration am 11. November die Trommel zu rühren. Am Nachmittag musste er eingestehen, dass die ÖH von der Dynamik überrollt worden war und verkündete die Unterstützung der geplanten Demonstration am nächsten Tag. Er wollte damit die Kontrolle über die Bewegung wiedererlangen.

Das besondere dieser Bewegung war ihre Spontaneität und Unorganisiertheit. Die aktivistische Linke und die Basisgruppen bestanden nur aus ein paar dutzend Frauen und Männern. Studierende des Publizistikinstituts brachten den Stein ins Rollen, der Besetzung des Audimax schlossen sich zuerst Hunderte, dann Tausende an. Sie zogen durch die Unis, verbreiteten sonstwie die Informationen und sorgten damit für eine Ausbreitung des Streiks. DelegiertInnenversammlungen verschiedener Institute wählten einen DelegiertInnenrat, den zwar offiziell die Basis stellen sollte, der aber aus VertreterInnen der linken

Organisationen bestand und deshalb später in Konflikt mit dem Audimax-Plenum geriet. So wurde am 23. Oktober durch VSStÖ und KSV eine Kompromissplattform mit der AG ausgearbeitet, diese aber vom Audi-Max-Plenum abgelehnt. Die Bewegung, die sich im Audimax zentralisierte, wollte sich von Anfang an nicht auf studentische Forderungen beschränken. Ihre Forderung nach Rücknahme des gesamten Sparpakets geschah im Bewusstsein, dass ein Erfolg nur unter Beteiligung aller betroffenen sozialen Schichten möglich wäre[13]. Daher erscheint es logisch, dass sich am Mittwoch vormittag (21. Oktober) einige hundert ManifestantInnen zur Unterstützung der ArbeiterInnen der Verstaatlichten Industrie versammelten.

Am Nachmittag des 21. Oktober demonstrierten dann bis zu 10.000 Studierende am Ballhausplatz. Szyszkowitz und andere Funktionäre des Zentralausschusses der ÖH versuchten die Führung an sich zu reißen und hinderten die Streikkomitees am Reden. Zugleich rief Szyszkowitz medienwirksam zu einem Generalstreik auf und trug damit die Information über den Streik bis ins letzte Institut. Einige tausend Studierende zogen zum Parlament und bildeten am Rande der Bannmeile eine Menschenkette. In Graz demonstrierten 3000, in Innsbruck stellte eine HörerInnenversammlung ein Streikprogramm vor. BOKU-Studierende bewegten sich auf der Straße zur alten Uni und SchülerInnen bereiteten für die nächsten Tage Streiks vor. Am Donnerstag (22. Oktober) breitete sich der Streik weiter aus. Die Sozial- und pädagogischen Akademien schlossen sich an, die ersten Wiener Schulen befanden sich im Streik. Von der TU zogen 1500 Studierende zum Wissenschaftsministerium. Auch in Linz fand eine Demonstration mit 800 TeilnehmerInnen statt und in Salzburg blockierten 1000 Studierende die Staatsbrücke. In Linz versammelten sich neuerlich 3000 und blockierten die Nibelungenbrücke. In den von der AG dominierten Universitäten und Fakultäten, versuchte diese, den Streik noch in der gleichen Woche abzubrechen, während sich die Auseinandersetzungen an den Schulen zuspitzten. Am Freitag, den 23. Oktober demonstrierten einige tausend SchülerInnen, 19 Schulen befanden sich im Streik, die Vertreterin des Landesschülerbeirats von der ÖVP-nahen SchülerInnenorgansiation Union Höherer Schüler (UHS) versuchte die Streiks zu behindern und musste daraufhin ein Plenum unter Begleitschutz verlassen. Am Samstag, dem 24. Oktober streikten in Wien 35 von 55 Allgemeinbildenden Höheren Schulen (AHS) und auch in anderen Schulstädten wie Graz, Salzburg, Innsbruck, Celovec / Klagenfurt, Wiener Neustadt und Mödling breiteten sich die Proteste aus.

Die österreichweite Sozialabbaudemonstation am Samstag nachmittag (24. Oktober) brachte an die 40.000 Menschen auf die Straße. Sie zogen vom Westbahnhof durch die Gumpendorfer Straße über den Ring auf den Ballhausplatz. Da eine Polizeistation in der Gumpendorfer Straße mit Farbeiern und Steinen beworfen wurde, prügelte die Polizei, auf den vermeintlichen Autonomenblock ein. Vier Personen wurden festgenommen, eine Reihe anderer verprügelt.

Am Sonntag, 25. Oktober, fand eine gesamtösterreichische DelegiertInnenversammlung in Wien statt, die einen bundesweiten Forderungskatalog aufstellte und die Fortsetzung des Streiks ankündigte. Ein wichtiger Aspekt war die Kritik am Belastungspaket, das alle sozialen Schichten traf. ÖH-Chef Szyszkowitz verlautbarte einen Tag später, der Streik sei ausgesetzt. Der VSStÖ, der sich bisher eher zurückhielt, distanzierte sich von dieser Streikaussetzung und forderte den Rücktritt des Zentralausschusses der ÖH (ZA). Am folgenden Tag wurden die Universitäten mit ÖH-Flugblättern über die Aussetzung des Streiks überschwemmt. Ein Gegenflugblatt der «Streikenden der Uni Wien» forderte die Fortsetzung des Streiks. Einige Bundesländeruniversitäten nahmen den Lehrbetrieb wieder auf, sonst hielt sich der Vorlesungsboykott. Die Ermüdung der AktivistInnen machte sich in einer immer geringeren Beteiligung an den Plena bemerkbar, Aktivitäten blieben aus. Am Mittwoch, den 28. Oktober beschloss eine Dienststellenversammlung der HochschullehrerInnen einen zweitägigen Warnstreik, sowie eine Demonstration für den 3. November, was der Bewegung wieder etwas Schwung gab. Am Donnerstag (29. Oktober) wurde nach einer Demonstration von wieder annähernd 10.000 Studierenden der ZA besetzt, um gegen die Sabotageaktionen der ÖH zu protestieren. Am Freitag traf sich Szyszkowitz mit Unterrichtsminister Tuppy und berichtete danach von einem Verhandlungserfolg. Die 25-Jahr-Grenze für die Auszahlung der Kinderbeihilfe würde «flexibel gestaltet». Nachträglich zeigte sich, dass die Fortzahlung nur in Ausnahmefällen stattfinden würde. Szyszkowitz kündigte eine «Urabstimmung» über seinen «Verhandlungserfolg» an, die in den folgenden Tagen stattfinden sollte. Sie wurde erwartungsgemäß von einem Großteil der Studierenden boykottiert.

In der dritten Woche, ab dem 3. November, begann der Streik abzubröckeln. Ein kurzer Streik der ElinarbeiterInnen am Mittwoch den 4. November führte einen Zug von Studierenden nach Floridsdorf. Aber immer noch wurden Aktionen durchgeführt.

PhilosophInnen und SoziologInnen organisierten einen Schweigemarsch, vor dem Finanzamt wurde mit Lärm demonstriert. Am längsten wurde der Streik in Salzburg weitergeführt und in Graz blieb das Rektorat bis Mitte November besetzt, auch wenn dort der Streik bereits nach einer Woche ausgesetzt wurde. Die Aktivitäten wurden bis zur «Großdemonstration» am 26. November fortgesetzt.

Das Audimax-Plenum versuchte die Radikalisierung aufrecht zu erhalten, wurde dabei aber vom DelegiertInnenrat, dominiert von HochschulfunktionärInnen behindert. Lähmende Diskussionen zwischen sich radikalisierenden Studierenden, unterstützt von linken Splittergruppen wie insbesonders dem ArbeiterInnenstandpunkt (ASt) auf der einen Seite und den gemäßigten VertreterInnen von KSV, VSStÖ und einem Teil der Basisgruppen, vertrieben die letzten nicht organisierten AktivistInnen. Einzelne Institute wie die Philosophie setzten aber fantasievolle Aktionen fort.

Die Demonstration am 26. November war von der Anzahl der Teilnehmenden eine Enttäuschung, wobei sich die Wut über die Niederlage – es wurde praktisch nichts erreicht – im Anzünden von Mistkübeln ausdrückte. Andere Studierende blockierten gewaltfrei den Ring und wurden von der Polizei verjagt. Einzelne DemonstrantInnen wurden bis in die Universität hinein verfolgt[14].

Von diesem (zu kurzen) Ausbruch der Unruhe ist fast nichts geblieben. Von der großen Anzahl aktiver Gruppen war nach den Weihnachtsferien nichts mehr zu spüren. Die ÖH blieb auch nach den nächsten Wahlen in den Händen der Rechten. Das Sparpaket wurde durchgezogen, allerdings waren die Studierenden von den nächsten Sparpaketen weniger betroffen.

Die erwähnten Ereignisse dokumentieren eindringlich, wie staatliche Politik auf Bewegungen zu antworten wusste. Reagierte sie auf die Bewegungen in den 1970ern, auf die Jugend- und HausbesetzerInnenbewegung noch mit Zugeständnissen, wurde Hainburg wegen drohender Auseinandersetzungen nicht gebaut, setzte sie jetzt auf Zeitgewinn. Umstrukturierungen und Neuerungen (nicht nur im universitären Bereich) wurden von den staatlichen und kapitalistischen Institutionen durchgesetzt, und nicht von den Studierenden, so fantasievoll, mächtig und beeindruckend diese größte Unirevolte auch war. Die Unruhen wurden schlicht ausgesessen.

Ein Jahr später versuchten linke Organisationen an die Bewegung anzuküpfen und planten für den 15. Oktober 1988 eine «Großdemo» gegen Sozialabbau. Eine «Aktionseinheit» unter Einbindung möglichst vieler Organisationen wurde gebildet. Um die Breite der sozialdemokratischen und katholischen Strukturen zu erhalten, wurden die «Autonomen» ausgegrenzt, die durch die gerade erfolgte Räumung der Aegidigasse (vgl. unten) medial stark präsent waren. Damit wurde aber der Bewegungsflügel abgeschnitten.

Das Ergebnis war kümmerlich, es demonstrierten 3000 bis 4000 (linke 15, 1988). Eine «Aktionseinheit», bei der die Breite in der Einbeziehung möglichst vieler FunktionärInnen liegt, kann das Eingebettetsein in eine Bewegung wie 1987 nicht ersetzen.

Die Autonomen

In der zweiten Hälfte der 1980er wurden die «Autonomen» auch für die Medien interessant. Dort wo es Krawalle gab, waren es für die Zeitungen die Autonomen. Waren Autonome in Aktivitäten ohne Krawalle involviert, sprachen die Medien von «Jugendlichen». Natürlich spielten die ProtagonistInnen, die als Autonome bezeichnet wurden, mit dem Mythos der Militanz, tatsächlich stand (und steht) aber mehr dahinter: der Anspruch, die Veränderung des eigenen Lebens mit der Umgestaltung der Gesellschaft zu verbinden. Während ein Teil der sozialrevolutionären Ideen, die 1968 gemeinsam mit der Subkultur aufkamen, über die «neuen sozialen Bewegungen» (Alternativbewegung, Teile der Frauenbewegung etc.) in den sich umstrukturierenden Kapitalismus integriert wurde oder zumindest auf dem besten Wege dahin war, versuchten die Autonomen, das militante, vorwärtstreibende, umstürzende Element beizubehalten. Neben den trotzkistischen Sekten, die in ihrer Fixiertheit auf die Machtübernahme im Staat und auf die fordistische ArbeiterInnenklasse vollkommen daneben lagen, blieb für sie als Einzige der Traum von der Revolution. Es waren nicht revolutionäre Staaten, auf die der Blick gerichtet war, es waren Unruhen und Guerillakriege im Trikont und in Europa. Diese wurden in ihrer Bedeutung überhöht, um die Gewissheit zu schaffen, dass der herrschende Imperialismus schon in die Enge getrieben sei. Zugleich waren die Texte voll mit Beschreibungen von staatlichem Terror und Repression, wie sie (natürlich) gegen sozialrevolutionäre Bewegungen eingesetzt werden. Kulturell waren die Autonomen mit der Punkszene verbunden, wohl weil diese am stärksten mit ihrem ganzen Leben die Ablehnung des herrschenden Systems ausdrückte. Allerdings handelte es sich um ein gespanntes Verhältnis: Die unpolitischen Punks (oft «Suffpunks») hatten ein offenes Verhältnis zur entstehenden Skinhead-Kultur, die die harte Musik übernommen hatte und genauso auf Leben und Vergnügen stand. Die meisten Auseinandersetzungen eskalierten aber wegen sexistischem Verhalten in der Punkszene, die sich von den «politisch korrekten» Autonomen (von diesen manchmal «Automaten» genannt) abgrenzte.

Das soziale Umfeld der Autonomen war ein Netz von Treffpunkten, WGs und Einzelpersonen, die in vielen (meist kurzlebigen) Initiativen aktiv wurden. Ein Teil von ihnen zog es vor, sich als AnarchistInnen zu bezeichnen, andere sahen sich als «AntiimperialistInnen», die mit dem bewaffneten Kampf der Metropolenguerilla, besonders der Roten Armee Fraktion (RAF) sympathisierten. Wieder andere wollten sich gar nicht einordnen lassen, waren nur (Polit)Punks oder HausbesetzerInnen. Entstanden ist diese autonome Struktur aus den

Spontis, aus der Jugend- und HausbesetzerInnenbewegung und AktivistInnen aus dem Umfeld des Kultur- und Kommunikationszentrums Gassergasse (GAGA). Immer öfter wurde zur Vermummung gegriffen, nicht unbedingt wegen illegaler Aktionen, sondern auch, um sich dem Filmen durch Nazis und Stapo zu entziehen. Von einigen wurde ein Fetisch daraus gemacht, weil mensch in der Gruppe vermummt gefährlicher aussieht als mensch ist.

Außer bei den AnarchistInnen und AntiimperialistInnen blieb die politische Identitätsbildung marginal. Mensch traf sich in Lokalen, auf Konzerten und Demonstrationen, besetzte Häuser oder beteiligte sich an Plena. Politische Diskussionen wurden durch eine Strukturdebatte ergänzt. Diese erstreckte sich von Rechtshilfe und die Organisation von DemosanitäterInnen bis hin zu HandwerkerInnen, die Reparaturen durchführten oder Häuser verbarrikadierten. Der Kern der Szene organisierte verschiedene Plena (von Hausplena und Autonomenplena bis zu offenen Treffen). Oft blieb keine Zeit für theoretische Diskussionen.

Die nicht vorhandene politische Identität förderte ein ausgeprägtes Wir-Bewusstsein auf einer anderen Ebene. Da das Autonom-Sein auch kulturellen Ausdruck fand, wurde oft durch die Äußerlichkeit der Bekleidung gezeigt, dass mensch dazugehört (und andere nicht). Wegen der permanenten repressiven Bedrohung entstand zeitweise ein Klima der Paranoia, das die Abgrenzung nach außen noch verstärkte. Oberflächlich gesehen war es erstaunlich, dass immer wieder und zeitweise sehr viele neue Leute dazukamen. Die Abgrenzungen wirkten sich auch untereinander aus. Rivalitäten zwischen den sozialen Umfeldern der verschiedenen Treffpunkte waren keine Seltenheit (so gab es die Rotstilzchens, die Aegidis, die vom TU-Club).

Der Anspruch, wegen der Erfahrung der eigenen Schwäche noch besser organisiert, noch militanter zu werden, bewirkte noch einmal Abgrenzung nach außen. Es ist daher nicht verwunderlich, dass jener Teil der Szene, der sich auf den Antiimperialismus berief, den Leninismus wiederentdeckte und damit die Organisation in einer kaderartigen Avantgarde-Partei. Die AntiimperialistInnen sympathisierten mit den bewaffneten Kämpfen in Westeuropa (und darüber hinaus). Eine Lieblingsmetapher war dabei «eine Front (mit der Guerilla)», was die eigenen, als unwichtig empfundenen Aktionen aufwertete. Durch die Gemeinsamkeit gegen den Imperialismus wurde die Sowjetunion positiver gesehen als von «anderen» Autonomen oder den AnarchistInnen. Der kleine Teil, der nach dem Zusammenbruch des «Kommunismus» in Osteuropa diese Ideologie beibehielt, orientierte sich an bewaffneten Kämpfen der Kurdischen Arbeiterpartei (PKK), die in der Türkei für ein unabhängiges Kurdistan eintrat, oder an den maoistischen Gruppen, die sich um den *Sendero Luminoso* in Peru in der *Revolutionary International Movement* (RIM) zusammengeschlossen hatten. Sie blieben Einzelpersonen, die mit ihrem neu entdeckten Stalinismus oder der Verherrlichung jedes reaktionären antiimperialistischen Kampfes Plena zu nerven wussten, aber für technische Belange wie Rechtshilfe unverzichtbar wurden. Ein immer wieder aufflammender Konflikt drehte sich um sexistische Verhaltensweisen. Wobei nur selten eine echte Diskussion aufkam. Gab es sexuelle Übergriffe, wurden die inkriminierten Männer ausgeschlossen. Eine Diskussion über die Machtverhältnisse wurde nicht geführt, was blieb, waren Aus- und Abgrenzungen. Es war klar, dass sich mann (und frau) gegen Sexismus und Patriarchat aussprach, aber die realen Machtverhältnisse zwischen Männern und Frauen wurden nur am Rande (und wenn, dann eher unter Frauen) diskutiert. Das war mit ein Grund, warum sich Frauen dann lieber in Frauenzusammenhänge zurückzogen. Ein Versuch, sich mit Sexismus auseinanderzusetzen, bildete die Diskussion um die *triple oppression*. In diesem Modell wurden die netzwerkartigen Verknüpfungen der Macht reflektiert: die Macht ist überall und geht bis in unsere Körper. Aber die Unterdrückung wurde in den drei Hauptelementen Klassismus, Rassismus und Sexismus gesehen, gegen die gleichwertig gekämpft werden müsse.

Als «Autonome» bezeichneten sich AktivistInnen schon in Bewegungen der 1980er, etwa als «autonomer und internationalistischer Block» bei der Friedensdemonstration im Oktober 1983 oder beim Barrikadenbau in Hainburg im Dezember 1984. Gerade in dieser Zeit traten sie als der militante Flügel der sozialen Bewegungen auf. Auch als sie später als politische Kraft erkannt wurden, beteiligten sich «autonome» AktivistInnen an allen sozialen Auseinandersetzungen, von den antiimperialistischen Demonstrationen aus Anlass des Militärschlags der USA gegen Libyen 1986 bis zum Widerstand gegen Abfangjäger, wie auch im Kampf gegen Sozialabbau im Rahmen der Studierendenbewegung 1987.

Immer wieder erschienen autonome Zeitungen (*Diskussionsbulletin Autonomie* 1983, *Autonom* 1984, *notkühlung* Ende 1984, Anfang 1985, *Permanente Eskalation* 1986, *Autonomes Stadtinfo* 1987. Die Zeitungsproduktion steigerte sich nach der Räumung der Aegidi im Herbst 1988: *BesetzerInneninfo, Anti*). Auch das *TATblatt* wurde im Herbst 1988 mit der Nummer minus 101 gegründet, geplant als Zweitageszeitung. Dieses Ziel war allerdings ein bisschen zu hoch gegriffen, das TATblatt wurde 14-tägig als Informationsblatt der autonomen Szene produziert, weniger sporadisch als die früheren Zeitschriften. Es besteht bis heute als Monatszeitung. Treffpunkte der autonomen Szene waren das Rotstilzchen, nach dem Abriss der GAGA ein Kommunikationszentrum und der TU-Club, der zwar offiziell von der HochschülerInnenschaft der TU organisiert wurde, tatsächlich aber von einem Kollektiv als Lokal und Veranstaltungsraum in Selbstverwaltung geführt wurde. Von 1988 bis 1994 existierte am Margaretengürtel ein Infoladen. Der wichtigste Brennpunkt wurde aber für einige Jahre das besetzte Haus in der Aegidigasse 13 (vgl. unten).

Ein erster Versuch eines Auftretens als Autonome war gemeinsam mit anderen Gruppen die Störung der Angelobung des Bundesheeres im Karl-Marx-Hof zum 50. Jahrestag der Februarkämpfe 1934. Während VertreterInnen der Zivildiener ein Transparent mit der Parole «Gehorsam bis zum Bürgerkrieg» entfalteten (1934 wurde das Bundesheer gegen sozialdemokratisch organisierte Arbeiter-Innen eingesetzt), wurde die Bundeshymne durch lautes Pfeifen und das Zünden von Knallkörpern gestört. Zivile Polizisten zertraten einem Teilnehmer die Hoden (vgl. linke Nr. 4, 1984). In den nächsten Wochen erhielten viele Demons-trantInnen polizeiliche Vorladungen und wurden anhand von Filmmaterial, das von BeamtInnen in Zivil gemacht wurde, angezeigt. Ein Grund mehr, sich zu ver-mummen.

Anfang 1985 war das Ansehen der Polizei in der Öffentlichkeit bereits ange-knackst. Im Dezember 1984 hatte sie in Hainburg brave StaatsbürgerInnen ver-prügelt. Im Jänner 1985 fand dann der Prozess wegen der Räumung der GAGA statt. Die meisten Angeklagten wurden freigesprochen, allerdings jene verurteilt, die Aussagen bei der Polizei gemacht hatten. In der autonomen Szene wurde das als Bestätigung ihrer Kampagne für Aussageverweigerung gesehen (linke Nr. 3, 1985). Die Reaktion der Polizei folgte im März 1985. Ein Sprayer wurde erwischt und daraufhin gleich wieder freigelassen. Im Anschluss an eine neuerliche Fest-nahme wurde eine ganze WG in Haft genommen, ab dem 14. März über zehn Personen die U-Haft verhängt. Die meisten Festgenommenen waren schon bei einer Hausbesetzung am 22. Jänner 1984 in der Tigergasse aufgefallen. Ungewöhnlich für die damalige Situation war, dass die Beschuldigten so lange in Haft blieben. Vermutlich, um Rache für Hainburg zu nehmen und um Aussagen zu erzwingen. Am 16. März fand eine Solidaritätsdemonstration statt, bei der wasserlösliche Farbe verschüttet wurde. Beim Einsatz der Staatspolizei wurden zwei Frauen festgenommen, über die ebenfalls U-Haft verhängt wurde. Es waren das eine Vorbestrafte, die dann auch fünf Monate in Haft verbringen musste und die «Frau Club 2». Diese war als Verletzte auf dem Cover des österreichischen Politmagazins *profil* über den Polizeieinsatz in der Hainburger Au zu sehen und trat in einem «Club 2» (Spätabends-Diskussionssendung des ORF) auf und be-richtete dort über diesen Polizeieinsatz. In den linken Medien erschien ein Foto,

Solidarität mit inhaftierter Demonstrantin (April 1985)

auf dem zu erkennen war, dass ein Funkgerät eines Staatspolizisten «zufällig Manuelas Kopf berührte», anders gesagt, ihr auf den Kopf gedroschen wurde. Nach drei Wochen wurden alle bis auf E. (die vorbestrafte Frau) freigelassen. Nicht einmal der übliche Gummiparagraph «Widerstand gegen die Staatsgewalt» konnte angewendet werden, da der Polizeieinsatz durch Fotos gut dokumentiert war. Die Justiz verurteilte die vorbestrafte E. wegen Sachbeschädigung (durch wasserlösliche Farbe auf der Straße!), damit keine Haftentschädigung für die fünfmonatige U-Haft anfiel. Die SprayerInnen wurden in unterschiedlichem Ausmaß verurteilt, auch wieder abhängig von den durch die lange Haft erzwungenen Aussagen.

Die Krawalle zum Opernball waren ein jährlicher Höhepunkt im autonomen Kalender. Der erste Krawall hatte indirekt mit Wackersdorf zu tun. Nach dem SuperGAU in Tschernobyl, Ende April 1986, hatten sich auch die österreichischen Eliten – bis auf Ausnahmen in der Wirtschaftskammer – gegen eine Wiederaufbereitungsanlage für Kernbrennstoffe im bayrischen Wackersdorf ausgesprochen. Zu Pfingsten desselben Jahres fanden militante Demonstrationen statt, getragen von der regionalen Bevölkerung und Autonomen aus der ganzen Bundesrepublik, aber auch aus Österreich. Zeitweise konnte dort sogar die Polizei in die Flucht geschlagen werden. Diese Auseinandersetzungen wurden auch in Österreich mit Sympathie verfolgt. Und dann war ausgerechnet der bayrische Ministerpräsident, Franz Josef Strauß, ein Feindbild der Linken, zu Gast beim Opernball 1987, noch dazu beim Pflichterfüller Waldheim. Die Grüne Alternative Wien kündigte aus diesem Grund am Tag des Balles, dem 26. Februar 1987, eine Kundgebung vor der Oper an. Zugleich wollte ein Salzburger Bürger-Inneninitiativmensch einen symbolischen Wackersdorfzaun aufstellen, was die Polizei allerdings verbot. Nachdem der Wackersdorfzaun abtransportiert war, schlug nach 22 Uhr die Polizei zu. Als Vorwand diente der Abschuss von Leucht-kugeln und der Wurf von Eiern und angeblich auch von Bierflaschen. Die Polizei versuchte, die 500 Menschen wegzuräumen, was aber wegen des ungünstig auf-gestellten Demonstrationswagens nicht schnell genug möglich war. Eine polizei-liche Prügelorgie folgte. Ab diesem Zeitpunkt leisteten die DemonstrantInnen Gegenwehr. Am nächsten Tag berichteten alle Medien von den Krawallen. Freda Meissner-Blau (Parteigründungs-Leitfigur) distanzierte sich im Namen der Grünen sofort von den Ausschreitungen, war aber in der Folge mit Protesten von grünen MitstreiterInnen konfrontiert, die selbst vor der Oper von der Polizei ver-prügelt worden waren.

Einer Gruppe von Autonomen gelang dann noch ein Coup ganz im Sinne der Kommunikationsguerilla. Das profil vom 2. März 1987 erschien mit einer Titelgeschichte über die Autonomen. In einem Interview mit (angeblichen?) Autonomen befürworteten diese sowohl Straßenmilitanz wie auch die Gewalt klandestiner Gruppen. Darüber hinaus wurde indirekt behauptet, das Steyr-Hauptgebäude wäre von Autonomen angezündet worden (dieser Brand wurde sicher nicht durch Autonome verursacht, vermutlich handelte es sich um Ver-sicherungsbetrug). Waren Berichte der Medien über «autonome Gewalttäter» bisher ein Privileg der BRD, so existierten sie jetzt auch in Österreich, auch wenn die Polizei bei allen Anlässen immer wieder nach «deutschen Rädelsführer-Innen» suchte.

Die Autonomen werden immer wieder mit der Gewaltdiskussion in Ver-bindung gebracht. Manchmal waren es krude Kampfmetaphern, die verbreitet wurden, aber es war immer auch ein Spiel mit den Medien. Diffizilere Argumen-tationen in autonomen Texten begründen die Ausübung von Gegengewalt mit der Gewalttätigkeit des herrschenden Systems, der strukturellen Gewalt. Ein wichtiger Aspekt ist die «Gewalt» durch soziale Bewegungen im Allgemeinen. Wie bei der HausbesetzerInnenbewegung, in Hainburg und eben jetzt beim Opernball werden diese ohne das Gewaltspektakel (das häufig nur in den Medien stattfindet) nicht beachtet. Es gibt keine wirksame soziale Bewegung, an deren Rändern nicht auch Gewalt und / oder Straßenmilitanz vorkommt. So ist die Gewalttätigkeit auf der Straße auch eine Form des Diskurses. Menschen, die im elaborierten Diskurs der herrschenden Strukturen nicht vorkommen, finden andere Wege, sich bemerkbar zu machen. Das macht einen zweiten Aspekt der Straßenmilitanz sichtbar. Gewalttätigkeit ist eine Kommunikationsform der Unterklassen («proletarisch»). Auch wenn sicherlich im autonomen Diskurs die Beteiligung aus den «Vorstädten» an den Opernballdemos überbewertet wurde, die Beteiligung von «unpolitischen» (männlichen) Jugendlichen in ihrem Hass auf die sichtbare Ungleichheit durch das Protzen am Opernball, wurde von Jahr zu Jahr bedeutender. Die Diskussion innerhalb der Autonomen, dass Inhalte vermittelt werden müssten, wäre auf jeden Fall ins Leere gegangen. Auch die Medien interessieren sich normalerweise nicht für inhaltliche Argumente, sondern lediglich das (Gewalt-)Spektakel zieht. Ein dritter Aspekt wurde oder wird kaum diskutiert: als Sozialrevolutionäre wollen die Autonomen den Aufstandscharakter von Demonstrationen beibehalten. Das Demonstrationsrecht wurde eingeführt, um Revolten und Aufstände in geregelte Bahnen zu lenken, um ungewollte – oft auch von der Polizei provozierte – Eskalationen zu vermeiden[15]. Die staatsbezogene Linke hat mit dem Aufstieg der ArbeiterInnenbewegung und der Aufteilung der Welt zwischen Kommunismus und Kapitalismus den Aufstand zur Machtübernahme im Staat zugunsten demokratischer Rituale aufgegeben. Für die Autonomen hat der Aufstand als Ziel keine Machtübernahme (im Staat), sondern soll zur Selbstorganisation der Unterdrückten und Ausgebeuteten in der Auseinandersetzung führen.

Für das darauf folgende Jahr (11. Februar 1988) versuchte ein Personenkomitee «Anti-Obern-Ball» eine Kundgebung anzumelden, die aber untersagt wurde. Schon am Vormittag wurde eine Kette über den Ring (innerstädtische Hauptverkehrsader) gespannt, um den Autoverkehr zu blockieren und auf die Demonstration aufmerksam zu machen. Die Medien kündigten Krawalle an, wohl gerade deshalb kamen über 3000 Menschen. Die DemonstrantInnen wurden durch Absperrungen in «Steinwurfdistanz» von der Oper gehalten, nicht mehr auf den Ring gelassen, wie auch in den nächsten Jahren üblich. Bis nach 22 Uhr verlief die Demonstration weitgehend friedlich, danach fuhr ein Polizeiauto in eine Gruppe DemonstrantInnen, eine Frau blieb verletzt unter dem Auto liegen. Erst um diese Zeit flogen vereinzelt Flaschen und Steine.

Neben den Opernballkrawallen waren es immer wieder Hausbesetzungen, mit denen die Autonomen zu tun hatten. So wurde im Mai 1984 ein Haus in der Westbahnstraße im 7. Wiener Gemeindebezirk scheinbesetzt, am 22. September 1984 ein Haus in der Tigergasse. Dieses wurde erst nach neunstündigen Verhandlungen geräumt. Ein Haus in der Turnergasse, im 15. Bezirk, war von der Gemeinde angekauft worden, um es «Jugendlichen» zu überlassen. Am 14.

Dezember 1985 wurde es in Besitz genommen, um Druck auszuüben. Die Polizei räumte die Straße davor und dann das Haus, die Anzahl der Festnahmen belief sich mit den BesetzerInnen auf 30 Personen. Das wichtigste besetzte Zentrum war aber die Aegidigasse 13, durch den Innenhof mit dem Haus Spalowskygasse 3 verbunden, ein Haus, das bereits seit Anfang der 1980er an Gruppen aus der Szene übergeben worden war. Nach der Räumung der GAGA waren einige wenige Wohnungen in der Aegidi mit Prekariumsverträgen vergeben worden, während bereits ein Großteil der ursprünglichen MieterInnen ausgezogen war. Ab Herbst 1983 wurde damit begonnen, weitere leerstehende Wohnungen zu besiedeln (das Folgende nach Anti Nr 6, Februar 1989). Im Juli 1986 wurden die letzten noch bestehenden Verträge von der Gemeinde gekündigt. Teilweise herrschte Bunkerstimmung, auch deshalb wurden Teile des Hauses verbarrikadiert. Im Herbst 1987 wurde versucht, das noch nicht ganz leerstehende Haus im gleichen Block, in der Mittelgasse, zu erobern. Daraufhin wurden die dortigen RestmieterInnen innerhalb von wenigen Tagen abgesiedelt und das Haus abgerissen.

Immer wieder gab es Auseinandersetzungen, zwischen Punks und den politisch aktiven Leuten, zwischen Frauen und Männern, die keinen eigenen Frauenbereich akzeptieren wollten. Anfang 1987 zogen ein Teil der Politleute, hauptsächlich Frauen, aus. Immer wieder übersiedelten Einzelne, etwa eine Gruppe von Punks in die Turnergasse. Andere blieben trotz der Spannungen beim Zusammenleben. Die Unsicherheit in den beiden Häusern war groß, weil immer wieder eine Räumung befürchtet wurde. Ein Teil der BewohnerInnen der Spalowskygasse hatte inzwischen Verhandlungen für ein Ersatzobjekt aufgenommen. Die BewohnerInnen der Aegidigasse und die verbleibenden Reste in der Spalowskygasse beschlossen ein gemeinsames Vorgehen bei einer eventuellen Räumung. Ende Juni 1988 wurde noch ein fünftägiges Anti-Räumungsfest durchgeführt. Anfang August 1988, also mitten in den Sommerferien, zogen 16 Personen aus der Spalowskygasse in ein Ersatzobjekt in der Dornbacher Straße (das Folgende nach BesetzerInneninfo und Anti 6). Am 11. August versuchte die Polizei die geräumten Wohnungen in der Spalowsky zu besichtigen, und ein großes Aufgebot der Polizei stürmte das Haus, was mit Kalksäcken, Möbeln und Baumaterial abgewehrt wurde. Von dieser Aktion stammen die bekannten Bilder von flüchtenden Polizisten, die sich mit ihren Schildern über dem Kopf gegen Wurfgeschosse schützen mussten. Verhandlungen scheiterten. Am Nachmittag versuchte die Polizei über das Grundstück in der Mittelgasse einzudringen, was durch eine brennende Barrikade verhindert wurde. Ein Tränengas-Wasser-Gemisch erzwang den Abzug der BesetzerInnen in die Aegidigasse, der Abriss des Hauses in der Spalowskygasse begann sofort.

Der Häuserblock blieb von der Polizei umstellt, trotzdem gelang es Bewohner-Innen, das Gebäude zu verlassen oder es zu betreten. Am Freitag, dem 12. August, wurde in der Früh ein Hausdurchsuchungsbefehl für das Haus Aegidigasse 13 erlassen. Beim Plenum wurde beschlossen, keinen Widerstand zu leisten. Ein Bagger drückte das verbarrikadierte Haupttor ein und drohte damit das Haus zum Einsturz zu bringen, die BesetzerInnen zogen sich in höhere Stockwerke zurück. Nach drei Stunden hatte die Polizei alle Barrikaden überwunden und prügelte die BewohnerInnen aus dem zweiten Stock die Stiegen hinunter. Aus der Hausdurchsuchung wurde eine Räumung. Am nächsten Tag wurde sofort mit dem Abriss der Aegidi begonnen. An die 60 Personen blieben zwei Wochen in Untersuchungshaft. Die Verfahren wegen der Verteidigung der Spalowsky mussten eingestellt werden, weil niemandem, der in der Aegidi festgenommen wurde, eine Beteiligung daran nachgewiesen werden konnte.

Nach zwei Wochen U-Haft bewohnte die Hausgemeinschaft für kurze Zeit die Turnhalle eines Alternativprojekts (das Folgende meist nach Hausgemeinschaft Aegidi-Spalo 1989). Schließlich bot die Gemeinde Wien ein Haus am Stadtrand von Wien an (beim Alberner Hafen zwischen dem Friedhof der Namenlosen und dem Polizeisportplatz), das für die BewohnerInnen nicht in Frage kam. Die fünfzig bis hundert ehemaligen BewohnerInnen hatten das kollektive Ziel, gemeinsam zu wohnen und über genügend Räume für kulturelle Veranstaltungen zu verfügen. Solidarische Menschen besetzten am 26. September ein Haus in der Unteren Augartenstraße im 20. Bezirk. Da ein Geschäftslokal noch regulär vermietet war (die «Vogelhandlung»), konnten sich die BesetzerInnen nach einem Polizeieinsatz dorthin zurückziehen. Permanente Belästigungen durch die Polizei, aber auch innere Schwierigkeiten führten dazu, dass auch die Vogelhandlung nach zwei Wochen aufgegeben wurde. Im Herbst 1988 und zu Beginn des neuen Jahres versuchten die Aegidi-Spalos durch eine Reihe von Aktionen Druck auszuüben[16]. In der Zwischenzeit lebten sie im WUK. Eine Gruppe von mehr oder weniger prominenten Personen setzte sich dafür ein, den Aegidi-Spalos das ehemalige Arbeitsamt in der Embelgasse (12. Bezirk) zu überlassen, außerdem bildete sich ein sogenannter Siebenerrat für Verhandlungen mit der Gemeinde. Am 5. April 1989 ergriffen die Aegidi-Spalos wieder die Initiative und besetzten ein leerstehendes Gebäude der Österreichischen Bundesbahnen (ÖBB) in der Oswaldgasse in Meidling (12. Bezirk). Vorerst zog die Polizei wieder ab. Als sich am nächsten Nachmittag abzeichnete, dass es zu einer Räumung kommen würde, gaben die BesetzerInnen freiwillig auf (*Nicht schon wieder meier gehen!*). Als Argument für den Hinauswurf der BesetzerInnen galt die Sorge des Elternvereins einer naheliegenden Schule vor der angeblichen Bedrohung durch Punks und DrogenkonsumentInnen. Sofort begann der Abriss des Gebäudes. Einige wenige blockierten noch den Bagger, durch einen Sitzstreik, wurden aber unsanft von der Polizei entfernt. Die Abwesenheit durch die Besetzung wurde vom WUK-Vorstand benutzt, die Restbelegschaft der Aegidi-Spalos hinauszuräumen. Außerdem wurde allen Menschen mit bunten Haaren der Eintritt durch einen privaten Sicherheitsdienst verwehrt (Es könnten ja Aegidis sein, schon nach der Räumung der GAGA tauchte das gleiche Problem auf, vgl. oben). Auch das im Haus befindliche Frauenzentrum sah sich Problemen gegenüber, da Frauen der Zutritt verwehrt und Schlösser ausgetauscht wurden. Am 17. April besetzten die Aegidi-Spalos noch einmal das WUK, zogen aber nach Verhandlungen wieder ab. Am 22. April 1989 wurde versucht, das Aegidi-Areal zu bewohnen, auf dem die besetzten Häuser standen, aber auch dort wurden die BesetzerInnen nach zwei Tagen von der Polizei vertrieben. Das war das vorläufige Ende des Versuchs, ein gemeinsames Projekt durchzusetzen. Die Frustration brachte immer mehr Menschen dazu, sich in befreundeten WGs einzuquartieren, ein Teil konnte zumindest zeitweise im Rotstilzchen übernachten. Am 15. September 1989 (ungefähr zum Jahrestag der Räumung) demonstrierten dann weniger als 1000 Menschen gegen die Sanierungspolitik der Stadt.

Einzelne Leute aus der Aegidi, die Kulturfraktion, gründeten Anfang 1990 in der Arndtstraße im 12. Bezirk ein Veranstaltungslokal, das Flex. Nachdem im Sommer 1991 gegenüber ein Skinheadtreffpunkt, die Holu-Bar eröffnet wurde, standen kleinere Reibereien zwischen BesucherInnen des Flex und den Skinheads auf der Tagesordnung (das Folgende nach Tatblatt minus 43, 24.9.1991). Am 7. September eskalierte die Situation: FlexbesucherInnen hinderten die Skinheads daran, eine Frau zu verprügeln. Wenig später stürmten zwei Polizisten, Warnschüsse in die Luft abgebend, das Flex. Die hinzugerufene Alarmabteilung nahm vier Personen nach Gegenüberstellung mit den Skinheads fest und durchsuchte das Flex nach «Waffen» wie Mikrophonständer, Holzlatten und Gaspistolen. In der Früh griffen die Skins ein weiteres Mal das Flex an, worauf die Polizei auch die Holu-Bar durchsuchte. Das Ergebnis dieser Auseinandersetzungen war die Kündigung der Flex-Räumlichkeiten. 1994 wurde ein Lokal am Donaukanal gefunden und neu eröffnet, obwohl BürgerInnen dagegen mobilisierten. Heute ist das Flex ein schon beinahe legendärer Veranstaltungsort, von der Szene als nur mehr kommerziell beschimpft, aber immer noch mit linken Anliegen, etwa bei der Organisation von Solidaritätsveranstaltungen.

Die HausbesetzerInnenszene strahlte von Wien auch auf die Bundesländer aus. Am 13. Jänner 1989 wurde in Graz das Haus Aegydigasse 14-16 besetzt. Die Feuerwehr nagelte Türen und Fenster zu und die Polizei behinderte den Zugang.

Am 19. Jänner verließen die BesetzerInnen das Haus freiwillig. Verhandlungen um ein Ersatzobjekt wurden geführt (TATblatt minus 97, 27.1.1989). Im Frühjahr 1989 wurde das Büro des Bürgermeisters besetzt, als Übergangslösung wurden die Häuser Körösistraße 26 und 28 zur Verfügung gestellt. Aufgrund des baulichen Zustandes war es unmöglich, in diesen Häusern zu überwintern. Das eine wurde abgerissen, die Korösistraße 28 versiegelt. Die nun Obdachlosen waren inzwischen weggezogen (TATblatt minus 57, 15.1.1991). Am 19. März 1991 besetzten Grazer Frauen ein ehemaliges Tierspital in der Zimmermanngasse und gründeten ein autonomes Frauenzentrum. Nach zwei Tagen Belagerung durch die Polizei wurde das Projekt vorerst in Ruhe gelassen. Um die Frauen rauszukriegen, wurde aber eine Räumungsklage eingebracht. Mitte April sollte ein Lokalaugenschein im Haus stattfinden, die Frauen wollten die Männer des Gerichts nicht einlassen, sondern machten davor eine Kundgebung. Am 19. April 1991 begannen Bauarbeiter mit dem Abriss, die Frauen konnten gerade noch das Notwendigste aus dem Haus retten. Solidarische Scheinbesetzungen in Linz und Wien am 20. März unterstützten die Grazer Frauen (TATblatt minus 52, minus 51, minus 50). Selbst Salzburg sah eine kleine (Punk)HausbesetzerInnenbewegung. Seit Ostern 1990 organisierte das Komitee «Stadtlauf gegen Wohnungsnot» jeden Freitag Renn- und Krachdemos. Am 13. April wurde im Rahmen des Stadtlaufes die Unterführung bei der Staatsbrücke besetzt, was für mediale Aufregung sorgte. Als die Stadt für Anfang Juli ein Haus in der Innsbrucker Bundesstraße anbot, wurde das am 25. April besetzt (TATblatt minus 67, 19.6.90). Am 25. September gab es eine Hausdurchsuchung wegen angeblicher deutscher Autonomer, die natürlich nicht gefunden wurden. Am 21. Oktober übergoss sich aus Protest und Verzweiflung ein Bewohner («Giuseppe» – Helmut Kofler) mit Benzin und zündete sich an. Die resignierten anderen BewohnerInnen wurden in ein anderes Haus übersiedelt, das Haus in der Innsbrucker Straße abgerissen (TATblatt minus 61, 6.11.1990). Im April 1991 wurde noch einmal aus Protest gegen die Wohnungsnot für eine Stunde Mozarts Geburtshaus in der Getreidegasse besetzt (TATblatt minus 49, 7.5.1991).

Während das Rotstilzchen am 28. September 1990 nach vierjährigem Prozessieren geräumt werden musste (mit dem Besuch des Buffets eines Hotels, einem Straßenfest und danach mit einer nicht angemeldeten Demonstration, bei der einige Scheiben von Banken kaputtgingen), existierte inzwischen ein neues besetztes Haus. Die Krise der KPÖ und ihre Ankündigung einer Öffnung zur übrigen Linken hin, wurde benutzt, um das Haus in der Wielandgasse 2-4 («Wielandschule») zu besetzen, weil es von der KPÖ nur sporadisch genutzt wurde. Ein anderes Motiv war natürlich die Hoffnung, dass die KPÖ nicht die Polizei holen würde. Das Haus wurde in Ernst-Kirchweger-Haus (EKH) umbenannt, nach einem Kommunisten, der 1965 bei einer antifaschistischen Demonstration von einem Burschenschafter erschlagen wurde (vgl. oben). Die KPÖ drohte mit einer Gegenbesetzung durch hunderte steirische BergarbeiterInnen. Über den Sommer 1990 beruhigte sich dann die Lage. Die KPÖ fügte sich (vorerst) dem Unvermeidlichen (TATblatt minus 66 / 65). Bevor die ReformerInnen in der KPÖ (nach 1989 gewählt) wegen interner Auseinandersetzungen vom Vorsitz zurücktraten, unterzeichneten sie am 15.3.1991 einen für die Besetzer-Innen akzeptablen Mietvertrag bis März 2001. Allerdings waren die Auseinandersetzungen damit nicht been-

Legendäres Plakat von 1989

det. 1996 besetzten AktivistInnen einen ungenutzten Teil des Hauses, die verantwortlichen KPÖlerInnen ließen den besetzten Trakt durch die Polizei räumen. Das EKH blieb das wichtigste soziale Zentrum in Wien, von dem aus eine Reihe von wichtigen Aktivitäten ausgingen, von der Antifa 10 bis zur Volxtheaterkarawane. Im Moment (Sommer 2004) ist die Zukunft des Hauses offen, da die KPÖ aus Geldmangel einen Verkauf ins Auge fasst[17].

Nach der Räumung der Aegidi steigerte sich die Militanz bei den Opernballdemos und überraschte 1989 (2. Februar) und 1990 (22. Februar) sowohl Polizei wie Autonome. Obwohl keine etablierten Gruppen für die Demonstration mobilisierten, kamen 1989 wieder Tausende. Die Autonomen stellten Strukturen zur Verfügung: Sanigruppe, Rechtshilfe und eine Gruppe, die sich für den Schutz der Demonstration verantwortlich fühlte. Aber: *Die OrganisatorInnen [...] konnten so auch nicht mit der konkreten Situation umgehen. So standen die Leute, die sich für den Schutz dieser Demonstration verantwortlich erklärt hatten, mit – unter ihrer Vermummung ratlosen – Gesichtern da, und schauten den «unvermummten ChaotInnen» nach, die wie wild auf die Polizeisperre in der Kärntnerstraße zurasten.* (TATblatt minus 96, 10.2.1989). Bei dieser Demonstration wurde von DemonstrantInnen ein Mercedes gekapert und gegen die Absperrung gescho-

Opernballdemo 1989 (Quelle: TATblatt-Archiv)

ben. Von vielen wurde diese Demonstration auch als Antwort auf die (ein halbes Jahr vorher erfolgte) Aegidi-Räumung gesehen, und, wie schon erwähnt, als Randale der «Vorstadtjugendlichen». Die Polizei setzte neben Knüppeln Feuerlöscher und Wasserwerfer ein. 60 Personen mussten verletzt ins Krankenhaus eingeliefert werden, andere wurden von den Demosanis verarztet. Der Demonstrations-LKW wurde von der Polizei angehalten, der Fahrer mehrere Wochen in U-Haft genommen.

Am 22. Februar 1990 versuchte eine kleine Gruppe Prominenter um den Schriftsteller Gerhard Ruiss einen «runden Tisch» in der Kärntner Straße durchzuführen, um die Situation zu deeskalieren. Zugleich wurden Teile der Demonstration schon den ganzen Abend von Hooligans und Skinheads mit Schlagstöcken, Leuchtraketen und Messern angegriffen (das folgende TATblatt minus 75, 27.2.1990). Pünktlich um 22 Uhr begann dann wieder die Räumung durch die Polizei, diesmal war der Pulk der DemonstrantInnen nicht in der Kärntner Straße, sondern in der parallel verlaufenden Operngasse. Stundenlange Scharmützel zwischen Polizei und Anti-Opernball-DemonstrantInnen folgten. An diesem Abend wurden die Scheiben einer Billa-Filiale auf der Wienzeile eingeschlagen und der Supermarkt, soweit es ging, auch geplündert. Neben den dutzenden Verletzten wurden über dreißig Personen festgenommen, drei davon länger in Haft gehalten.

Die unkontrollierbare Bereitschaft zur Militanz wuchs einem Teil der Autonomen schon 1990 über den Kopf, außerdem wurde vorsichtige Kritik laut, dass die Krawalle bloß zu einem jährlichen Ritual würden. Der Vorschlag für 1991, sich am Südtiroler Platz zu treffen, wurde eingebracht, um die ritualisierte Schlacht bei der Oper zu vermeiden. Wegen dem Irakkrieg wurde der Opernball abgesagt, die Demonstration trotzdem durchgeführt. Sie konzentrierte sich auf das Thema Irakkrieg. Ein Häuflein von gut 300 DemonstrantInnen wurde von der Polizei eingekesselt und jedeR Einzelne wurde perlustriert. In den folgenden Jahren wurden zwar immer wieder Demonstrationen angemeldet und angekündigt, die Beteiligung belief sich im besten Fall auf ein paar hundert Schaulustige, militante Auseinandersetzungen blieben in den 1990ern aus.

Das Umfeld der Autonomen änderte und erweiterte sich immer wieder, dazwischen gab es Phasen, in denen interne Streitereien und Abgrenzungen dominierten. Das TATblatt hatte 1990 seine vorerst größte Verbreitung. In dieser Zeit bildeten die Autonomen den Kern verschiedener Bewegungen, die früher stärker von «braveren» Gruppen dominiert wurden. Insbesondere das TATblatt erfüllte eine wichtige Kommunikationsfunktion, weil es sich als offene Zeitung verstand. Obwohl es von sich selbst so bezeichnenden Autonomen gemacht wurde. Es war damit ein Kristallisationspunkt für alle, die Aktivitäten nicht in einem institutionellen Rahmen durchführen wollten. Meist handelte es sich um direkte Aktionen des sozialen Ungehorsams, keinesfalls gewalttätig, meist aber illegal und Normen und Regeln überschreitend. So fanden in dieser Zeit eine Reihe von Besetzungen statt, um umweltzerstörende Bauprojekte zu verhindern wie die Pyhrnautobahn und eine Ölbohrstelle bei Kleinreifling in Oberösterreich, ein Kraftwerk an der Mur bei Fisching und die ennsnahe Trasse in der Steiermark oder die Autobahnbaustelle für die A4, die Ostautobahn, und einige Bäume in Hetzendorf in Wien. In vielen BürgerInneninitiativen waren in dieser Zeit SympathisantInnen der Autonomen wichtiger als die Grünalternativen. Auch der Antimilitarismus erreichte neue Höhepunkte: nach dem Widerstand gegen den Kauf neuer Abfangjäger, der nicht erfolgreich war, erreichte die Zahl der Totalverweigerer um 1990 seinen Höchststand. Viele junge Männer verweigerten auch den Zivildienst, weil er in die Landesverteidigung integriert wurde, tauchten unter oder waren bereit, ins Gefängnis zu gehen. Wobei die Verurteilungen manchmal skurrile Züge annahmen, so etwa, wenn jemand wegen «listiger Umtriebe» verurteilt wurde, da es nicht zumutbar sei, die Formulare für die Stellungspflicht in das besetzte Haus in der Aegidigasse zuzustellen. In dieser Zeit wurde auch der «Aufruf zur Nichtbefolgung von Militärgesetzen» mit hunderten Unterschriften in der AZ (Arbeiterzeitung, Parteiblatt der SPÖ), im TATblatt und in der *akin*

(Aktuelle Information) veröffentlicht. Noch die ganzen 1990er über wurden Verfahren gegen die UnterzeichnerInnen durchgeführt und unterschiedliche Urteile gefällt. Auch gegen die jährlich am «Nationalfeiertag», dem 26. Oktober, durchgeführte Militärparade wurde immer wieder protestiert und demonstriert (eine der originellsten Aktionen war das Sammeln von Unterschriften für die Atombewaffnung Österreichs). Den Boykott der Volkszählung 1991 trugen Autonome ebenso mit wie den Widerstand gegen die Durchführung der Weltausstellung in Wien (die in einer Volksabstimmung abgelehnt wurde)[18]. Auch im Widerstand gegen die rassistischen Verschärfungen der Fremden- und Asylgesetze, gegen das verstärkte Auftreten von Rechtsradikalen, gegen die FPÖ wie auch gegen Gen- und Reproduktionstechnologien waren die Autonomen aktiv. Sie bildeten auch einen wichtigen Teil der Bewegung gegen den Golfkrieg 1991, die direkten Ungehorsam wie die Blockade der Panzertransporte durch das Inntal ausübte (vgl. unten).

Krise der staatsorientierten Linken

Die Krise der Linken wird immer mit dem Ende des «realen Sozialismus» in Zusammenhang gebracht. Wie sich an den Autonomen zeigte, ist das nur begrenzt richtig. Durch den Wegfall des Feindes stürzten auch westliche Institutionen in eine Krise. In Italien zerfiel die Partei der Christdemokraten, die seit dem Kriegsende regierte, in der Schweiz erreichte eine Initiative zur Abschaffung der Armee ein respektables Ergebnis und in Österreich wurde die Sammelwut von Staatspolizei und Heeresnachrichtendienst in Frage gestellt. In den osteuropäischen Staaten konnten AnarchistInnen erstmals wieder öffentlich auftreten, was auch die libertäre Szene im Westen wieder beflügelte.

Vom Ende des «Ostblocks» direkt betroffen war nur die KPÖ, die zwar nach 1968 wieder einige jüngere Kader gewinnen konnte, sich mit der Umorientierung aber schwer tat. Im Prinzip war die KPÖ schon länger ein Torso mit relativ viel Geld und einem aufgeblasenen Parteiapparat, der nur durch die materiellen Mittel Aktionseinheiten, sofern es sie noch gab, dominieren konnte. Wie sehr diese Art der Bündnispolitik der traditionellen Linken am Ende war, zeigte sich schon bei der gescheiterten Sozialabbaudemo 1988 (vgl. oben). Das Volksstimmefest als Treffpunkt der unterschiedlichen Linken wurde ab 1990 kleiner. Von den trotzkistischen Organisationen war es nur die SOAL, die im Studierendenstreik und in der Kampagne gegen Waldheim wichtig war. Sie verlor gegen Ende der 1980er einen Teil ihrer Mitglieder, die die Anpassung an die Grünen ablehnten.

Innerhalb der staatlichen Institutionen, in die die ArbeiterInnenbewegung über die SPÖ und den ÖGB integriert war, hatte die Veränderung schon früher angefangen. Die Umstrukturierung der Verstaatlichten begann bereits Anfang der 1980er, die Verschiebung innerhalb der SPÖ wurde schon durch Franz Vranitzky offensichtlich. Viele Strukturen der «neuen sozialen Bewegungen», z.b. des Feminismus, schlitterten durch ihre Abhängigkeit von staatlichen Institutionen von einer Krise in die nächste. Sukzessive verschob sich der Kampf um Projektgelder in Richtung «Kommodifizierung». Sparmaßnahmen im Ausgabenbereich begannen schon 1987, Subventionen für soziale, kulturelle, medizinische und ähnliche Projekte wurden gekürzt.

1989 / 1991 ist die Bedeutung einer staatlichen Orientierung der Linken, wie sie seit den 1960ern angegriffen wurde, zu ihrem sichtbaren Ende gekommen. Das Auftauchen der Autonomen und ähnlicher libertärer Gruppierungen zeigt, dass die Linke keineswegs verschwunden war, auch wenn sie in den nächsten Jahren von Krisen geschüttelt wurde (vgl unten). Die Themen linker und emanzipatorischer Gruppen verschoben sich vom Kampf um Veränderung in (staatlichen) Institutionen (Gesetzesänderungen zugunsten von Frauen, Schwulen, Lesben, Minderheiten, die Finanzierung von Projekten) in Richtung einer Defensive gegen staatliche Maßnahmen. Von den USA ausgehend begann aber eine Entwicklung, die Kritik an Konzernen und am Kapitalismus wieder ins Zentrum rückte (vgl. unten und Klein 2000, S. 345). Antistaatliche Gruppen gewannen, trotz der Versuche bestimmter Teile, einen neuen überstaatlichen Keynesianismus wieder durchzusetzen, in der seit 1999 sichtbar gewordenen *globalen Protestbewegung* (*Antiglobalisierungsbewegung* oder *globalisierungskritische Bewegung* vgl. unten) wieder an Bedeutung. Wallerstein (2002, S. 39ff) schreibt, dass die antisystemischen Bewegungen (Kommunismus, Sozialdemokratie, nationale Befreiungsbewegungen) seit 1968 Macht und Einfluss verloren. Auf allen Seiten verbreitete sich eine diffuse Antistaatsideologie, die Unsicherheit und Ungewissheit hervorruft, aber auch neue Perspektiven für revolutionäre Veränderungen anbietet.

Postmoderne, Postfordismus

D ie Veränderungen im Kapitalismus werden von verschiedenen Autor-Innen als Übergang vom Fordismus zum Postfordismus, von der Moderne zur Postmoderne, vom Imperialismus zum Empire oder von der Disziplinar- zur Kontrollgesellschaft bezeichnet. Es wird sich zeigen, dass es dabei keinen Einschnitt gibt, sondern sich bereits im Fordismus begonnene Entwicklungen beschleunigten. Die Veränderungen waren Antworten auf Widerstand und Revolten. Durch deren Integration ins System entstanden allerdings wieder neue Brüche, an denen soziale Bewegungen ansetzen (können).

Empire

Gäbe es keine sozialen Bewegungen, würde der Kapitalismus im gemütlichen Profitemachen erstarren. Die ArbeiterInnenklasse wurde als gewerkschaftlich kontrollierter Motor in das herrschende System eingebunden. Diese ins System integrierte Dynamik führte dazu, dass die auszubeutenden Menschen immer wieder neu gruppiert wurden (früher «Klassenzusammensetzung» genannt). Revolutionen im Kapitalismus förderten die rasend schnelle Ausbreitung der «Proletarisierung» und eine massive Mobilisierung der Menschen in die Städte, in Richtung reicher Regionen, aber auch den gesteigerten Fluß von Informationen und Waren in alle Richtungen.

Der Imperialismus hatte bereits die ganze Welt erobert, die Ausbeutung erfolgte aber zu einem großen Teil unter Beibehaltung nichtkapitalistischer Produktionsweisen, von Marx als *formelle Subsumption* bezeichnet. Das Kapital erschien außerhalb der Organisation von Leben und Arbeit in der Zirkulationssphäre (Handel), als äußere Gewalt. Im Empire wird die Arbeit und die Ausbeutung vom Kapitalismus organisiert, von Marx als *reelle Subsumption* bezeichnet und dort als «Proletarisierung», Arbeit in der kapitalistischen Fabrik, verstanden. Der Versuch einer nachholenden Entwicklung im Trikont durch Industrialisierung und Mechanisierung der Landwirtschaft leitete eine beschleunigte Zerstörung der vorkapitalistischen ländlichen Subsistenzproduktion ein. Die Slums der Städte wuchsen an. Nur ein Teil der mobilisierten Menschen fand Arbeit in den

Fabriken, im Trikont überleben Menschen von Nahrungsmittelproduktion in kleinen Gärten, kombiniert mit «UnternehmerInnentum» vom Schuhputzen und kleinem Handel bis hin zur Kriminalität. Die Reproduktion der Haushalte wird durch verschiedene Arbeiten gewährleistet, auch durch zeitweilige Jobs in Fabriken. Der Versuch, diese mobilisierten Massen in die entstehenden Nationalstaaten zu integrieren, etwa durch Subventionierung von Grundnahrungsmitteln und Benzin, wurde durch die Schuldenkrise der 1980er in Frage gestellt. Die Menschen revoltierten zwar in Massendemonstrationen und Krawallen, aber «neoliberale» Konzepte setzten sich durch. Die Offenheit zum Weltmarkt brachte kapitalistische Investitionen, neuen Reichtum für eine begrenzte Anzahl von Menschen und noch mehr zusätzliche Armut.

War das Verhältnis zwischen Metropolen und Trikont in einer ersten Phase hauptsächlich durch ungleichen Tausch geprägt, die «Entwicklungsländer» als Rohstoffproduzenten, so veränderte sich das ab der Mitte der 1970er (Hardt / Negri 2000, S. 245ff): die transnationalen Konzerne verlagerten immer mehr Produktionen in bisher noch nicht ausgebeutete Regionen: exterritoriale Weltmarktfabriken und freie Produktionszonen, von Diktatoren, später auch von demokratischen Regimes, zur Verfügung gestellt. In diesen Fabriken arbeiten meist junge Frauen (oft auch Kinder), gewerkschaftliche Tätigkeit ist untersagt. Wenn Forderungen nach höheren Löhnen oder besseren Arbeitsbedingungen durch beginnenden Widerstand durchgesetzt werden, drohen die Konzerne mit der Verlagerung in noch billigere Regionen. Durch die überall beginnende gewerkschaftliche Organisierung beschleunigt sich die Einrichtung immer neuer Exportproduktionszonen (EPZ). Es begann in Lateinamerika, wurde in Südostasien fortgesetzt und erreichte in den 1990ern China und anschließend Vietnam. Immer größere Teile der Bevölkerung werden in den Moloch von Arbeit und Ausbeutung eingesaugt oder auch nur angelockt und überleben in den Slums der großen Städte. Der Kapitalismus ist dabei, die letzten Bereiche der Erde umzuwälzen.

Die antiimperialistischen Entwicklungsmodelle, in die nach der Befreiung von der Kolonialherrschaft viel Hoffnung gesetzt wurde, scheiterten bis auf Ausnahmen am Weltmarkt. Sie waren unterkapitalisiert, weil zu wenig Reichtum vorhanden war. Oder wenn genug (zuviel) Reichtum da war, wurden sie durch Kriege und Bürgerkriege zermürbt und ökonomisch ausgelaugt. Investitionen im Trikont und «Reformen» des Wohlfahrtsstaats in den Metropolen veränderten die ökonomische Landkarte. Heute lassen sich die Hierarchien und Ungleichheiten nicht mehr an nationalen Grenzen festmachen. Die Situation zwischen arm und reich ist eher mit einem Leopardenfell zu vergleichen, mit breiten, reichen Zonen im Norden und einzelnen Regionen im Süden und mit breiter Armut im Süden und Armengettos im Norden. *Sweatshops* mit Löhnen, die kaum eine Überlebensmöglichkeit gewährleisten, gibt es in London, New York, Hongkong oder Manila. In einzelnen Regionen, in Südostasien z.b., existieren alle möglichen Formen des Lebens auf engstem Raum nebeneinander: Informationstechnologie mit relativ hohen Löhnen neben fordistischer, arbeitsintensiver Massenproduktion und vorkapitalistischer Subsistenz. Bestand vor vierzig Jahren zumindest noch die (falsche) Hoffnung, dass nationale Unabhängigkeit zu einem besseren Leben führt, so ist das heute völlig irreal[1].

Die reale Machtausübung ist auf ein Netzwerk verschiedener Organisationen und Institutionen mit unterschiedlicher Bedeutung übergegangen. Es bestehen Hierarchien, diese aber sind fließend und veränderbar. An der Spitze steht die USA als einzige Supermacht, die auch gegen den Widerstand anderer Institutionen und Staaten bewaffnete Aktionen durchführen kann (vgl. Hardt / Negri 2000, S. 309ff). Diese ist aber in die Kommunikationsstrukturen der wichtigsten Industriestaaten (G7) und der zentralen globalen ökonomischen Finanzstrukturen wie den IMF und die Weltbank eingebunden. Die VertreterInnen dieser Institutionen treffen sich zusätzlich zu den tagtäglichen Kommunikationen auch auf formellen und informellen Treffen, an denen die entstehende globale Protestbewegung anknüpfte (von Seattle bis Davos). Eng damit verbunden sind die ManagerInnen-Netzwerke der transnationalen Konzerne, gemeinsam mit den weniger bedeutenden Nationalstaaten. Diese Strukturen sind aber nicht unabhängig von jenen Ebenen, die die Bevölkerungen in den herrschenden Kapitalismus integrieren. Es sind dies noch die Nationalstaaten, die über Wahlen den Ausgleich zwischen sozialen Gruppen (oder Klassen) herstellen. Mit dem Zerfall stabiler sozialer Schichtungen wie ArbeiterInnen, BäuerInnen, KleinunternehmerInnen, durch die kapitalistische Individualisierung werden die Demokratien aber immer mehr zu medial vermitteltem Spektakel. Der Spektakelcharakter politischer Äußerungen wird nicht einmal verschwiegen, wenn darüber berichtet wird, dass «unpopuläre Maßnahmen» vor Wahlen undurchführbar sind. Ungefähr so: wählt uns, dann machen wir, was Markt und Kapitalismus verlangen. Demokratie ist die Wahl zwischen Parteien wie jene zwischen Waschmitteln oder NetzbetreiberInnen. Deshalb werden größere Strukturen ohne Bezug zu nationalstaatlichen Ebenen immer wichtiger, in Europa die Europäische Union. «Lobbying in Brüssel» wird zu einer wichtigen politischen Ausdrucksform. Für Flüchtlinge und MigrantInnen, die aus den StaatsbürgerInnensystemen herausfallen, erfolgt die Integration ins Weltsystem über eine Reihe humanitärer und «zivilgesellschaftlicher» Nichtregierungsorganisationen (*non-governmental organisation* – NGO)². Sie sind die kapillaren Enden der heute bestehenden Machtnetzwerke (Hardt / Negri 2000, S. 313). Diese NGO-Strukturen bilden gemeinsam mit anderen internationalen Verwaltungen einen wichtigen Faktor, um Randbereiche der Weltgesellschaft in das wirtschaftliche System einzugliedern. Auf diesem Weg wurden etwa die durch den Bürgerkrieg zerstörten Ökonomien in Bosnien-Herzegowina oder in Kambodscha wieder Teil des kapitalistischen Weltsystems.

Der Niedergang der radikalen Bewegungen nach 1968 und deren Integration in herrschende Strukturen führten zur Blüte der NGO. Wurden die früheren UNO-Konferenzen nur mit VertreterInnen von Staaten durchgeführt, so änderte sich das ab den 1970ern. Und auch die Themen änderten sich, jene der emanzipatorischen Bewegungen wurden aufgegriffen: Umwelt, Menschenrechte, Frauen, Klimaschutz etc. Wurden früher meistens nur Gegenveranstaltungen durchgeführt, so werden jetzt immer mehr VertreterInnen aus den emanzipatorischen Bewegungen zu den offiziellen Konferenzen eingeladen. Bei der Weltbevölkerungskonferenz in Kairo 1994 und bei der Weltfrauenkonferenz in Beijing 1995 dominierten schon Frauen, die ursprünglich aus der feministischen Bewegung kamen und in linksliberalen Parteien und Institutionen oder im akademischen Bereich Karriere gemacht hatten³.

Die NGO als linksliberaler Jetset, die ihre RepräsentantInnen von Kongress zu Kongress schicken und international kommunizieren, haben jedoch eine ambivalente Funktion. So war es der Lobbyismus einzelner NGO, der das MAI (*Multilateral Agreement on Investation* – Multilaterales Abkommen über Investitionen) zu Fall brachte. Dieser Vertrag sah vor, Nationalstaaten zu verklagen, wenn diese Investitionsmöglichkeiten von Konzernen einschränkten. Das MAI scheiterte 1998 am Widerstand mehrerer Nationalstaaten des Trikont wie Indien, Malaysia und Tansania und an der offiziellen Delegation Frankreichs (die ihre nationale Filmbranche schützen wollte). Die Öffentlichkeitsarbeit einiger NGO mobilisierte aber eine größere Anzahl AktivistInnen, die später die Basis der globalen Protestbewegung bilden sollten.

Auch der Nationalstaat änderte die Art, Konflikte in herrschende Strukturen zu integrieren. Während im Fordismus noch Wahlen gesellschaftliche Entwicklungen widerspiegelten, so veränderte sich das mit dem Auftreten der «neuen sozialen Bewegungen». Der Ausgleich zwischen abgrenzbaren sozialen Schichten («Klassen»), vermittelt durch verschiedene wählbare Parteien, wurde bei zunehmender Individualisierung auf eine andere Ebene verlagert. Noch bis Mitte der 1990er sahen viele Autonome die Radikalisierungen regionaler Umweltbewegungen außerhalb des Staates, weil außerhalb der formalen Demokratie. Doch bald mussten sie einsehen, dass solche Initiativen Teil des herrschenden Systems sind[4]. Um Ausgleich herzustellen wurde das Instrument der Mediatisierung eingeführt, ein Versuch der Vermittlung unterschiedlicher Interessen. Genau damit konnte an den Widersprüchlichkeiten der aktiven Menschen angesetzt werden. Sie waren gegen die Erweiterungen des Flughafens Wien Schwechat, wollten aber selbst in den Urlaub fliegen. Sie waren gegen die am Haus vorbei führenden Straßen, wollten aber selbst nicht auf das Auto verzichten. Parallel dazu wurde der aktive ökologische Kampf stärker an professionalisierte Organisationen wie Greenpeace und Global 2000 delegiert.

Immer weniger zählte die Aktivität der regionalen Bevölkerung, immer wichtiger wurde das Lobbying, auch unterstützt durch nicht ganz legale Aktionen, um die Aufmerksamkeit der Medien zu erreichen. Ein weiteres «Ergebnis» der Ökologiebewegung war die Individualisierung des Umweltschutzes: vom Einbau der Katalysatoren, um weniger Schadstoffe zu produzieren (aber nicht der Verzicht aufs Auto, das würde «der Wirtschaft» schaden), bis zur Mülltrennung als Mehrarbeit für Frauen. Der unbestrittene Erfolg von Bio-Produktlinien basiert auf der österreichischen Öko-Tradition. Ergänzt wurde das durch Medien- und Massenkampagnen, die eine Bewegung von unten simulierten. Als die französische Regierung 1995 Atomwaffenversuche im Südpazifik durchführte, führte das hier zu hektischen Aktivitäten bis hin zum Boykott französischen Weins und Käses.

Eine spezifisch österreichische Form der Integration ist das «Volksbegehren» als vorgebliches Element der direkten Demokratie. Im April 1997 wurden, angestoßen durch unabhängige Initiativen zwei Volksbegehren durchgeführt. Eines war das gegen Gentechnik, das mit Hilfe der Kronenzeitung und etablierter Öko-Organisationen wie Greenpeace und Global 2000 über eine Million Unterschriften erreichte, allerdings mit so «unpolitischen» Argumenten wie, dass gentechnisch veränderte Lebensmittel Allergien hervorrufen könnten. Die verbale GegnerInnenschaft gegen Gentechnik im österreichischen Mainstream nahm zwar zu, von den Medien bis hin zu den PolitikerInnen, aber auf lange Sicht setzten sich die «Gesetzmäßigkeiten» des Marktes durch: es gibt zwar eine Kennzeichnungspflicht, aber auch das wird bei verarbeiteten Produkten unterlaufen.

Zur gleichen Zeit konnte das «Frauenvolksbegehren» unterzeichnet werden, das durch eine Initiative von unten, durch das Unabhängige Frauenforum (UFF!) eingeleitet wurde[5]. Dieses Volksbegehren landete wie alle anderen auch in der Schublade, keine der Forderungen wurde umgesetzt. Allerdings zeigte sich an den Unterschriften (über 600.000), dass der Wunsch nach Veränderung ein ziemlich großer war[6].

Inszenierung und Spektakel wird auch auf anderen Ebenen als bei Wahlen und simulierter Opposition zu einer Ausdrucksform. Ein Lieblingsdiskurs von Bevölkerung und Medien ist der über Privilegien und Skandale. Damit konnten PolitikerInnen genauso gemeint sein wie vermeintlich privilegierte SozialschmarotzerInnen (SozialhilfeempfängerInnen, Arbeitslose, «Ausländer»). Empörung, die Veränderung simuliert, um das System beizubehalten: *alles zu ändern (oder diesen Anschein zu vermitteln), damit sich nichts ändert (obwohl es diesen Anschein hat)* (Wallerstein 2002, S. 97). Ähnlich ist der Diskurs um «Reformen» zu sehen. Es war nicht erst die schwarz-blaue Regierung, die die sozialen Systeme reformierte, schon die SPÖ-ÖVP-Koalition führte Sozialabbau unter diesem Titel durch. Die staatlichen Leistungen wurden eingeschränkt, um Druck in Richtung Verwertung und Möglichkeit der Ausbeutung zu verstärken. Durch die Zerstörung von immer mehr Reproduktionsmöglichkeiten außerhalb des Kapitalismus werden auch «verstaatlichte» Sozialleistungen in Richtung Privatisierung umgebaut. Dort wo das nicht geht, weil es nicht gewinnbringend funktionieren kann (etwa bei der Verwaltung der Arbeitsämter) werden diese Institutionen aufrecht erhalten, bis sich eine kapitalisierbare Form findet.

Die Verschiebungen weg von der nationalstaatlichen Ebene veränderten auch die Herangehensweise emanzipatorischer Bewegungen. So kann Seibert (2003, S. 59) schreiben, dass der spezifische Unterschied der globalisierungskritischen Bewegung zu früheren sozialen Bewegungen ihre Transnationalität ist. Die ArbeiterInnenbewegung musste den Internationalismus erst in die «Arbeiterklasse» hineintragen. Durch die verminderte Funktion der Nationalstaaten ist es heute unmöglich, sich nicht internationalistisch zu positionieren und international zu organisieren.

Kontrollgesellschaft und Biomacht

In Negri / Hardt 1997 (S. 77ff) wird reelle Subsumption nicht nur als Proletarisierung (wie bei Marx) verstanden. Nicht nur die Arbeit wird durch die herrschenden Strukturen organisiert, sondern das ganze Leben. Die «Zurichtung» der Körper und der Leben durch Fabrikdisziplin und Familiensystem in der Disziplinargesellschaft ist ein begrenzter Ausdruck dieser Organisation. Die «Privatheit» in der Familie wurde erst in der modernen Gesellschaft durchgesetzt und obwohl sie wie ein Bereich der Autonomie vom kapitalistischen System erscheint, ist die fordistische Kleinfamilie bereits Ausdruck der reellen Subsumption der Reproduktion (Produktion des Lebens) unter das Kapital. Dagegen wurde rebelliert, die Rebellionen aber institutionalisiert und in herrschende Strukturen transformiert. Die emanzipatorischen Elemente wurden aufgenommen, aber herrschaftserhaltend und die Ausbeutung perfektionierend aufgehoben: der Kampf um die Vielfalt der Ausdrucksformen von der Mode über die Musik bis hin zur Sexualität wurde zu einer Bereicherung des kapitalistischen Marktes. Die Selbstausbeutung in Alternativbetrieben wurde zum Modell für Projektarbeit, für die «neue Selbstständigkeit» etc. Die Kritik an der normierenden Disziplinargesellschaft wurde zur (Selbst)Kontrolle der *Kontrollgesellschaft*. Der *Panoptismus* wird als Diagramm der Disziplinargesellschaft beschrieben (Foucault 1977 S. 256ff, vgl. oben): von einer zentralen Position aus sind die KlientInnen (in Gefängnis, Psychiatrie, Krankenhaus, Schule etc.) einsehbar, ausgeleuchtet. Die Kommunikation wird begrenzt und kontrolliert. Das beobachtende Zentrum kann leer sein, ist es aber meistens nicht. Die Institutionen, die nach diesem Modell funktionieren, sind voneinander getrennt: Fabriken, Familien, Heime, Krankenhäuser, Schulen, Kasernen etc. Die Entwicklung zur Kontrollgesellschaft verändert dieses Modell (Diagramm): die Institutionen werden jetzt offener, sind nicht mehr so stark von der übrigen Gesellschaft abgegrenzt, die Mauern werden durchlässiger, Kontrolle erfolgt weniger an einzelnen Punkten («Durchgängen»), statt dessen dehnen sich Kontrolle und Disziplin auf die ganze Gesellschaft aus. Maschinenlesbare Ausweise werden wichtiger als Einsperrungen. Die Überwachung wird durch installierte Kameras über den gesamten öffentlichen Raum der Stadt verteilt. Grenzkontrollen gegen Migration finden immer weniger an den Grenzen statt, sondern überall dort, wo es Schleierfahndung und Denunziation gibt. Die großen fordistischen Reproduktionsinstitutionen wie Krankenhäuser und Altersheime werden verändert und verkleinert[7]. Die Institutionen bleiben, sind aber nur noch eine Struktur unter vielen. Als Antwort auf die Kritik der «Demokratischen Psychiatrie» wurden psychiatriebetroffene Menschen ab den 1980ern in Österreich auf die Straße gestellt, was die Zahl der Obdachlosen vermehrte, aber Sozialkosten sparen half. Psychisch krank zu sein ist nicht mehr so stigmatisiert wie früher. Angeregt durch die Selbsterfahrungsbewegung, werden Psycho- und andere Therapien gemacht oder als Billigvariante Antidepressiva verschrieben. Der disziplinierende Kern besteht aber weiter. Die Öffnung der Psychiatrie bedeutete zwar die Einschränkung brutaler Mittel wie Elektroschocks und das Ruhigstellen der Betroffenen durch Medikamente in großem Stil, in bestimmten Fällen werden sie jedoch weiter ungeniert angewandt. Die Institutionen der Disziplinargesellschaft sind mit ihrer Öffnung nicht verschwunden, nur die Abgrenzungen sind verschwommener geworden. Auch Gefängnisse wurden und werden immer öfter privatisiert, trotzdem hat sich die Struktur kaum geändert. Dabei ist offensichtlich, dass Bestrafung Verbrechen nie verhindert hat. Seit Foucault (1977, S. 342ff) wissen wir, dass das Gefängnis Delinquenz produziert: erst dort wird das soziale Umfeld für stabile kriminelle und kriminalisierte Karrieren geschaffen. Angst ist aber ein wichtiges Mittel, um Herrschaft zu erhalten und die «Kriminalität» ist das, was zur Produktion der Angst bei den Menschen führt. So wird, wie in anderen Strukturen auch, die Kontrollgesellschaft durch die Akzeptanz von Kontroll- und Überwachungsmaßnahmen zum Funktionieren gebracht [8].

Auch die innere Struktur der Institutionen hat sich geändert. Selbst im Gefängnis wurden Therapiegruppen gebildet. Kommunikation zwischen den KlientInnen wird nicht mehr unbedingt unterbunden, Kooperation und soziale Qualitäten werden durchaus gefördert. Die Institutionen wurden dezentralisiert, ehemalige Heimzöglinge leben in Wohngemeinschaften (eine Idee der emanzipatorischen Bewegungen), auch Psychiatriebetroffene, Menschen mit besonderen Bedürfnissen (sogenannte Behinderte) und Alte sollen sich gegenseitig unterstützen (und dadurch die Institutionen billiger machen). Auch die Kindergärten und der Schulunterricht wurden liberalisiert. Das Regime gegenüber den Kindern ist nicht mehr hauptsächlich disziplinierend, sondern kontrollierend.

Das Eindringen und Akzeptieren des Lebens (Kommunikation, Kooperation, soziale Kontakte und Beziehungen) in Institutionen hat als Gegenstück die Ausdehnung der Institutionen auf die ganze Gesellschaft. Es wird gefordert, nicht nur in der Schule zu lernen, sondern lebenslang; Gesundheit und die Behandlung von Krankheit werden immer mehr individualisiert bis hin zur Diskussion, dass Versicherungsleistungen von der eigenen Gesundheitsvorsorge abhängig gemacht werden sollen. Die Körper werden nicht mehr durch Drill in Heimen, Kasernen, am Fließband diszipliniert, sondern die Selbstdisziplinierung erfolgt über Sport, gesundes Leben, Fitness und dergleichen. Gesundheit wird zum kaufbaren Produkt wie alles andere, ergänzt durch den Therapie- und Selbsthilfeboom.

Die Institutionen selbst werden immer mehr von Instrumenten der Disziplinargesellschaft, die normierte Personen an die Gesellschaft zurückgeben, zu Kontrollpunkten, von denen aus sie die ganze Gesellschaft überziehen. Die Überwachung im Gefängnis wird über die neuen Kommunikationsmittel, vom Handy bis zum Internet, auf alle ausgedehnt. Das Krankenhaus und die Psychiatrie finden ihren Widerhall in Freizeitbetätigungen (für die Gesundheit) und in den Selbsthilfegruppen. Diese Grenzenlosigkeit macht den «glatten Raum» der Kontrollgesellschaft aus. Darum auch der verbreitete Diskurs über Netzwerkgesellschaft. Es gibt nicht mehr die Institutionen als panoptische

Blöcke, sondern ausgedehnt und verbunden mit allen Teilen des Lebens und der Gesellschaft. Für Hardt / Negri (2000, S. 190) ist der *Weltmarkt* das Diagramm für die Macht im Empire so wie es der *Panoptismus* für die Disziplinargesellschaft ist. Marktförmigkeit und Verwertungszwang sind die Grundstrukturen für die ganze Gesellschaft. Die Überwachung durch ein bürokratisches Zentrum, meist mit Institutionen der Nationalstaaten verbunden, wird immer weniger nötig, weil der Markt alles regelt[9]. Konnten die Menschen den Institutionen der Disziplinargesellschaft entkommen (durch Verweigerung, durch anders leben, durch ein anderes Körpergefühl), so unterliegen sie jetzt immer mehr dem ökonomischen Druck zum Überleben. Die Ideologie des Marktes schafft in diesem Zusammenhang immer mehr Räume, die «privatisiert» werden, öffentliche Räume werden sukzessive reduziert, kommerzialisiert, die sich ausbreitenden privaten Räume überwacht. Auffällige Personen dürfen existieren (leben oder sterben), sie werden nicht mehr eingesperrt, aber Kameras und private Wachdienste kontrollieren die *Shopping Malls*, um alles, was den Verkauf stören könnte, zu entfernen. Der Zwang zur Selbstverwertung (die *Ich-AG*) wird dominierend. Dabei wird von den Menschen immer Unmöglicheres verlangt: die Ich-AGen sollen kommunikativ, sozial, kooperativ und menschlich sein, aber zugleich die eigenen Bedürfnisse über den Markt rücksichtslos durchsetzen. Immer mehr *Care*-Tätigkeiten, Pflege von Angehörigen, freiwillige Sozialarbeit, aber auch Selbsthilfe oder «Hilfe zur Selbsthilfe» sollen geleistet werden, zugleich steigt der Druck, sich für immer weniger Geld in immer prekärer werdende Jobs unterzubringen, wobei das Eine das Andere behindert. Trotz der alarmierenden Warnungen über den Abbau des Sozialstaats werden die Bedingungen eingeschränkt und verschärft, aber für die StaatsbürgerInnen nicht abgeschafft. Kontrollinstrument und Verwertungszwang ergänzen sich in den wohlfahrtsstaatlichen Institutionen. Für MigrantInnen und Flüchtlinge gilt das nicht, sie werden als das «nackte Leben» durch die Biopolitik, dominierend in der Kontrollgesellschaft, ausgeschlossen.

Der Begriff Biomacht wurde von Michel Foucault im ersten Band von *Sexualität und Wahrheit: Der Wille zum Wissen* (Foucault 1983) eingeführt. Ging es der Disziplin um die Unterwerfung der Körper, so geht es der Biopolitik um die Kontrolle der Bevölkerung: die Geburtenrate und die Lebensdauer, öffentliche Gesundheit, Wanderung und Siedlung (Foucault 1983, S. 137ff). Biopolitik bedeutet die Optimierung des Lebens. Haben die Disziplinen die Funktion, Körper und Bewegungen in kleine Teile zu zerlegen und dann wieder zusammenzusetzen (in der Kaserne im Drill, am Fließband durch den Taylorismus), so funktioniert Biopolitik, indem sie «übermenschlich» agiert. Es geht um «ganzheitliche»

Einheiten wie «Völker» oder Bevölkerung. Eugenik zur Züchtung eines neuen perfekten Menschen und Rassismus als Eingrenzung von Völkern und Ausgrenzung von anderen sind die Paradigmen, die im 19. Jahrhundert entstanden und im Nationalsozialismus einen negativen Höhepunkt erreichten. Im heutigen Kontrollregime funktioniert die Biopolitik diffiziler: Ausgrenzung des «nackten Lebens» funktioniert nicht mehr nach biologisch-rassischen Kriterien und auch die Produktion von Leben funktioniert nicht mehr im Sinne von «rassischer» Gesundheit. Die Lager für Flüchtlinge und Gen- und Reproduktionstechnologien arbeiten nicht mehr durch Ausmerzen, sondern durch die Aneignung und Produktion von Leben. Diese beiden Bereiche gehören zu den umkämpftesten im Übergang zum Empire: die Selbstorganisation der Illegalisierten und der Kampf gegen die Internierungen in Lager. Und nicht zuletzt die Kämpfe um die Loslösung der Produktion des Lebens vom (weiblichen) Körper, in der Wiederaneignung mit und durch die neuen technologischen Möglichkeiten.

Giorgio Agamben sieht den Flüchtling als «nacktes Leben», als das Charakteristikum der Moderne. Da im Nationalstaat die Souveränität vom Monarchen auf das «Volk» überging, musste auch definiert werden, wer diese Art von Souverän ist. Alle anderen standen und stehen außerhalb, haben keine politischen Rechte, sind nur «nacktes Leben» (Agamben 2002 bezieht sich auf die Ausnahmefigur des römischen Reiches, den *Homo sacer* - heiliger/verfluchter Mensch, der getötet werden darf, ohne das dabei ein Mord begangen wird). Mit der Blütezeit der Nationalstaaten im 20. Jahrhundert erreichte die Zahl der Flüchtlinge die größten Ausmaße und auch jetzt wird die Bedeutung von Flüchtlingen und Lagern nicht geringer. Zur Zeit des Fordismus, während des Kalten Krieges, existierten zumindest in Europa bessere Bedingungen, weil Flüchtlinge als «Menschenrechtsargument» gegen den «realen» Sozialismus benutzt wurden. Inzwischen kann das Lager, ob für Zehntausende im Kongo, als Zwischenaufenthalt in den Transiträumen der Flughäfen oder auch in Traiskirchen in Niederösterreich, als typisches Merkmal des entstehenden Empire gelten. Zur Zeit der nationalen Befreiungsbewegungen erfolgte eine sukzessive Integration immer größerer Teile der Erde unter neue Staatlichkeiten, immer mehr Menschen wurden zu Nationen und «Völkern» erklärt, um den «ethnischen» Gruppen den Status des «nackten Lebens» zu ersparen. Jetzt landen sie in der Hölle der Lager als Zwischenwelten, auf dem Weg zu einem besseren Leben, ausgeschlossen und zugleich eingeschlossen. Immer mehr Menschen befinden sich in einer Situation, in der es keine Chance auf Erwerb von Rechten als StaatsbürgerInnen gibt[10]. Da es kein außerhalb mehr gibt, der Einschluss («Integration») aber ausgeschlossen

bleibt, bleibt nur noch das Lager, oder der Ausbruch, das Untertauchen, die Selbstorganisation, die Chance auf einen Kampf für eine nicht-kapitalistische Gesellschaft, die in ihrem Einschluss nicht ausschließt.

Männer werden überflüssig, Ende der Geschlechter?

Das Scharnier zwischen der Anwendung der Disziplinen auf den Körper und die Regulierung und Kontrolle der Bevölkerungen, der Biopolitik bildet der Sex / das Geschlecht (*le sexe* Foucault 1983, S. 140)[11]. Das betrifft Hygiene und Geburtenkontrolle, meist das, was in der bürgerlichen Gesellschaft als Familienpolitik diskutiert wird. Diese Art der Politik ging von eugenischen Maßnahmen, wie sie zur Optimierung des Lebens in der ersten Hälfte des 20. Jahrhunderts auch die Sozialdemokratie vertrat bis hin zur NS-Rassengesundheit. War die Diskussion um das Verbot der Abtreibung von Seiten der Linken und Liberalen in der Zwischenkriegszeit vor allem sozial geprägt – Geburtenkontrolle sollte das Elend der armen Klassen verringern, Frauen sollten nicht zu pfuschenden EngelmacherInnen gezwungen werden, so verschob sich die Argumentation im Kampf für die Legalisierung der Abtreibung mit der zweiten Frauenbewegung. Jetzt ging es um die Selbstbestimmung der Frauen über ihren Körper. Sie sollten selbst entscheiden können, ob sie Kinder haben wollen oder nicht («Mein Bauch gehört mir»). Der Blickwinkel veränderte sich noch einmal durch den Internationalismus des Feminismus. Während in Europa Abtreibungen reglementiert, auch verboten waren, wurden geburtenkontrollierende Maßnahmen im Trikont gefördert und oft mit Gewalt (etwa durch Zwangssterilisationen) durchgeführt. Für Feministinnen schien sich mit der Forderung nach «reproduktiver Selbstbestimmung» eine allgemein gültige Forderung anzubieten (Schultz 1994, S. 13ff). Das Scheitern der Geburtenkontrolle durch Zwangsmaßnahmen führte dazu, dass die bevölkerungspolitische Lobby die Forderungen der Feministinnen wie reproduktive Rechte und *women's empowerment* aufgriff. Ein Teil der Frauengruppen begann damit bevölkerungspolitische Maßnahmen und damit die Biopolitik des herrschenden Systems zu unterstützen. Insbesonders bei der Bevölkerungskonferenz in Kairo brach dann der Konflikt auf zwischen dem westlichen feministischen NGO-Jetset, dem Eurozentrismus vorgeworfen wurde, und Frauengruppen aus dem Trikont, die auf Verteidigung ihrer «Natur» setzten und jede Bevölkerungspolitik ablehnten.

Mit den neuen Reproduktionstechnologien (künstliche Befruchtung, Embryotransfer, Leihmutterschaft, pränatale Diagnostik) und Erkenntnissen in der Genforschung, die die Möglichkeit anbieten, neue Lebensformen zu kreieren, wird es immer mehr möglich, die Fortpflanzung von der Geschlechtlichkeit zu lösen. Ein Teil der Feministinnen hatte in den 1970ern und 1980ern begonnen, ihre «weibliche Macht» durch ihre Fähigkeit zur Geburt, zur Produktion von Leben zu entdecken. Als Differenzfeministinnen übernahmen sie die Spaltung in «Natur» und «Rationalität», wie sie durch den modernen Diskurs erzeugt wurde, wendeten aber die dort zu erobernde «Natur» und damit die Weiblichkeit ins Positive. Jetzt müssen sie feststellen, dass es keine «Autonomie», keine Natur außerhalb des Kapitalismus gibt. Dass es nichts gibt, was dem Zugriff der Macht und der Verwertung im Kapitalismus nicht zugänglich wäre.

Strömungen des postmodernen Feminismus kritisieren sowohl den Gleichheitsansatz, der «universellen», von Männern definierten Kriterien nachläuft, wie auch die Idealisierung von «Natur» und «Weiblichkeit» des Differenzfeminismus. Tatsächlich arbeitet seit dem Ende der 1980er Judith Butler (1991, 1997) an der Dekonstruktion der beiden Geschlechter (vgl. oben). Trumann (2002) sieht in diesen und ähnlichen Theorien die Bestätigung der Gentechnologie, die jetzt die Natur hinter einem Code verschwinden lässt. Ist es aber nicht so, dass gerade die Loslösung vom (von der bürgerlichen Gesellschaft erfundenen) Bezug zur Natur die Möglichkeiten für eine Befreiung von der herrschenden Geschlechterordnung ergibt? Der Feminismus, aber auch die Schwulen- und Lesbenbewegung relativierten bereits die heterosexuelle Ordnung zumindest in dem Sinne, als «normale» heterosexuelle und genitale Sexualität nicht mehr als die einzige gesehen werden muss. Durch die Loslösung der Produktion des Lebens vom Körper, durch die Reduzierung der Familie zu einer Lebensform unter vielen (so wie die anderen Institutionen nur mehr ein Knotenpunkt im glatten Raum der Kontrollgesellschaft), durch das Verschwinden der Grenzen zwischen privat und öffentlich wurde der Weg frei, eine Gesellschaft mit mehr als zwei Geschlechtern überhaupt zu denken, weil die «Natürlichkeit» des Geschlechterverhältnisses nicht mehr existiert.

Ein Charakteristikum der Moderne ist und war die Art des Blickes, ob in Filmen, Magazinen, im Büro oder auf der Straße. Attraktivität, Schönheit, Körperlichkeit wird in der Frau ausgedrückt, Männer sind die unscheinbaren, unkörperlichen Betrachter. Inzwischen aber wird es auch für Männer wichtig, Körperlichkeit zu zeigen, Männer müssen auch schön sein, durch Fitness und Sport, aber auch durch Mode und in bildhaften Darstellungen (von Models in Hochglanzmagazinen bis zu Strippern). Wurde früher das Schön-Sein von Männern mit Schwul-Sein verbunden, so wird es jetzt immer mehr allgemeiner Anspruch. Der männliche Kontrollblick wird immer leerer, die (auch heterosexuellen) Männer begeben sich auf die sichtbare Seite, während die Produktion der vergeschlechtlichten Körperlichkeiten immer offensichtlicher produzierte Maskerade wird. Der Ursprung des Geschlechts (der Sexualität, le sexe) ist dabei, zur erkennbaren Kopie zu werden.

Im Fordismus waren die Trennungen zwischen privat und öffentlich so stark wie vorher nicht und nachher auch nicht mehr. Wobei es zwei unterschiedliche Kategorien von Privatheit gab: die Familie und das kapitalistische Unternehmen, die Firma. Es gab also drei Sphären: die Familie mit dem Haushalt, den Staat mit öffentlichen Institutionen und der Politik, Privatunternehmen[12]. Unter «postfordistischen» Verhältnissen schieben sich diese Sphären ineinander mit der Dominanz des privaten Wirtschaftens. Die Privatheit der Familie wird aufgebrochen, Teile der Staatlichkeit werden privatisiert, Produktion von Leben wird der Verwertung unterworfen (über Reproduktionstechnologien wie auch über die Entstehung einer neuen DienstbotInnenklasse).

Eine der ersten wichtigen Forderungen des Feminismus war, dass das Private öffentlich gemacht werden sollte. Das wurde erreicht, indem Kindesmissbrauch und Kindesmisshandlung wie auch Vergewaltigung in der Ehe öffentlich diskutiert und Teil des Strafrechts wurden. Das bedeutet natürlich eine Ausweitung der Kontrollgesellschaft auf die bisher privat definierten intimen Räume. Sexualität und Begehren werden öffentlich. Wurden im Familiensystem alle anderen (sexuellen) Lebensformen unsichtbar gemacht oder als «Fälle» pathologi-

Vorsicht die Gender!

siert, so werden sie jetzt als Teil des Marktes gesehen. Schwule, Lesben und Transgender-Personen sind als KonsumentInnen anerkannt und werden für profitable Produkte gewonnen. Zugleich hat sich die Privatheit der Unternehmen in den öffentlichen Raum ausgedehnt, alles wird marktförmig organisiert. Die Vergesellschaftung (reelle Subsumption) des Lebens, das vorher in die Familie eingeschlossen war, führt jetzt über den privaten Markt. Die (Klein)Familie hat sich nicht aufgelöst, aber sie ist zu einem Lebensstil unter vielen geworden. So aufgeregt der Diskurs um den Schutz der Familie auch ist (z.B. bei VertreterInnen der schwarz-blauen Regierung), ist das eher ein Zeichen, dass die Familie ihre Anziehungskraft und Wirkmächtigkeit verloren hat. Im öffentlichen Diskurs wird von LebensabschnittspartnerInnenschaften und Patchworkfamilien gesprochen, Alleinerziehen (meist nur durch Frauen) ist schon beinahe Normalzustand. Auch in der Populärkultur hat sich eine *Feminisierung der Autorität in der Familie* (Ruddick 1994, S. 131ff) durchgesetzt: in der populären Fernsehserie «die Simpsons» kann die Familie wohl kaum als Idealbild gesehen werden, Vater Homer säuft Bier, sitzt vor dem Fernseher und schläft in der Arbeit, während seine Tochter Lisa eigentlich die intelligente und sensible Stütze der Familie ist. Eine Serie, *die versucht, eine wachsende Anzahl von jungen und alten Frauen wieder aufzurichten und zu versöhnen, indem sie ihre Rolle glorifizieren und ihre Klugheit anpreisen* (Ruddick 1994, S. 132). Die Familie steht zwar im Zentrum des biopolitischen Diskurses, ist aber wie alle anderen Institutionen nur noch ein Knotenpunkt, der nach allen Richtungen offen ist, wie die anderen Institutionen der Kontrollgesellschaft. Der Mann und Vater hat seine Rolle als Bindeglied zwischen der privaten Familie und der (privaten) Arbeit und dem Staat verloren. Er wird immer mehr ein leeres Machtelement (ein überflüssiger Homer Simpson).

Die Frauenarbeit («Reproduktion») ist mit dem Ende des Familiensystems (nicht der Familie) nicht verschwunden, sondern sie wurde nur verlagert. Brachte die fordistische Dynamik eine begrenzte Vergesellschaftlichung dieser Arbeit durch (staatliche) Institutionen wie Kindergärten, Krankenhäuser, Altersheime, so korrespondiert diese Vergesellschaftung jetzt nicht mehr unbedingt mit «Proletarisierung», der Verwandlung von vorher unbezahlten Arbeitsverhältnissen in Lohnarbeit. Die BürgerInnengesellschaft fordert die Versorgung von Kindern und Alten, Pflege- und Kindergeld bieten «Wahlfreiheit». Die Unterscheidung zu den rasant zunehmenden Dienstleistungsjobs, zwischen bezahlter und unbezahlter Arbeit, wird immer geringer. Während sich die Normalarbeit verringert, wie sie (für Männer) im Fordismus charakteristisch war, nehmen Arbeiten im Dienstleistungsbereich zu, die «weibliche Fähigkeiten» wie Kooperation, soziale Kompetenz, Kommunikation fordern. Immer mehr wird die Arbeit flexibel, unsicher (prekär) und immer mehr Männer sind gezwungen, in und von solchen Arbeitsverhältnissen zu leben. Selbst im Arbeitsbereich wird die Funktion der Männer immer unbedeutender.

Die patriarchale Struktur besteht weiter, aber die Funktion des männlichen Teils der Arbeits- und Lebensorganisation wird immer unwichtiger[13]. Die Pluralisierung der Lebensstile, die Auflösung des Privaten, die Zunahme der Dienstleistungen bedeuten die Vervielfältigung der Anforderungen an die Frauen: *Mutter und Vater, Kumpel und Freundin, Geliebte und Kampfgefährte, Karriere- und Putzfrau in einer Person* (Eichhorn 1994, S. 43). Während die Gesellschaft und das Leben, eigentlich das Funktionieren des Kapitalismus, von den Frauen organisiert werden, werden die Männer überflüssig, stehen aber immer noch im Zentrum der Macht. War es zur Zeit des Aufkommens des Feminismus nur eine kleine Minderheit, die gegen die patriarchalen Strukturen aufbegehrte, so ist die Unzufriedenheit eines großen Teils der Frauen (zumindest in den Metropolen) mit Händen zu greifen, auch wenn sie sich kaum in feministischer Ideologie ausdrückt. Aber auch das «andere Geschlecht» löst sich auf. Mit der Verschiebung der Reproduktion (der Produktion des Lebens) hinein in die Gesellschaft wird die heterosexuelle Matrix überflüssig und damit die Aufteilung in zwei Geschlechter[14]. Die Emanzipationsbewegungen der Schwulen und Lesben, der Feminismus wurden in die herrschenden patriarchalen Strukturen integriert, haben sie verändert, neue Formen der Vergesellschaftung wurden geschaffen. Daraus entstehen aber neue Möglichkeiten der Subversion, neue Möglichkeiten, die herrschende Ordnung zu beenden. Es gibt ein Licht am Ende des Tunnels von Kapitalismus und Patriarchat.

Arbeit und Leben, prekär und immateriell

Die Antwort auf die ArbeiterInnenkämpfe der ersten Hälfte des 20. Jahrhunderts war die *Integration der Konsumtion in den Zyklus der Kapitalreproduktion* (Lazzarato 1998, S. 53). Hohe Löhne und Sozialleistungen gewährleisteten die Nachfrage nach Massenprodukten, einhergehend mit den Institutionen Fabrik und Familie, der Verstaatlichung der Klasse über linke Parteien und Gewerkschaften und der Abgrenzung von Produktion und Reproduktion. Aus Sicht des Kapitals standen Freizeit und Urlaub im Zentrum, außerdem das Einkaufen von Konsumgütern (Autos und Haushaltsgeräte) und Lebensmitteln. Die Rebellion gegen die Normierungen der Institutionen, die Konsumkritik, der Kampf um Anerkennung der Reproduktionsarbeit, das Entgegensetzen der Vielfalt des Lebens, zwang das Kapital dazu, auch die Art des Massenkonsums zu verändern. Der Aufstand der Stile gegen die Disziplinargesellschaft wurde ins Warensystem integriert. Hat es bis in die 1980er kritisierte Hochkultur gegeben (z.B. die Salzburger Festspiele) und eine Jugendkultur, die widerständig und dagegen erschien, so hat sich das inzwischen verändert. Heute wird kaum mehr unterschieden zwischen «E-Musik» und «U-Musik». KünstlerInnen spielen in ihren Werken mit dem Kitsch, von Rockmusik bis Techno werden Kunstformen inzwischen von der «offiziellen» Kulturszene akzeptiert. Die letzte revoltierende Jugendkultur war der Punk, der aber schon seine eigene Kommerzialisierung persiflieren konnte (SEX PISTOLS: *The Great Rock'n Roll Swindle*). War der Rock'n Roll ein Aufbruch in einer fordistischen Fabrikgesellschaft und gegen eine sich vereinheitlichende fordistische Lebenswelt, so haben sich jetzt die Stile vervielfacht. Was mit Ethnoversatzstücken der Hippies anfing, vervollständigte sich in der Unterschiedlichkeit der Stile von Techno bis Oriental in den 1990ern. War die «Weltmusik» bis in die 1970er der Rock, so werden jetzt Formen aller Regionen verarbeitet, aber auch die unterschiedlichsten technischen Möglichkeiten genutzt. Jetzt kann jeder neue Trend subversiv sein oder reaktionär, kommerziell ist er auf jeden Fall. Diese Akzeptanz der Differenzen führte dazu, dass die aufbrechende globale Protestbewegung von Anfang an eine Multitude war, die sich nicht vereinheitlichen und nicht repräsentieren lässt. War *Rock* die Nachahmung einer vereinheitlichenden weltweiten Oppositionsmaschine im Fordismus, so gibt es heute keine eindeutige Repräsentierbarkeit mehr, weder in Kultur (Musik, Lebensstil) noch in den sozialen Bewegungen.

Immer mehr wird jede Kreativität außerhalb der Organisation des Kapitalismus seiner Ausbeutung unterworfen. Kommunikation, Information, Wissen, Sprache, Kooperation, Gefühl und Körperlichkeit werden sukzessive dem Zyklus der Kapitalreproduktion einverleibt (vgl. Lazzarato 1998, S. 53). Diese immateriellen Produkte haben die Eigenschaft, dass sie im Gegensatz von materiellen Produkten nach dem Konsum nicht verschwunden sind, sondern im Gegenteil, durch ihren Konsum ihren Wert vermehren: Computerprogramme als «Maschinen» nutzen sich nicht ab, wenn sie verwendet werden, Texte oder

Musikstücke können endlos reproduziert und kreativ eingesetzt werden, Logos sind unabhängig von den materiellen Werten, Wissen vermehrt sich durch den Konsum von Wissen. Auch Gefühle und Körperlichkeit werden potentiell mehr, wenn sie gegeben werden und das sowohl für die KonsumentInnen wie für die ProduzentInnen. Besonders diese «Werkzeuge» sind direkt mit der Autonomie der Personen verbunden - im Gegensatz zur zerlegten Arbeitskraft am Fließband des Taylorismus - und erfordern damit «freiwillige» Kooperation. Durch Überwachung ist Freundlichkeit nicht zu erzwingen[15]. Die größere Bedeutung der immateriellen (Lohn)Arbeiten bedeutet nicht, dass andere Typen von Arbeit verschwunden sind, sondern nur dass jetzt der «tertiäre Sektor» («Dienstleistungen», verbunden mit Informations- und Kommunikationstechnologien) hegemonial ist, so wie es der «sekundäre Sektor» (die Industrie) vorher war. Als die Landwirtschaft («primärer Sektor») von der Industrie abgelöst wurde, ist sie nicht verschwunden, sondern hat zu einem Teil industrielle Formen angenommen. So werden jetzt große Teile der klassischen Industriearbeit informatisiert und immaterialisiert, und das über die steigende Bedeutung der Werbung, aber auch über Logos und Imagebildung.

Die Produkte großer Firmen erlangen heute häufig ihren «Wert» über ihren Namen, eben immateriell. Aber die materiellen Produkte müssen auch hergestellt werden (Schuhe, T-Shirts, Hamburger, Softdrinks). Die «schlanken Firmen» leben von ihren Namen und ihren Logos, die, wie McDonalds, ihr Image über Franchising vergeben und die «schmutzige» Arbeit in Subfirmen ausgelagert haben. Immer mehr Teile der arbeitsintensiven Produktionen wurden und werden im Trikont angesiedelt. Gerade die immateriellen Werte sind es aber, die durch Imageverschmutzung angreifbar sind: Naomi Klein bringt in ihren Buch *No Logo* (Klein 2000) eine Reihe von Beispielen von AktivistInnen, die sich in ihren Schulen und Universitäten bemühten, die Verbindungen der sich gut darstellenden Firmen mit den Arbeitsbedingungen in den Subfirmen der Weltmarktfabriken offenzulegen. Es war dennoch dieser Einfluss der KonsumentInnen, der die gewerkschaftlichen Möglichkeiten der ArbeiterInnen im Trikont verbesserte[16].

Aber selbst in den Metropolen sind die fordistischen Jobs nicht verschwunden, trotz Rationalisierung und Auslagerung. Manche Produkte lassen sich einfach nicht über weite Strecken transportieren. Noch immer existiert die Motorenfertigung von *General Motors* in Aspern bei Wien und für BMW in Steyr in Oberösterreich. Nicht zu sprechen von der Lebensmittelindustrie, in der viele MigrantInnen (in Österreich vor allem aus Jugoslawien und der Türkei) beschäftigt werden. Bestimmte Bereiche, wie das Baugewerbe und der Tourismus mit schlechtbezahlten und häufig prekären Jobs, sind überhaupt an Orte gebunden. Auch dort arbeiten meist MigrantInnen und andere nicht gewerkschaftlich organisierte Beschäftigte. In Europa (und damit auch in Österreich) versuchten sich Arbeitslose, prekär Beschäftigte und noch gewerkschaftlich organisierte NormalarbeiterInnen in den Euromärschen zu organisieren. Die Zunahme der Prekarisierung und die rassistisch produzierten Unterschiede waren auch der Ausgangspunkt des größten Streiks in den USA seit Jahrzehnten: die Beschäftigten des Paketdienstleisters UPS streikten im August 1997 für Vollzeitjobs, gegen Auslagerungen an Subfirmen, für höhere Pensionsleistungen und mehr Sicherheit am Arbeitsplatz.

Die zentralen ArbeiterInnenstrukturen der großen Industrien, Kohle, Eisen, Stahl, in Österreich um die Verstaatlichte Industrie strukturiert, existieren nur mehr abgeschlankt. Es gibt eine einzige Gruppe in Europa, die die relativen «Privilegien» des Fordismus noch nützen kann und noch gewerkschaftlich organisiert ist: LehrerInnen und andere öffentliche Bedienstete. Auch in diesen Bereichen wird vom «schlanken Staat» geredet, aber in den 1990ern waren sie in Europa die Einzigen, die größere Streiks gegen «Pensionsreformen» (in Italien 1994 und in Frankreich 1995) durchführten. Selbst in Österreich waren es neben den LehrerInnen immer wieder die BeamtInnen (z.B. der Finanz), die zumindest mit Kampfmaßnahmen drohten. Meist gelang es, die «Privilegien» dieser Gruppen gegen andere auszuspielen. Bei den großen Streiks in Frankreich und Italien, die von großen Sympathien der Bevölkerung begleitet waren, wurde allerdings der Kampf der öffentlich Bediensteten stellvertretend für die eigenen Wünsche und Forderungen gesehen.

Der technologische Schritt zur Verringerung der Bedeutung der fordistischen Arbeit war die Entwicklung der Informationstechnologien. Diese war eine Antwort auf die Kreativität gegen die Disziplinargesellschaft. Die großen EDV-Konzerne funktionierten bis Anfang der 1980er wie alle großen bürokratischen Apparate der fordistischen Ordnung (vgl. Naetar 2002). Erst eine «Revolution» von unten änderte das. Kreative junge Leute, auch aus der kalifornischen Hippieszene kommend, gründeten Firmen, um ihre Ideen zu verwirklichen, ohne vorerst an die Vermarktbarkeit zu denken. Microsoft begann als kleine Klitsche und wurde dann zum größten Konzern, andere Großkonzerne, Siemens oder Philipps, griffen die entsprechenden Programmiertechniken auf. Die Hardware- und Software-Industrie war bis in die 1980er ganz auf die Entwicklung von Großrechnern konzentriert, über die die mikroelektronische Revolution durchgeführt werden sollte. Überraschend setzte sich mit dem Commodore ein Mikrocompter durch, später von IBM zum PC weiterentwickelt. Die individuelle

Nutzbarkeit wurde bedeutender als die bürokratische Hierarchie. Das Internet wurde zwar vom Militär entwickelt, über die Universitäten setzte es sich aber als kostenloses Kommunikationsmittel durch. Die Informationsrevolution entwickelte sich unabhängig und gegen die kapitalistischen Hierarchien, wurde dann aber von diesen aufgegriffen. Die Kehrseite der Entwicklung dieser Technologien ist die Internalisierung von Kapitalismus und Macht in die Menschen, in die Körper, die durch die Maschinen der Kommunikationssysteme und der Netzwerke die Gehirne organisiert[17] (Hardt / Negri 2000, S. 23). Die Verschiebung der Produktionsmittel (etwa Gefühl und Wissen) an und in den Körper und die Psyche der Individuen verändert das Verhältnis zur kapitalistischen Produktion. Die «Autonomie» der ArbeiterInnen muss gefördert werden, sie wird zur «heteronomen Autonomie». Selbst innerhalb großer Firmen werden Abteilungen wie selbstständige Betriebe organisiert (vgl. Naetar 2002, S. 62ff).

Wie sehr der Markt zum Diagramm der postfordistischen Gesellschaft wurde, zeigt sich auch daran, dass die Durchsetzung des Informationszeitalters eine Welle von (Klein)Unternehmensgründungen bedeutete, die Zulieferer und DienstleisterInnen für die Konzerne sind. Dieser Typus immaterieller ArbeiterInnen lebt aber ständig im Widerspruch zwischen Verwertungszwang und der Entwicklung von eigener Kreativität. Die technologische Entwicklung wird durch die Kapitalisierung nicht beschleunigt, sondern gebremst und behindert.

Mit der relativ qualifizierten Arbeit bei der Entwicklung der Computer und der Kommunikationstechnologie geht die Zunahme von unqualifizierten Jobs einher, hauptsächlich mit Dateneingabe befasst. Die Dienstleistungsgesellschaft ist eine Gesellschaft der SekretärInnen und BüroarbeiterInnen. Schon während des Fordismus verschoben sich die nicht-migrantischen Arbeiten aus der Fabrikhalle in die Büros. Die großen Fabriken erforderten einen größeren bürokratischen Aufwand, was die Zahl der Bürobediensteten stark ansteigen ließ. Zugleich wurden die Angestelltenjobs immer weniger «etwas besseres» als die der ArbeiterInnen, immer mehr unsicher und weiblich, immer entqualifizierter und immer schlechter bezahlt. Mit der Zunahme der Bedeutung von Kooperation, Koordination und Kommunikation näherte sich der größte Teil dieser SekretärInnenjobs den anderen unqualifizierten Jobs der Dienstleistungsgesellschaft an.

Durch die Verschiebung der Reproduktion in die Gesellschaft ist so etwas wie eine neue DienstbotInnenklasse entstanden. André Gorz schreibt (nach Betz / Riegler 2003, S. 98), dass in den USA bereits 55% der Erwerbsbevölkerung VerkäuferInnen, KellnerInnen, Hausgehilfen, Putzfrauen usw. sind, davon wiederum die Hälfte prekär angestellte NiedriglohnempfängerInnen. Diese Jobs sind das eigentliche «Arbeitsplatzwunder» der 1990er in den USA. Inzwischen setzt sich «dieses Wunder» auch in Europa durch. Wie durch Computer (und Handy) die Produktionsmittel an die individuelle Intellektualität geknüpft wird (Maschinen mit Hirnen, oder umgekehrt?) - nicht mehr zur Verfügung gestellt durch eine organisierende UnternehmerIn -, so ist bei den Dienstleistungen das Produktionsmittel der Körper selbst, das Gefühl, der Affekt (z.B. das Lächeln der Verkäuferinnen und Kellnerinnen). ArbeitskraftunternehmerInnen sind beide, abhängig von der Verwertung, unabhängig vom Kapital.

Auch wenn diese «neuen» Arbeitsverhältnisse überwiegend unqualifiziert sind, ist für die kapitalistische Entwicklung eine immer flexiblere und bessere Ausbildung notwendig. Internationale Konzerne profitieren nun von Regionen, denen in der fordistischen Phase Ausbildung wichtig war (die osteuropäischen Staaten, die Tigerstaaten Ostasiens, Indien, China). Überall auf der Welt steigt aber der Druck auf Bildungsinstitutionen, sich schneller dem Markt zu unterwerfen, sich zu «verschlanken». Charakteristisch dafür ist in Österreich die Zunahme der Fachhochschulen, die eine schnelle und verschulte Ausbildung anbieten. Die Bildung soll möglichst schnell verwertbar sein und möglichst wenig kosten (oder selbst finanziert werden), zugleich aber umfangreich, vielfältig und kreativ. Diese Widersprüchlichkeit löste den Widerstand der Studierenden aus. Wegen der Einsparungen sahen und sehen die Studierenden ihre eigene Verwertbarkeit in Gefahr (etwa in der Streikbewegung 1996 in Österreich, vgl. unten).

Wie bei Wissen und Bildung geht es in vielen Kämpfen um die Enteignung oder die Wiederaneignung immaterieller Werte. Weber / Karlhuber (2002) nennen drei Bereiche, die Allgemeingut (*Commons*) sind, aber vom Kapitalismus erobert werden: die Informationstechnologie, die strengen *Copyright*-Gesetzen unterworfen werden soll, die Biotechnologie, die Wissen von Gemeinschaften im Trikont, die der Allgemeinheit zur Verfügung stehen, patentieren lassen will, um die alleinigen Verwertungsrechte zu haben und kulturelle Zeichen (von Logos bis zu Musikstücken), deren Verwendung ebenfalls durch Copyright eingeschränkt wird. Die Verengung auf die Verwertung wird in diesen Bereichen immer wieder zu Widersprüchen führen. Die immateriellen Produkte Kommunikation, Information, Wissen, Dienstleistungen erfordern eine andere Organisation der Arbeit, die nicht mehr abhängig ist von der hierarchischen Struktur einer Fabrik. Netzwerkartige Organisation, Kooperation, Kommunikation und soziale Fähigkeiten stehen im Zentrum, eine koordinierende Hierarchie zur Verknüpfung von Verkauf, Verteilung und Produktion ist nicht mehr notwendig. So behaupten Hardt / Negri (2000, S 294), dass diese immaterielle Arbeit das «Potential für eine Art spontanen und elementaren Kommunismus» zur Verfügung stellt. Die

Potentialität der immateriellen Produktion und die Möglichkeiten von Kommunikation und Information können so als Vorschein einer nicht-kapitalistischen Gesellschaft gesehen werden.

Der Kapitalismus ist dabei, ein anderer zu werden. Die sozialen Bewegungen haben die im Fordismus begonnenen Umwälzungen vorangetrieben. Die Machtausübung geht über die Nationalstaaten hinaus, was mit dem Begriff Empire von Hardt / Negri 2000 erfasst wird. Die Strukturen der Macht laufen jetzt hauptsächlich auf überstaatlichen und substaatlichen Ebenen, die Bedeutung von Staaten und «Völkern» zur Integration der Bedürfnisse einer Multitude hat sich verringert. Die Disziplinargesellschaft hat sich in Richtung Kontrollgesellschaft entwickelt, die panoptischen Institutionen sind nur noch Knotenpunkte in einem glatten Raum, einem Netzwerk der Machtausübung. Auch die Familie ist nur mehr ein Knotenpunkt, die patriarchale Geschlechterordnung hat sich verändert, ist nicht mehr mit klaren Abgrenzungen zwischen Produktion und Reproduktion verbunden, zwischen privat und öffentlich, zwischen Mann und Frau. Die emanzipatorischen Impulse wurden aufgenommen, die Funktion des Konzepts «Mann» wurde entleert. Die Trennung zwischen Arbeit und Leben ist fließender und der hegemoniale Typus der Produktion ist jetzt immateriell. Kämpfe um Emanzipation werden in den Kapitalismus aufgenommen, angepasst, ins Negative gewendet. Das Empire wird dabei immer mehr zum leeren Kommando, eine leere Schale vor der Implosion (vgl. Hardt / Negri 2000, S. 359).

BRUCHLINIEN[1]

Unterdrückung und Ausbeutung wurden im Kapitalismus perfektioniert, aber auch die Probleme und Widersprüche innerhalb des Systems verschärften sich («Korruption» als Krise in Permanenz, vgl. Hardt / Negri 2000, S. 389ff). So brachte der Zerfall der Sowjetunion keinen kapitalistischen Frieden, sondern vielfältige Brüche, die sich nicht mehr in ein Gut-Böse-Schema einordnen lassen. Aber die Risse und Spalten sind auch Symptome der Krise, die zeigen, dass es notwendig ist, emanzipatorische Bewegungen fortzusetzen.

Weltordnungskriege

Die 1990er verbuchten eine Reihe militärischer Auseinandersetzungen. Die USA intervenierten 1994 in Haiti, um den demokratisch gewählten linken Populisten Bertrand Aristide, der durch einen Militärputsch vertrieben worden war, wieder an die Macht zu bringen. 1998 intervenierte der Westen unter der Führung Australiens in Ost-Timor, um indonesische Banden zu vertreiben. Dieses Fleckchen Land war 1975 von Indonesien erobert worden, dabei wurde ein Drittel der Bevölkerung massakriert. 1994 zogen die USA mediengerecht in Somalia ein, um 1995 wieder abzuziehen, nachdem einige Marines vor Fernsehkameras gelyncht wurden. Vorher hatten sie Stadtviertel bombardiert, was tausende einheimische Opfer forderte. Das unabhängig gewordene Eritrea führte Krieg gegen Äthiopien, in Angola wurde der Bürgerkrieg fortgesetzt, der jetzt nicht mehr ins Schema des «Kalten Krieges» passte. In Westafrika versanken Liberia und danach Sierra Leone im Chaos. Diese Aufzählungen werfen ein Schlaglicht auf die aktuellen, nicht so klar einordenbaren Konflikte, die Teil dieser einen Welt sind. Im Folgenden sollen die kriegerischen Entwicklungen in drei Regionen nachvollzogen werden, zwei davon, weil sie im Medienfokus standen und dadurch auf die hiesige Situation zurückwirkten: Irak und Jugoslawien, und die «afrikanischen Weltkriege» um die Demokratische Republik Kongo (bis 1997 Zaire), weil diese die kapitalistischen Interventionen am besten illustrieren.

Schon zur Blütezeit der Nationalstaaten im Fordismus zeichnete sich die Tendenz der Vereinheitlichung der Welt ab. Die Konkurrenz unter den imperialistischen Nationen wurde im «Kalten Krieg» zurückgesteckt zugunsten der Gegnerschaft zwischen dem «Westen» und einem vermeintlichen Gegenempire, der Atommacht Sowjetunion und ihrem Einflussbereich. Die Versuche der nachholenden Entwicklung durch die Eliten der antikolonialen Bewegungen hatte begrenzte Erfolge durch das Ausnützen der Antagonismen. Die militärische Niederlage der USA in Vietnam führte zu einer veränderten Strategie, es dominierte die Bewaffnung von Stellvertreterregimen und Kriege auf niedrigem Niveau (*low intensity warfare*). Mit dem Ende des realsozialistischen Gegenpols vermischten sich Kriege immer mehr mit Polizeiaktionen. Der erste Krieg der neuen Weltordnung, mit Duldung der noch bestehenden SU, war 1991 der Feldzug gegen einen bisherigen Liebling des Westens, gegen den Irak Saddam Husseins.

Während des ersten Golfkrieges 1980-1988 zwischen dem Iran und dem Irak wurden die beiden Kontrahenten sowohl vom Westen wie von der Sowjetunion unterstützt. Die Finanzierung erfolgte durch Ölverkauf beider Nationen, der Irak erhielt zusätzlich massive finanzielle Unterstützung durch arabische Ölmonarchien, am meisten von Kuweit und Saudi-Arabien. Wenn der islamische Iran Menschenmassen einsetzte, antwortete Saddam mit Giftgas, was damals im Westen weder die herrschenden Medien noch die Linke interessierte. Nach dem Friedensschluss im Sommer 1988 wurde ein Aufstand von KurdInnen ebenfalls mit Giftgas beantwortet. Der achtjährige Krieg ließ den Irak hochverschuldet zurück. Das war mit ein Grund, dass die Forderungen gegenüber Kuweit und Saudi-Arabien immer aggressiver wurden. Die kuweitischen Herrscher reagierten nicht auf Drohungen, sie rechneten mit der Unterstützung der USA. Die rechtlosen ArbeiterInnen dort, weit mehr als die Hälfte der Bevölkerung, viele aus dem arabischen Raum, begannen sich gegen ihre Rechtlosigkeit und für bessere Löhne zu wehren. Ein Krieg konnte dabei disziplinierend wirken.

Der Irak besetzte am 2. August 1990 Kuweit. Im November 1990 stimmte der UNO-Sicherheitsrat der Resolution 678 zu, die vorsah, dass Gewalt angewendet werden dürfe, wenn sich der Irak bis 15. Jänner 1991 nicht zurückziehe. Am 17. Jänner begann das Bomdardement. Alle möglichen neuen Waffen wurden getestet. Die Ziele waren militärische Einrichtungen, zu einem überwiegenden Teil aber die zivile Infrastruktur. Gleichzeitig lief im Westen eine zensurierte Medienkampagne, die vor allem über die Präzision der verwendeten High-Tech-Waffen berichtete. Die irakischen Wehrpflichtigen leisteten der alliierten Bodenoffensive Ende Februar 1991 praktisch keinen Widerstand. Sie wurden auf der «Autobahn des Todes», von Kuweit nach Basra, zu zehntausenden hingemetzelt. Am 2. März verkündeten die Alliierten unter Führung der USA einen Waffenstillstand.

Zur gleichen Zeit begann, ausgelöst von zurückkehrenden Soldaten ein Aufstand der schiitischen Bevölkerung im Süden des Irak, wenig später auch der kurdischen Bevölkerung im Norden. Die USA ließen die Republikanischen Garden, die Elite-Truppe Saddams, ungeschoren abziehen und erlaubten den Einsatz von Kampfhubschraubern. Der Westen wollte eher einen geschwächten und dadurch kontrollierbaren Saddam als den Sieg einer aufständischen Bevölkerung. Hunderttausende flüchteten in den Iran oder in die Sümpfe zwischen Euphrat und Tigris und wurden dort von Saddams Schergen gejagt. Die Fluchtwelle von KurdInnen in die Türkei, nach der Niederschlagung des Aufstandes, schlug mediale Wellen bis nach Europa. Unruhen und Aufstände der KurdInnen im Osten Anatoliens bedrohten gerade die Stabilität des NATO-Brückenpfeilers Türkei. Aus diesem Grund wurden «Flugverbotszonen» eingerichtet, um den Einsatz von Hubschraubern zu verhindern und den kurdischen Flüchtlingen eine Rückkehr zu ermöglichen. Der Nordirak war seit damals eine der beliebtesten Regionen für Interventionen von Hilfsorganisationen und NGO (*non governmental organisation*). Kurdische Warlords konnten autonome Regionen einrichten, sich gegenseitig bekämpfen, sich auch immer wieder mit den umliegenden Staaten verbünden (Iran, Irak, Türkei).

Nach dem Wiedereinzug des kuweitischen Herrscherhauses wurde sofort mit der Vertreibung der rechtlosen arabischen Bevölkerung begonnen. Auch Saudi-Arabien benutzte den Krieg zu einem Bevölkerungsaustausch. Millionen JemenitInnen, PalästinenserInnen, ÄgypterInnen und SyrerInnen wurden durch MigrantInnen aus dem asiatischen Raum ersetzt. Für diese mussten geringere Löhne gezahlt werden, darüber hinaus waren sie noch unorganisiert (zur «Klassenzusammensetzung» der migrantischen ArbeiterInnen in Zusammenhang mit dem zweiten Golfkrieg, vgl. Gambino 1993).

Der Irak unterlag UNO-Sanktionen, die jede technologische und industrielle Entwicklung erschwerten. So unbekümmert wie in den 1980ern «zivile» Produkte geliefert wurden, die eigentlich militärischer Natur waren, so schnell wurden jetzt alle möglichen Produkte zu dual use und dadurch der Import unmöglich gemacht. In der Region herrschte weder Krieg noch Frieden. Typisch für unsichere Regionen in einer Welt, in der es kein Außen, kein feindliches Anderes mehr gibt.

Die westlichen Staaten verzeichneten sehr starke Friedensbewegungen. Ein Katastrophenszenario wurde beschworen, verbunden mit einer projizierten eigenen Betroffenheit. Die Katastrophe blieb regional beschränkt auf die Niederschlagung von Aufständen und Flüchtlingsströme in die Nachbarländer. Die wirtschaftlichen Probleme durch den kurzfristigen Anstieg des Ölpreises hielten sich in Grenzen. Erinnerungen an die Verluste im Vietnamkrieg wurden be-

(Foto: TATblatt Archiv)

schworen, Medien lobten die Friedensbewegung, weil sie (im Gegensatz zum Vietnamkrieg) die SoldatInnen nicht als MörderInnen bezeichnete. Die offiziellen 148 Opfer unter den SoldatInnen der US-Alliierten und die kurze Dauer des Krieges zerstörten jede Wirksamkeit dieses Diskurses. Der wichtigste Punkt für den schnellen Zusammenbruch der westlichen Friedensbewegung war aber, dass noch immer in Kategorien gedacht wurde wie zur Zeit des Kalten Krieges: auch wenn es damals Kritik an den (nationalen) Befreiungsbewegungen gab, ein Lackmustest war dann doch immer wieder die positive (oder negative) Beziehung zur SU (bis zum Ende der 1970er auch noch Chinas). Schon damals wurden Fehler gemacht, indem Maßnahmen linker Regime beschönigt wurden. Nachdem aber Saddam Hussein mit der Vernichtung Israels drohte und einige Raketen auf den jüdischen Staat abfeuerte, konnte dieser Krieg nicht mehr in ein Freund-Feind-Schema gepresst werden. Der Bewegung wurden alle argumentativen Waffen aus der Hand geschlagen.

Auch in Österreich flammte eine spontane Friedensbewegung auf, mit Demonstrationen in vielen Städten, getragen hauptsächlich von SchülerInnen. Da Österreich die Durchfuhr von «Bergepanzern» – «friedliche Werkzeuge», mit denen irakische Soldaten zu hunderten lebendig begraben wurden - genehmigte, wurde in der Sillschlucht in der Nähe von Innsbruck ein Camp errichtet, von wo aus versucht wurde, die Bahnstrecke zu blockieren (TATblatt minus 54). Außerdem wurde ein Bombenanschlag auf dieselbe Transportstrecke verübt[2]. Wie überall war diese Bewegung mit dem schnellen Ende des Krieges auch wieder verschwunden so wie sie überraschend stark aufgetaucht war.

Der Golfkrieg zeigte Entwicklungen auf, wie sie für das Empire charakteristisch sind. Eine davon ist das Ende eines antiimperialistischen Massenwiderstandes. Nach Gambino (1993, S. 165) fand im zweiten Golfkrieg auf irakischer Seite der größte Streik wehrpflichtiger Soldaten seit dem Ende des Ersten Weltkrieges statt. Schon während der Bombardements desertierten Zehntausende, viele andere verweigerten den Kampf. Der Widerstand gegen die Bodenoffensive war eine einzige Flucht und Desertion. Die Revoltierenden wurden dabei von beiden Seiten niedergemetzelt. Noch in den 1980ern konnte die rechtsradikale argentinische Militärjunta die argentinische Bevölkerung (mit Sympathien in ganz Lateinamerika) mit antiimperialistischen Parolen in den Krieg um die Malvinas / Falklandinseln führen. Erst die Niederlage gegen Großbritannien bedeutete dann das Ende dieser Diktatur.

Auch die Funktion der SoldatInnen veränderte sich. Schon mit dem Ende des Vietnamkrieges wurde in den USA die allgemeine Wehrpflicht abgeschafft. Das Berufsheer ist nicht mehr spezifisch zur nationalen Verteidigung gedacht (trotz aller patriotischen Rhetorik), sondern als polizeiartige Dienstleistung in Konflikten auf der ganzen Welt. Die überlegene Technologie gewährleistet diese Funktion, beinahe jede Baustelle im zivilen Leben ist gefährlicher als das Sitzen vor Bildschirm und Konsole, über die Vernichtung und Zerstörung durch die neuesten Waffensysteme gelenkt werden. Das Soldatsein wird wieder zum «Job», Arbeitsbedingungen und Bezahlung werden wichtiger als Ideologie. Die Zusammenarbeit zwischen humanitären und sozialen NGO mit den Medien und dem Militär zur Unterstützung der kurdischen Flüchtlinge ist ein weiteres Strukturelement der Herrschaftsausübung im Empire. Noch deutlicher zeigt sich das in den Konflikten in Jugoslawien

Wie die meisten Staaten in Lateinamerika und in Osteuropa geriet auch Jugoslawien seit Beginn der 1980er in eine Schuldenkrise. Der IWF forderte Maßnahmen zur Einschränkung des Defizits, diese Maßnahmen scheiterten an Streiks und Protesten, auch weil Betriebsleitungen durch den Selbstverwaltungssozialismus (Mitbestimmung innerhalb einer Marktwirtschaft) von den ArbeiterInnen abhängig waren. Viele Kämpfe wurden gegen unbeliebte LeiterInnen durchgeführt, die Bleibenden mussten auf die Bedürfnisse der ArbeiterInnen eingehen. Bis Ende 1988 hatten Streiks, Demonstrationen und Proteste durchwegs soziale Forderungen und wurden von ArbeiterInnen ohne nationale Unterschiede getragen. Im März 1989 übernahm Ante Markovic die Regierung und versuchte einen «Ausbruchsversuch in die Marktwirtschaft» (vgl. Lohoff 1996, 121ff). Er setzte ein marktwirtschaftliches Schockprogramm («Sozialismus neuen Typs») durch, die Preise wurden freigegeben, ein vom IWF abgesegnetes

Programm zur Sanierung des Bankwesens wurde durchgeführt. Betriebsleiter-
Innen arbeiteten mit den regionalen Bürokratien zusammen, die wiederum mit
Hilfe der Banken die Reproduktion der Bevölkerung gewährleisteten. Durch die
Kontrolle der Banken sollte die Finanzierung unrentabler Betriebe verhindert
werden. Das Ergebnis dieser «Reinigungskrise» war ein Schulterschluss zwischen
regionalen Bürokratien und der Bevölkerung gegen die neoliberalen gesamt-
staatlichen Maßnahmen. Immer stärker wurde dabei national argumentiert. Die
Sanierungspolitik betraf die Regionen unterschiedlich, Slowenien war stärker in-
dustrialisiert, Kroatien profitierte vom Tourismus. Beide waren ökonomisch schon
mit Europa verbunden. Markovic´ Maßnahmen trafen hauptsächlich die schon
immer benachteiligten südlichen Regionen (Serbien, Bosnien, Kosovo / Kosova
(*Kosovo* auf serbisch, *Kosova* auf albanisch), Mazedonien, aber auch Slawonien,
den Osten Kroatiens). Die Freigabe der Preise heizte noch einmal die Inflation
an, schließlich wurde der Dinar an die D-Mark gebunden. Um die Menschen bezahlen zu können, unterlief der serbische Regierungschef Slobodan Milosevic
diese Maßnahmen und ließ Geld drucken. In Serbien wurden soziale
Forderungen mit Nationalismus verknüpft. Auch die slowenische Bürokratie
reagierte nationalistisch und wurde von der kroatischen unterstützt. Die besser
entwickelten Regionen sollten nicht mehr für die Armen im Süden zahlen. Die
SerbInnen rebellierten in der «antibürokratischen Revolution» unter nationalistischen Vorzeichen gegen den Zentralstaat[3]. So wurde die soziale Revolte gegen
das IMF-Regime in ein Zusammengehen von Eliten und Bevölkerung unter nationalistischen Vorzeichen umgewandelt. Ende 1989 spitzten sich die
Auseinandersetzungen zwischen den Teilrepubliken zu, es eskalierte ein regel-
rechter Wirtschaftskrieg zwischen Serbien und Slowenien (Gelder wurden zu-
rückgehalten und Waren nicht geliefert).

Nachdem die staatlichen Institutionen zerfallen waren, Ante Markovic regier-
te praktisch ohne Staat, zerfiel im Jänner 1990 auch der Bund der Kommunisten
Jugoslawiens. Die Armee bestand als einzige «jugoslawische» Institution weiter.
Im April 1990 wurden bei den ersten freien Wahlen in Slowenien und Kroatien
rechte Regierungen gewählt. Besonders in Kroatien blühte der Nationalismus.
Für die 12% serbische Bevölkerung, die unter dem faschistischen Ustascha-
Regime im Zweiten Weltkrieg besonders gelitten hatte, waren die Reminis-
zenzen, vom Schachbrettmuster auf der Nationalflagge bis zur Verherrlichung
des faschistischen Führers Ante Pavelic, eine Provokation. Im Sommer 1990 wurden in der «Revolution der Baumstämme» in den serbisch besiedelten Gebieten
Kroatiens Straßen blockiert. Die westlichen Regierungen unterstützten zu diesem Zeitpunkt die Zentralregierung, während Slowenien und Kroatien der

Unabhängigkeit zustrebten. Am 26. Juni 1991 erklärten Slowenien und Kroatien ihre Unabhängigkeit, zugleich besetzte die slowenische Territorialverteidigung die Grenzstationen und tauschte die Grenzschilder aus. Die Bundesarmee wurde hingeschickt, um die Grenzschilder zu entfernen, die Soldaten wurden beschossen, Kasernen in ganz Slowenien blockiert[4]. Nach zehn Tagen wurde der Abzug der Bundesarmee ausgehandelt und eine dreimonatige Auszeit für die Unabhängigkeit vereinbart. Diese kurze Auseinandersetzung bedeutete das Ende der Bundesarmee als jugoslawische Institution, ein großer Teil der SoldatInnen der nördlichen Republiken setzte sich ab, aber auch viele serbische, bosnische und mazedonische Wehrpflichtige desertierten. Ungefähr die Hälfte der serbischen ReservistInnen verweigerte die Einberufung, in Belgrad waren es sogar 85% (Kanzleiter 2003, S. 114).

Die kurze Auseinandersetzung um Slowenien brachte den Hauch des Krieges an die Grenze Österreichs. Zwar wurden nur jugoslawische SoldatInnen an den Grenzstationen entwaffnet und einige Kampfflugzeuge verletzten österreichisches Staatsgebiet, aber das genügte. Eine massive Werbekampagne für das Bundesheer setzte ein, erst recht, weil sich in den österreichischen Medien, in der Politik und in der Bevölkerung ein Antikommunismus mit SerbInnenfeindlichkeit verband. Es herrschte ein Gefühl, als wäre Österreich im Krieg. Die verdrängten Ressentiments aus dem Ersten Weltkrieg und dem Kampf gegen die PartisanInnen im Zweiten Weltkrieg wurden im Feindbild «kommunistische SerbInnen» wieder aktiviert. Das sollte sich mit den Kriegen in Kroatien und Bosnien noch steigern.

In Kroatien begannen die Auseinandersetzungen bereits vor der Unabhängigkeitserklärung. Kroatische PolizistInnen versuchten in den serbisch besiedelten Regionen Polizeistationen zu übernehmen, wobei es immer wieder zu Schießereien kam. Die jugoslawische Armee stellte sich dazwischen, und als sich die Kämpfe zuspitzten, immer häufiger auf die Seite der SerbInnen. Auf beiden Seiten kämpften immer häufiger Privatmilizen, deren Hauptziel Bereicherung durch Raub war. Als Ende Juli 1991 kroatische Bewaffnete begannen, die Kasernen zu blockieren, stieß die jugoslawische, jetzt fast nur noch serbische Armee, über die Donau nach Kroatien vor. Während der Kämpfe wurden aus den mehrheitlich von SerbInnen bewohnten Gebieten die KroatInnen vertrieben, in ganz Kroatien (am wenigsten in den größeren Städten Zagreb, Rijeka und Pula) die Häuser von SerbInnen geplündert oder angezündet. Während die kroatisch-faschistischen Milizen des Dobroslav Paraga in Vukovar wüteten, wurde die Stadt von der Armee belagert und im November 1991 erobert. Serbische Milizen und Armee massakrierten PatientInnen und Bedienstete des dortigen Krankenhauses. Nach Verhandlungen zog sich Anfang Jänner 1992 die Armee aus ihren belagerten

Positionen in den Städten Kroatiens zurück, die serbisch besiedelten Regionen, die Krajina und Ost-Slawonien blieben unter Kontrolle serbischer Milizen. Um diese Zeit entstand der Mythos, dass sich die Armee zurückgezogen hätte, weil die Europäische Gemeinschaft auf Druck von Deutschland und Österreich Slowenien und Kroatien als unabhängige Staaten anerkannt hatte. Es war der Zerfall der serbisierten Armee, der den Frieden erzwang, viele junge wehrpflichtige Männer versuchten sich ins Ausland abzusetzen, andere versteckten sich. Neben paramilitärischen Milizen und Banden war es beinahe nur noch die Bevölkerung aus den Regionen, die den bewaffneten Widerstand gegen die im Aufbau befindliche kroatische Armee leisteten.

Durch den Druck des Westens wurde auch in Bosnien-Herzegowina eine ethnisierende Politik durchgesetzt. Bei den Wahlen im Frühjahr 1990 verteilten sich die WählerInnenstimmen entlang nationaler Grenzen. Jede «Volksgruppe» errang ungefähr die Stimmenanzahl, die die Volkszählung 1991 ergab (43,7% MuslimInnen, 31,4% SerbInnen, 17,3% KroatInnen). Für Menschen, die sich nicht national einordnen wollten, und das waren in Bosnien nicht wenige, war in den nationalen Konstruktionen kein Platz. Der Westen forderte ein Referendum über die Eigenstaatlichkeit, das am 1. März 1992 durchgeführt und von den serbischen Organisationen und Parteien boykottiert wurde. Für die SerbInnen in Sarajewo begann der Bürgerkrieg schon am 1. März 1992, als ein orthodoxes Hochzeitsfest von Heckenschützen beschossen wurde, um die orthodoxe Kultur aus einem muslimischen Viertel zu vertreiben. Aus diesem Grund begannen serbische NationalistInnen Barrikaden um ihre Stadtviertel zu errichten, die MuslimInnen folgten ihrem Beispiel. Zehntausende jugoslawisch fühlende EinwohnerInnen Sarajewos versuchten den Krieg noch zu verhindern, demonstrierten für ein geeintes Bosnien und bauten die Barrikaden wieder ab. Am 6. April 1992, dem 51. Jahrestag des Angriffs Hitlerdeutschlands, wurde Bosnien-Herzegowina von der Europäischen Gemeinschaft anerkannt und am gleichen Tag eine seit mehreren Wochen abgehaltene Friedensdemonstration von unbekannten Heckenschützen beschossen. Die westlichen Medien machten sofort die SerbInnen dafür verantwortlich. Das war der Startschuss für die folgenden Plünderungsfeldzüge der verschiedenen paramilitärischen Gruppen. In Sarajewo wurden Geschäfte und Wohnungen geplündert, meist war nicht klar, welche «nationale» Bande dafür verantwortlich war (Lohoff 1996, S. 169). Die nur einige zehntausend KämpferInnen umfassenden und sich ethnisch gebenden Banden führten einen Großteil der Kämpfe und Massaker durch (Kanzleiter 2003, S. 99). So ist es nicht verwunderlich, dass die Fronten häufig nicht eindeutig zwischen den «Volksgruppen» verliefen. Durch die Zerstörung weiter Landstriche wurden immer neue Regionen in die Plünderungsökonomie einbezogen. So konnte in der Region Bihac der muslimische Bürokrat Fikret Abdic den Frieden bis August 1994 bewahren, weil er Handel und Schmuggel über den Krieg stellte. Als die bosnische Armee stark genug war, überfiel sie diese noch friedliche Enklave, plünderte sie und vertrieb einen Teil der Bevölkerung. Serbisch kontrollierte Regionen waren bereits so ausgeblutet, dass sich ihre Plünderung nicht lohnte. Im Westen gaben sich die Flüchtlinge als von SerbInnen Vertriebene aus, um Anerkennung zu erlangen. Für die internationalen Medien, die NGO, aber auch zur Legitimierung der folgenden internationalen militärischen Interventionen stand das von «den Serben» belagerte Sarajewo im Zentrum der Medienbeobachtung. Dort hielten sich die JournalistInnen in den Hotels auf und glaubten zu wissen, was sich abspielte[5]. Drei Massaker, angeblich durch Mörserbeschuss von serbischen Stellungen, möglicherweise von muslimischen Milizen mediengerecht für das westliche Fernsehen aufbereitet, bereiteten die westlichen Interventionen vor. Das «Brotschlangenmassaker» mit 16 Toten vom 27. Mai 1992 wurde als Argument für die Sanktionen gegen Jugoslawien benutzt. Die 68 Toten vom 5. Februar 1994 waren die Begründung für ein Ultimatum zum Rückzug der schweren Waffen aus der Umgebung von Sarajewo und damit für die ersten Luftschläge der NATO. Die 41 Toten vom 28. August 1995 begründeten den ersten «Out-of-Area»-Einsatz[6] von Bodentruppen der NATO, unterstützt durch Bombardements und dem Einsatz von *Cruise Missiles* (Hofbauer 1999, S. 103ff). Kriegsentscheidend waren diese Einsätze nicht. Wichtiger waren die Aufrüstung der kroatischen und der bosnischen Verbände und der internationale Druck, der eine Zusammenarbeit zwischen diesen erzwang. Das Frühjahr und der Sommer 1995 waren von der Eroberung der serbisch kontrollierten Gebiete in Kroatien und einer gemeinsamen Offensive gegen die serbischen Warlords gekennzeichnet. Dadurch wurde der größte Flüchtlingsstrom von bis zu 700.000 Menschen Richtung Serbien ausgelöst. In der westlichen Berichterstattung kam diese Fluchtbewegung nur untergeordnet vor. Im Gegensatz dazu lag die Beachtung auf den Massakern in den im Osten Bosnien-Herzegowinas liegenden UNO-Schutzzonen Zepa und Srebrenica durch eine bosnisch-serbische Armee[7]. Der Vertrag von Dayton, der den Kriegsparteien aufgezwungen wurde, brachte dann die internationale Verwaltung mit militärischer Unterstützung durch die IFOR (*Implementation Force*), später in SFOR (*Stabilization Force*) umbenannt.

Im öffentlichen Diskurs über Jugoslawien wird die Wiederkehr des Nationalismus beschworen. Besonders in Bosnien-Herzegowina wurde aber deutlich, dass es sich bei dieser militärischen Plünderungsordnung um einen Typus von Kapitalismus handelt, der dann auftaucht, wenn die Möglichkeiten der sozialen

Reproduktion zerstört werden. Die marktwirtschaftliche Schocktherapie erschwerte das Überleben, erleichtert wurde es nur durch Zuwendungen migrierter Verwandter. Ein Teil der männlichen Jugend nahm dann die Möglichkeit zur Bereicherung im Kapitalismus wörtlich, Waffen waren genug da und so entstand aus den zerfallenden gesellschaftlichen Strukturen das System der Warlords und Banden, die sich durch Plündern und Rauben reproduzierten, die Kehrseite zu den DienstleisterInnen, die als internationale Truppen «den Frieden wieder herstellten». Die Privatisierung der Kriege entsteht also sowohl aus den zerfallenden Gesellschaftsstrukturen wie auch von außen durch die Veränderung internationaler Eingreiftruppen – beide GewaltdienstleisterInnen, der militärische Teil der «Dienstleistungsgesellschaft».

Der Vertrag von Dayton beendete einen Teil der Plünderungsökonomie und brachte Bosnien-Herzegowina unter das Kontrollregime einer internationalen Verwaltung. Aus diesem Grund verschob sich auch die ökonomische Struktur. Hilfslieferungen begannen schon während dem Krieg. Mit dem internationalen Militär, aber auch mit der Vervielfältigung der NGO wurde Bosnien-Herzegowina wieder auf legalem Weg an die internationale ökonomische Ordnung angeschlossen (die während des Krieges entstandenen illegalen Verbindungen bestanden und bestehen weiter). Die «Internationalen» bringen Geld in die zerstörte Wirtschaft, indem diese verhältnismäßig reichen Menschen von internationalen Organisationen und NGO Dienstleistungen von DolmetscherInnen und ChauffeurInnen bis zum Drogenhandel und zur Prostitution in Anspruch nahmen und nehmen.

Mit den Jugoslawien-Kriegen wurde der emanzipatorische Diskurs der sozialen Bewegungen erstmals offensichtlich und massiv negativ gewendet, besonders als Unterstützung der Kriegspropaganda gegen «die Serben». Das «Selbstbestimmungsrecht der Völker», aus den antikolonialistischen Kämpfen übernommen, dann auf immer kleinere ethnische Gruppen vervielfältigt, wurde zu einem machtvollen Instrument zur Legitimierung kriegerischer (und anderer) Interventionen. Führend war dabei die «Gesellschaft für bedrohte Völker», die ihre Aufgabe in der Sichtbarmachung unterdrückter sozialer und kultureller Gruppen sieht, sich dann mit ihren Genozid-Vorwürfen ganz auf die Seite der Interventions- und KriegsbefürworterInnen stellte. Durch die so legitimierten Kriege wurden viele und vollständigere Vertreibungen in Bosnien-Herzegowina und Kroatien erst möglich. Im Diskurs über kriegerische Massenvergewaltigungen wurde der feministische Diskurs besonders in Österreich und Deutschland für antiserbische Kriegspropaganda benutzt. Waren hier «die Serben» die Vergewaltiger, so waren es in Jugoslawien «die Albaner». Durch das Sprechen von

«KZs», spätestens mit «Srebrenica» wurde auch der Antifaschismus in die Kriegspropaganda integriert. Oft wurde der Diskurs der (radikalen) Linken übernommen, die bis dahin immer schnell in der Bezeichnung einer Maßnahme als faschistisch war. Auch der Antimilitarismus wurde zumindest in Jugoslawien nationalistisch gewendet. Die massive Wehrdienstverweigerung war außerhalb von Serbien meist nationalistisch motiviert und führte in Kroatien zu einer umgehenden Bewaffnung auf der anderen Seite. Österreichischen (und deutschen) AntimilitaristInnen ist zugute zu halten, dass sie Asyl für Deserteure von allen Seiten forderten – in Österreich wurden kroatische Deserteure als Verräter bezeichnet, serbische Deserteure waren von Abschiebung gefährdet, weil sie Serben waren[8].

Der Vertrag von Dayton brachte keinen Frieden, sondern verlagerte die Probleme in den Kosovo / Kosova. Nach der Beendigung der Autonomie innerhalb von Serbien 1989 wurden viele AlbanerInnen aus den Bürokratien entfernt. Auseinandersetzungen mit Streiks und Demonstrationen, die rassistische Politik des Milosevic-Regimes und der Rassismus eines großen Teils der SerbInnen veranlasste die AlbanerInnen dazu, eine Parallelgesellschaft zu entwickeln: Schulen, Krankenhäuser, die ganze Verwaltung wurden albanisch organisiert. Die meiste Unterstützung erhielt die LDK (Demokratische Liga) unter der Führung von Ibrahim Rugova. 1993 begann die UCK (Befreiungsarmee des Kosova) als unbedeutende Gruppe den bewaffneten Kampf. Als 1997 der albanische Staat zusammenbrach, bekamen diese Bewaffneten erstmals schwere Waffen in die Hand. Durch eine Aktion der serbischen Exekutive wurde im selben Jahr ein großer Teil der ersten Generation von Kämpfern vernichtet, etwa 20 Männer aus einer Familie. Diese Opfer brachten der UCK massiven Zulauf. Im März 1998 konnten erstmals größere «befreite Gebiete» geschaffen werden. Zehntausende flüchteten vor einer Gegenoffensive durch serbische Polizei und Militär. Die UCK agierte wie eine typische nationale Befreiungsguerilla, SerbInnen wurden getötet, weil sie FeindInnen waren, AlbanerInnen (ein Drittel der Opfer), weil sie «VerräterInnen» oder «KollaborateurInnen» waren. Auch die Gegenmaßnahmen von Polizei und Armee, immer öfter verstärkt durch paramilitärische Verbände wurden immer brutaler und richteten sich immer wahlloser gegen die gesamte albanische Bevölkerung. Die mythische Verklärung des Kosovo / Kosova als Wiege des «Serbentums» und der bestehende antialbanische Rassismus taten ihr übriges. Guerillaterror und Staatsterror schaukelten sich auf. Im Oktober wurde durch die OSZE (Organisation für Sicherheit und Zusammenarbeit in Europa) eine BeobachterInnenmission eingerichtet, die jugoslawische Seite erklärte sich bereit, Militär und Sonderpolizei zurückzuziehen. Die UCK rückte daraufhin sofort in die geräumten Stellungen nach, zahlreiche Übergriffe auf SerbInnen provozierten serbische Gegenmaßnahmen, was wieder Proteste des Westens hervorrief. Mit der OSZE-Mission war die *activation order* der NATO verbunden, zum Schutz der BeobachterInnen der OSZE. Nach einem Gefecht zwischen Armee und UCK in Racak am 16. Jänner 1999 wurden 45 Leichen präsentiert und sofort als antialbanisches Massaker bezeichnet. Bis heute ist unklar, ob es sich dabei nicht um die zusammengetragenen Getöteten des Gefechts handelte. Unabhängige Untersuchungen wurden immer wieder behindert. Am 6. Februar 1999 begann eine «Friedenskonferenz» nach dem Vorbild von Dayton in Rambouillet, einem Vorort von Paris. In den westlichen Medien wird meistens unterschlagen, dass die serbische Delegation mit einer multinationalen Verhandlungsdelegation anreiste (neben SerbInnen, ein Kroate, zwei Roma, mehrere regimetreue AlbanerInnen). Die UCK weigerte sich, ein Abkommen zu unterzeichnen, das nicht die völlige Unabhängigkeit vorsah und brachte die Konferenz damit vorläufig zum Scheitern. Bei einem weiteren Treffen in Paris konnten die AlbanerInnen zu einer Unterzeichnung überredet werden, auch weil der Annex B der serbischen Delegation noch nicht zur Verfügung stand. Dieser enthielt den Passus, dass sich NATO-Truppen auf dem Gebiet ganz Jugoslawiens frei bewegen könnten. Das war für die serbische Delegation inakzeptabel. Damit begann am 24. März 1999 der Bombenkrieg gegen Jugoslawien.

Die jugoslawische Armee war in der Tradition des PartisanInnenkrieges organisiert, ein Großteil der Waffen lagerte unterirdisch und es existierten keine größeren angreifbaren Truppenverbände. Die NATO-Luftschläge trafen so kaum militärische Ziele, schon nach wenigen Tagen war wie im Irak die industrielle Infrastruktur Ziel der Angriffe. Mit dem Abzug der OSZE nach dem 20. März begann eine Flüchtlingswelle, besonders nach Mazedonien. Die Menschen flüchteten vor dem Bombenkrieg, vor der Rache serbischer Paramilitärs, vor Anti-Guerilla-Maßnahmen der Armee, aber auch, weil die bewaffneten Verbände der UCK Druck ausübten. In der westlichen, besonders in der deutschen und österreichischen Propaganda wurden Massenmorde, KZs und Hufeisenpläne zur Propagierung des völkerrechtswidrigen und nicht von der UNO abgesegneten Bombenkriegs erfunden[9]. Praktisch alle Industriebetriebe in Jugoslawien wurden zerstört, dazu die meisten Brücken des Landes. Spektakuläre Fehltreffer («Kollateralschäden») waren ein Flüchtlingskonvoi mit AlbanerInnen, die von der mazedonischen Grenze zurückkehren wollten (möglicherweise eine Zielangabe von UCK-KämpferInnen) und die chinesische Botschaft in Belgrad, zwei Tage, nachdem sich ein Friedensschluss abzeichnete, der aber auch von der Vetomacht China im UNO-Sicherheitsrat abgesegnet werden sollte. Der

Bombenkrieg dauerte bis zum 11. Juni 1999, dann gab Milosevic nach: die jugoslawische Armee zog aus dem Kosovo / Kosova ab, dieser wurde ein NATO-Protektorat mit formaler völkerrechtlicher Zugehörigkeit zu Serbien, aber praktisch unter internationaler Verwaltung. Die UCK wurde in eine Polizeitruppe umgewandelt. Innerhalb weniger Wochen kehrten die albanischen Flüchtlinge zurück. Der Terror gegen alle Nicht-AlbanerInnen verursachte eine Flüchtlingswelle von SerbInnen und anderer Volksgruppen (besonders Roma) nach Serbien. Noch heute ist es so, dass sich serbisch sprechende Menschen nicht frei bewegen können, nur in einigen Enklaven können sie unter strenger militärischer Bewachung überleben. Aber selbst dort sind sie nicht vor Morden und Angriffen sicher, wie die antiserbischen Pogrome im März 2004 zeigten.

In Österreich leben und arbeiten etwa 300.000 SerbInnen und MontenegrinerInnen, davon 120.000 in Wien, ein Viertel hat schon die österreichische StaatsbürgerInnenschaft. Sie sind die größte Gruppe sogenannter «GastarbeiterInnen». Zwischen dem 25. März 1999 und dem 11. Juni demonstrierten täglich am späten Nachmittag 1000 bis 3000 Menschen am Stephansplatz, an den Wochenenden waren es oft zehntausende (vgl. Hofbauer 1999, S. 172ff). Praktisch die ganze *Community* war mobilisiert. Es war die Besorgnis über das Schicksal der eigenen Verwandten, dominierend war aber der Nationalismus. Nur wenige jugoslawische Fahnen fanden sich unter den serbischen[10]. Auch wenn die längerfristige Auswirkung dieser Demonstrationen für die Beteiligten gering war, waren sie charakteristisch für das selbstbewusstere Auftreten von MigrantInnen. Die täglichen Kundgebungen und die teilweise nicht angemeldeten Demonstrationen waren auch Vorbild für den Widerstand gegen die schwarz-blaue Regierung im Jahr 2000 (Bratic 2002, S. 133).

Welche Erklärungen gibt es zu den Kriegen in Jugoslawien? Da sind einmal geostrategische Argumente, wie sie typisch sind für Hofbauer (1999), es lassen sich immer irgendwelche Pipelinepläne finden. Hofbauer meint, es wäre um einen Machtkampf zwischen dem deutschen und dem amerikanischen Imperialismus auf dem Balkan gegangen. Wenn es aber «imperialistische» Pläne gegeben hat, dann waren das eher Projekte der Raiffeisenbank oder der Handyunternehmen für neue Märkte, auf kurzfristigen Profit aus. Die kriegerische Entwicklung entstand aus der Umstrukturierung des Kapitalismus inklusive der Maßnahmen des IMF. Es gab keinen Masterplan (oder konkurrierende Masterpläne), von welcher Seite auch immer. Nur ein Argument von Hofbauer ist richtig, die Desintegration Jugoslawiens ist ein Produkt der europäischen Einigung. Die separatistischen Tendenzen der nördlichen Republiken entstanden (mit) aus dem Grund, weil eine Integration in die EU ohne die wirtschaftlich schlechter gestellten Regionen eher erwartet werden konnte. Näher an der Realität ist die Beurteilung der Krisis-Gruppe (zu Jugoslawien Lohoff 1996): da die Arbeitsgesellschaft am Ende ist, der Kapitalismus aber nur durch (Lohn)Arbeit existieren kann, kommt es dazu, dass immer mehr Regionen aus der Weltwirtschaft in die Barbarei katapultiert werden. Die Plünderungsökonomie wird die letzte Möglichkeit der kapitalistischen Monaden zum Überleben in der Krise. Meiner Ansicht nach sind diese wegfallenden Regionen aber nicht außerhalb der Weltökonomie, im Gegenteil, sie sind integraler Teil des real existierenden Kapitalismus. Die westlichen Interventionen sollen wieder ein (minimales) Reproduktionsniveau herstellen, um neue Märkte zu schaffen und Menschen für den Kapitalismus vernutzbar zu machen. Außerdem wird ein biopolitisches Kontrollregime aufrecht erhalten, das die Bewegung der Menschen (Flüchtlinge und MigrantInnen) begrenzen soll. Wenn es nur um das Abschmelzen des Wertes ginge, dann wäre keine internationale Verwaltung notwendig.

Interventionen des Westens, wenn auch weniger direkt militärisch, kennzeichnen auch die zentralafrikanischen Kriege. Die Machtübernahme von Museveni 1986 in Uganda löste eine Dynamik in der ganzen Region aus, die zu Aufständen gegen die diktatorischen Regime, aber auch zu Massakern und den verlustreichsten kriegerischen Auseinandersetzungen seit dem Zweiten Weltkrieg führten. In Uganda beteiligten sich viele Flüchtlinge aus Ruanda am Kampf Musevenis und bereiteten sich dort auf den Guerillakrieg vor. Die Ethnisierung in «Tutsis» und «Hutus» entwickelte sich in der Zeit der Kolonialisierung (zuerst durch das Deutsche Reich, nach dem Ersten Weltkrieg durch Belgien). Beide sozialen Gruppen sprachen und sprechen die gleiche Sprache, lebten aber in verschiedenen sozialen Strukturen – Hutus waren AckerbäuerInnen, Tutsis ViehzüchterInnen. Innerhalb dieser «Kasten» gab es die Möglichkeit auf- oder abzusteigen. In der Kolonialzeit wurde die Tutsi-Elite gefördert, ein Aufstand kurz vor der Unabhängigkeit brachte 1959 eine Hutu-Gruppierung an die Macht. Zehntausende GegnerInnen des Regimes flüchteten in die Nachbarländer. Übergriffe und Auseinandersetzungen bestätigten die feindlichen Lager. Im «Oktoberkrieg» 1990 versuchte der *Front Patriotique Rwandais* (FPR, Ruandische Patriotische Front) von Uganda aus Ruanda zu erobern. Diese Organisation wurde hauptsächlich von Tutsis gebildet, in ihren Führungsfunktionen gab und gibt es aber auch Hutus. Der FPR konnte einen Teil des Landes halten, am 4. August 1993 wurde ein Friedensvertrag abgeschlossen. Aber als am 6. April 1994 das Flugzeug mit dem ruandischen und dem burundischen Präsidenten abgeschossen wurde, war das das Signal für den Beginn der Massaker an Tutsis und Hutu-Oppositionellen. In den nächsten Wochen wurden wahrscheinlich mehr als eine halbe

Million Menschen umgebracht. Der FPR sah sich zu einer sofortigen Offensive veranlasst und machte relativ schnelle Fortschritte. Die Hutu-Bevölkerung unterstützte sie weniger als erhofft, zu viele hatten sich an den Massakern beteiligt, außerdem wirkte offensichtlich die Anti-Tutsi-Propaganda. Mit UNO-Unterstützung intervenierte Frankreich in der «Operation Türkis» und schützte neben Hutu-Flüchtlingen auch die MörderInnen. Am 17. Juli 1994 hatte der FPR ganz Ruanda, außer den von französischen SoldatInnen gehaltenen Südwesten des Landes, eingenommen. Zwei Millionen Menschen flüchteten in das Zaire Mobutus[11]. Unter die Millionen Flüchtlinge mischten sich die für die Massaker verantwortlichen Hutu-Milizen und übten Druck auf diese aus. Zehntausende starben an Hunger und Krankheiten.

Von den Lagern in Zaire unternahmen Hutu-Milizen immer wieder Angriffe auf Ruanda und provozierten damit Gegenangriffe der jetzt FPR-dominierten ruandischen Regierung. Im Herbst 1996 begann in der Umgebung der Flüchtlingslager ein Aufstand der lokalen Bevölkerung, der von der ruandischen Armee gefördert wurde. Dieser Aufstand unter Führung des ehemaligen Guerillaführers Laurent Kabila breitete sich aus, neben Ruanda wurde er in der Folge auch von Uganda und Angola unterstützt. Die Armee Mobutus löste sich in allen Regionen in kürzester Zeit auf, plündernde SoldatInnen wurden von der Bevölkerung vertrieben, bevor die schnell wachsende Armee Kabilas eintraf. Innerhalb weniger Monate war das ganze Land befreit. Im Mai 1997 zogen die RebellInnen in die Hauptstadt Kinshasa ein. Kabila gelang es aber nicht, ein stabiles Regime zu errichten. Im Sommer 1998 begann ein neuerlicher Aufstand und ein anschließender Krieg, diesmal von den vorherigen Unterstützern Ruanda und Uganda angezettelt. Um ihren Einfluss zu sichern, begannen Angola und Zimbabwe Kabila zu unterstützen. So wurde der Krieg um den Kongo zum «ersten afrikanischen Weltkrieg», der zwar durch einen Friedensschluss 2002 beendet wurde, aber die «Demokratische Republik Kongo» (der Name des Landes nach der Unabhängigkeit unter Patrice Lumumba, von Mobutu in Zaire umbenannt) wurde in Regionen aufteilt, in denen die verschiedenen Warlords regieren und sich zwischendurch gegenseitig bekriegen. Einige Schätzungen gehen davon aus, dass in den Kriegsjahren bis zu 3,5 Millionen Menschen durch Auseinandersetzungen und Massaker starben. Am 16. Jänner 2001 wurde Laurent Kabila ermordet. Sein Sohn Joseph übernahm daraufhin die Staatsgeschäfte.

Auch in dieser Region intervenierte der «Westen», nur nicht auf spektakuläre Art. Die antiimperialistische Sichtweise erkennt darin eine imperialistische Auseinandersetzung zwischen Frankreich (zusammen mit dem ehemaligen Kolonialherrn Belgien) auf Seiten der Hutus in Ruanda und den USA auf der Seite Ugandas und dem FPR. Das ist aber nur ein Aspekt. Im Kongo häufen sich Interventionen auch von nichtstaatlicher Seite, durch afrikanische Staaten, durch afrikanische und internationale Konzerne, die SöldnerInnen bezahlen, durch NGO und humanitäre Organisationen. Der Kongo ist eine der reichsten Regionen der Erde: Tropenhölzer, Diamanten, Erze und Metalle, besonders das für Handys notwendige Coltan, werden unter brutalen Arbeitsbedingungen und unter dem Schutz der jeweiligen Warlords ausgebeutet (vgl. Aust 2003, S. 146). Für bestimmte Regionen sind es diese ökonomischen Strukturen, in anderen Hilfsleistungen und deren Verwaltung, die eine rudimentäre Überlebensökonomie aufrechterhalten. Gerade im Kongo und den umliegenden Staaten gibt es ein dichtes Netzwerk der Macht, gebildet aus GewaltunternehmerInnen, Bürokratien, Armeen und Milizen benachbarter Staaten, internationalen SöldnerInnen, intervenierenden Friedenstruppen und NGO im Hilfsbusiness. Beinahe ein Modellfall für die Herrschaftsausübung in den Krisenzonen des Empire.

Österreichs Grenzen in der Festung Europa

Die Verschiebung hin zum Postkolonialismus zeigt sich am deutlichsten an der Entwicklung der Subjektivitäten. Nicht mehr antiimperialistische Identitätsbildung steht im Zentrum, sondern der Wunsch nach Migration in die reicheren Regionen. Die Antwort darauf sind die rassistischen Kontrollregime Europas (aber auch aller anderen reichen Staaten). Die österreichischen Eliten brüsteten sich bis in die 1980er damit, immer wieder offen für Flüchtlinge zu sein. 1956 nach der Niederschlagung des Aufstandes in Ungarn, 1968 nach dem Ende des Prager Frühlings waren MigrantInnen willkommen, sie waren ja das Faustpfand des «freien Westens» gegen den diktatorischen «Kommunismus». Nicht mehr so eindeutig war es 1982 nach der Verhängung des Kriegsrechts in Polen – damals wurde die Visumpflicht für polnische StaatsbürgerInnen eingeführt. Wenn es damals einzelnen Menschen durch wagemutige Aktionen oder durch FluchthelferInnen (SchlepperInnen, die auch viel Geld verlangten) gelang, den «eisernen Vorhang» zu überwinden, bekamen sie sofort eine Aufenthaltsbewilligung, wurden manchmal gar als HeldInnen gefeiert. Mit dem Fall der Berliner Mauer, der deutsch-deutschen Vereinigung und dem Ende des «realen Sozialismus», änderte sich diese Situation innerhalb weniger Monate. Schnell wurden die «Asylanten», die es unter größten Schwierigkeiten bis nach Europa geschafft hatten, zu FeindInnen, die SchlepperInnen (FluchthelferInnen) zu gefährlichen VerbrecherInnen.

Das Antifa Café im EKH (Foto: TATblatt Archiv)

Innerhalb Europas sah sich die österreichische Regierung, eine große Koalition mit dem SPÖ-Innenminister Franz Löschnak häufig als Vorreiterin bei der Verschärfung der gesetzlichen Bestimmungen für MigrantInnen. Auch die Bevölkerung zeigte ihr rassistisches Potential. Als Flüchtlinge im März 1990 in eine ehemalige Kaserne in Kaisersteinbruch (Burgenland) einquartiert werden sollten, wurde demonstriert und blockiert. Zur gleichen Zeit wurden die Fremdengesetze verschärft: 1990 die Ausweispflicht für «Fremde» («denen man die Abstammung ansieht», äußerte damals der oberösterreichische Landeshauptmann Josef Ratzenböck), 1992 das Asylgesetz, das keine Flüchtlinge anerkennt, die aus sicheren Drittstaaten und das sind alle Nachbarstaaten Österreichs, kommen, und das Aufenthaltsgesetz Anfang 1993, nach dem AusländerInnen ausgewiesen werden können, wenn sie nicht in einer «ortsüblichen Unterkunft» wohnen, außerdem das «Integrationspaket» 1997 (vgl. unten). Die rassistische Politik der Regierung und der rechtsextreme Diskurs der FPÖ verhinderten, dass der gewalttätige Rassismus außerhalb staatlicher Kontrolle solche Ausmaße annahm wie in Deutschland. Dort war die Abschaffung des Asylrechts mit rassistischer, neonazistischer und rechtsradikaler Massenmobilisierung von unten verbunden. Organisierte Gruppen und eine rechtsradikale Subkultur bereiteten den Boden für die rassistischen Pogrome in Hoyerswerda im August 1991, in Mannheim Juni 1992 und in Rostock im August 1992. Die nationalistische Mobilisierung durch die Wiedervereinigung förderte diese Bewegungen. Ihre Stärke gewannen sie durch das Bestehen einer subversiven Jugendkultur, die mit dem «Rechtsrock» Jugendliche mehr ansprach als die «nationale Volksmusik» der rechtsextremen Traditionsvereine. Der deutschnational-völkische Aufbruch strahlte auch auf Österreich aus. 1990 und 1991 häuften sich in Wien Überfälle auf Linke: bei der Opernballdemo 1990, im Februar 1990 auf das KuKu (ein Szenetreffpunkt) an der Wienzeile, im März 1990 auf das Rotstilzchen und im September 1991 wieder auf das KuKu und die in der Nähe liegende Rosa-Lila-Villa. Ingesamt konnte sich aber in Wien die rechtsextreme Skinhead-Kultur kaum durchsetzen, weil migrantische Jugendliche die Straßen und Parks dominierten. Anders war die Situation in den Bundesländern. Besonders im Westen Österreichs ereigneten sich zahlreiche gewalttätige Vorfälle (bis hin zu Morden und Brandanschlägen) gegen MigrantInnen, Punks, Linke, Obdachlose oder alle, die nicht in ein rechtsradikales Konzept passten. Immer wieder wurde versucht, Konzerte rechtsradikaler Gruppen durchzuführen. In Salzburg besetzten rechtsradikale Jugendliche im Frühjahr 1993 den zu dieser Zeit leerstehenden Petersbrunnhof. Trotzdem hatten organisierte Neonazis nie so großen Erfolg wie in Deutschland, auch wenn immer wieder «unpolitische» Fußball-Hooligans oder Skinheads bei Aktionen auftauchten und die Organisierten unterstützten. Die neonazistischen Kerne wurden ab Jänner 1992 von der Polizei bedrängt. Damals wurde der Führer der Volkstreuen Außerparlamentarischen Opposition (VAPO) Gottfried Küssel verhaftet. Nach den Briefbomben ab Dezember 1993 und den Morden an den Roma in Oberwart 1995 (vgl. unten) wurde die kleine politische Szene von der Polizei weitgehend zerschlagen, einige der führenden Figuren wurden zu relativ hohen Strafen verurteilt. Gottfried Küssel etwa zu zehn Jahren Haft wegen Wiederbetätigung.

Mit dem Blick auf Deutschland entstand auch in Österreich eine «Antifa». In Wien konkurrierten hauptsächlich zwei Organisationen: das vom «Vorwärts» trotzkistisch beeinflusste Antifakomitee und die «autonome» Antifa 10. Ursprünglich wurde auch die «Zehner» vom Antifakomitee gegründet, aber nach einem Jahr löste sie sich vom Komitee. Die Antifa 10 wurde nach dem 10. Wiener Gemeindebezirk, dem ArbeiterInnenbezirk Favoriten benannt. Sie brachte eine eigene Zeitung heraus (FANTA – Favoritner Antifa Anzeiger) und führte ein Café im Ernst-Kirchweger-Haus (EKH) als «SchülerInnen Antifa Café». Der Zuspruch verführte zum Versuch der Ausdehnung als Antifa 11 nach Simmering, was aber an fehlender Infrastruktur scheiterte. Als sich ein kleiner Teil leninistisch-stalinistische Inhalte aneignete, gründete sich die Rosa Antifa Wien (RAW). Sie kritisierte das Machoverhalten der Antifa-StraßenkämpferInnen und verbreiterte ihre Aktivitäten über Antifa hinaus: Schwulen- und Lesbenbewegung (die RAW hat ihre Kontaktadresse in der Rosa-Lila-Villa und beteiligte sich ab 1996 auch an der jährlichen Regenbogenparade), Genderfragen, Antisemitismus, Rassismus. Im Protest gegen die Burschenschafter wurden besonders männerbündische Strukturen (nicht nur bei den Rechten) kritisiert.

Die Antifa-Aktivitäten erreichten ihre breiteste Ausstrahlung 1993 / 1994 mit Gruppen in vielen Städten Österreichs, eine der größten (beeinflusst vom Antifakomitee) in Wiener Neustadt. Die Antifa demonstrierte in Salzburg, in St. Pölten, in Bregenz und auch in Wien. Besonders in der ersten Hälfte der 1990er ging es darum, die immer wieder auftretenden Neonazigruppen durch Gegendemonstrationen zu bekämpfen. Ein Fixtermin war dabei der 20. April, Hitlers Geburtstag, den Fußball-Hooligans und Skinheads in Verbindung mit organisierten Neonazis immer wieder für öffentliche Auftritte nutzten. In der Organisation von Demonstrationen war gerade hier das Antifakomitee dominierend, was die Kritik der Autonomen provozierte. 1994 wurde vorgeschlagen, in kleineren Gruppen über die Stadt verteilt Nazi-Aktivitäten zu unterbinden. Tatsächlich organisierte das Antifakomitee eine gut besuchte Demo mit 1000 TeilnehmerInnen, wobei sich viele SchülerInnen beteiligten, aber auch MigrantInnenkids, während zur gleichen Zeit Hooligans an anderer Stelle Sieg-Heil-grölend durch die Stadt ziehen konnten.

Nach der polizeilichen Auflösung der politischen Neonazigruppen konzentrierte sich der Widerstand auf die Organisationen, die eine Scharnierfunktion zwischen der gesellschaftlichen Mitte, der FPÖ und dem Rechtsextremismus bilden. Eine solche Funktion hatten und haben die deutschnationalen Burschenschaftler. Nachdem sie Ende der 1960er ihren Einfluss an den Universitäten verloren hatten und ihre Veranstaltungen nur noch in geschlossenen Sälen stattfanden, verhieß der Aufstieg der FPÖ einen neuen Frühling. Sie bekamen wieder Zulauf und wagten es wieder, öffentlich aufzutreten. Am 22. Oktober 1994 fand in Innsbruck der sogenannte «Gesamt-Tiroler-Freiheitskommers» statt. Breite linke Kreise starteten eine Kampagne und führten eine große antifaschistische Demonstration mit 3500 TeilnehmerInnen durch. Als Erfolg konnte verzeichnet werden, dass einige Prominente ihren Auftritt beim Kommers absagten oder sich dagegen aussprachen. Zur angekündigten Schlacht mit einem «schwarzen Block», der im Scheinwerferlicht der Medien stand, kam es nicht (vgl. TATblatt 22). Gegen den Festkommers rechtsextremer Burschenschaftler in Graz demonstrierte am 26. Oktober 1996 eine «Peace-Parade». Und Ende November 1996 fanden in Wien eine Reihe von Aktionen gegen den Aufmarsch deutschnationaler Burschenschaftler aus Anlass des 1000jährigen Bestehens des Namens *Ostarichi* (Österreich) statt. An der Universität wurde ein antifaschistisches Symposium

Demonstration am 20. April 1994 (Foto: TATblatt Archiv)

abgehalten und am 30. November demonstrierten über 3000 Menschen. Beim Burgtor, hinter dem erwartet wurde, dass die Burschenschaftler aufmarschieren würden, wurde ein Feuerwerk veranstaltet und Wurfgeschosse auf die Polizei geworfen (TATblatt 66)[12]. Auch im Mai 1998 wagten die Burschenschaftler wieder, einen Kommers durchzuführen, der mit einer antifaschistischen Demonstration und einem Musikspektakel am Ring beantwortet wurde. Weitere Brennpunkte des Antifaschismus waren Demoreisen nach Passau, wo die DVU (Deutsche Volksunion) jährlich eine Veranstaltung in der dortigen Nibelungenhalle abhielt, oder auch nach Offenhausen, einem kleinen Ort in Oberösterreich, wo jährlich ein «Dichterstein» von Rechtsradikalen gefeiert wurde. Im Mai 1997 wurden dort antifaschistische DemonstrantInnen stundenlang auf einem Parkplatz festgehalten. Sie legten wegen Unverhältnismäßigkeit Beschwerde beim Unabhängigen Verwaltungssenat (UVS) ein und gewannen das Verfahren. Ab 1998 wurde das rechtsextreme Treffen vom Innenministerium verboten[13]. In Koroška / Kärnten war (und ist) die Verbindung zwischen der Mitte (bis hinein in die SPÖ), der FPÖ und dem Rechtsextremismus besonders intensiv. Ein Ausdruck dafür ist das jährliche Treffen der Waffen-SS auf dem Ulrichsberg mit zahlreicher und prominenter PolitikerInnenbeteiligung. Die Schwäche der dortigen antifaschistischen Bewegung erschwert ein öffentliches Auftreten. Umso spektakulärer war der Anschlag eines «Kommando Z.A.L.A.» (benannt nach einer slowenischen Widerstandskämpferin gegen den Nationalsozialismus). Am 17. August 1997 wurde die Gedenkanlage auf dem Ulrichsberg besprüht und beschädigt.

Antifaschismus war und ist defensiv, für Jugendliche aber wegen der Militanz und den (oberflächlichen) Erfolgsaussichten wie der Vertreibung von Nazis attraktiv. Schwieriger gestaltete sich hingegen der antirassistische Widerstand gegen Maßnahmen der Regierung und die allgemeine Stimmung in der Bevölkerung. Diese konsequente Arbeit wurde hauptsächlich von SpezialistInnen getragen und von der autonomen Bewegung unterstützt. Im Sommer 1990 wurde das österreichische Bundesheer an die Grenze verlegt, um Flüchtlinge vom Grenzübertritt abzuhalten (obwohl es nur als Provisorium gedacht war, steht das Militär noch heute an der Grenze). Aus diesem Anlass wurden Anfang September 1990 Kundgebungen an Grenzübergängen durchgeführt und dort mit Soldaten diskutiert. Vom 1. bis 4. September 1992 wurde in Rechnitz, an der burgenländischen Grenze zu Ungarn, ein Widerstandscamp gegen die Flüchtlingsjagd organisiert. Arbeitsgruppen, Informationsveranstaltungen und Grenzspaziergänge, die den Militäreinsatz belästigen sollten, standen auf dem Programm. Ein massenhafter, illegaler Grenzübertritt wurde durch ZöllnerInnen verhindert. Der Bundesheereinsatz wurde damit nicht (oder kaum) behindert. Nachträglich wurde kritisiert, dass der Kontakt zur örtlichen Bevölkerung gering war (TATblatt minus 25). Im Laufe der Jahre wurde Antirassismus immer wichtiger. Straßen-theateraktionen bereicherten die Aktivitäten: «Grenzschutzaktionen» irgendwo in den Innenstädten und im Mai 1995 die «Durchschwimmung des Donaukanals», wo polizeiliche Maßnahmen gegen Flüchtlinge nachgestellt wurden, die das andere Ufer erreichen wollen.

Spezifisch für Österreich ist die FPÖ unter ihrer Führungsfigur Jörg Haider und der Widerstand gegen diese. Während sie in ihrer liberalen Phase bei Wahlen um die 5% herum dümpelte, begann danach ein kaum unterbrochener Aufstieg des Jörg Haider bis ins neue Jahrtausend. Seine Ausgangsbasis war der deutschnationale Flügel, der sich am Parteitag 1986 durchsetzte, aber bald wurde Haider zum «postmodernen» Medienstar. Sein Erfolg hätte nie allein auf den langsam wegsterbenden, alten KämpferInnen aufbauen können. Sein jugendliches Image als Robin Hood gegen die (linken) BürokratInnen, seine spektakulären Auftritte bei allen möglichen Events vom Bungee-Jumping bis zum Villacher Fasching, brachten ihm auch ein junges Publikum. Die Politik der SPÖ weg von den ArbeiterInnen (Stichwort «Nadelstreifsozialisten») öffnete ihm den Weg zu den vom Abstieg bedrohten, kleinen Leuten. AntifaschistInnen und Linke kritisierten ihn vor allem wegen seiner offenen Flanke zum Rechtsextremismus, erreichten damit aber kaum etwas, weil diese Ideologien nur eine der vielen Rollen waren, die für Haiders Aufstieg wichtig waren. Haiders Verhältnis zur NS-Vergangenheit und NS-Ideologie ist ein augenzwinkerndes. Sein Erfolg beruhte aber auch auf der spezifisch österreichischen Situation, dass die beiden Großparteien jahrelang eine Koalition bildeten, und damit die FPÖ die einzige Opposition.

1989 wurde Haider zum Landeshauptmann von Kärnten gewählt, musste aber nach einer Aussage über die «ordentliche Beschäftigungspolitik des Dritten Reiches» zurücktreten. Das hielt seinen Aufstieg dennoch nicht auf. Bei den Nationalratswahlen 1994 bekam die FPÖ bereits über 20%, und wurde 1999 mit 26,9% zweitstärkste Partei, knapp vor der ÖVP. Bis in die 1980er waren die Basis und die FunktionärInnen der FPÖ die einzigen, die die österreichische Nation ablehnten, sie als Teil (Groß)Deutschlands sahen. Anfang der 1990er, mit der institutionellen Entwicklung größerer Strukturen wie der EU (Europäische Union) wurde Haider der Verteidiger des Nationalstaates. 1994 zeigte sich Haider als der Österreich-Patriot, die FPÖ war die einzige Parlamentspartei, die den Beitritt zur EU ablehnte. Sonst waren es nur außerparlamentarische rechte und linke Gruppen[14]. Die Niederlage der FPÖ-Kampagne (über 66% stimmten für den Beitritt) konnte, wie die relativ geringe Beteiligung am Anti-Ausländer-Volksbegehren, den Aufstieg Haiders nicht stoppen.

Als im Herbst 1992 das Volksbegehren «Österreich zuerst» – schon der Name ist Programm - («Anti-Ausländer-Volksbegehren») angekündigt wurde, war das in einer Phase, in der die große Koalition mit SPÖ-Innenminister Franz Löschnak laufend Verschärfungen gegen AusländerInnen einführte. Selbst liberale Medien bestätigten die rassistischen Diskurse über «rumänische Banden», «albanische Verbrecher», «die russische Mafia», «die Schlepper» und «die organisierte Kriminalität». Es waren Einzelpersonen, etwa aus dem kirchlichen Bereich und Linksradikale, die die elementarsten Menschenrechte und damit eigentlich auch die bürgerliche Demokratie gegen den staatlich verordneten Rassismus verteidigten.

Im November 1992 setzten sich einige Prominente in der Wiener Wohnung des Musikers André Heller zusammen und begannen damit, eine Manifestation gegen Fremdenfeindlichkeit zu planen (das Folgende nach Haslinger 1994 und TATblatt minus 16). Sie nannten ihre Initiative «SOS-Mitmensch», um *etwas Positives* zu signalisieren, *dem sich selbst von Ausländerängsten geplagte Bürger nicht würden verschließen können* (Haslinger 1994, S. 39). Um die Beteiligung am «Lichtermeer» möglichst groß zu halten, wurde der Text so brav formuliert, dass sich sogar Innenminister Franz Löschnak, maßgeblich verantwortlich für die rassistische Politik gegen MigrantInnen, als Unterstützer einfand. Den InitiatorInnen ist zugute zu halten, dass sie das benutzten, um Forderungen zur Verbesserung des Asylrechtes zu stellen. Provokant kündigte gar Jörg Haider an, sich am «Lichtermeer» zu beteiligen. Die SPÖ benutzte die Initiative, um für sich Werbung zu machen und plakatierte neben ihre Plakate «Gesetze statt Ausländerhetze» die Ankündigungen für das Lichtermeer. Linke und AntirassistInnen demonstrierten schon am Nachmittag des 23. Jänner mit ca 10.000 Teilnehmer-Innen[15]. Von der Anzahl her war das Lichtermeer ein voller Erfolg, es müssen 200.000 bis 300.000 Menschen mit und ohne Kerzen und Fackeln gewesen sein. Auch die ParlamentspräsidentInnen aller drei Parteien (SPÖ, ÖVP und FPÖ!) schmückten ihre Fenster mit Kerzen. Die Organisation «SOS Mitmensch» blieb weiter bestehen, bemühte sich bei den Regierungsparteien um die Abschwächung rassistischer Gesetze, erreichte dabei aber nichts. Diese Erfahrungen und die Erfolglosigkeit des Lichtermeers gegen den rassistischen Mainstream bewirkten, dass sich die «Demokratische Offensive», die sich gegen die Regierungsbeteiligung der FPÖ richtete und die teilweise aus denselben SOS-Mitmensch-AktivistInnen bestand, weniger opportunistisch gebärdete.

Neben dem Lichtermeer wurde vielfältiger antirassistischer Protest mobilisiert. Als Performance-Aktion wurde eine Demonstration «Stoppt die Katholikenflut» (Tenor: 78,44% der Wiener StraftäterInnen sind KatholikInnen) durchgeführt, zumindest in Wien wurde ein großer Teil der FPÖ-Plakate entfremdet oder zerstört, auch Kundgebungen mit Haider (etwa in der Wiener Stadthalle) gestört. Ein «Querformat», dem TATblatt beigelegt, sammelte Beiträge gegen die FPÖ und beschrieb Widerstandsaktionen. Ergebnisse des Lichtermeers und der antirassistischen Kampagnen waren die relativ niedrige Beteiligung (unter 500.000) am Anti-Ausländervolksbegehren und die Abspaltung einiger liberaler FunktionärInnen unter Führung von Heide Schmidt, der Präsidentschaftskandidatin der FPÖ im Jahr davor. Das Liberale Forum (LIF) sah sich als wirtschaftsliberale Partei mit gesellschaftlich emanzipatorischen Inhalten, für ein paar Jahre entstand ein (bürgerlich-)liberales Element auf der politischen Bühne[16]. Bei den Wahlen 1995 erreichte das LIF mehr Stimmen als die Grünen, um bei der Wahl 1999 wieder unter die 4%-Marke zu fallen. Der Aufstieg Haiders ging weiter. Auch die große Koalition führte ihre rassistische Politik weiter, auch wenn sich für einige Jahre durch den liberalen Caspar Einem als Innenminister die Rethorik änderte und sich von seinem Vorgänger Franz Löschnak und seinem Nachfolger Karl Schlögl unterschied.

Das politische Klima führte in Österreich nicht zu rechtsradikalen Massenkrawallen wie in Deutschland, aber zu einer Welle rassistischen Terrors, der jahrelang Medien und Linke beschäftigte. Das gilt aber kaum für Brandanschläge gegen Unterkünfte von MigrantInnen, oder dem Erschlagen eines «Sandlers» durch Skinheads in Innsbruck. Der Schock war groß, als im Dezember 1993 eine Reihe von Briefbomben explodierten, die auch ÖsterreicherInnen trafen, die sich für MigrantInnen engagierten. Die Briefbombenserien, die Menschen ver-

Hausdurchsuchung im EKH (Foto: TATblatt Archiv)

letzten, setzten sich in den nächsten Jahren fort, waren aber nicht so spektakulär wie die erste Welle. Schrecklichere Konsequenzen hatten die Attentate vom Februar 1995. Zwei Rohrbomben explodierten bei Oberwart im Burgenland, durch eine wurde ein Müllarbeiter verletzt, durch die zweite wurden vier burgenländische Roma aus der nahegelegenen Siedlung in die Luft gesprengt. Sie wollten eine Tafel mit der Aufschrift «Roma zurück nach Indien» entfernen, wobei die Bombe explodierte. Die rassistische Normalität ließ die Polizei zuerst im Umfeld der Roma ermitteln, ihre Wohnungen wurden durchsucht, erst danach wurde die Neonaziszene durchleuchtet. Franz Fuchs wurde später als Einzeltäter verurteilt, nachdem er durch Zufall gefasst wurde. Er erhängte sich 2002 in seiner Zelle.

Aufgrund des rechtsextremen Terrors geriet die FPÖ unter starken Druck und versuchte die Anschläge Linken in die Schuhe zu schieben. Der Anlass bot sich, als im April 1995 die Leichen von Gregor T. und Peter K. bei einem Hochspannungsmast bei Ebergassing gefunden wurden, vermutlich umgekommen beim Versuch, den Masten der 380kV-Leitung zu sprengen. Das löste eine massive Kampagne der FPÖ und der Boulevardmedien gegen Linke, aber auch gegen den Innenminister Caspar Einem aus, der als «liberal» galt. Der Grund waren zwei Spenden von Einem an das TATblatt, das einen Prozess gegen Jörg Haider verloren hatte. Die Befürchtung der Szene, dass die Polizei Ebergassing benützen würde, um die Linke aufzurollen, bewahrheitete sich nur teilweise. Es wurde zwar das

EKH durchsucht, weil Gregor dort gemeldet war, aber die Exekutive durchleuchtete die Szene weniger systematisch als dass sie zufällige Daten sammelte. Jahrelang wurde ein angeblicher dritter Mann gesucht, zeitweise auch über einen vierten Mann spekuliert. Eine verdächtigte Person setzte sich nach Mexiko ab (inzwischen wurden die Verfahren eingestellt). Die Vorfälle um Ebergassing führten zu einer Isolierung der autonomen Szene, die Grünen (die SPÖ sowieso) distanzierten sich vom TATblatt. Einigen linken Zeitschriften, denen ein Zusammenhang mit dem TATblatt unterstellt wurde, wurde die Presseförderung nicht mehr gewährt. Ein Jahr später (Winter und Frühjahr 1996) wurde das Umfeld des Revolutionsbräuhof (RBH), einer anarchistischen Gruppe, durch eine Reihe von Vorladungen und Hausdurchsuchungen belästigt. Der Vorwand war ein angeblicher Aufkleber, der nur als Faksimile in der Kronenzeitung existierte und zu Attentaten aufrief[7]. Während sich Teile der Linken vom TATblatt distanzierten, stieg der Bekanntheitsgrad, der schon vorher durch die Prozesse gegen Haider vorhanden war. Das TATblatt erreichte eine Auflage wie vorher und nachher nicht mehr. Die Bewegung gegen Schwarz-blau löste die Distanzierungen und Abgrenzungen auf, das TATblatt wurde mit seiner tägliche Widerstandschronologie im Internet zu einem Teil der Informations- und Kommunikationsstruktur der Bewegung.

Bildung (Studierendenstreik 1996)

Die Ergebnislosigkeit der relativ starken Bewegung 1987 (vgl. oben) lähmte die Aktivität unter den Studierenden. Die ÖVP-nahe AG behielt bei allen Wahlen die Mehrheit. Unruhe zeigte sich nur in vereinzelten Aktionen. Am 27. Juni 1989 besetzten Studierende der Sozialwissenschaftlichen Faktultät den HA (Hauptausschuss) der Uni Wien. Im Herbst 1989 wurde mit kleineren Demonstrationen gegen die schlechte Ausstattung einzelner Institute demonstriert, wobei die Linken unter sich blieben. 1992 gründete sich eine «Plattform gegen Studienverschärfungen und Sozialabbau», um Aktivitäten ohne und gegen die ÖH durchzuführen. Mit einem Streiktag am 16. Jänner 1992 und Aktionswochen auf der Uni Wien und der Universität für Bodenkultur (BOKU) wurde versucht, die Bewegung zu reaktivieren. Durch eine Besetzung des Audimax sollte dieses zum Widerstandszentrum gemacht werden wie 1987, was aber nicht gelang. Am 17. März organisierte die ÖH eine brave Manifestation mit 12.000 TeilnehmerInnen («bunte Luftballons»), wobei die VertreterInnen der «Plattform» durch die ÖH-FunktionärInnen isoliert wurden. Zwei Tage später demonstrierte die Plattform mit nur 2000 TeilnehmerInnen (TATblatt minus 33/32). Auch in den Bundesländern verpufften vereinzelte Aktionen, die Aktivitäten blieben (wie zu erwarten?) wirkungslos. Die Wahlen am 9. Oktober 1994 brachten Verluste für die Parteien der Koalition, SPÖ und ÖVP, Gewinne für die FPÖ, die Grünen und das erstmals antretende LIF. Der Einbruch in das WählerInnenpotential der SPÖ (bis 1994 hatte bei den Wahlen hauptsächlich die ÖVP verloren) verstärkte die Krisenhaftigkeit der großen Koalition. Im September 1995 wurde ein Sparpaket angekündigt, das sofort breite Diskussionen auslöste. Aber die etablierten Organisationen, insbesondere der ÖGB hielten still: *Brav sein, sonst kommt der Haider*, wie B. Redl richtig in der akin 26/1995 schrieb. Eine relativ starke Bewegung gegen das Sparpaket kündigte sich im Bildungsbereich an. Schon zu Schulbeginn streikten die SchülerInnen einiger Mittelschulen, auch spontane Demonstrationen wurden durchgeführt. Am 22. September erregte eine relativ militante SchülerInnen-demonstration mit 5000 TeilnehmerInnen Aufsehen. Mobilisierend wirkte dabei die SchülerInnenAktionsPlattform (SAP), die SchülerInnenorganisation des Vorwärts, weil sich die Organisationen der Parteien (eben auch der AKS – Aktion Kritischer SchülerInnen – SPÖ-nahe) sehr zurückhielten. In Linz demonstrierten am 27. September einige tausend SchülerInnen, Widerstand regte sich auch in anderen Schulstädten wie Wiener Neustadt und Wels (TATblatt 47, 7.12.1995).

Auch an den Universitäten zeigte sich erste Unruhe. Nach den Wahlen im Mai 1995 stellte erstmals die ÖVP-nahe AG nicht mehr die Exekutive, sondern ein Bündnis von Linken, Liberalen und den Fachschaftslisten. Am 5. Oktober wurde eine Lärmdemo durchgeführt, für den 11. Oktober ein Warnstreik und für den 17. Oktober ein Sternmarsch angekündigt. Dazu wurde das Audimax besetzt (so wie immer), sonst wurde dieser «Streik» wenig beachtet. Am gleichen Tag zerbrach die Regierung, es wurden Neuwahlen angekündigt. Die studentischen Fraktionen begannen sich jetzt wieder auf die Politik, auf den Wahlkampf, zu konzentrieren. Die Demonstration am 17. Oktober wurde noch durchgeführt. Obwohl die AG mit Flugzetteln zur Nichtteilnahme aufrief, waren es dann über 10.000. Der Unterschied zu 1992, wo ohne AG nur 2000 aktiv wurden, war die prinzipiell größere Kampfbereitschaft, die nicht unbedingt «links» war, aber in den linken Organisationen ihren Kristallisationspunkt fand. Besonders unter den SchülerInnen mobilisierte die SAP, konnte aber längerfristig nur wenige Leute gewinnen und ist auch bald nach den Bewegungen 1996 zerfallen.

Bei den Wahlen im Dezember konnte die SPÖ mit Argumenten gegen den Sozialabbau Stimmen gewinnen, um in der nun wieder folgenden großen Koalition das Sparpaket durchzuziehen. Das löste die bisher größte Studierendenbewegung aus (das Folgende nach ÖH 1997, TATblatt 53, 54, akin 8, 9, 10, 11, 12,

13/ 1996). Neben der finanziellen Ausstattung der Universitäten im Allgemeinen stand der Verlust der Familienbeihilfe nach Erreichung der Mindeststudiendauer zur Diskussion. Linke Gruppen und die linksliberal dominierte ÖH begannen bereits im Februar mit Aktionen. In den ersten Märztagen vervielfältigten sich diese, auch wenn sich der Kreis der Beteiligten zuerst noch auf kleinere Gruppen beschränkte, die durch Fantasie und Kreativität auffielen: von kollektiven U-Bahn-Fahrten über Lärmdemos bis zur «Sparguerilla» (als Sparefrohs verkleidete Menschen zogen durch die Hörsäle). Eine Dynamik bekam der Streik dadurch, dass Studierende von Unibereichen aktiv wurden, in denen linke Gruppen marginalisiert waren. Außerdem war der Mittelbau bis hin zu einzelnen ProfessorInnen engagiert und unterstützte die Bewegung. Bereits zu Studienbeginn, am Montag, dem 4. März, wurde der Streik auf der Wirtschaftsuniversität (WU) ausgerufen, auch die Studierenden der Technischen Universität (TU) und der BOKU kündigten Streiks an. Diesmal waren die Aktivitäten viel dezentraler als 1987, obwohl wieder das Audimax besetzt wurde. Dort wurden hauptsächlich die Fraktionsstreitigkeiten der linken Gruppen ausgetragen, was (zum Glück?) ein großer Teil der AktivistInnen gar nicht mitbekam. Der aktionistische Unmut wandte sich auch nach außen, immer wieder trugen kleinere oder größere Demonstrationen ohne Anmeldung Unruhe in die Stadt. Am 6. März zogen 2000 Studierende vor das Finanzministerium, am 11. März bewegten sich an die 1000 TeilnehmerInnen von der TU über den Ring zur Uni, dann verstärkt durch weitere 1000 auf den Ballhausplatz, am 13. März störten 2000 Studierende den U-Bahn-Betrieb. Es handelte sich auch um die ersten Proteste in Österreich, bei denen die neuen Kommunikationsmittel massenhaft genutzt wurden. Die Server von SPÖ und ÖVP wurden durch *mailbombing* lahmgelegt. Emails vereinfachten die Kommunikation und beschleunigten sie. Am Donnerstag, dem 14. März 1996, der großen Demonstration der Studierenden, zeigte sich die Breite der Bewegung, von der WU demonstrierte ein großer Block, vom Juridicum, schon immer eine reaktionäre Hochburg, zog eine Demo über den Ring, selbst die SportstudentInnen trafen sich bei ihrem Institut auf der Schmelz. Es waren dann 40.000, die am Heldenplatz eintrafen. Nach der Großdemo zogen Spontandemos durch die Stadt und blockierten den Ring bis in den späten Nachmittag.

Für den 15. März war eine allgemeine Demonstration gegen Sozialabbau angekündigt. Damit wurde versucht, die Bewegung auf andere gesellschaftliche Sektoren auszubreiten. Es beteiligten sich 30.000 DemonstrantInnen, weniger als am Vortag. Ein größerer Teil der StudentInnen ließ sich nicht für den Kampf gegen das gesamte Sparpaket gewinnen. Aber auch die Bevölkerung ließ sich nicht

Demonstration der Studierenden
am 14. März 1996
(Foto: TATblatt Archiv)

mobilisieren. Bei dem nachfolgenden unangemeldeten Zug von einigen Tausend durch die Stadt schritt die Polizei ein, nachdem eines ihrer Autos von einem Farbbeutel getroffen worden war. Die letzten paar hundert DemonstrantInnen beendeten ihren «Wandertag» erst nach Mitternacht vor der TU am Karlsplatz[18]. Während der Streik abzubröckeln begann, wurde dazu aufgerufen, jeden Freitag zu demonstrieren. Am Freitag dem 23. März 1996, waren es über 10.000 und auch am 28. März, dem Beginn der Osterferien noch einmal an die 10.000 Menschen, die demonstrierten. Auch die Aktionen an Instituten setzten sich bis zu den Osterferien und danach in kleinerem Ausmaß weiter fort. Am 22. April 1996 demonstrierten 10.000, am 4. Juni wurden rund um die Ringstraße sogenannte «Ringvorlesungen» abgehalten.

Auch an den Bundesländeruniversitäten waren zahlreiche Studierende aktiv: so demonstrierten am 14. März in Linz über 5000, in Klagenfurt 1000, am 15. März in Innsbruck 1000, sogar in Leoben, an der dortigen Montanuniversität, ein Hort der Burschenschaftler, wurde am 15. März eine Kundgebung abgehalten. Sehr aktiv zeigten sich, wie schon 1987, die Grazer Studierenden. Zwei große Demonstrationen am 14. März und am 22. März 1996 versammelten über 5000 Menschen gegen den Sozialabbau. Was in Wien das Audimax war, war in Graz der HS A (Hörsaal A), der am 11. März besetzt und damit zum Protest-,

Aktions- und Kommunikationszentrum wurde. Auch die nichtangemeldeten Spontandemonstrationen gingen in die Grazer Widerstandskultur ein. So nach der großen Demo am 14. März, nach der an die 1000 zu den Parteizentralen von SPÖ und ÖVP zogen. Immer wieder gingen Aktionen vom HS A aus, wie am 18. März, wo nach einer HörerInnenversammlung wieder hunderte Studierende durch Graz wanderten. Auch nach den Osterferien gingen die Aktivitäten weiter, nach einer Kundgebung gegen das Sparpaket gelang es, den steirischen Landtag zu besetzen und dort eine Protestresolution zu verlesen. Der Artikel über die Grazer Aktivitäten endet mit dem Satz *Aber im übrigen: ...bleibt Widerstand unsere Kultur!* (ÖH 1997, S. 40). Die Kämpfe erreichten zwar wie 1987 nichts, aber im Jahr 2000 wurde die Widerstandskultur wieder sichtbar.

Die Studierendenbewegung flammte noch einmal kurz auf, als am 19. September 2000 angekündigt wurde, Studiengebühren einzuführen. Noch am selben Tag wurden Spontandemonstrationen durchgeführt. In den nächsten Tagen waren einige tausend Menschen in Wien, Salzburg, Graz und Linz demonstrierend unterwegs. Am 10. Oktober 2000 wurde ein Büro des Bildungsministeriums besetzt. Am 11. Oktober demonstrierten in Wien um die 30.000 Menschen gegen die Bildungspolitik der Regierung. Außerdem waren es jeweils einige tausend in Salzburg, Linz, Graz und Innsbruck, einige hundert in Celovec / Klagenfurt. Selbst in Feldkirch in Vorarlberg gingen tausende SchülerInnen auf die Straße. Aber nach einigen weiteren kleineren Aktionen war die Bewegung verpufft, die Studiengebühren wurden eingeführt. Nur das Klima auf den Unis begann sich zu verändern: bei den Studierendenwahlen im Mai 2001 gab es erstmals linke Mehrheiten an beinahe allen Universitäten, in den Wahlen 2003 wurde das noch einmal verstärkt. Die Grünalternativen StudentInnen (GRAS) wurden das erstemal stärkste Fraktion, die AG verlor ihre Dominanz. Die grünalternativen Studierenden waren über ihr Ergebnis 2003 so überrascht, dass sie Probleme hatten, genug KandidatInnen aufzutreiben.

Der Studierendenstreik 1996 war ein Höhepunkt des Widerstands im Bildungsbereich. Obwohl eine Mehrzahl der LehrerInnen konservativ blieb, die Gewerkschaft Öffentlicher Dienst (GÖD) wurde immer durch die ÖVP-nahe FCG (Fraktion Christlicher Gewerkschafter) dominiert, wurde unter den LehrerInnen eine größere Minderheit durch 1968 und danach alternativ, grün, links und liberal als in anderen Bevölkerungsgruppen. Schon 1995 wehrten sich SchülerInnen durchaus mit Unterstützung von LehrerInnen gegen die Zusammenlegung von Klassen. 1996 und 1997 wurden an verschiedenen Schulen Protestversammlungen gegen Sparmaßnahmen durchgeführt und dabei Unmut über die Politik der Gewerkschaft geäußert. Als das Schulsparpaket III im

Frühjahr 1998 durch die Regierung durchgesetzt wurde, nahm die Unruhe zu. Geringe Lohnerhöhungen («Nulllohnrunden»), die Erhöhung des Pensionsalters, insbesonders aber die Nichtabgeltung außerschulischer Leistungen wie Projekte, Wandertage oder Schikurse, empörten die Betroffenen. In Wien bildete sich im Februar 1998 das Aktionskomitee Henriettenplatz (benannt nach einer AHS im 15. Bezirk), auch in der Steiermark und in Oberösterreich gründeten sich unabhängige Komitees. Am 23. März demonstrierten die steirischen LehrerInnen in Graz. Der Druck von unten zwang die GÖD, einen Aktionstag für den 29. April 1998 auszurufen, um die LehrerInnen wieder zu disziplinieren. Neben den Dienststellenversammlungen – eine Art zu streiken ohne zu streiken – fand auch eine Kundgebung vor dem Unterrichtsministerium auf dem Minoritenplatz statt. Dort wurde versucht, jede unabhängige Äußerung durch GÖD-OrdnerInnen zu unterdrücken (vgl. alternative 6/1989). Dieses Dampfablassen ohne konkrete Ergebnisse erwies sich als zu wenig. Für den Herbst 1998 wurde ein Schikursboykott angekündigt, nach kurzer Zeit aber von der GÖD wieder abgesagt. Am 1. Oktober wurden die LehrerInnen durch eine Demo des AKS unterstützt, die aber im Verhältnis zu den Mobilisierungen der SAP relativ brav war. Eine Demonstration wurde in Baden, südlich von Wien, veranstaltet, weil im dortigen Casino anlässlich des EU-Vorsitzes von Österreich ein Treffen der UnterrichtsministerInnen stattfand. Es waren dann auch die LehrerInnen, die sich im Frühjahr 2002 aus der institutionalisierten Umklammerung durch den ÖGB lösten und die Unabhängige Bildungsgewerkschaft (UBG) gründeten.

Ein neuer Internationalismus

In den 1990ern entwickelten sich erste Ansätze eines neuen Internationalismus, auch wenn das im allgemein pessimistischen Klima unterging. Ausgehend von Aktivitäten der Erwerbslosen in Frankreich durch die Organisation AC! (*agir ensemble contre le chomage* – gemeinsam gegen Arbeitslosigkeit handeln), die 1994 Sternmärsche durchführte, wurden für den EU-Gipfel in Amsterdam im Juni 1997 die sogenannten Euromärsche aus ganz Europa organisiert. Auch in Österreich bildete sich eine Gruppe, die eine Fahrt nach Amsterdam vorbereitete. Diese war von den traditionellen linken Organisationen dominiert und dementsprechend wenig weitreichend waren die Forderungen. Feministinnen kritisierten von Anfang an die Reduktion der Diskussion auf «Arbeitslosigkeit» und das Fehlen von Arbeitsplätzen. Trotzdem machten sich auch viele Autonome und auch Feministinnen auf den Weg. In

Amsterdam demonstrierten zehntausende aus ganz Europa und mit verschiedenen Aktionsformen, von der Euromarsch-Demonstration gegen Arbeitslosigkeit bis zu Frauendemos, Lesben- und Schwulenaktionen, Aktionen diversester Ökogruppen, Aktionen zum Tierschutz, Demonstrationen von BäuerInnen, Aktionen zur Legalisierung von Drogen, Fahrraddemos, Motorraddemos, Solidemos zu den Gefängnissen, Feste, Spaßguerillaaktionen, Farbanschläge (TATblatt 79, 25.6.1997), die *Multitude* in Aktion, wie sie sich dann in der globalen Protestbewegung zeigte. Über 600 Personen wurden festgenommen, darunter auch einige ÖsterreicherInnen, was die Diskussion hierzulande weiter belebte. Auch zu den EU-Gipfeln in Luxemburg in der zweiten Jahreshälfte 1997 und in Lissabon im ersten Halbjahr 1998 gab es Gegenaktionen mit (geringer) österreichischer Beteiligung.

Für das zweite Halbjahr 1998 hatte Österreich den Vorsitz in der EU und zahlreiche MinisterInnentreffen fanden in österreichischen Orten und Städten statt. Im August wurde ein Grenzcamp an der burgenländischen Grenze zu Ungarn organisiert, mit einer Kundgebung am Grenzübergang Nickelsdorf, dazu Straßentheateraktionen, Arbeitsgruppen und Grenzspaziergänge. Als Mangel wurde berechtigterweise diskutiert, dass sich, wie schon 1992, keine MigrantInnen beteiligten. Auch die Aktionen gegen den EU-Gipfel in Wien können nicht als Erfolg bezeichnet werden. Zur «Großdemo» am 10. Dezember kamen nur 1500, vorher wurde durch einige nichtangemeldete kleinere Umzüge und Aktionen wie eine Jubeldemo («Mehr Arbeit, weniger Geld», «mehr Polizei») und eine freiwillige Stuhlprobenabgabe für das Schengener Informationssystem protestiert. Eine illegale Demonstration am Abend des 12. Dezember wurde von der Polizei aufgelöst, einige dutzend Personen festgenommen, nachhaltige Wirkung hatten alle diese Aktivitäten keine.

Beeinflusst von den internationalen Entwicklungen, besonders durch die Bewegung der Arbeitslosen in Frankreich[19], versuchten in Wien Einzelpersonen, die bestehende Erwerbslosenorganisation Wiener Arbeitsloseninitiative (WALI) zu radikalisieren. Das scheiterte an internen Machtkämpfen von Männern, die sich noch einmal im Leben wichtig machen wollten. Aus der Euromarschinitiative und den Resten der Erwerbslosenbewegung entstand die Organisation «AMSand», die noch heute besteht und versucht, die Selbstorganisation der Erwerbslosen voranzutreiben.

In den 1990ern entwickelte sich (zumindest in Wien) ein neues Selbstbewusstsein von MigrantInnen. Ab 1964 wurden «Gastarbeiter» besonders aus Jugoslawien und der Türkei angeworben. Ihre Lebensplanung war auf ihr Ursprungsland orientiert. Die Ausgangspunkte ihrer Organisierung waren Verwand-

Euromarsch-DemonstrantInnen aus Österreich in Amsterdam, Juni 1997 (Foto: Karl Fischbacher)

tschaftsbeziehungen, vielfach auch Ortschaftsverbände und Nachbarschafts-
beziehungen (Bratic 2004, S. 64). Staatliche Institutionen konnten Migration
immer nur begrenzt steuern, es existierte immer eine gewisse «Autonomie» in
der Umgehung der biopolitischen Kontrollmechanismen (vgl. Moulier-Boutang
1993, S. 38). In Österreich zeigte sich das daran, dass die Einwanderung nie abriss (auch wenn die Zahl der MigrantInnen Anfang der 1980er reduziert wurde),
die Arbeitsmigration wurde durch Familiennachzug und Kettenmigration abgelöst (Bratic 2004, S. 66ff). Aktivismus im Zielland drückte sich nur im
Lobbyismus in österreichischen Strukturen aus. Die jugoslawische *Community*
ließ sich trotz rassistischer Strukturen durch den ÖGB vertreten, und nicht zufällig ordneten sich PKK-nahe KurdInnen in den Maiaufmarsch der SPÖ ein
(während ihre Organisation in vielen anderen europäischen Staaten schon verboten war).

Ein Sichtbarwerden der Aktivität von MigrantInnen war der versuchte
Widerstand gegen das «Integrationspaket» der Regierung, das 1997 beschlossen
wurde[20]. Die Änderungen betrafen eine Beschränkung des Neuzuzugs, eine Ausrichtung auf den Arbeitsmarkt und die Umsetzung der Schengener Verträge.
Regelmäßige Kundgebungen vor dem Innenministerium waren eine von vielen
Aktivitäten. Nach einigen Monaten verlor die Bewegung ihren Elan, die AktivistInnen aus den türkisch-kurdischen linken Organisationen zogen sich wieder
auf ihre nationale Politik zurück. Ein ähnlich begrenzter Versuch war damals die
Gründung der AK-Fraktion Demokratie für alle (DFA) und verschiedene

Kampagnen dieser Gruppe für das kommunale Wahlrecht. In ihrer Breitenwirkung blieb sie (vorerst) auf migrantische Einzelpersonen beschränkt, die Verbindungen zur linken Szene hatten[21].

Blieben vorerst Kundgebungen und Demonstrationen von MigrantInnen weitgehend unbemerkt, sie fanden meist unter Ausschluss der Öffentlichkeit statt, so änderte sich dies in der zweiten Hälfte der 1990er. Die großen Demonstrationen der KurdInnen nach der Entführung Öcalans und gegen das deutsche PKK-Verbot in ganz Österreich und darüber hinaus, sowie die Mobilisierung gegen den NATO-Krieg in Jugoslawien konnten nicht übersehen werden. Gab es die MigrantInnen vorher nur als rassistisch geprägte Feindbilder oder als bemitleidenswerte Opfer, so traten sie jetzt das erste Mal nicht nur als Individuen, sondern als Subjekte sichtbar auf (vgl. Bratic 2002, S. 133). Es wurde nicht über sie verhandelt, sondern sie handelten und sie handelten in Österreich, eine erste wirkliche Chance zur Veränderung des Klimas und zur Überwindung der postkolonialistischen, nationalistischen und rassistischen Gesellschaften. Die Aktivitäten nahmen Bezug auf die Situation in der Türkei oder in Jugoslawien, waren aber nicht mehr nur eine Verlängerung der dortigen Politik[22].

Die wichtigste Mobilisierung war die Selbstorganisation der *African Community* in Wien. AfrikanerInnen leiden immer wieder unter Übergriffen der Polizei. Meist werden sie bekannt, wenn prominente Personen (Fußballer) betroffen waren (schwarzen UNO-BeamtInnen wurde empfohlen, nicht die U-Bahn zu benutzen)[23]. Nachdem zu Beginn des Jahres 1999 ein Senegalese unter ungeklärten Umständen in Polizeigewahrsam starb, begann sich die African Community zu organisieren. Am 19. März 1999 wurde eine Demonstration gegen rassistischen Polizeiterror organisiert, an der sich über tausend DemonstrantInnen, davon etwa ein Drittel AfrikanerInnen, beteiligten.

Am 1. Mai 1999 erstickte Marcus Omofuma während seiner Deportation nach Nigeria. Beamte des Innenministeriums hatten ihm den Mund verklebt. Diese Beamten wurden nicht einmal vom Dienst suspendiert, erst nach Wochen sah sich der Innenminister gezwungen, sie freizustellen. 2002 wurden sie wegen fahrlässiger Tötung zu acht Monaten bedingt verurteilt. Noch am gleichen Tag, dem 1. Mai 1999 demonstrierten einige unter der Parole «Abschiebung ist Folter – Abschiebung ist Mord» (die antirassistischen Aktivitäten nach TATblatt 115-119). Vor dem Innenministerium wurde begonnen, eine tägliche Mahnwache abzuhalten, organisiert von «Für eine Welt ohne Rassismus» (FEWOR) und der *African Community*. Am 4. Mai wurde nach einer Kundgebung die SPÖ-Zentrale in der Löwelstraße besetzt. Vier Tage später fand die größte Demonstration mit über 3000 TeilnehmerInnen statt, an der sich sowohl AfrikanerInnen wie auch

ÖsterreicherInnen beteiligten. Am 12. Mai führte SOS-Mitmensch eine Trauerkundgebung durch, eine heftige Diskussion entbrannte, da die OrganisatorInnen Wut- und Empörungsäußerungen über den rassistischen Mord nicht erlaubten. Am 26. Mai 1999 erschien in den großen Tageszeitungen eine Anzeige der FPÖ mit dem Titel: «*Machtlos gegen 1000 Nigerianer!*». Nach dem ersten legalen Lauschangriff fand am nächsten Tag die größte «Drogenrazzia» statt, die es je gab (das Folgende nach GEMMI-Info Nr. 3). 102 Personen wurden festgenommen, ungefähr zwei Kilo Drogen sichergestellt. Als bei einem Österreicher einen Monat später fast eine Tonne gefunden wurde, erregte das kaum mediales Aufsehen. Ein Drittel der Festgenommenen musste innerhalb kürzester Zeit wieder freigelassen werden. Viele wurden allerdings innerhalb kürzester Zeit wieder verhaftet, einige in Schubhaft gesteckt oder gleich abgeschoben. Menschen verschwinden einfach, sie sind untergetaucht, abgeschoben, vielleicht auch tot. Die Illegale und der angebliche Drogenhändler sind das nackte Leben, nicht getötet, aber doch ohne Lebensrecht. Im Laufe der nächsten Monate und Jahre wurden Strafen von bis zu zehn Jahren verhängt, meist ohne eindeutige Beweise. In Erinnerung bleibt ein Zeuge, der mit einem Helm vermummt vor Gericht auftrat und viele AfrikanerInnen belastete, seine Aussagen aber später zurückzog. Einer der Festgenommenen war der Schriftsteller Charles Ci-K Ofoedu, von Polizei und Medien als Drogenboss verleumdet, der aber nach wenigen Monaten aus der Haft entlassen werden musste. Seine Erfahrungen mit den österreichischen Gefängnisinstitutionen beschreibt er in einem literarischen Bericht (Ofoedu 2000). Seine antirassistischen Aktivitäten wurden gegen ihn verwendet. Medien verbreiteten Fotos von den Demonstrationen (Kronenzeitung: «*Rauschgift-Boß demonstrierte*»), antirassistische Aktivitäten wurden als Strategien von DrogenhändlerInnen hingestellt. Der nach der Freilassung Ofoedus von Medien und Polizei als Boss aufgebaute Emmanuel Obinali Chukwujekwu formulierte es so: *Es war kein Krieg gegen Drogen, es war ein Krieg gegen die Black Community in Wien... Unvorstellbar, dass so etwas in einem zivilisierten Land wie Österreich passiert* (Augustin März 2/2004, S. 7[24]). Am 5. Juni demonstrierten noch einmal tausend Menschen, eine Mahnwache wurde von kleinen Gruppen bis in den Herbst weitergeführt, aber die Selbstorganisation der *African Community* war zerschlagen. Bis auf Einzelpersonen wagen sich noch heute keine AfrikanerInnen auf Demonstrationen und Kundgebungen. Eine Folge der damaligen Bewegung war die Gründung von *Die Bunte Zeitung*, an der MigrantInnen maßgeblich mitarbeiten (mit einem Motivationsschub durch das Aufbrechen der Bewegung im Jahr 2000).

Waren es zuerst vor allem die Kronenzeitung und die FPÖ, die den rassistischen Diskurs bestimmten (Kronenzeitung *«So tobte der Schubhäftling.»* Helene Partik-Pable von der FPÖ: *«Sie (Schwarzafrikaner) schauen nicht nur anders aus, ..., sondern sie sind auch anders und zwar sind sie besonders aggressiv.»*, so waren es nach der Zerschlagung der Selbstorganisation der *African Community* alle Medien. Auch Theresia Stoisits von den Grünen distanzierte sich von den vermeintlichen DrogenhändlerInnen (WählerInnenstimmen sind immer wichtiger als Antirassismus). Die antirassistische Arbeit war wieder auf die kleinen AktivistInnengruppen zurückgeworfen. Trotzdem waren es gerade diese Aktivitäten, die eine Grundlage für die Bewegung gegen schwarz-blau legten. Es war die Verantwortung der staatlichen Institutionen für rassistische Morde, die es für viele legitim erscheinen ließ, auch gegen die dann legal konstituierte Regierung zu protestieren. Und es war auch die Verantwortung der SPÖ für den Tod Omofumas und der Opportunismus der Grünen, der diese Bewegung unabhängig von den Parteien entstehen ließ. Und es war die (versuchte) Selbstorganisation der MigrantInnen, der AfrikanerInnen, der große Teile der Bewegung nicht FÜR MigrantInnen kämpfen ließ, sondern GEGEN den rassistischen Staat und gegen den Rassismus in der Gesellschaft.

Neue Subjektivitäten

D ie Bewegungen seit 1968 schienen vollkommen in den Kapitalismus integriert, das neue Regime (Empire, Kontrollgesellschaft, Postfordismus)
aber krisenanfälliger und zerrissener als jedes vorherige System. Der Blick wurde in den 1990ern durch die Niederlagen der Linken und der emanzipatorischen
Entwicklungen, durch Nationalismus und Rassismus sowie durch den «Sieg des
Neoliberalismus» getrübt. Unspektakulär entstanden neue Ansätze zur Verwirklichung neuerlicher emanzipatorischer Veränderung. Zur Jahrtausendwende
wurden die Aufbrüche sichtbar, als *globale Protestbewegung* und als *Bewegung gegen Schwarz-blau* in Österreich. In vielem konnte auf frühere Erfahrungen zurückgegriffen werden (vom «Republikanismus» der Bewegung gegen Waldheim
bis zur Radikalität der «Autonomen»), manches war neu wie etwa die Organisation durch neue Kommunikationsmittel.

Multitude

Im deutschen Sprachraum wird die Bewegung ab 1999 meist *Antiglobalisierungsbewegung* genannt, später auch *globalisierungskritische Bewegung*. In den
USA dominiert der Begriff *Anti Corporate Movement* (Anti-Konzern-Bewe-
gung), der das antikapitalistische Element stärker betont. Hier wird der Begriff
globale Protestbewegung vorgezogen. In Zusammenhang mit der globalen Protestbewegung wird immer auf die Demonstrationen zu den kapitalistischen Gipfeln
verwiesen. Tatsächlich brachen daneben Revolten auf, die oberflächlich nur regionale Bedeutung hatten (Aufstände in Ecuador, Argentinien, Bolivien, der ein-
jährige Streik an der größten Universität in Mexico-Stadt, Streiks und
Massenbewegungen in Frankreich und Italien). So kann auch die Bewegung in
Österreich als Teil dieses neuen Zyklus der Subjektivität gesehen werden. Wie alle
Bewegungen hat auch die globale Protestbewegung verschiedene Vorgeschichten.
In Bewernitz (2002) werden sie als Gründungsmythen bezeichnet. Da soziale
Bewegungen nicht gegründet werden, sondern entstehen, Höhepunkte errei-
chen und wieder verschwinden, würde ich das im Folgenden Beschriebene als
Stränge von Subjektivitäten sehen, die dann in internationaler Breite und Vielfalt

zusammenlaufen (oder auch parallel verlaufen). Ein solcher Strang war auf jeden Fall der Aufstand der ZapatistInnen in Chiapas, im südlichen Mexiko.

Am 1. Jänner 1994 trat das *North American Free Trade Agreement* (NAFTA, Nordamerikanisches Freihandelsabkommen) zwischen Kanada, den USA und Mexiko in Kraft. Zugleich begann in Chiapas die bewaffnete Erhebung durch die *Ejercito Zapatista de Liberación National* (EZLN, Zapatistische Armee der nationalen Befreiung), einige Städte wurden besetzt, Land und Freiheit sowie mehr Rechte für die indigene Bevölkerung gefordert. Nach zehn Tagen Gegenoffensive der mexikanischen Armee und dem Rückzug der EZLN in die Wälder wurde auf Druck der Öffentlichkeit ein Waffenstillstand erreicht. Der Unterschied zu früheren Guerillabewegungen liegt in einem anderen Politikverständnis (vgl. Bewernitz 2002, S. 90ff). Eine Avantgarderolle wird abgelehnt, das «Fragend gehen wir voran» ist ein vielzitiertes Konzept. Eine Machtübernahme im Staat wird abgelehnt, primär geht es um die Veränderung (zuerst) der mexikanischen Gesellschaft. Die Stärke kommt nicht aus der Bewaffnung, sondern aus der Kommunikation mit den emanzipatorischen Bewegungen der ganzen Welt. Solidarität wird nicht als Einbahnstraße verstanden, sondern als notwendiger Kampf gegen Neoliberalismus und für Menschlichkeit weltweit. So organisierten die ZapatistInnen 1996 ein erstes «Intergalaktisches Treffen gegen den Neoliberalismus und für die Menschheit» mit über 3000 TeilnehmerInnen in Chiapas und 1997 ein *Encuentro* in Spanien, das sich an *alle Individuen, Gruppen, Kollektive, Bewegungen, sozialen, politischen und Bürgerrechts-Organisationen, an alle Gewerkschaften, Nachbarschaftsorganisationen, Kooperativen, an alle vergangenen und zukünftigen Linken, Nicht-Regierungsorganisationen und Gruppen der Solidarität mit den Kämpfen der Völker der Welt, Banden, Stämme, Intellektuelle, Indigene, Studierende, Musiker, Arbeiter, Künstler, Lehrer, Campesinos, Kulturinitiativen, Jugendbewegungen, alternative Medien, Umweltbewegte, Slumsiedler, Lesben, Homosexuellen, Feministinnen, Pazifisten* richtet (zitiert nach Bewernitz 2002, S. 89), ein Ansatz zur Vielfältigkeit der internationalen Organisierung.

Italien hat traditionell eine starke linke Bewegung. Nach der Niederschlagung der 1977er-Bewegung (vgl. oben) war die internationale Ausstrahlung verschwunden. Geblieben war die übliche größere Streikbereitschaft der ArbeiterInnen. Trotzdem haben sich Strukturen erhalten oder neu gebildet, die für die Bewegung wichtig werden sollten. Die *Centri Sociali* (Soziale Zentren) entstanden in vielen italienischen Städten[1] und wurden später zu Kristallisationszentren der *Bewegung der Bewegungen,* wie die globale Protestbewegung in Italien genannt wird. Aus einem Teil der sozialen Zentren entstand die Gruppe *Ya Basta,* die sich direkt auf die ZapatistInnen bezog, wie schon aus ihrem Namen hervorgeht. Daraus entstanden die *Tute bianche* (ganz weiß), aus der Idee heraus, die Unsichtbarkeit der prekär Arbeitenden und der illegalen MigrantInnen darzustellen. Eine der spektakulärsten Aktionen war der Sturm und die Zerstörung eines in Bau befindlichen Abschiebegefängnisses. Bei Demonstrationen wurde der Einsatz des Körpers theoretisiert: die *Tute Bianche* zeigten öffentlich, dass sie passiv bewaffnet waren, mit Helmen und Gummireifen, um mit ihren Körpern Polizeisperren zu überwinden. Die häufige Kritik, sie unterwürfen sich zu stark der Medieninszenierung, aber auch die Erfolglosigkeit beim Sturm auf die Rote Zone in Genua (vgl. unten) ließ sie dieses Konzept beenden und sich in die *Disobbedienti* (die Ungehorsamen) umbenennen.

Auch in Italien wurde ein großer Teil der fordistischen ArbeiterInnenklasse über Gewerkschaften und linke Parteien in den Staat integriert («Verstaatlichung»). Ein Ausdruck dafür sind regelmäßige Generalstreiks, die geordnet für wenige Stunden ausgerufen wurden und werden. Davon unabhängig entwickelten sich in den vielfältigen kleineren und größeren Kämpfen seit den 1970ern autonome Strukturen (etwa die COBAS – *Comitate di Base* – Basiskomitees), unabhängig von den traditionellen Gewerkschaften und unterschiedlich radikal. Sie waren vielfach das Bindeglied zwischen der globalen Protestbewegung und den in Bewegung kommenden noch fordistisch organisierten ArbeiterInnen.

In Frankreich wehrten sich im November 1995 ArbeiterInnen und Angestellte im öffentlichen Dienst gegen Einsparungen in den Sozialversicherungen. Die Bestreikung der öffentlichen Verkehrsmittel blockierte die französische Wirtschaft. Dieser Arbeitskampf erweckte die Sympathie von großen Teilen der französischen Gesellschaft, gerade auch von prekär Beschäftigten, die keine Chance hatten, selbstständig Kämpfe zu führen. Die staatlichen Angestellten wurden als die gesehen, die sich Auseinandersetzungen noch leisten konnten. Im Kernbereich, der Umstrukturierung der Sozialversicherung war der Streik erfolglos, einige zusätzliche Forderungen wie die Akzeptanz von Arbeitszeitverkürzung als Mittel gegen Arbeitslosigkeit wurden durchgesetzt. Diese Streiks waren trotzdem ein radikaler Aufbruch, weil sie von den Gewerkschaften nicht gänzlich kontrolliert werden konnten. Sie brachen neben und gegen die offiziellen Institutionen der ArbeiterInnenbewegung auf und wirkten dadurch auf nicht organisierte Bereiche ein. Neben den Erwerbslosen waren es besonders die illegalisierten MigrantInnen, die *sans papiers*, die durch Kirchenbesetzungen auf sich aufmerksam machten und «Papiere für alle» forderten. Dadurch angeregt, gründeten sich in vielen westeuropäischen Regionen Initiativen, durch MigrantInnen selbst, aber auch durch AntirassistInnen der Mehrheitsbevölkerung mit dem Ansliegen, sich von paternalistischer antirassistischer Politik zu lösen. Ein Ergebnis ist das

Netzwerk «Kein Mensch ist illegal» in Deutschland und auch der Versuch der Gründung einer ähnlichen Organisation in Österreich. So entstanden das *no-racism*-Netzwerk und später mit Unterstützung der VolxTheaterKarawane die österreichischen *Sans Papiers*.

Neben den «politischen» Bereichen ist auch der kulturelle in Bewegung gekommen. Die sozialen Zentren verbanden und verbinden Lebenskultur und Politik. Für die kulturellen Entwicklungen war (wieder) London ein besonderer Brennpunkt. Auch wenn die neuen Musikströmungen von Techno bis Drum´n Base schon innerhalb der Vielfalt des kapitalistischen Mainstreams existierten, entwickelte sich dort die Bewegung der illegalen *Raves*. Tanzveranstaltungen wurden in leerstehenden Gebäuden oder auch im Freien durchgeführt. In einer ersten Phase schritt die Polizei nur selten ein. 1994 verabschiedete die konservative Regierung die *Criminal Justice Bill*, die sowohl Hausbesetzungen, Proteste und eben auch illegale Raves verbot. Im Oktober 1994 fand dazu eine große Demonstration statt, wo tausende Protestierende mit der Polizei zusammenstießen. Ein Ereignis, bei dem die Politszene mit der HausbesetzerInnen- und Rave-Szene zusammentraf. Auch in Österreich entwickelte sich eine kleine Szene, auch beeinflusst durch den durch Europa ziehenden *Spiral Tribe*, Menschen die in ihren Autobussen lebten und Spektakel und Veranstaltungen organisierten. Im Gegensatz zu Musikgruppen, die auf der Bühne auf ein Publikum herabschauen, wird versucht, Ansätze von Kollektivität zu verwirklichen. Hierarchien zwischen KünstlerInnen und KonsumentInnen werden abgelehnt. Selbst der oder die DJ bleibt anonym, ist manchmal gar nicht vorhanden. Auch hier wurden illegale Raves durchgeführt, die zeitweise in Konfrontationen mit der Polizei endeten. Öffentlich sichtbar wurden in der Folge die, von Berlin ausgehend, überall entstehenden *Love Parades*. Auch in Wien wurde das, zuerst gegen Einschränkungen von Konzertveranstaltungen gerichtet, kopiert: bunte Musikumzüge als Ausdruck des vielfältigen Musikgeschmacks. Als nicht-etablierter Gegenpol entwickelten sich *Free Partys*, die ausdrücklich auch einen politischen Anspruch hatten (vgl. unten *Volkstanz*), die Wiederaneignung von öffentlichem Raum[2].

In London entstand eine reflektiertere Form von Party-Aktivitäten. Gegen die immer stärkeren Einschränkungen der Privatisierung des öffentlichen Raums (vgl. oben), wurde die Idee des *Reclaim the Streets* (RTS) geboren. An einem öffentlichen Ort wird aus Protest gegen kommerzielle Einschränkungen eine Party durchgeführt, vom Prinzip her nicht angemeldet. Bei den größten RTS-Parties im April und Oktober 1999 nahmen in London bis zu 20.000 Menschen teil. Die Mischung von HausbesetzerInnen, *Road Protesters* (gegen Straßenausbau protestierende AktivistInnen) und Raver mit der anarchistischen Politszene führte dazu, dass gerade aus London viele Ideen mit Karnevals- und Spektakelcharakter kamen, neben RTS der «antikapitalistische Karneval» oder auch das *Guerilla Gardening*: während eines Straßenfestes wird die Straße aufgebrochen und Bäume gepflanzt. Auch die Idee der *Pink-Silver*-Blöcke ist in London entstanden. Dabei ziehen sich Frauen und Männer rot-rosa-silber an, geschmückt mit weiblichen Attributen tanzen sie meist zu Sambarhythmen. Dadurch soll auch die Konstruktion von Weiblichkeit und der Geschlechter im Allgemeinen sichtbar gemacht werden (vgl. Foltin 2002b).

1997 / 1998 wurden internationale Netzwerke gegründet, die Katalysatoren für die entstehenden Bewegungen bildeten: *Association pour une Taxation des Transactions Financièrs pour l'Aide aux Citoyens* (*Attac*, Vereinigung zur Besteuerung der Finanztransaktionen zur Unterstützung der BürgerInnen) und *peoples global action (PGA)*. *Attac* entstand aus einem Leitartikel in *Le Monde Diplomatique* aus Anlass der Asienkrise[3]: Redakteur *Ignacio Ramonet* schlug in diesem Artikel vor, Finanztransaktionen zu besteuern. Da dieser Artikel zahlreiche Reaktionen auslöste, wurde 1998 damit begonnen, zuerst eine französische, dann internationale Organisationen mit diesem Ziel aufzubauen. Innerhalb weniger Jahre entwickelten sich Gruppen in über 40 Ländern und mit zehntausenden Mitgliedern, die österreichische Organisation im November 2000 (Gradnitzer 2003). Auch wenn der Ausgangspunkt die Besteuerung von Finanztransaktionen war, ist die inhaltliche und aktivistische Position von Land zu Land, aber auch von Ortsgruppe zu Ortsgruppe unterschiedlich. Auch Attac Österreich wuchs relativ schnell, sowohl was die Zahl der Mitglieder, wie auch der Ortsgruppen betraf. Die Zusammenarbeit mit Teilen des ÖGB, den Grünen, aber auch kirchlichen und entwicklungspolitischen Gruppen machte möglich, dass die Diskussion über das *General Agreement on Trade in Services* (GATS, allgemeiner Vertrag über Dienstleistungen)[4] in viele kleinere Städte und Orte Österreichs getragen wurde. Die Haupttendenz, zumindest in Österreich, ist die Förderung der Diskussion über Ökonomie im Allgemeinen und Lobbyismus gegen die neoliberale Ideologie in der Wirtschaftspolitik. Als typische NGO hat ein Teil der SprecherInnen zeitweise Probleme mit radikaleren direkten Aktionen. Viele Mitglieder beteiligten sich trotzdem an Aktivitäten wie etwa an den Demonstrationen gegen das *World Economic Forum* (WEF) in Salzburg. In den Bewegungen der letzten Jahre blieb die Kritik der patriarchalen Geschlechterordnung weitgehend im Hintergrund. Das wurde zum Anlass genommen, gerade von Österreich ausgehend, *Feministattac* zu gründen und damit Gender-Fragen in die Diskussion zu bringen (im September 2003 fand der erste Feministattac-Kongress in Graz statt).

Auch PGA entstand um 1997. Beim 2. Intergalaktischen Treffen in Spanien (vgl. oben) beschloss eine kleine Gruppe, den Aufbau eines Netzwerkes voranzutreiben (zum Folgenden TATblatt 147/148/149, September 2000). Zur 2. WTO-Konferenz in Genf trat diese globale Allianz das erste Mal mit einem globalen Aktionstag an die Öffentlichkeit. In Genf demonstrierten an die 10.000 Menschen, parallel dazu fanden in 60 Ländern Aktionen dazu statt, allein in Indien über 100. Zum Weltwirtschaftsgipfel in Köln am 18. Juni 1999 wurde der nächste antikapitalistische Aktionstag ausgerufen (J18, die Kürzel drücken das Datum aus). Diese Aktionstage bestimmten in den nächsten Jahren den Rhythmus der globalen Protestbewegung. PGA wird sehr stark von Gruppen aus dem Trikont dominiert, in Europa kommen die mächtigsten Strukturen aus Italien (*Tute bianche* und einige soziale Zentren, besonders das Leoncavallo in Mailand) und aus London mit der RTS-Bewegung. Die beteiligten Gruppen ziehen eine konfrontative Haltung der Lobbyarbeit vor, zielen auf (gewaltlosen) zivilen Ungehorsam ab und vertreten eine dezentrale und autonome Organisationsphilosophie. Ging die Ausrufung von Aktionstagen zuerst von PGA aus, so waren die OrganisatorInnen nach dem *Battle of Seattle* (N30) verschiedene Bündnisse, darunter die Sozialforen (vgl. unten).

Die Proteste gegen die WTO-Tagung in Seattle Ende November 1999 wurden von länger bestehenden Gruppen vorbereitet. Dass diese Konferenz gestört werden konnte, Delegierte die Tagungsorte nicht erreichten und in ihren Hotels festsaßen, war der Breite der Bewegung geschuldet. Von den GewerkschaftlerInnen, die die regionale Wirtschaft vor den Einflüssen der Globalisierung schützen wollten, bis hin zu einem breiten Netzwerk ökologischer, kapitalismuskritischer oder antikapitalistischer, anarchistischer und autonomer Gruppen. Auch wenn der verfrühte Abbruch der WTO-Veranstaltung wegen interner Streitigkeiten erfolgte, entwickelte sich der Mythos einer erfolgreichen, vielfältigen und militanten Demonstration.

Nach Seattle konnten keine Treffen internationaler Organisationen ohne kleinere oder größere Aktionen dagegen stattfinden. Die übliche Berichterstattung wurde durch alternative Medien ergänzt. Eine besondere Funktion erfüllte dabei *Indymedia, ein Kollektiv von unabhängigen Medienorganisationen und hunderten von JournalistInnen, die nichthierarchische, nicht konzerngebundene Berichterstattung leisten* (www.indymedia.org). Ein wichtiges Konzept ist die Möglichkeit, ohne technisches und redaktionelles Vorwissen Nachrichten zu verbreiten. Ein weiteres ist das des *open postings*, wobei Beteiligte ohne Zensur über ihre Erlebnisse bei Demonstrationen berichten können, wodurch Gegeninformation erst möglich wird. Angeregt durch den Erfolg von Indymedia Prag im September 2000 wurde anlässlich der Gegenaktionen zum WEF-Gipfel in Salzburg auch *Indymedia Austria* gegründet (austria.indymedia.org).

Der Reigen der Demonstrationen wurde fortgesetzt, gegen eine Tagung von IMF und Weltbank in Washington im April 2000, gegen das WEF-Regional-Treffen in Melbourne in Australien im September 2000, gegen den EU-Gipfel in Nizza im Dezember 2000 und gegen die Tagung der OECD in Neapel im März 2001. Ende September 2000 fand die IWF / Weltbank-Tagung in Prag statt. Dazu wurde der Aktionstag S26 ausgerufen. Auch einige hundert ÖsterreicherInnen fuhren nach Prag, um dort zu demonstrieren. Beim Versuch, das Tagungs-zentrum einzuschließen, begannen schwere Auseinandersetzungen mit der Polizei (vgl. TATblatt 150, 28.9.2000, akin 27/2000). Im Anschluss an die Demonstratio-nen wurden zahlreiche (nach offiziellen Angaben über 800) Menschen festgenom-men und in den Gefängnissen misshandelt (eine österreichische Demonstrantin verletzte sich schwer, als sie in Panik vor vor der Polizei aus einem Fenster sprang). Die Vorfälle in Prag wurden zum Anlass genommen, die Donners-tagsdemo (vgl. unten) vom 28. September 2000 in Richtung tschechischer Bot-schaft im 14. Bezirk zu führen. Sie endete einige hundert Meter davor an den Tretgittern der Polizei.

Im Schweizer Wintersportort Davos treffen sich seit 1972 jährlich Top-managerInnen und sonstige wichtige Personen, um in einem informellen Rahmen über zukünftige Entwicklungen zu diskutieren. 1994 und 1998 fanden kleinere Demonstrationen statt, die auf die Probleme in Chiapas und in Kurdis-tan aufmerksam machen wollten. Im Jänner 2000 demonstrierten 1500 Men-schen, ohne das Treffen stören zu können. Durch den Einfluss der globalen Protestbewegung wurde die Demonstration im Jänner 2001 bedeutender (TAT-blatt 159). Die meisten DemonstrantInnen kamen nicht bis Davos, aus diesem Grund wurde auf dem Weg dorthin die Eisenbahnstrecke und die Autobahn blockiert. Gegen Abend folgten noch Krawalle in Zürich. Einem Autobus aus Österreich wurde die Einreise in die Schweiz untersagt. Im folgenden Jahr wur-de das WEF-Treffen in New York durchgeführt aus Solidarität mit der am 11. September 2001 angegriffenen Stadt.

Die Demonstrationen wurden dort wie auch in den Folgejahren wieder in Davos weitergeführt. Parallel zum WEF fand 2001 das erste Mal auf der anderen Seite des Globus, in Porto Alegre, in Brasilien das *World Social Forum* (WSF, Weltsozialforum) statt. Unter der Schirmherrschaft der dort im Bundesstaat und in der Stadt regierenden *Partido dos Trabalhadores* (PT – Arbeiterpartei) trafen sich Menschen, um Alternativen zum herrschenden globalen System zu disku-tieren. Dieses Forum sollte ab da jedes Jahr stattfinden, in den Jahren darauf jeweils in Porto Alegre, im Jänner 2004 erstmals in Indien, in Mumbai (zu den Sozialforen vgl. unten). Im Sommer 2001 begann die Bewegung gegen die Gipfel der Herrschenden (*Summer of Resistance*) mit Protesten gegen den EU-Gipfel in Göteborg (Schweden) von 14. bis 16. Juni 2001. Während einer RTS-Party wurde ein Demonstrant von der Polizei angeschossen. Der Weltbank-Gipfel in Barcelona in Katalonien wurde aus Angst vor Auseinandersetzungen abgesagt, trotzdem demonstrierten hunderttausende. Von 1. bis 3 Juli war das WEF-Treffen mit dem Schwerpunkt Osteuropa in Salzburg. Dort wurden nicht ganz 1000 Menschen, mehr als die Hälfte der Demonstration von der Polizei für mehrere Stunden eingekesselt (vgl. unten). Die größten Demonstrationen waren aber die gegen den G-8-Gipfel (VertreterInnen der sieben reichsten Nationen und Russland trafen sich) im Juli 2001 in Genua.

Schon am ersten Tag, dem 19. Juni 2001 demonstrierten zehntausende zur Unterstützung von MigrantInnen (das Folgende nach Azzellini 2002). Am nächsten Tag, den 20. Juni, sollte mit verschiedenen Konzepten gegen die abgesperrte Rote Zone vorgegangen werden. Die *Tute Bianche* kündigten an, mit passiver Bewaffnung (keine Stangen und Wurfgeschosse, nur Werkzeug zum Durchschneiden des Zauns und Schutz des eigenen Körpers) durchzubrechen. Sie wurden aber schon im Anmarsch mit Tränengas angegriffen. Als die *Carabinieri* mit gepanzerten Wagen in die Demonstration hineinfuhren und Schüsse fielen, wurde das defensive Konzept aufgegeben, Barrikaden gebaut und Steine geworfen. Dort wurde der Demonstrant Carlo Giuliani von einem Carabiniero erschossen. Daraufhin zogen sich die DemonstrantInnen zurück. Trotz oder wegen der Auseinandersetzungen demonstrierten am 21. Juni an die 300.000 gegen das brutale Vorgehen der Polizei. In den Medien, in der Polizei, aber auch innerhalb der Linken entstand die Diskussion um den *Black Block*. Die Vielfältigkeit der Protestierenden sollte durch den öffentlichen Diskurs in sogenannte «GewalttäterInnen» und Gewaltfreie aufgespalten werden. Durch das Agieren des *Genova Social Forum*, in dem die *Tute Bianche* integriert waren, wurde sowohl eine Eskalation vermieden (es wurde auch aus den Erfahrungen von 1977 gelernt, vgl. oben) wie auch erreicht wurde, dass sich ein großer Teil der DemonstrantInnen nicht für Distanzierungen gewinnen ließ. Das zweite hatte aber auch mit der außerordentlichen Brutalität der Polizei zu tun. Am Abend des 21. Juni überfiel die Polizei schlafende DemonstrantInnen in der Schule A. Diaz und prügelte sie krankenhausreif. Inzwischen wurde nachgewiesen, dass die dort gefundenen Molotow Cocktails durch die Polizei deponiert worden waren. In der Suche nach einem «schwarzen Block» nahm die Polizei eine Reihe von Personen fest, ein schwarzes T-Shirt genügte als Beweismittel (zur VolxTheaterKarawane vgl. unten).

Eine Ästhetik des Widerstands

Als sich die globale Protestbewegung in Genua zuspitzte, hatte die Bewegung gegen Schwarz-blau in Österreich ihre Höhepunkte schon länger überschritten. Oberflächlich gesehen war sie «national beschränkt», tatsächlich waren die aufgeworfenen Fragen wie die Ausdrucksform ähnlich. Es war ein Protest gegen das rassistische Kontrollregime, es hatte mit der Verschiebung der internationalen Machtstrukturen zu tun und beide Bewegungen mobilisierten die Vielfältigkeit einer *Multitude*, die sich nicht vereinheitlichend repräsentieren lässt.

Der Aufstieg Haiders erreichte seinen Zenit mit den Wahlen am 3. Oktober 1999. Wenige hundert Stimmen bekam die FPÖ mehr als die ÖVP und wurde damit zweitstärkste Partei. «Demokratische Kräfte» um die übriggebliebenen AktivistInnen von SOS-Mitmensch gründeten die *Demokratische Offensive*, um gegen die «Verhaiderung» anzukämpfen (das Folgende nach TATblatt 126, 127). Obwohl es im Frühjahr 1999 die bisher stärkste antirassistische Bewegung gab, wollten diese InitiatorInnen hauptsächlich gegen die mögliche Regierungsbeteiligung Haiders protestieren und nicht gegen die rassistische Politik von SPÖ und ÖVP. So sprachen auf der Kundgebung am 12. November 1999 VertreterInnen der Liberalen, der ÖVP, der SPÖ und der Grünen, aber keine VertreterInnen von MigrantInnenorganisationen. Als Thema wurde staatstragend «Keine Koalition mit dem Rassismus» ausgegeben. Die Anzahl der TeilnehmerInnen an der Demonstration, an die 70.000, überraschte selbst die OrganisatorInnen. Außerdem lief die Kundgebung vor dem Parlament nicht (nur) nach dem geplanten staatstragenden Konzept ab. Während die Sprecherin des LIF Applaus bekam, wurden die Vertreterinnen von ÖVP und SPÖ ausgepfiffen und mit Eiern beworfen und das, obwohl die radikaleren TeilnehmerInnen einer antirassistischen Demonstration, u.a. von FEWOR organisiert, gar nicht in die Nähe der Bühne kamen, weil die Zahl der davor Stehenden so groß war. So wurde diese Demonstration eine Kundgebung gegen die FPÖ, aber auch gegen den Rassismus der bisherigen Regierung. Es zeichneten sich schon die Konturen einer Bewegung ab, die mehr sein wollte, als das «bessere Österreich», auch wenn das Transparent «PatriotInnen sind IdiotInnen» von braven DemonstrantInnen zerfetzt wurde.

Eine radikalere Initiative war *Gettoattack*. Diese Initiative sieht sich als Label für unterschiedliche Aktivitäten mit starker kultureller Ausrichtung. Sie stellte einen ausdrücklich antirassistischen Forderungskatalog auf (von der Aufforderung an die Regierung, den alltäglichen Rassismus zu bekämpfen, bis zur Abschaffung der Schubhaft). Unter dem Titel «*Freedom is not a Party*», fanden am

11. November eine große Anzahl von Aktionen sowohl auf der Straße wie auch in vielen Lokalen statt. Die Struktur und die Aktivitäten hatten kreativen, vielfältigen, dezentralen, nicht repräsentierbaren Charakter, wie er dann die Bewegung ab Februar 2000 auszeichnete.

Aus der antirassistischen Bewegung wie aus der übrigen Linken gab es niemanden, der offensiv für eine neuerliche große Koalition eintreten wollte. Zu frisch waren die Erfahrungen des staatlichen Rassismus, aber auch des Sozialabbaus durch SPÖ und ÖVP. So zogen sich die nächsten Wochen lähmend dahin. Am 21. Jänner 2000 scheiterten die Verhandlungen zur neuerlichen Bildung einer großen Koalition. Danach zeichnete sich relativ schnell die Zusammenarbeit zwischen FPÖ und ÖVP ab. Am 31. Jänner 2000 verkündete die EU-Präsidentschaft unter portugiesischer Führung, dass Sanktionen über Österreich verhängt würden, wenn Jörg Haiders FPÖ in die Regierung kommen würde. Auch Bundespräsident Thomas Klestil sprach sich gegen eine Regierungsbeteiligung der FPÖ aus. Am 2. Februar wurde das Regierungsprogramm von FPÖ und ÖVP angenommen[5].

Aber Anfang Februar entstand eine breite Widerstandsbewegung, wie sie vorher unbekannt war. Schon ab dem 30. Jänner kursierten erste Emails der Demokratischen Offensive, die zu einer Demonstration für Mittwoch, den 2. Februar aufriefen. Am Dienstag (1. Februar) besetzten vormittags einige AktivistInnen die ÖVP-Bundeszentrale. Zugleich begann eine Demonstration von etwa 30 SympathisantInnen davor (das Folgende meist nach der TATblatt-Chronologie ab TATblatt 131). Am Abend wurden sie von 200 Menschen verstärkt, die zuerst vor dem Parlament, dann vor der ÖVP-Zentrale protestierten. Noch bis ein Uhr früh wurden zwischendurch der Ring und die «Zweierlinie», die zwei wichtigsten Verkehrsadern um das Zentrum herum, blockiert. Die BesetzerInnen zogen am 2. Februar 2000 um 17 Uhr ab, als sich die Menschen gerade zur angekündigten Großkundgebung vor der ÖVP-Zentrale sammelten. Viel mehr Menschen als erwartet, zwischen 20.000 und 30.000, zeigten ihren Unmut über die erwartete Regierungsbildung. Die Menschen beschränkten sich dann aber nicht auf die braven Protestformen, sondern tausende zogen danach noch kreuz und quer durch die Innenstadt, erst um ein Uhr in der Früh endete das Spektakel vor dem Parlament bei der mit Fahnen und Transparenten geschmückten Pallas Athene. Diese Art von «Wandertagen» sollte die täglichen Demonstrationen der nächsten Tage prägen, wobei spontan entschieden wurde, wohin es gehen sollte. Polizeisperren wurden meist umgangen. Viele AutofahrerInnen hupten aus Sympathie und aus zahlreichen Fenstern wurden (meist rote) Kleidungsstücke gehängt, um Unterstützung zu signalisieren. Menschen kamen auf die Straße, applaudierten oder schlossen sich dem Wandertag an. Die Polizei war in den ersten Tagen verunsichert und überfordert (es dürften wenig eindeutige Anweisungen von oben gekommen sein). Am Donnerstag, dem 3. Februar trafen sich wieder an die 5000 Menschen vor der ÖVP-Zentrale, auch mit Farbbeuteln und Eiern, um anschließend durch die angrenzenden Bezirke zu ziehen. Um 22 Uhr drangen 500 Menschen ins Burgtheater ein. Unter Applaus des Publikums konnten sie ihren Protest gegen die Regierungsbildung verlautbaren. Am gleichen Abend wurde das Hotel Imperial gestürmt. Vor der FPÖ-Zentrale in der Kärntner Straße kam es um Mitternacht zur ersten Festnahme.

Die Stärke des Protests und die breite Unterstützung hatten wohl auch mit den angedrohten Sanktionen zu tun. Ein Teil der Bevölkerung befürchtete die Isolation. Unter den dann folgenden täglichen (und dann wöchentlichen) Demonstrationen verstärkte sich die Tendenz, nicht nur die FPÖ zu kritisieren, sondern gegen den staatlichen und alltäglichen Rassismus und Antisemitismus im Allgemeinen aufzutreten. Jetzt war die Lähmung vorbei, die nach den Wahlen herrschte. Mensch war gegen die FPÖ, aber auch nicht für den Rassismus der großen Koalition, der staatlich organisiert Menschenleben kostete.

Der Freitag, der 4. Februar 2000, war der Tag der Regierungsangelobung. Schon länger angekündigt war um 10.30 Uhr eine Kundgebung gegen frauenfeindliche Verlautbarungen der zukünftigen Regierung. Die Menschenmenge vor den Polizeiabsperrungen beim Bundeskanzleramt wuchs schnell an, ab 11 Uhr wurden Pfiffe und Schreie durch Gemüsewürfe ergänzt. Schwer abzuschätzen, wie viele Menschen sich tatsächlich vor den Polizeiabsperrungen einfanden, da immer wieder neue ankamen, andere weggingen. Angestellte in der Mittagspause holten Wurfgeschosse aus ihrem Aktenkoffer, um sie gegen die Absperrung zu werfen. Die Regierungsmannschaft musste sich zur Angelobung unterirdisch in die gegenüberliegende Hofburg, die Residenz des Bundespräsidenten, schleichen. Während der ORF (Österreichischer Rundfunk) in vorauseilendem Gehorsam kaum etwas über die Demonstrationen berichtete, waren die internationalen Medien voll davon.

Die Polizei hatte offensichtlich die Weisung, nicht allzu scharf vorzugehen. Das mag an der sozialdemokratischen Führung in Wien gelegen haben, aber auch, weil Österreich im Blickpunkt internationaler Medien lag. Polizeiübergriffe hätten sich nicht gut gemacht. Aber die Wiener Polizei hatte Erfahrungen mit der Deeskalation aus früheren Demonstrationen (auch wenn es einzelnen BeamtInnen oft nicht passte). Die Taktik der Polizei ging auf jeden Fall auf, Verletzte hätten die Massen der DemonstrantInnen «gewalttätig» und noch unkontrollierbarer werden lassen, gerade weil es keine AufruferInnen oder SprecherInnen

4. Februar 2000, Heldenplatz (Quelle: ACC / RAW)

gab. Noch nie hat es in Österreich eine Situation gegeben, die so nahe an einem Aufstand war. Wie schnell die Situation kippen hätte können, zeigte sich in den anschließenden Ereignissen.

Nach der Belagerung des Bundeskanzleramtes demonstrierten einige tausend Menschen über die Ringstraße zum Sozialministerium. Einige hundert drangen dort ein und ließen aus Fenstern und von Balkonen Fahnen und Transparente flattern. Die Polizei erschien in Kampfausrüstung. Beginnende Prügeleien durch PolizistInnen wurden sofort mit Gegenwehr beantwortet. Alles, was auf der Straße greifbar war, flog gegen die Polizeischilder. Darum konnten die Besetzer-Innen das Gebäude unbehelligt verlassen. Danach zogen zwei Demonstrations-züge durch Wien, die sich am Ballhausplatz wiedertrafen. Von dort ging es wei-ter durch die Stadt. Vor dem Schubhaftgefängnis Rossauer Lände exalierte neu-erlich die Situation. Als eine relativ kleine Gruppe von PolizistInnen begann, auf DemonstrantInnen einzuschlagen, wurden sie durch einen Geschosshagel zum Zurückweichen gezwungen. Anschließend beschränkten sie sich darauf, die Eingänge des Gefängnisses zu bewachen, während die Demo daran vorbeizog. Nachdem sich die Zahl der Protestierenden schon empfindlich reduziert hatte, griff um 22.30 Uhr die Exekutive durch. Vor der FPÖ-Zentrale in der Kärntner Straße wurden die DemonstrantInnen zuerst verprügelt, etwas später wurden die Menschen mit Hilfe eines Wasserwerfers in alle Richtungen auseinandergetrieben.

Wie unabhängig die DemonstrantInnen von RepräsentantInnen und Sprecher-Innen waren, zeigte sich am nächsten Tag (5. Februar 2000). Aufgrund der Auseinandersetzungen am Vortag ließ die Demokratische Offensive verlauten, dass die Demonstration abgesagt sei, die sie gar nicht angekündigt hatte. Obwohl oder gerade weil sie sich distanzierte, kamen zu Spitzenzeiten wieder an die 10.000 Menschen zusammen. Einige Transparente wandten sich gegen eigene Gewaltanwendung, wie auch gegen die der Polizei. Als die Demonstration am Michaelerplatz auf ungefähr 3000 zusammengeschrumpft war, versuchte die Polizei eine Auseinandersetzung zu provozieren. Die Protestierenden reagierten aber flexibel und versuchten der Konfrontation auszuweichen. Ein typisches Ritual der Demonstrationen der nächsten Tage und Wochen: sich nicht einschränken lassen, aber Konfrontationen vermeiden. Erst gegen 3 Uhr früh lösten sich die Reste der Demonstration auf. Am Sonntag wurde am Stephansplatz vor dem Haas-Haus demonstriert, da dort eine ORF-Life-Diskussion («Zur Sache») über die Regierungsbildung stattfinden sollte. Diese wurde aber in das entlegene ORF-Zentrum am Küniglberg verlegt. An die 10.000 DemonstrantInnen machten sich auf den Weg, um nach einer dreistündigen Wanderung kurz vor Ende der Sendung beim ORF-Zentrum einzutreffen. Zwei Demonstrationszüge waren noch bis in die frühen Morgenstunden unterwegs. Auch in den nächsten Tagen demonstrierten täglich zwischen 5000 und 10.000 Menschen und am Samstag, den 12. Februar, beteiligten sich noch einmal 15.000 an einem Zug zum Karl-Marx-Hof in Döbling in Erinnerung an den Februaraufstand 1934.

Ab dem 6. Februar versuchte ein «Aktionskomitee gegen Schwarzblau und gegen Rassismus und Sozialabbau», bestehend aus verschiedenen trotzkistischen Gruppen (AL, SLP, ASt) und SPÖ- und KPÖ-nahen Organisationen, die Bewegung in einen geordneteren Rahmen zu bringen. Die Demonstrationen sollten (auch in Absprache mit der Polizei) in bestimmte Richtungen gelenkt werden, wodurch aber die Spontaneität unterdrückt wurde (TATblatt 132). Manchmal gelang es, meistens aber ließen sich die DemonstrantInnen nicht beeinflussen.

Am 18. Februar streikten ein großer Teil der Wiener Schulen, an die 10.000 SchülerInnen demonstrierten bis Unterrichtsschluss (13 Uhr) in der Wiener Innenstadt. Viele SchülerInnen erreichten die Demo nicht, weil sie in ihren Schulen eingesperrt wurden. Die von der Demokratischen Offensive angemelde-

Das Ende vieler Demonstrationen vor dem Parlament (Quelle: ACC / RAW)

te Großdemonstration am 19. Februar 2000 begann mit Polizeiangriffen am Westbahnhof. Ein vermeintlicher autonomer Block sollte von der übrigen Demo getrennt und eingekesselt werden, was aber nicht gelang. Um «ausländische Gewalttäter» zu konstruieren, wurden Delegationen aus Deutschland und Belgien schikaniert. An der Demonstration am Heldenplatz beteiligten sich zwischen 200.000 und 300.000 Menschen. Prominente SprecherInnen auf einer Bühne sprachen weit entfernt von oben herab. Die Menge, eine hierarchisierte, aufs Zentrum hin und blockweise organisierte, eine *molare Masse*, wie es Raunig (2000, S. 120) in Anlehnung an Deleuze formuliert. Für kurze Zeit wurde versucht, die fließende, *molekulare Masse* der täglichen Demonstrationen und sonstigen vielfältigen Aktivitäten zu vereinheitlichen. Das «bessere Österreich» wurde angerufen, von der Bühne «Wir sind das Volk» deklamiert. Am Abend löste sich das wieder in Bewegung auf. Als bekannt wurde, dass sich Jörg Haider in einer Pizzeria einige hundert Meter von den DemonstrantInnen entfernt aufhielt, zogen 500 Menschen in diese Richtung. Haider musste das Lokal unter Polizeischutz verlassen. Ungefähr zur gleichen Zeit schlug auch die Polizei zurück. Es gab wieder die schon übliche Jagd auf alles, was nach DemonstrantInnen aussah.

In Wien waren durch die Größe der Szene und den Blickpunkt der Medien (auch der alternativen) die Bedingungen für Bewegungen immer günstiger. Im Februar 2000 war aber die Situation in den Bundesländern mit ähnlichen Aufbrüchen verbunden, auch wenn sie wegen der spektakulären Ereignisse in Wien weniger Beachtung fanden. In Graz demonstrierte eine Plattform verschiedenster Organisationen am 4. Februar 2000. Für den 5. Februar meldete *Mayday*, eine Gruppe, die abseits der Parteien einen aktiven und lebendigen Widerstand organisieren wollte, eine Kundgebung mit 30 TeilnehmerInnen an. Es kamen dann über 2000, die immer wieder Straßenkreuzungen in der Stadt blockierten. Auch am 11. Februar demonstrierten wieder tausende. Wie in Wien kamen AnwohnerInnen auf die Straße und beklatschten die DemonstrantInnen (TATblatt 134). In Innsbruck wurde die ÖVP-Zentrale besetzt und es demonstrierten an die 500 Personen (TATblatt 132). In Salzburg riefen zwei Einzelpersonen zu einer Kundgebung auf, an der dann überraschenderweise über 2000 teilnahmen. Selbst in Celovec / Klagenfurt, in der FPÖ-Hochburg Koroška / Kärnten, protestierten einige hundert gegen den dortigen FPÖ-Ball (TATblatt 133). Auch in kleineren Städten beteiligten sich viele. In St. Pölten organisierten einige Menschen aus der EDV-Branche eine für dortige Verhältnisse große Kundgebung. In Leibnitz in der Südsteiermark gingen hunderte SchülerInnen gegen die FPÖ auf die Straße. Vieles ereignete sich auch, ohne dass es eine größere Öffentlichkeit erreichte.

Die Bewegung war von Anfang an mehr, als die bisher beschriebenen Demonstrationen. Auf dem Ballhausplatz wurde die *Botschaft besorgter BürgerInnen* (BBB) eingerichtet, zuerst als Zelt, dann als wetterfester Container. Sie war Treffpunkt der Widerstandslesungen, die regelmäßig stattfand und der Ausgangspunkt der donnerstäglichen Demonstrationen nach dem 19. Februar 2000. Obwohl immer wieder von der Räumung bedroht, stand sie bis zum Sommer 2003 am Ballhausplatz, danach wurde sie an den Donaukanal verlegt. Es bildete sich ein Internetnachrichtendienst *Gegenschwarzblau*, der aber nach einigen Wochen eingestellt wurde, weil sich die Internetplattformen vervielfacht hatten, viele davon täglich aktualisiert. Einige wurden erst gegründet, andere, wie getto-attack bestanden schon vor dem Februar 2000. Das TATblatt führte eine vielbeachtete tägliche Chronologie ein (www.TATblatt.net). Noch heute besteht der Widerstandsmund als wichtiges Diskussionsorgan (www.no-racism.net/MUND). Viele dieser Projekte sind nach einigen Monaten verschwunden. Unterschiedlichste Textproduktionen entstanden, von Flugblättern der Politgruppen bis hin zu literarischen Versuchen. Immer wieder wurden neue Tafeln, Transparente und sonstiges Material produziert, fantasievoller als die üblichen Textsorten auf Demonstrationen, häufig auf aktuelle Vorfälle reagierend[6]. Die Kreativität hunderter, nicht zum Mainstream gehörender KünstlerInnen wurde angespornt, von den berühmten Stickern der Johanna Kandl, ein weißer Strich durch die schwarzblaue Rechnung, bis hin zu Performance-Aktionen wie die Bewegung des Gummimonsters von *Performing Resistance*[7]. Legendär waren die Dia-Projektionen auf das Bundeskanzleramt. Auch die Musikszene ließ sich einiges einfallen. *Volkstanz* führte jeden Samstag die *Soundpolitisierung* durch, zahlreiche DJs machten in der Stadt Musik und verbanden das mit Demonstrationen. Nicht zu vergessen die Filmszene, die Diagonale im März 2000, eines der bedeutendsten österreichischen Filmfestivals, erweiterte das Programm durch die Nachtleiste «die Kunst der Stunde ist Widerstand». Gezeigt wurden Filme, die rund um den regierungskritischen Widerstand gedreht wurden. Ankündigungen prominenter KünstlerInnen, Österreich zu boykottieren, blieb meist nur Deklamation. Schon nach wenigen Wochen wurde es bis auf Ausnahmen in dieser Szene sehr still (vgl. Raunig 2000, S. 15ff).

Die Bewegung war *transversal* im besten Sinne, d.h. quer zu repräsentationellen Herrschaftsformen (vgl. Raunig 2003). Am wenigsten war sie *transnational*, gerade die Betonung eines österreichischen Patriotismus, des «anderen Österreich» auf der Demonstration am 19. Februar spricht dagegen (...*feierten linke PatriotInnen mit ihren genauso patriotischen FreundInnen aus Frankreich und Belgien*,... Raunig 2000, S. 12), aber die täglichen und später die Donnerstagsdemonstrationen hatten einen anderen Charakter. Wenn rot-weiß-rote oder EU-blaue Fahnen getragen wurden, löste das sofort heftige Diskussionen aus. Diese Antinationalität war noch nicht die Überwindung des *multinationalen Setzkastens*, sondern hauptsächlich negativ orientiert, Österreich als rassistischer und antisemitischer Staat, die Nation des Haider, aber auch der Löschnaks und Schlögls, die Nation der nicht reflektierten NS-Vergangenheit, die Nation der Profiteure der Vernichtung der JüdInnen. Die Bewegung war eindeutig *transsektoral*. Angefangen von alten AntifaschistInnen bis zu den noch minderjährigen SchülerInnen waren ganze Generationen unterwegs, von Bundeskanzler Schüssel abfällig als das letzte Aufbegehren der Alt-68er und der Internetgeneration bezeichnet. Diese Bewegung war auch ein Ausdruck postfordistischer Sozialität: Internetkids, SchülerInnen, LehrerInnen, Studierende, Generationen von ProjektarbeiterInnen, die schon seit 1987 von Kommodifizierung durch Sozialabbaumaßnahmen betroffen sind, Angestellte aus den «neuen» Bereichen wie Werbung und EDV, selbst Teile der verstaatlichten ArbeiterInnenklasse, natürlich sehr zahm und gewerkschaftlich gebremst. Diese hatten bei allen vorherigen Bewegungen gefehlt, auch wenn der Sozialabbau sie selbst betraf. Allein die Interessen zeigen Transsektoralität. Es wurde nicht nur demonstriert, es wurde diskutiert und künstlerisch gestaltet: Plakate, Texte, Kunst, Musik, Aktionismus, Performances, Tanz. Gerade in diesen unterschiedlichsten kreativen Aktivitäten verschwanden die Unterschiede zwischen KünstlerInnen und Nicht-Künstler-Innen, zwischen Arbeitenden und Nicht-Arbeitenden. Die Bewegung war *molekular*, nicht starr, zusammengefasst, klassifiziert, vereinheitlicht, repräsentationell, sondern fließend, inhomogen, unkontrollierbar. Auch wenn traditionelle linke Gruppen versuchten, Linien und Verhaltensweisen vorzugeben, die Demonstrationen benötigten keine Ansprechpersonen. Sie suchten nicht ein Zentrum, ein Ziel, sondern wanderten durch die Stadt (Raunig 2000, S. 47). Bei diesen Wandertagen stand weniger das Anagitieren der Bevölkerung im Vordergrund als vielmehr das Herzeigen seiner/ihrer wöchentlichen Kreativität. Molekulare Aktivitäten haben die Tendenz, sich gegenseitig zu verstärken, während sich Versuche zur Vereinheitlichung bremsend auswirken (vgl. Deleuze / Guattari 1992, S. 301). Im Gegensatz dazu typisch molare Strukturen sind Aktionseinheiten, die einerseits eine Segmentierung in die verschiedenen Organisationen ausdrücken, durch die «Gemeinsamkeiten» immer wieder etwas von der Vielfalt der molekularen Elemente abschneiden und darum auch bremsen.

Als Ersatz für die täglichen Demonstrationen wurden die wöchentlichen Donnerstagsdemos eingeführt. Die erste fand am 24. Februar 2000 mit über 10.000 TeilnehmerInnen statt, im ersten Monat waren es dann immer noch zwischen 5000 und 10.000, in den Folgemonaten einige Tausend. Die DonnerstagsdemonstrantInnen erwiesen sich als erstaunlich hartnäckig. Die Demonstrationen wurden mit abnehmender Zahl an TeilnehmerInnen bis zu den Neuwahlen im November 2002 weitergeführt. Eine Gruppe von AktivistInnen trifft sich noch immer jeden Donnerstag, auch die Widerstandslesung wird noch immer durchgeführt. Der zweite Donnerstag am 2. März 2000 fiel mit dem traditionellen Opernballtermin zusammen. Das brachte eine neuerliche Aktivierung der Opernballdemos aus den 1980ern (vgl. oben). Über 15.000 Menschen demonstrierten und versuchten durch Umrundung die Oper einzukreisen. Die Auseinandersetzungen hielten sich in Grenzen, obwohl die Polizei provozierte: DemonstrantInnen wurden angefahren, ein Wasserwerfer stand bereit. Wie von den bisherigen Wandertagen gewohnt, versuchten die DemonstrantInnen den Konfrontationen auszuweichen. Um doch noch «militante» Erfolge vorzuweisen, überfielen vermummte Polizisten[8] abseits der Menschenmassen einzelne DemonstrantInnen. Obwohl ein Festgenommener nachweislich keinen Widerstand leistete (die Amtshandlung wurde zufällig gefilmt), wurde er wegen Widerstand gegen die Staatsgewalt zu acht Monaten unbedingt verurteilt. Laut Anklage habe er Widerstand geleistet, als die Kamera gerade nicht lief. Im nächsten Jahr, am 22. Februar 2001, kurz vor den Wiener Wahlen, hatte die Opernballdemo fast wieder ihren früheren Charakter mit dem Unterschied, dass die Polizei dort zuschlug, wo es für sie am günstigsten schien. Am Opernring überrannten die Polizeiketten die DemonstrantInnen und verprügelten sie. Damit begann aber erst der Abend, denn die Polizei löste unkontrollierte Aktivitäten aus. Auf der «Zweierlinie» brannten ein paar Mülltonnen, die Kameras der Medien hatten ihre Bilder. Auf der Mariahilfer Straße wurden (symbolische) Barrikaden gebaut und Scheiben eingeschmissen und die übliche Jagd der Polizei auf DemonstrantInnen durch die halbe Stadt begann. In derselben Nacht wurde das EKH durchsucht, Türen aufgebrochen und die Menschen auch nackt auf den Gang gezerrt. Die Polizei suchte nach Gegenständen, die auf der Demonstration verwendet worden sein sollen. Die Wiener Grünen überreichten daraufhin dem Generalinspektor der Wiener Sicherheitswache einen «Goldenen Schlüssel des Ernst-Kirchweger-Hauses», um nicht immer wieder Türen aufbrechen zu müssen.

Widerstand gegen die rechts-rechtsextreme Regierung beschränkte sich nicht nur auf kulturelle Aktivitäten und die Donnerstagsdemos. Ein kleiner spektakulärer Höhepunkt war die «Tortung» des Vorsitzenden der Wiener FPÖ, Hilmar Kabas[9], am 18. April 2000 bei einer Veranstaltung am Viktor-Adler-Markt im 10. Bezirk. Die seit 1969 bestehende aktionistische Rockgruppe *Drahdiwaberl* (vgl. oben) nannte aus diesem Grund ihre neuentstandene CD gegen die Regierung «Torte statt Worte». Als am 20. Mai 2000 nach der Erschießung eines vermeintlichen Drogenhändlers im Anschluss an die Soundpolitisierung gegen Polizeigewalt demonstriert wurde, wurden ein Teil der Leute eingekesselt und erst nach stundenlangem Hin und Her und der Intervention von grünen Abgeordneten, freigelassen. Im Oktober wurde eine Kulturkarawane in die FPÖ-Hochburg Koroška / Kärnten durchgeführt. Der Höhepunkt war die Demonstration von einigen tausend Menschen in Celovec / Klagenfurt, darunter sehr viele italienische KommunistInnen.

Gegen Ende des Jahres 2000 wurde noch einmal versucht, der Bewegung Schwung zu verleihen. Die Blockadeaktion «Checkpoint Austria» wurde durchgeführt. Entstanden ist die Idee aus der Reflexion darüber, dass es immer schwieriger ist, Streiks durchzuführen: (Schein)Selbstständige und WerkvertragsnehmerInnen schaden sich selbst, ArbeiterInnen im *Care*-Bereich bringen ihre KlientInnen gegen sich auf, SchülerInnen und Studierende können nur Boykotte durchführen (auch wenn sie oft Streik genannt wurden). Am 5. Dezember 2000 sollten an verschiedenen Orten in ganz Österreich Durchzugsstraßen für den Frühverkehr gesperrt werden. Einige wenige Straßenblockaden waren angemeldet und bewilligt, die meisten anderen wurden relativ schnell von der Polizei beseitigt. Am erfolgreichsten war, trotz polizeilichem Gummiknüppeleinsatz, die einstündige Blockade der Wiener Westeinfahrt.

Die traditionelle Linke von der KPÖ bis zu den trotzkistischen Gruppen hoffte, den ÖGB in die Bewegung einzubeziehen, weil die Regierung sukzessive die Sozialpartnerschaft aufkündigte. Einzelne gewerkschaftlich organisierte Bereiche protestierten, so demonstrierten am 30. März 2000 die Wiener HausbesorgerInnen gegen ihre Abschaffung, BeamtInnen und AK-Angestellte wehrten sich gegen die Pensionsreform. Am 28. Juni 2000 führte der ÖGB einen «Aktionstag» gegen die Pensionsreform durch, eine Mischung aus Betriebsversammlungen und Kundgebungen. Erwartungsgemäß verpuffte dessen Wirkung. Im Herbst 2000 wurden die LehrerInnen aktiv, die Gewerkschaft Öffentlicher Dienst (GÖD) war gezwungen, am 5. Dezember 2000 einen Streik anzusetzen. Als 2001 Hans Sallmutter als Präsident des Hauptverbandes der Sozialversicherungen abgesetzt wurde, verpuffte der Protest in einer (wirkungslosen) Großdemonstration am 5. Juli 2001 («Aufruf zum rot-weiß-roten Protest»). Die verstaatlichte ArbeiterInnenklasse reagierte autoritätsgläubig, ging auf die Straße und danach brav wieder zur Arbeit. Für den Herbst lenkte der ÖGB den Unmut in eine Urabstimmung, die vorsah, «notfalls Kampfmaßnahmen zu ergreifen». Die LehrerInnen in Vorarlberg und Wien gründeten aus Ärger über die Passivität der GÖD die Unabhängige Bildungsgewerkschaft (UBG). Beeinflusst war das auch von der speziellen Situation der Vorarlberger LehrerInnen, die schon die Urabstimmungszettel «manipulierten» und für Streiks eintraten. Die hohe Kampfbereitschaft der VorarlbergerInnen hat mit ihrer speziellen Situation zu tun. Sie haben größeren Spielraum, weil in der angrenzenden Schweiz ein Mangel an PädagogInnen herrscht und höhere Löhne gezahlt werden. Die WienerInnen sind dagegen stärker links und alternativ orientiert, etwa das Aktionskomitee Henriettenplatz (vgl. oben). 2004 führten unterschiedliche Vorstellungen zwischen Vorarlberg und Wien zur praktischen Auflösung der UBG.

Die breiteste Bewegung, die es je in Österreich gegeben hat, scheint praktisch nichts bewirkt zu haben. Die Demokratische Offensive versuchte mit einer Kampagne für Neuwahlen zu punkten, fand aber bei den BewegungsaktivistInnen nicht viel Anklang. Die Regierung scheiterte dann im September 2002 an Widersprüchen innerhalb der FPÖ. Als nach den Neuwahlen am 24. November 2002 wieder eine schwarzblaue Regierung gebildet wurde, wenn auch mit einer geschwächten FPÖ, hatte sich die Neuwahlforderung konterkariert. Ein kurzfristiger Erfolg war (wahrscheinlich), dass sich die SPÖ in einigen kleinen Bereichen der Bewegung annäherte. Ursprünglich war Karl Schlögl als SPÖ-Vorsitzender vorgesehen (als Innenminister verantwortlich für den Tod Omofumas), die Breite der antifaschistischen und antirassistischen Bewegung und die Spaltung der österreichischen Gesellschaft ließ die Partei dann nach einer Alternative suchen, die in Alfred Gusenbauer gefunden wurde. Auch von der Aufarbeitung der «braunen Flecken» innerhalb der SPÖ wurde geredet, konkrete Ergebnisse gab es aber kaum.

Die Beteiligung von zehntausenden an der Vielfalt und Lebendigkeit der Demonstrationen und Proteste sollte nicht sinnlos gewesen sein. Viele Nachwirkungen sind im Unsichtbaren geblieben. Diskussionen wurden geführt, Probleme aufgeworfen, neue Projekte und soziale Zusammenhänge entstanden. Und wenn in Zukunft wieder die Vielfältigkeit der Revolte an die Oberfläche drängt, wird sie an den Erfahrungen der machtvollen Bewegung von 2000 anknüpfen können.

Globalisierte Proteste

Als deutlichstes Bindeglied zwischen den Bewegungen in Österreich und der globalen Protestbewegung kann das VolxTheater Favoriten und die daraus entstandene VolxTheaterKarawane gelten. Das Projekt wurde von einigen HausbewohnerInnen des EKH gegründet (das Folgende nach Müller 2003, S. 129ff). Die Theaterprojekte wurden von Anfang an kollektiv entwickelt, was den Produktionsprozess verlangsamte. Dort, im größten Theatersaal des Bezirks, und an anderen Orten wurden die *Dreigroschenoper* von Bert Brecht, die *Penthesilea* von Heinrich von Kleist (mit legendären Musiknummern), *Bezahlt wird nicht* von Dario Fo und der *Auftrag* von Heiner Müller entwickelt und aufgeführt[10]. Immer wieder wurde auch Straßentheater gespielt, etwa die *Durchschwimmung des Donaukanals*. Trotz laufender Änderung der Gruppenzusammensetzung blieben die Prinzipien der kollektiven Entscheidungen und die Ablehnung von Hierarchien aufrecht. Nach der Wahl 1999 flogen sie mit der Produktion *Schluss mit lustig – Ein Land dreht durch!* wegen der «arroganten, dilettantischen» Form aus dem Schauspielhaus Wien. Das VolxTheater beteiligte sich mit vielen Aktionen an der Protestwelle gegen die ÖVP-FPÖ-Regierung, so wurde im Mai 2000 mit der EKH-Tour versucht, im öffentlichen Raum der Landeshauptstädte zu agieren (mit *Volxküche, Propagandaradio, Straßenduetten, Gaukeleien und Tortenschlachten*).

In Zusammenarbeit mit *für eine Welt ohne Rassismus* (FEWOR) wurde für den Sommer 2001 die *noborder-nonation-Tour* der VolxTheaterKarawane vorbereitet. Kostüme waren orange Overalls und Helme, Requisiten Reifenschläuche und

Spritzpistolen. Begonnen wurde die Fahrt mit einer Aktion *Künstler lernen schie-ßen* an der Grenze zwischen Österreich und Ungarn, wo das Denkmal, das an den Fall des Kommunismus erinnert, abgeschossen wurde. Die nächste Station war die Teilnahme an den Aktionen gegen den Gipfel des *World Economic Forum* (WEF) in Salzburg vom 1. bis 3. Juli 2001.

Seit 1997 wurde in Salzburg ein regionales Treffen des WEF für Osteuropa durchgeführt. Bis 2001 protestierten dagegen nur kleine Gruppen, die praktisch keine Öffentlichkeit erreichten. Dieser Umstand änderte sich mit den internationalen Mobilisierungen. Mehrere Gruppen bereiteten die Proteste vor, aus dem autonomen Spektrum, die Anti-WEF-Koordination (AWK), aber auch ATTAC und die verschiedensten politischen Gruppierungen von linken Strukturen in der SPÖ (etwa der Funke) über die KPÖ bis hin zu trotzkistischen Gruppen, unter ihnen am aktivsten die Linkswende. Für die Medien war diese Demonstration schon gewalttätig, noch bevor sie begonnen hatte (das Folgende nach Gradnitzer 2003). Ein Großteil der Stadt war abgesperrt, darunter der größte Teil der Altstadt und des Stadtzentrums. Die Aktivitäten begannen am Freitag mit einem Parkfest im Volksgarten und einem unangemeldeten Zug durch die Stadt zum *Infopoint* beim Bahnhof, dessen Räumlichkeiten von der KPÖ zur Verfügung gestellt wurden. Die Polizei ließ die DemonstrantInnen gewähren. Am nächsten Tag diskutierten bei einem Gegengipfel im Brunauer-Zentrum der AK Salzburg an die 600 Menschen. Dazwischen führte die SJ einen Demonstrationszug zu einer McDonalds-Filiale durch, gefolgt von einer weiteren Gruppe von DemonstrantInnen, die glaubten, die SJlerInnen seien eingekesselt. An der zentralen Kundgebung am Sonntag Nachmittag (1. Juli 2001) beteiligten sich weniger Menschen als erhofft (es müssen so zwischen 1500 bis 2000 gewesen sein). Insbesonders die AWK hatte versucht, international zu mobilisieren. Aber auch die tausenden WienerInnen, die im Vorjahr auf den Donnerstagsdemonstrationen zu sehen waren, konnten nicht motiviert werden, obwohl sich die Proteste ausdrücklich auch gegen die ÖVP-FPÖ-Regierung richteten. Das Gummimonster der Volxtheaterkarawane konnte den genehmigten Kundgebungsplatz vor dem Bahnhof nicht verlassen, ein Großteil der Menschen zog aber in einem Demonstrationszug durch die Stadt. An einer Polizeisperre in Sichtweite des Kongresshauses zweigte der Zug ab, nach den Wiener Wandertagserfahrungen wurde versucht, der Konfrontation auszuweichen und sich entlang der Roten Zone zu bewegen. Ein Scharmützel mit einer kleinen Gruppe von PolizistInnen wurde zum Anlass genommen, über 900 TeilnehmerInnen der Demonstration einzukesseln (TATblatt 170). Nach separaten Verhandlungen mit der Polizei konnte die SJ-Gruppe um den «Funke» geschlossen abziehen. Die restlichen DemonstrantInnen wurden insgesamt sechs Stunden festgehalten. Anschließend durften die Menschen geschlossen abziehen, ein Großteil von ihnen wurde direkt in den Bahnhof gebracht, wo ein Sonderzug nach Wien bereitstand. Die Polizei verhaftete 13 Personen (auch grüne Gemeinderäte), bereits am nächsten Tag wurden aber alle wieder freigelassen. Von der Anzahl der Beteiligten waren die Aktionen ein Mißerfolg, aber die kleine oppositionelle Szene in Salzburg wurde gestärkt.

Im Jahr darauf wurden die Proteste gegen die WEF-Tagung im September 2002 hauptsächlich durch ein neu entstandenes Netzwerk, das *Salzburg Social Forum*, organisiert. Das Bündnis war auf lokaler Ebene sehr breit, sogar der regionale ÖVP-Wirtschaftsbund beteiligte sich. Das WEF verschob die Eröffnung um zwei Tage auf den 16. September 2002, um Demonstrationen auszuweichen. Am Freitag, den 13. September, wurde ein *Battle on the Bridge* durchgeführt, bei dem sich AktivistInnen als Persiflage auf die «Schlachtberichte" der Medien mit Gemüse bewarfen. Am 14. September 2002 fand eine antirassistische Manifestation statt und obwohl die Demonstration am 15. September mit einem Konzert der bekannten PolitmusikerInnen *Chumbawamba* endete, war die Beteiligung letztlich doch enttäuschend. Es demonstrierten nur zwischen 2500 und 5000, die Mobilisierung blieb weitgehend regional. Als ein Erfolg wurde von DemonstrantInnen die Verlegung des WEF-Treffens nach Irland gesehen. Den Geschäftsleuten und der Bevölkerung sollten die umfangreichen Sicherheitsmaßnahmen nicht mehr zugemutet werden.

Nach ihrem Auftritt 2001 in Salzburg machte sich die VolxTheaterKarawane auf den Weg zu einem Grenzcamp im Dreiländereck Slowenien, Ungarn und Kroatien. In Kärnten wurde das PartisanInnenmuseum besucht, gemeinsam mit slowenischen Gruppen wurde vor einem Abschiebegefängnis in Ljubljana demonstriert. Der Höhepunkt der *noborder*-Tour war die Teilnahme im theatralischen *Alien-Nation*-Block bei der Demonstration für MigrantInnenrechte am 19. Juli 2001 in Genua. Nach Genua hätte die Tour mit der Beteiligung am Grenzcamp am Frankfurter Flughafen abgeschlossen werden sollen. Aber am 22. Juli 2001 wurden 25 TeilnehmerInnen der VolxTheaterKarawane aus Österreich, der Slowakei, Deutschland, Schweden, Australien und den USA ungefähr 30 Kilometer außerhalb von Genua festgenommen. Schwarze Kleidungsstücke galten als Beweis für eine Mitgliedschaft beim Schwarzen Block, Jongliermaterial wurde als gefährliche Waffe interpretiert. Wie andere Gefangene wurden auch sie geschlagen und misshandelt, Frauen mit sexueller Gewalt gedroht. Die italienischen Behörden ließen sie nach drei Wochen Mitte August frei. Ob und gegen wen Verfahren eingeleitet werden, ist im Sommer 2004 noch immer offen.

Die damalige Außenministerin Benita Ferrero-Waldner setzte sich praktisch nicht für die österreichischen Gefangenen ein, im Gegenteil, sie beteiligte sich durch die Äußerung *«die dürfen sich nicht wundern, dass sie von der Polizei festgenommen werden»* an der Vorverurteilung durch einen Teil der österreichischen Presse. Auch eine umstrittene Datenweitergabe der österreichischen Polizei an die italienische Exekutive wurde diskutiert (Gradnitzer 2003, S. 57). Die österreichische Öffentlichkeit war, wie seit der Regierungsbildung überhaupt, gespalten. Ein Teil übernahm das Bild von den «TerroristInnen», parallel dazu entwickelte sich breite Sympathie bei dem Teil der Bevölkerung, der schon in der Widerstandsbewegung gegen Schwarz-blau aktiv war. So solidarisierten sich viele KünstlerInnen, etwa durch eine aktionistisch-solidarisierende Performance am 8. August am Heldenplatz: 49 schwarz bekleidete Personen (Schwarzer Block) stellten sich auf und zogen sich dann nackt aus. Am 26. Juli 2001 verdoppelte sich aus Anlass der Festnahme der Karawane die Teilnahme an der immer noch stattfindenden Donnerstagsdemo. Der Empfang des italienischen Außenministers durch Ferrero-Waldner wurde durch Pfiffe und Beschimpfungen gestört. Im August wurden die Festgenommenen in allen Bundesländern durch unterschiedliche Aktionen unterstützt, von Petitionen und Unterschriftensammlungen, über Demonstrationen und Kundgebungen bis zur blutroten Einfärbung eines Brunnens in Linz. Die Aktivitäten waren nicht so Wien-zentriert wie sonst oft. Nach der Freilassung, noch mehr aber nach den Attentaten gegen das *World Trade Center* in New York am 11. September 2001 wurde die Diskussion um die Verhaftung der VolxTheaterKarawane in den Hintergrund gedrängt.

Die Sprache der Vergangenheit (II)

Ein tiefer Einschnitt für die Entwicklung der Bewegungen waren die Ereignisse am 11. September 2001, als zwei entführte Verkehrsflugzeuge in die Zwillingstürme des *World Trade Center* (WTC) in New York rasten. Ein weiteres Flugzeug wurde ins Pentagon, das Verteidigungsministerium der USA, gestürzt, ein viertes stürzte ab. Die größte Terroraktion in Friedenszeiten forderte tausende Menschenleben. Als «Kampf gegen den Terrorismus» wurden durch Unterstützung und Bewaffnung anderer Warlords die fundamentalistisch-islamischen *Taliban* in Afghanistan gestürzt, die beschuldigt wurden, die WTC-Terroristen zu unterstützen. Um den Krieg der Warlords legitimer zu machen, wurden als Argumentation auch Frauenrechte und Demokratie bemüht. Noch immer herrscht kein Frieden in Afghanistan und auch mit Demokratie und Frauenrechten ist es nicht weit her. Große Teile der globalen Protestbewegung waren gelähmt durch den islamistischen Terror und der zunehmenden Akzeptanz kriegerischer Maßnahmen der USA und des Westens durch die Bevölkerungen (auch die ÖVP-FPÖ-Regierung fühlte sich in ihren rassistischen und repressiven Aktivitäten bestätigt). Kriegsaktionen behindern von beiden Seiten emanzipatorische Entwicklungen, weil es die Tendenz gibt, sich in «eine Front» zu begeben. Die härtesten AntiimperialistInnen stellten sich auf die Seite des militanten Islamismus, ein großer Teil der «Antideutschen» (vgl. unten) auf Seiten der USA und der anderen westlichen Kriegsherren. Der islamistische Terror und die kriegerischen Antworten förderten Spaltungen und Sektenverhalten in den Bewegungen und in der Linken.

In Niedergangsphasen von Bewegungen entsteht bei vielen ProtagonistInnen das Bedürfnis nach starken Identitäten. Ein Beispiel dafür sind die Parteiaufbaukonzepte der K-Gruppen nach 1968 (vgl. oben). Auch in der globalen Protestbewegung entstand der Wunsch nach dogmatischen Gewissheiten. Davon profitierten in kleinerem Ausmaß bestehende trotzkistische Gruppierungen (in anderen Regionen wie Indien auch maoistische und postmaoistische Organisationen). Eine breitere Strömung ist das neuerliche Aufgreifen des Antiimperialismus der 1970er. Damals auftauchende *guevaristische* (nach *Ernesto Che Guevara*, vgl. oben) Strömungen kritisierten die damalige Metropolenlinke als eurozentristisch und bewunderten den bewaffnet kämpfenden Befreiungsnationalismus. Bis in die Mitte der 1970er war es tatsächlich so, dass sich ursprünglich rückwärtsgewandte, auf nationale, ethnische und religiöse Identitäten bezogene KämpferInnen unter Einfluss der SU nach links entwickelten, ein als Gesetzmäßigkeit interpretierter Schritt (mensch müsse das «dialektisch» sehen) zu einer linken, emanzipatorischen Politik. Der linke Nationalismus war bis auf Ausnahmen nur bis in die 1950er, bis zum Ende des Kolonialismus, erfolgreich. Die Phase der Niederlagen führte meist zum Ablegen der oberflächlichen linken Ideologie. Ursprünglich linke Strömungen wurden reaktionär. Ein Aufschwung des islamischen Fundamentalismus im arabischen Raum und die Zunahme der Attraktivität der bürgerlichen «Demokratie» in anderen Regionen der Welt war die Folge. Im Wiederaufgreifen des 1970er-Antiimperialismus stürzte sich diese Art der internationalen Solidarität auf den letzten Rest einer kolonialistischen Struktur. Das Identifikationsobjekt wurde *Palästina* als Gegenpol zum «imperialistischen» *Israel*. Dabei ist in dieser Region eine nationale palästinensische Befreiungsperspektive ökonomisch irreal und überhaupt nicht mehr emanzipatorisch. Die Al-Aqsa-Intifada, die im September 2000 ausbrach, wird vom reaktionären Fundamentalismus dominiert, ursprünglich linksnationalistische Gruppierungen haben sich den Aktionsformen bis hin zu Selbstmordattentaten und der antijüdischen Rhetorik angepasst.

Durch den verengten Blickwinkel auf Israel besteht die Gefahr, Israel (und die JüdInnen) als mächtiger zu sehen als sie sind. Das bedeutet eine offene Flanke zum Antisemitismus und die Entschuldigung antisemitischer und antijüdischer Angriffe. Die Verurteilung Israels als rassistisch bei der *Weltkonferenz gegen Rassismus* in Durban (Südafrika) im September 2001 war nicht problematisch, weil Israel verurteilt wurde (Israel ist so rassistisch wie jeder Nationalstaat), sondern weil nur Israel verurteilt wurde. Auf diese Weise entsteht die antisemitische Konstruktion, dass die JüdInnen die Hauptfeinde der Menschheit, in antiimperialistischer Diktion der «Völker» seien. Ausbeutung und Unterdrückungsverhältnisse in anderen Regionen der Welt werden schlicht ignoriert, da der «imperialistische Feind» nicht so offensichtlich konstruiert werden kann (etwa die Situation im Kongo, vgl. oben).

In Österreich wird die antiimperialistische Strömung am stärksten durch die Revolutionär-Kommunistische Liga (RKL) repräsentiert. Diese sieht sich als Organisation, die sich vom «geschichtlichen Ballast des Trotzkismus» gelöst hat. Wobei diese Öffnung hauptsächlich zum Nationalismus hin stattfand. Aus dem Umfeld der RKL wurde die *Antiimperialistische Koordination* (AIK) und die *Bewegung für soziale Befreiung* (BSB) gegründet. Die BSB führt im *Vorstadtzentrum* regelmäßige Diskussionsveranstaltungen durch, die AIK gibt eine Zeitung, die *Bruchlinien*, heraus. Ähnliche Positionen werden auch von anderen leninistischen Organisationen wie dem ArbeiterInnenstandpunkt (ASt), der Sozialistischen Linkspartei (SLP) oder der Linkswende, sowie den letzten Überresten des Maoismus, der Kommunistischen Aktion / Marxisten-Leninisten (Komak/ML) vertreten.

Im Gegensatz zu anderen Ländern und Regionen ist die antiimperialistische Orientierung durch die spezifische Entwicklung und Struktur der Linken in Österreich (und im deutschsprachigen Raum) relativ schwach und unbedeutend, eher auf die RKL und ihr Umfeld, sowie die leninistischen Gruppen beschränkt. Durch die spezifische Situation in einem Nachfolgestaat des Nationalsozialismus ist die Kehrseite der antiimperialistischen Identitätsbildung viel einflussreicher, die Strömung, die als *antideutsch*[11] bezeichnet wird. Hervorgegangen aus der Kritik an den blinden Flecken der Linken hinsichtlich des Antisemitismus wurde wichtige Arbeit in der Aufarbeitung der post-nationalsozialistischen Gesellschaft in Deutschland und Österreich geleistet. Es wurde aufgezeigt, wie sehr Staat und Bevölkerung vom Krieg und der Vernichtung der JüdInnen profitierten und wie das im Bewusstsein der Bevölkerung nachwirt (zu Österreich vgl. oben). Größeren Einfluss, besonders in der autonomen Szene, bekamen die Antideutschen durch die deutsche Einigung und die erschreckende Aktualität von deutschem Nationalismus und Rassismus bis hin zu Pogromen an MigrantInnen. Diese sich auch «wertkritisch» nennende Strömung war auch ein Produkt der Niederlage der Linken in den 1990ern. Die ProtagonistInnen sehen sich als außerhalb aller gesellschaftlicher Zusammenhänge stehend, insbesonders der «postnazistischen» Bevölkerungen in Deutschland und Österreich. So ist es ihnen nicht möglich, ihre eigene soziale Situiertheit zu erkennen. Immer stärker tendierte diese Strömung dahin, alle Publikationen danach zu beurteilen, ob (und wie) sie sich mit dem Nationalsozialismus und der Shoah auseinandersetzen. Und immer häufiger läuft es darauf hinaus, nur noch einen Maßstab gelten zu lassen, das Verhältnis zu Israel (vgl. die Beiträge in Grigat 2003[12]).

Ein ähnliches Produkt des Pessimismus der 1990er ist die *Krisis*-Gruppe, die ihren Ausgangspunkt im Fetisch-Kapitel des Marxschen Kapital hat, WertkritikerInnen, die sich im Gegensatz zu den «Antideutschen» nie auf der Seite eines Staates oder einer Nation wiederfanden. Die Grundthese (vgl. Kurz 1991) ist, dass der Zusammenbruch des «realen» Sozialismus kein Sieg des Kapitalismus, sondern Ausdruck der Krise des Systems war und ist. Durch die Technologisierung gibt es immer weniger Lohnarbeit. Da der Wert aus Arbeit entsteht, kommt es zum Abschmelzen des Wertes. Die Sozialismen waren nachholende Entwicklungsdiktaturen, die von der Krise früher erfasst wurden und jetzt zerfallen. Die entstehende Barbarei in diesen wegbrechenden Regionen (etwa in Jugoslawien) weist auf die Zukunft des Kapitalismus hin. Die einzige Chance, dem zu entkommen, ist die Selbstorganisation außerhalb der kapitalistischen Wertvergesellschaftung, in einem *transnationalen, alle Grenzen hinter sich lassenden Welt-Kibbuz* (Kurz 2003, S. 438).

In Österreich arbeiteten die *WertkritikerInnen* bis 2001 zusammen, zuerst in der Zeitschrift *Weg und Ziel*, einstmals Theoriezeitung der KPÖ, mangels TheoretikerInnen diesen überlassen. Nach ihrer Einstellung wurden die *Streifzüge* gegründet, der *Kritische Kreis* führte Diskussionsveranstaltungen durch. Da sich die *Antideutschen* nach dem 11. September 2001 auf Kriegskurs begaben, sie stellten sich auf die Seite der USA gegen den «islamischen Faschismus», wurden sie aus den *Streifzügen* und dem *Kritischen Kreis* ausgeschlossen. Sie gründeten daraufhin das *Cafe Critique*. Die *Antideutschen* konnten auch in Österreich größeren Einfluss auf die autonome Szene gewinnen, weil sich im Antifaschismus, im Kampf gegen Burschenschaftler, aber auch im Widerstand gegen die Regierungsbeteiligung der FPÖ die Interessen deckten. So wurde von verschiedenen autonomen Gruppen einschließlich der Antideutschen zu jeder Donnerstagsdemo die Flugblattzeitung *Paragraph 248* («Verunglimpfung des Staates und seiner Symbole») mit Kurzmeldungen und Diskussionsbeiträgen herausgegeben.

Schon früher zeichneten sich Probleme ab, weil von den Antideutschen eine vorbehaltlose und unkritische Unterstützung für Israel gefordert wurde, einschließlich der Befürwortung der israelischen Armee, was dem Antimilitarismus der Autonomen widersprach. Ab einem bestimmten Zeitpunkt war die Hauptbeschäftigung vieler Antideutscher nur noch, sektenhaft alle anderen Linken zu kritisieren (als die Einzigen, die die Wahrheit gepachtet haben). Das ging soweit, dass Kontakte abgebrochen wurden, weil Abgrenzungen zu anderen Linken (denen Antisemitismus vorgeworfen wurde) nicht konsequent genug waren.

Der Streit zwischen *Antiimps* und *Antideutschen*, insbesonders um Israel und Palästina *verstopft mittlerweile viele Diskussionskanäle der Linken mit langatmigen, aber wenig differenzierten Auseinandersetzungen* schreibt Bernhard Redl in der akin (4, 11.2.2003). Indymedia Österreich, als unabhängiges Kommunikations- und Informationsmittel von seiten der Bewegungen gedacht, wurde dadurch mittlerweile praktisch zerstört (seit Sommer 2004 gibt es Versuche zu einem Neuanfang). Interessante Diskussionen und Informationen gehen im Müll sinnloser und sich wiederholender Diskussionen unter. Auch der *Widerstandsmund* wurde durch die Art der Auseinandersetzung bis an die Grenze des Erträglichen getrieben.

Dass beide Tendenzen nur begrenzten Einfluss hatten, zeigte die antifaschistische Demonstration am 13. April 2002. Nazis marschierten am Heldenplatz auf, um gegen die neuerliche Präsentation der Ausstellung über die Verbrechen der Wehrmacht in Ost- und Südosteuropa zu protestieren. Im Vorfeld der Proteste gegen die Nazis wurde darüber gestritten, wer überhaupt an einer antifaschistischen Demonstration teilnehmen dürfe. So wurden zwei Demonstrationen angekündigt. Die massive Beteiligung von Jugendlichen zeigte, dass diese mit diesen Streitereien nichts zu tun haben wollten. Am Ring waren es dann über 5000, die zum Burgtor zogen. Auf dem Heldenplatz hatten sich inzwischen nicht ganz hundert Nazis (Skinheads und LodenträgerInnen) versammelt. Schon beim Eintreffen der Demonstration versuchten AntifaschistInnen die Tretgitter zu beseitigen, die BeamtInnen setzten Gummiknüppel ein, Wurfgeschosse flogen zurück. Als sich ein sonst verschlossenes Tor öffnen ließ und DemonstrantInnen versuchten, auf den Heldenplatz zu gelangen, wurden sie von der Polizei wieder hinausgetrieben. Ein weiterer Versuch beim nächsten Tor veranlasste die Polizei dazu, nach Gummiknüppeln auch Wasserwerfer einzusetzen. Daraufhin flog al-

Wasserwerfereinsatz gegen AntifaschistInnen (Foto: Karl Fischbacher)

les, was greifbar war, über den Zaun auf die Polizei. Nachdem die Nazis abgezogen waren, durften die DemonstrantInnen auf den Heldenplatz ziehen, was die Situation deeskalierte. In der Zwischenzeit formierten sich die Nazis zu einem von Polizei und AntifaschistInnen unbehelligten «Sieg heil» und «Ausländer raus» rufenden Zug durch die Kärntner Straße. Für die österreichische Polizei wirkte es nachträglich nicht sehr vorteilhaft, dass sie AntifaschistInnen bekämpfte, während Nazis ungestört durch die wichtigste Einkaufsstraße Wiens ziehen konnten. Durch die Krawalle am 13. April wurde befürchtet, dass es am 8. Mai 2002 wieder zu Auseinandersetzungen kommen würde, weil eine rechtsextreme «Trauerfeier» zum Kriegsende 1945 angekündigt war. Es demonstrierten dann noch einmal 5000, ohne dass es zu gröberen Konflikten kam.

In Österreich spielten die Antideutschen eine zentrale Rolle beim Zerfall des radikalen, antistaatlichen Flügels der neuen Protestbewegungen[13], sie beeinflussten und beeinflussen aber auch den Mainstream der Protestbewegungen. So werden praktisch aus allen Aktionseinheiten die RKL, die BSB und die AIK ausgeschlossen. International ist es so, dass zwar Teile des antiimperialistischen Spektrums manchmal ausgeschlossen wurden, weil sie Gewalt bis hin zum bewaffneten Kampf befürworten, aber dort ist ihr Einfluss sowohl auf den radikalen Flügel wie auch auf den breiten gemäßigten Flügel relativ stark. Dabei zeichnet sich ein Zusammenfallen der «staatsfreundlichen» Positionen ab. Viele internationale FunktionärInnen, die zu den Sozialforen fahren, stammen aus etablierten linken Parteien und befürworten eine irgendwie geartete Wiederherstellung des fordistischen Wohlfahrtsstaates. Das passt zur etatistischen Sichtweise der UnterstützerInnen nationaler Befreiungsbewegungen.

SCHLUSS

Das Ende des Buches ist nicht das Ende der Geschichte der sozialen Bewegungen. Es sollte weitergehen und mit jeder Revolte werden die Möglichkeiten zur Überwindung des kapitalistischen Systems sichtbarer. Die Schrecken des Kapitalismus machen es notwendig, um Alternativen zu kämpfen.

Fortsetzungen

Der 11. September 2001 schien jede Chance auf Antikapitalismus zerstört zu haben. Es ging nur noch darum, sich zu positionieren, gegen oder für den Terror, gegen oder für die USA. Das kapitalistische System zeigte aber tiefere Krisen als es der Terrorismus je hätte sein können, so der Zusammenbruch des Enron-Konzerns. Dieser hatte jahrelang Bilanzen gefälscht um Erfolge vorzutäuschen und ging Ende 2001 in Konkurs. Tausende verloren ihre Jobs, aber auch ihre an die Firma gebundenen Privatpensionen. Und dann explodierte am 19. Dezember 2001 Argentinien. Der Aufstand begann, als Arbeitslose Supermärkte plünderten. Das war nicht das erste Mal, aber dieses Mal schloss sich der verarmte Mittelstand den Protesten an. Um die Schulden zu bedienen, hatte die Regierung alle Sparguthaben eingefroren, was das Fass auch in diesen gesellschaftlichen Sektoren zum Überlaufen brachte. Im Aufstand am 19. und 20. Dezember starben 31 Menschen, aber innerhalb kürzester Zeit mussten drei Präsidenten zurücktreten, die Bevölkerung lehnte die gesamte politische Klasse ab, einschließlich der bisher dominierenden peronistischen Gewerkschaften. Aus der Not entstanden Ansätze zur Selbstorganisation, Fabrikbesetzungen und Nachbarschaftsversammlungen, die das Leben organisierten, zwangsläufig unabhängig von staatlichen Organisationen und dem Kapitalismus.

Zu Beginn des Jahres 2002 wurden auch die internationalen Demonstrationen wieder fortgesetzt. Schon im Dezember 2001 waren es an die Hunderttausend, darunter viele GewerkschaftlerInnen gegen den EU-Gipfel in Brüssel. Ein kräftiges internationales Lebenszeichen gab es Anfang Februar 2002: während in New York gegen das dort stattfindende WEF demonstriert wurde (200 DemonstrantInnen wurden verhaftet), protestierten viele in Davos, und in Porto

Alegre fand das zweite WSF mit über 50.000 TeilnehmerInnen statt. Zur gleichen Zeit ließen sich tausende trotz Demonstrationsverbots nicht aufhalten, gegen die in München stattfindende NATO-Konferenz zu sein. Auch wenn die Polizei alles tat, um Proteste zu verhindern, gelangen kurzfristig Demonstrationszüge mit über 5000 TeilnehmerInnen, allerdings schon nach wenigen hundert Metern gestoppt. Insgesamt wurden fast 1000 Menschen festgenommen. Am gleichen Tag, dem 2. Februar 2002 demonstrierten noch 4000 AntifaschistInnen in Bielefeld und nicht zuletzt fand auch in Wien eine Demonstration zum Jahrestag der Angelobung der schwarzblauen Regierung statt, an der sich 2500 Menschen beteiligten. Anlässlich des EU-Gipfels in Barcelona beteiligten sich im Frühjahr 2002 hunderttausende an einer Großdemonstration. Und zum Jahrestag der Erschießung von Carlo Giuliani fand eine Konferenz in Genua statt und es demonstrierten noch einmal 150.000 Menschen.

Auch die Bewegung der Sozialforen verbreitete sich. 2003 wurde das WSF wieder in Porto Alegre abgehalten, die Zahl der TeilnehmerInnen verdoppelte sich noch einmal und im Jänner 2004 fand es das erste Mal nicht in Lateinamerika, sondern in Mumbai, in Indien statt, eine Ausbreitung nach Asien sollte dadurch möglich werden. In Zukunft wird es erstmals in Afrika organisiert werden. In der Medienöffentlichkeit werden die Sozialforen von Strömungen dominiert, die wie ATTAC gemeinsam mit linken Parteien den Kapitalismus «menschlicher» gestalten wollen. Diese weitgehend staatlich orientierten Gruppierungen gehen von linken SozialdemokratInnen über Grüne bis hin zu den (post)kommunistischen Parteien. Sie haben häufig die gleichen Interessen wie antiimperialistische und nationalistische Gruppen (nicht nur) aus dem Trikont. Die staatsorientierten VertreterInnen dominieren zwar die Foren, die am meisten mediale Aufmerksamkeit erregen, aber daneben gibt es zwei weitere mehr oder weniger einflussreiche Tendenzen. Die eine sind die traditionellen linksradikalen Parteien, in Europa besonders die Strömung um die britische *Socialist Workers Party* (SWP, die österreichische Organisation dazu ist die *Linkswende*) und die TrotzkistInnen der 4. Internationale, besonders die französische *Ligue Communiste Révolutionaire* (LCR, in Österreich ist das die SOAL). Zahlenmäßig nicht festmachen lässt sich die dritte Tendenz, die Menschen, die nicht repräsentiert werden und die sich auch nicht repräsentieren lassen wollen. Sie wollen sich überhaupt nicht einordnen lassen oder kommen aus einem anarchistisch-autonomen Umfeld. Sie sind der deutlichste (aber nicht der einzige) Ausdruck einer nicht zu vereinheitlichenden Multitude. Die staatsorientierte Tendenz mit überwiegend repräsentationellen SprecherInnen gibt vor, in Vertretung vieler Menschen bei den Treffen zu sein («demokratisch legitimiert»), die Linksradikalen möchten gerne viele Menschen repräsentieren und sind so stark vertreten, weil sie ihre Mitglieder und SympathisantInnen mobilisieren und mobilisierten. Die vielfältige Multitude der Anderen vertritt nur sich selbst und behauptet auch nichts anderes.

Nach der starken Beteiligung am WSF in Porto Alegre wurde beschlossen, die Sozialforen zu dezentralisieren. Das erste Europäische Sozialforum (ESF, *European Social Forum*) wurde im November 2002 in Florenz abgehalten. Italien bot sich an, weil an bestehende Netzwerke angeknüpft werden konnte. Für die Organisation der Demonstrationen 2001 hatte sich das GSF (*Genova Social Forum*) gegründet, und noch im selben Sommer bildeten sich zahlreiche regionale Sozialforen. Die Struktur der Foren war je nach Region unterschiedlich. Sie spielten eine wichtige Rolle in kleinen Städten und Orten, während sie in großen Städten wie Rom zu *institutionalisierten Scheinparlamenten* degenerierten (Azzellini 2002, S. 35). Das ESF in Florenz wurde ein voller Erfolg, es beteiligten sich bis zu 60.000 Menschen an hunderten Seminaren, Diskussionen, Workshops, kulturellen Veranstaltungen und ähnlichem. Es war die nicht repräsentierte und nichtrepräsentierbare Breite und Vielfalt der TeilnehmerInnen, die die Qualität dieser Veranstaltung ausmachte und nicht die männlich dominierten und repräsentationell besetzten Podien.

Ab dem Herbst 2002 hatte sich die Regierung George W. Bush in ihrem «Kampf gegen den Terror» auf den Irak eingeschossen. Der Präsident ließ sich von Senat und Repräsentantenhaus weitgehende Vollmachten für einen präventiven Angriff geben. Das löste weltweit eine starke Friedensbewegung aus. So demonstrierten in Florenz zum Abschluss des ESF eine halbe Million Menschen, hauptsächlich gegen den bevorstehenden Irakkrieg. Für den 15. Februar 2003 wurde ein weltweiter Aktionstag gegen den Krieg ausgerufen. Waren im Krieg gegen Afghanistan noch alle Regierungen für den bewaffneten Einsatz, so gelang es der Friedensbewegung, die Regierungen Deutschlands und Frankreichs dazu zu bringen, sich gegen den Krieg auszusprechen. Die Friedensbewegung zeigte ihre internationale Stärke dadurch, dass Mitte Februar 2003 weltweit zwischen 12 und 15 Millionen Menschen demonstrierten. Gerade in jenen europäischen Staaten, deren Regierungen den Krieg befürworteten, in Großbritannien, Spanien und Italien gab es die größten Demonstrationen. Auch in den USA wurden in dutzenden Städten Menschen aktiv, Schwerpunkte waren San Francisco und New York. In Wien gingen 20.000 bis 30.000 Menschen auf die Straße, Demonstrationen fanden auch in Graz, Salzburg, Linz, Klagenfurt, Bregenz und Innsbruck statt. Zu Kriegsbeginn am 20. März flammten noch einmal massive weltweite Proteste auf, so wurden in San Francisco tausende Menschen festgenommen, weil sie immer wieder die Straßen blockierten und den Verkehr lahmlegten. Am 20. März zogen tausende streikende SchülerInnen durch die Wiener Innenstadt, am Samstag, dem 22. März demonstrierten noch einmal an die 15.000 Menschen. In allen größeren Städten Österreichs gab es Aktionen, selbst in kleineren Städten wie Dornbirn oder Ried im Innkreis wurde protestiert. Durch den schnellen Sieg der US-geführten Armee, bereits am 9. April wurde Bagdad fast kampflos erobert, brach diese Friedensbewegung wie jede vorige in sich zusammen. Wie schon im zweiten Golfkrieg zeigte sich auch jetzt, dass ein großer Teil der irakischen Soldaten und auch der Führungskräfte nicht bereit waren, für Saddam Hussein zu kämpfen. Die USA konnten zwar das Land schnell erobern, aber nach der Zerschlagung des Ordnungsfaktors des baathistischen Staates setzten sich zunehmend unterschiedliche Warlords durch. Auch viele GewaltunternehmerInnen aus dem Westen machten sich auf den Weg. Noch nie wurden in einem (Nach)Krieg so viele ZivilistInnen für kriegerische und polizeiliche Maßnahmen, etwa als KopfgeldjägerInnen oder für Sicherheitsdienste eingesetzt.

Auf der Rückfahrt vom ESF in Florenz beschlossen TeilnehmerInnen, ein *Austrian Social Forum* (ASF) zu gründen. Organisiert wurde das durch FunktionärInnen der linken ÖH, der KPÖ und einzelner Gewerkschaften, insbesonders von Teilen der GPA. Das ASF fand vom 28. Mai bis zum 1. Juni 2003 in Hallein statt, in einer wunderbaren fordistischen Industrieruine (einer alten Saline), die jetzt als Veranstaltungsort genutzt wird. Dort zeigte sich, dass die Sozialforen in Österreich keine wirkliche Bewegung sind. Es beteiligten sich nur zwischen 1000 und 1500 TeilnehmerInnen, im Großen und Ganzen das bekannte linke Spektrum. Es war aber möglich, Kontakte zu knüpfen und zu versuchen, Diskussionen in den Bundesländern zu vernetzen. In berechtigter Distanz beteiligten sich auch die *VolxTheaterKarawane* und mit ihnen die neugegründeten *Sans Papiers*. Ein spektakuläres Ereignis war ein Fußballspiel zwischen den Sans Papiers und den GewerkschaftlerInnen. Ein Zwischenfall bei der Anreise machte das Problem der Illegalisierten sichtbar. Weil sie sich auf der Autobahn verfuhren, gerieten diese mit ihrem Auto in Bayern in eine Schleierfahndung und wurden sofort in Schubhaft genommen. Erst die Interventionen der VeranstalterInnen und einiger Prominenter konnten die Personen wieder freibekommen.

Wie so oft kamen in den beschriebenen Bewegungen Auseinandersetzungen um die Geschlechterordnung zu kurz. Aus der Unzufriedenheit über das, aber auch aus neuen feministischen Diskussionen, entstanden erste Ansätze, die Bewegungen in diese Richtung zu öffnen. So durch die Gründung von *Feministattac* (vgl. oben) oder auch durch Auseinandersetzungen innerhalb des ASF um eine geschlechtergerechte Verteilung der Podien und der Themen.

Eine andere Idee ist die des *Crossover*, bei dem rassistische, antisemitische und eben auch feministische Themen gleichwertig angesprochen werden sollten. Bis jetzt wurden ein Kongress in Bremen und ein Grenzcamp durchgeführt. Auf der kulturellen Ebene entwickelte sich die Idee der *Ladyfeste*. Durch die Integration der *Riot-grrl*-Bewegung in die mainstreamtauglichen *Girlies* wurde die Idee geboren, durch Feste Strukturen zu schaffen, die Möglichkeit für weibliche und queere AkteurInnen bieten. Aus den *Girlies* wurden *Ladies*. Das erste solche Fest fand 2000 in den USA statt und wurde seither in vielen Städten wiederholt, vom 10. Juni bis 13. Juni 2004 das erste in Wien, mit einer großen Zahl von Konzerten, Workshops, Filmen, Comics, Austellungen, Partys, durchgehend von Frauen organiert und getragen. Maßgeblich geht es darum, feministische und queere Themen sowohl in der politischen wie in der kulturellen Szene zu verankern.

Noch einige Bemerkungen zum ÖGB. Durch die Aufkündigung der Sozialpartnerschaft durch Regierung und UnternehmerInnen war der ÖGB gezwungen, 2003 echte Streiks durchzuführen. Er näherte sich dem institutionellen Verständnis anderer europäischer Gewerkschaften an, die manchmal geordnet streiken, um dann Kompromisse auszuverhandeln (in Österreich waren Regierung und Gewerkschaften immer stolz darauf, dass nur verhandelt wurde und nicht gestreikt). Am 24. April 2003 wurde der *historische Beschluss* (linke Nr. 8, 23.5.2003) gefasst, Kampfmaßnahmen und Streiks gegen die angekündigte Pensionsreform durchzuführen. Am 6. Mai fand ein Streiktag statt, der, von großen Betrieben ausgehend, geordnet ablief und kaum Störungen verursachte, obwohl sich hunderttausende beteiligten. Einzig der Demonstrationszug der öffentlichen Bediensteten mit tausenden von Krankenschwestern zeigte Eigeninitiative und Fantasie. Alle anderen begnügten sich mit vorgefertigten Transparenten, und es war auch klar, dass die ArbeiterInnen danach ohne zu zögern wieder an ihre Arbeitsplätze zurückkehren würden. Am 13. Mai wurde eine riesige Demonstration durchgeführt: im strömenden Regen eines Gewittergusses fanden sich 200.000 auf dem Heldenplatz ein, um der Gewerkschaftsführung bei Verbalradikalismus zuzuhören. Am 3. Juni wurde ein neuerlicher «Abwehrstreik» durchgeführt, bei dem sich schon an der Beteiligung abzeichnete, dass die ArbeiterInnen nicht an einen Erfolg glaubten. Danach kündigte ÖGB-Chef Fritz Verzetnitsch an, dass keine Kampfmaßnahmen mehr vorgesehen seien. *Die linke* (9, 13.6.2003) brachte es auf den Punkt: *ÖGB-Führung: Im Sitzen umgefallen.* Die Streiks brachten die Regierung nicht zum Einlenken, sie blieben nicht mehr als ein wenig Simulation von Opposition. Im November 2003 wurde erstmals seit Jahrzehnten wirklich gestreikt. Nach einer kurzen Arbeitsniederlegung am 4. November begannen die EisenbahnerInnen am 12. November 2003 einen unbefristeten Streik gegen die geplante Verschlechterung ihrer Dienstverträge und gegen die Privatisierung und Zerschlagung der ÖBB. Nach drei Tagen wurde wieder gearbeitet, bevor es einzelnen Branchen wirklich geschadet hätte, die Entscheidung über Änderungen der Dienstverträge wurde bis April hinausgeschoben. Inzwischen besiegelte ein «Kompromiss» die Niederlage. Die Zerschlagung der ÖBB wurde nicht in Frage gestellt, die Dienstverträge sind beinahe genauso schlecht wie befürchtet, nur jetzt mit der Gewerkschaft ausverhandelt.

Die verstaatlichte ArbeiterInnenklasse in Gestalt der Gewerkschaften wird durch neue Arbeitsverhältnisse, Entstaatlichung und der Unterwerfung unter den Verwertungszwang immer überflüssiger. Oberflächlich kündigt sich das in der Aufkündigung der Sozialpartnerschaft an. Den massiven Mitgliederverlust wertet der ÖGB als Zeichen, dass er sich ändern muss, um nicht weiter an Bedeutung zu verlieren. Auf der einen Seite verstärkt das den Ruf zurück ins keynesianisch-fordistische System, verbunden mit dem Versuch der «Modernisierung» der Struktur. So wird an einem bürokratischen Umbau von oben gebastelt, zugleich verzweifelt versucht, sich mit aktuellen «modernen» Werbemitteln wieder wichtig zu machen. Die etwas vernünftigeren FunktionärInnen suchen nach Kontakt zu den Strukturen der «Zivilgesellschaft», die die neue Integration eher bewerkstelligen als die traditionellen gewerkschaftlichen Strukturen. Darum ließen sich einige GewerkschaftlerInnen darauf ein, auf dem ASF zu diskutieren und sich für ihre rassistische Politik beschimpfen zu lassen. Ein wichtiger Versuch, sich den veränderten Arbeitsverhältnissen anzupassen, war die Gründung der Interessengemeinschaften in der GPA (www.interesse.at), die wichtigste von ihnen für atypisch Beschäftigte. Dass einzelne FunktionärInnen erkannt haben, dass sich die Verhältnisse geändert haben, zeigt die Unterstützung des ersten Streiks von «neuen UnternehmerInnen» beim Fahrradbotendienst *Veloce* durch die GPA Anfang April 2004.

Eine andere Welt ist notwendig

Die Krise der Gewerkschaften (der verstaatlichten ArbeiterInnenklasse) ist ein Symptom für die Transformationen im Kapitalismus. Gerade in den Metropolen, auch in Österreich geht es im Diskurs um die «Unfinanzierbarkeit sozialer Systeme», um die Reproduktion außerhalb der Lohnarbeit. Neben dem Gesundheitswesen ist es besonders das Überleben in der Pension, das in Frage gestellt wird. Die Arbeit werde immer weniger, die Alten lebten immer länger und das sei nicht mehr finanzierbar. «Eigenvorsorge» auf dem Kapitalmarkt sei notwendig[1]. Die Sicherung der Reproduktion wurde ursprünglich als Selbstorganisation und Selbstverwaltung der ArbeiterInnenbewegung gegründet und dann in der Durchsetzung des fordistischen Kapitalismus verstaatlicht, meist auch unter Kontrolle der Bürokratie der ArbeiterInnenklasse. Der Ursprung im «Versicherungsprinzip» ist zwar verloren gegangen, aber es wird benutzt, um die Unfinanzierbarkeit zu begründen. Jetzt geht es darum, die noch nicht kapitalistisch organisierten Bereiche der Verwertung zu unterwerfen. Die Leistungen bei Krankheit und Alter sollen eingekauft werden müssen und nicht einfach zur Verfügung stehen[2]. Es geht genau darum, auch aus den in diesen Bereichen notwendigen Dienstleistungen Profit zu ziehen. Die «Unfinanzierbarkeit» durch das vermeintliche weniger werden der Arbeit ist nur Ideologie, weil die Arbeit produktiver wurde und mehr Reichtum mit weniger Arbeit erzeugt wird. Aber es wird über die Verteilung zwischen Lohnarbeit und Reproduktion gesprochen und nicht über den steigenden und vorhandenen Reichtum der Gesellschaften. Auch in den Metropolen entstehen immer größere Unterschiede zwischen arm und reich.

Die fordistische Dynamik wurde erreicht, weil der Nationalstaat als Gesamtkapitalist das «richtige» Verhältnis zwischen Lohnerhöhungen und Produktivitätsentwicklung regulierte. Jetzt wird diese Regulierung immer stärker dem Markt überlassen, der Staat zieht sich auf Kontrolle und Repression zurück. Die ArbeitskraftunternehmerInnen sehen sich direkt der Verwertungsstruktur gegenüber, die kollektive Verhandlungsmacht ist weitgehend verloren gegangen. Für immer mehr ArbeiterInnen ist wie für KleinunternehmerInnen die Trennung von Arbeit und Leben verschwunden. Der Verwertungsdruck hat die Freizeit erobert, selbst das Vergnügen ruft nach Leistungszwängen.

In Abgrenzung zum «realen Sozialismus» wird immer behauptet, nur der Kapitalismus könne die Vielfalt des Lebens gewährleisten. Aber wo war die Vielfalt in der großen bürokratischen Fabrik, am Fließband, in den großen Wohnsilos der 1950er. Es waren die Kämpfe und Auseinandersetzungen, es waren die kulturellen Revolten, die eine Veränderung erzwangen. Der Kapitalismus war flexibler als die nachholenden Entwicklungsdiktaturen des Ostens, er konnte sich anpassen. Aber auch die heutige Vielfalt der Einkaufsstraßen ist nur für jene da, die Einkaufen können, die im Verwertungssystem integriert sind. Alle anderen werden vertrieben, unsichtbar gemacht. Selbst das Leben wird eingeschränkt, wenn es nicht kommerziell ist. Und wer hat schon Interesse an der Buntheit der Werbung. Auch dort wurde die Kreativität der Multitude aufgegriffen, um sie in etwas zu verwandeln, was das Vergnügen der Filme unterbricht, oder uns mit Plakatwänden den Blick auf die Stadt nimmt. Tendenziell sollen wir nur noch sehen, was wir dann auch kaufen sollen. Selbst das, was bisher einfach da war, wie Pflanzen, Tiere, Luft, Wasser sollen der Verwertung unterworfen werden.

Die Diskussionen um «Umweltschutz» und Ökologie zeigen weitere Probleme des Kapitalismus auf. Parallel zu technologischen Entwicklungen entsteht immer wieder Vernichtung. Angefangen bei den Waffen bis hin zur Zerstörung der Lebensqualität durch den Autoverkehr. Auch wenn es eine Wechselwirkung mit dem Widerstand durch BürgerInneninitiativen gibt, dominieren dann die «wirtschaftlichen Notwendigkeiten». Meist werden dafür Arbeitsplätze bemüht. Dabei sollten wir doch froh sein, weniger arbeiten zu müssen. Insofern ist im Kapitalismus jede Entwicklung auch Zerstörung[3]. Das heißt nicht, dass Entwicklungen, die nicht aus dem Verwertungszwang entstehen, per se nicht schädlich sein könnten, aber es wäre nicht der Verkaufsdruck, der halbe Sachen und halbe Erkenntnisse auf den Markt bringt.

Die «Globalisierung» der Verwertung geht einher mit einer stärkeren Konkurrenz zwischen Individuen. Arbeitslose, Alte, Kranke werden zu SchmarotzerInnen, für die mensch für weniger Lohn arbeiten muss und sich dadurch weniger Eigenvorsorge leisten kann. Auch zwischen Regionen spitzt sich die Konkurrenz zu. In Aufrechterhaltung der «Wirtschaftsstandorte» werden zeitweise identitäre Konstruktionen wie Rassismus und Nationalismus geweckt und genutzt (im Sinne von «Teile und herrsche», vgl. Hardt / Negri 2000, S. 198ff). So ist gerade die Internationalisierung der kapitalistischen Entwicklung mit neuen Regionalismen, Nationalismen und Rassismen verbunden.

Geht es in den Metropolen (vorerst) nur um ein Absinken der Leistungen und des Lebensstandards, spitzt sich das Verwertungs- und Konkurrenzprinzip in anderen Regionen zu. Immer wieder kommt es in Krisengebieten des Trikont zu Hungerkatastrophen. Dann wird argumentiert, dass die großen Nahrungsmittelkonzerne neue genetische Möglichkeiten entwickeln müssten, um den Hunger zu besiegen. Nur verschämt erfahren wir, dass die Menschen hungern, weil «sie kein Geld haben», weil wegen dem Mangel die Preise für Nahrungsmittel in unerschwingliche Höhen gestiegen sind. Das ist dann die Stunde der Hilfsorganisationen, die die woanders herrschende Überschussproduktion an Lebensmittel verschenken, um dort die Preise nicht zu sehr absinken zu lassen. Nicht ohne die Spendengelder durch notwendig angekaufte Transportmöglichkeiten oder auch durch bezahlte Sicherheitsdienste oder Warlords in den Verwertungskreislauf gebracht zu haben. Die ökonomische Zwangsherrschaft des Kapitalismus erzeugt die verschiedensten Typen von GewaltunternehmerInnen: internationale SoldatInnen, private Sicherungsdienste und Warlords (vgl. oben).

Nicht allein die GewaltunternehmerInnen, sondern die Produktion von Armut und Reichtum durch den Verwertungszwang erzeugt eine immer größere Anzahl von Menschen, die aus den StaatsbürgerInnenschaften herausfallen und gezwungen sind, illegal als *nacktes Leben* (vgl. oben) dahinzuvegetieren. Sie sind völlig rechtlos, selbst in Österreich können sie verschwinden oder sterben, ohne dass es jemandem auffällt. Die Tode sind unsichtbar, wenn nicht zufällig bei einer Polizeiaktion eine Kamera mitläuft. Das nackte Leben ist auf der Suche nach dem Reichtum, der mit der Armut steigt. Die Armen der Welt werden gezwungen, sich der stärksten Ausbeutung zu unterwerfen, illegalisiert auf jeden Fall, als BauarbeiterInnen, Haushaltshilfen oder DrogenhändlerInnen (die prekärsten Verhältnisse von ArbeitskraftunternehmerInnen).

Das Konkurrenzprinzip produziert Angst. Angst um die Existenz, Angst, dass die anderen besser sind. Angst vor der Kriminalität. Wo sonst vom Sparen des Staates gesprochen wird, bei den Gefängnissen spielt das keine Rolle. Immer mehr Menschen werden eingesperrt, immer mehr Illegalisierte fristen ihr Leben hinter Gittern, selbst in Staaten wie Österreich, wo Kriminalität im Vergleich zu anderen Regionen minimal ist, wird ein Angstdiskurs geführt. Und mit der Produktion von Kriminalität im Gefängnis lässt sich auch die permanente Überwachung rechtfertigen, denn Angst macht autoritätsgläubig. Insofern spielt der Terrorismus den herrschenden Strukuren in die Hände, weil Gefängnis, Unterdrückung und Kontrolle als Knoten der Kontrollgesellschaft von den Bevölkerungen akzeptiert werden. Der Terrorismus baut ja nicht darauf auf, wirklich zu schaden (bis auf Ausnahmen wie das WTC ist nur ein marginaler Teil der Bevölkerung betroffen), sondern um Angst zu verbreiten. Seine Wirkung beruht auf dem Diskurs über die Medien (vgl. Foltin 2003, S. 7ff). Wo es keinen Terrorismus gibt, wird durch die Medien die Kriminalität produziert. Ist der Gefängniskomplex in Europa hauptsächliches Instrument der Kontrolle, so ist es in einigen Staaten und davon herausragend in den USA schon privatisiert. Das wirkt sich in die Richtung aus, dass es ein Interesse an möglichst vielen Gefangenen gibt, die billiger auszubeuten sind als freie Arbeitskräfte. Ohne Gefängnisse wäre nicht nur das Leben für die InsassInnen besser, sondern es gäbe weniger Kriminalität und Angst. Die Prekarisierung der Arbeit und des Lebens kann auch als Feminisierung interpretiert werden. Die negativen Strukturen, die mit der Ausbeutung und Unterdrückung der Frauen zu tun haben, werden auf die ganze Gesellschaft ausgedehnt. Die Verwertung macht nicht halt vor der Psyche oder am Körper der Menschen. Mit der verkauften Persönlichkeit, mit den verkauften Gefühlen, mit unserer verkauften Kreativität, mit unserem ganzen verkauften Leben müssen wir existieren.

Die Verwertung von Kreativität und Körperlichkeit weist aber auf ein Problem des Kapitalismus hin. Durch den Verwertungszwang neigt das herrschende System dazu, genau das zu blockieren, was zu seiner Weiterentwicklung notwendig ist. Die kreativsten Entwicklungen entstehen kollektiv, erfordern Kooperation, Kommunikation, Information. Jede wissenschaftliche und technologische Entwicklung ist im Prinzip ein kollektives Projekt: jede Weiterentwicklung baut auf dem Wissen, den Forschungen, den Erkenntnissen von anderen auf. Zuerst gespeichert in Büchern, jetzt in einer Vielzahl von Speichermedien. Wenn aber dieses Wissen in das Korsett des Verwertbaren geschnürt wird, wenn geheim gehalten wird, Patente die Weiterentwicklung behindern, wie soll es dann weitergehen? Auf allen Ebenen soll die Zusammenarbeit gefördert werden, zugleich dominiert Konkurrenz, die Kreativität blockiert und vernichtet.

Immer wieder entsteht neue Kreativität durch den Exodus, durch die Flucht aus dem Verwertungszwang. Es wird versucht, durch die Reste des fordistischen Sozialstaates Zeit zu gewinnen, um sinnvoll zu leben, zu handeln und zu arbeiten, oft verbunden mit prekären Lebensverhältnissen. ArbeiterInnen im Wissenschafts- oder Kunst- und Kulturbetrieb kennen die Situation der Gratisarbeit, die freiwillig geleistet wird, wegen der Karriere oder auch wegen echtem Interesse an Wissenschaft und Kunst. Und wie mensch durch den Zwang zu Verwertung immer wieder in Sackgassen für die eigene Weiterentwicklung landet.

Der Zwang zum Verkauf bringt auch eine Beschleunigung, die vor der Qualität kommt. So ist es nicht verwunderlich, dass die verbreitetsten Softwareanwendungen (gemeint sind natürlich die von Microsoft) so fehleranfällig sind. Für die Entwicklung sind die Abgabetermine wichtiger als die Qualität, das Produkt muss auf den Markt. Große Firmen machen sich in diesem Zusammenhang schon die Gratiskreativität der Menschen zunutze, indem sie Betaversionen (Vorversionen) von Softwareprogrammen kostenlos vergeben, wenn sie dafür auf Fehler aufmerksam gemacht werden.

Über den Kapitalismus hinaus

Dass es überhaupt weiter geht, liegt nur daran, dass immer wieder Menschen versuchen, auszubrechen und kreativ zu sein, ohne sofort an Verwertung zu denken. Ein gutes Beispiel für Intellektualität und Kooperation außerhalb des Profitzwanges ist die Weiterentwicklung von *Linux* und anderen Programmen durch die *Open-Source*-Bewegung[4]. Weltweit arbeiten tausende zusammen und erstellen komplexe Produkte ohne Hierarchie und kommerzielle Interessen. In dieser *Ökonux*-Bewegung gibt es die Diskussion, ob diese Art der Entwicklung mit dem Kapitalismus unverträglich ist und damit die *Keimform* einer nichtkapitalistischen Gesellschaft bildet. Nuss / Heinrich (2002, S. 42) kritisieren diese Sichtweise und zeigen, dass gerade die Art der Entwicklung mit den «postmodernen» Arbeitsverhältnissen kompatibel ist, die auf Selbstverantwortung aufbaut. Und diese Kompatibilität mit der kapitalistischen Struktur führt dazu, dass auch diese Entwicklungen wieder in ein Ausbeutungsverhältnis übergeleitet werden können. Aber es ist offensichtlich, dass für die komplexesten Entwicklungen die Organisation durch den Kapitalismus nicht notwendig ist, im Gegenteil, dass bessere Produkte daraus entstehen, der Vergleich zwischen Microsoft und Linux ist ja eindeutig.

Die meisten Menschen stecken in notwendigen (oder auch weniger notwendigen) Arbeitsverhältnissen, aus denen sie nur hinauskommen, wenn sie in andere Ausbeutungsverhältnisse hineinkommen. Und doch gibt es Situationen, wo eine andere Realität kurzfristig erlebbar wird. Die Selbstorganisation in der Revolte (dass dabei nicht von oben angeordnete Streiks gemeint sind, ist klar) findet immer wieder ihre Struktur. Je mehr die kapitalistische Organisation auf verkehrte Weise «Selbstorganisation» als Teamarbeit, Projektarbeit, auch neues UnternehmerInnentum ausbeutet, desto mehr können dann die Koordination der Revolten mit dem Leben der ArbeiterInnen davor zusammenfallen. Aber selbst in weniger kreativer Arbeit ist Selbstverwaltung möglich. Das wichtigste Experiment in diese Richtung ereignete sich in Argentinien nach dem 20. Dezember 2001. Als sich das Kapital auf dem Finanzmarkt verflüchtigte und auf die Ausbeutung der Arbeit verzichtete, waren die Menschen in der Revolte gezwungen, sich neben dem Kapitalismus zu organisieren. Sie versuchten eine neue Ordnung herzustellen in den Nachbarschaftsversammlungen und in der Selbstverwaltung einiger Fabriken. Dabei ging revolutionäre Veränderung weiter als bei einem Streik in einer Fabrik, es wurde das Leben ganzer Stadtteile organisiert. Die Produktion, im Kapitalismus durch die Lohnarbeit geprägt, war nur ein kleiner Teil davon, es war das ganze Leben. Teilweise durch die Aktivität von repräsentationssüchtigen trotzkistischen Gruppen, hauptsächlich aber durch die Unmöglichkeit, dem kapitalistischen Weltsystem in einer begrenzten Region zu entfliehen, konnten sich auch dort Staat und Kapital wieder konstituieren. Allerdings gibt es Erfahrungen, die für zukünftige Kämpfe und Experimente ein wichtiger Beitrag waren und sind.

Die Möglichkeit einer nicht-kapitalistischen Gesellschaft in der Revolte wurde bisher nur regional oder sektoral sichtbar. Wie also könnte sich die Potentialität des außerhalb-des-Kapitalismus-stehen international organisieren. Die Sozialforumsbewegung ist inzwischen sehr stark ein Spiegelbild der kapitalistischen Demokratie. Es dominieren die molaren Kräfte der Hierarchisierung, Segmentierung und Identitätsbildung (vgl. oben). Aber es gibt auch die Gegentendenzen, die von diesen Strukturen her zukünftig aufbrechende Revolten verstärken und in einen neuen Zyklus von Kommunikation und Koordination einbringen könnten.

Es waren die aufbrechenden Bewegungen um die Jahrtausendwende, die es wieder denkbar machten, dass eine emanzipatorische Überwindung des Kapitalismus möglich ist. Das drückt sich auch durch die Erfolge optimistischer Bücher aus, etwa John Holloways *Die Welt verändern, ohne die Macht zu übernehmen,* Michael Hardts und Toni Negris *Empire,* aber auch das kleine Heftchen *Utopistik* von Immanuel Wallerstein (Holloway 2002, Hardt / Negri 2000, Wallerstein 2002). Der Ausgangspunkt Holloways ist die Auseinandersetzung mit der Macht (vgl. auch Reitter 2003). Das Tun der Menschen wird vom Getanen dominiert, vergleichbar der Macht, die das fixe Kapital (das vorher auch von arbeitenden Menschen, dem variablen Kapital, erzeugt wurde) über das variable Kapital ausübt. Dabei geht Holloway von zwei Arten der Macht aus: *power-over* - instrumentelle Macht und *power-to-do* – kreative Macht. Obwohl das Tun vor dem Getanen kommt, herrscht das Erstarrte, der Kapitalismus über die Kreativität der ArbeiterInnen. Die Chance zur Revolution, die *materielle Wirklichkeit der Anti-Macht* (Holloway 2002, S. 178ff) wird in mehreren Realitäten gefunden. Einmal ist die Anti-Macht allgegenwärtig, auch wenn sie unsichtbar ist, überall und immer gibt es Widerstand und Auflehnung. Es gibt immer Stränge der Revolte, auch wenn sie nur zwischendurch spektakulär sichtbar werden. Die zweite Realität ist (klassisch operaistisch), dass die Anti-Macht, die sozialen Bewegungen, der Antriebsmotor der Macht sind. Der Kapitalismus entwickelt sich nur weiter, weil er durch Widerstand und Kämpfe gezwungen wird, sich umzustrukturieren. Die Anti-Macht ist also zuerst da, der Kapitalismus abhängig davon. Die nächste Realität ist die Flucht beider Seiten, von Arbeit und Kapital (Holloway 2002, S. 202ff). Die «Neuzusammensetzung der Klasse» ist genauso eine Flucht des Kapitals wie die Versuche, Profite über Finanztransaktionen zu lukrieren und nicht mehr durch die Ausbeutung der Arbeit. Auch die ArbeiterInnen fliehen von der Arbeit weg, sie sind auf der Suche nach dem Leben, nach Freiräumen innerhalb der Arbeitszeit[5] (vgl. auch Hardt / Negri 2000, S. 205ff). Diese Desertion, diese Verweigerung, dieser Exodus, die kollektive Revolte ist ein NEIN in der ganzen Gesellschaft. Und es ist diese Kreativität des Nein, das permanent da ist, die die Revolution als Prozess ausmacht. Klassenkampf (oder die Vielfalt der sozialen Bewegungen) ist ein permanenter Prozess der Selbstemanzipation (vgl.

Reitter 2003, S. 24), die Anti-Macht als sich permanent konstituierende kreative Macht (*power-to-do*), die kein Interesse mehr hat, instrumentelle Macht (*power-over*) zu werden.

Ist bei Holloway die Kreativität nur in der Negation der Macht, so sehen Hardt / Negri (2000) auch die aufgehobene Kreativität in der konstituierten Form des Empire. Sie formulieren den «Klassenkampf» positiv als Multitude, die ebenso wie bei Holloway zuerst da ist und dann durch die Vermittlung der hegelschen Dialektik in die herrschenden Strukturen integriert wurde. Die emanzipatorischen Elemente wurden aufgenommen, aber negativ gewendet, um Unterdrückung und Ausbeutung zu organisieren. Die Befreiung ist nur durch den Kapitalismus hindurch und über den Kapitalismus hinaus möglich. In großen Zügen gibt es keinen Unterschied, Holloway setzt den Schwerpunkt auf das abstrakte Nein, das im Schrei des Widerstands konkret wird, während Hardt / Negri aus dem Blickwinkel des Empire schreiben (was ihnen Unterstellungen eingebracht hat, sie seien die Theoretiker des Empire). Aber auch das Ja von Hardt / Negri ist das vorwärtstreibende Ja der Revolte.

Da es kein außerhalb des Empire mehr gibt, steht die Multitude, die rebellierende Subjektivität, direkt vor der Potentialität einer anderen, nichtkapitalistischen Gesellschaft. Darum sind wir immer stärker in der Position, Gegenmacht (vergleichbar Holloways Anti-Macht) als Einheit von Widerstand, Aufstand und konstituierender Macht (Selbstemanzipation und Selbstorganisation der Multitude) zu denken (Hardt / Negri 2002, vgl. auch Foltin 2002, S. 17ff). Lenin als Aktivist der Oktoberrevolution 1917 sah die drei Elemente der Gegenmacht getrennt, er konnte allein den erfolgreichen Aufstand verwirklichen, Widerstand wurde als nur tradeunionistisches Konzept gesehen, das in ein revolutionäres umgewandelt werden musste. Die *konstituierende Macht* (vergleichbar mit Holloways *power-to-do*) als Revolution im Prozess wurde sehr schnell zu *konstituierter Macht* (*power-over*). Der Aufstand der Oktoberrevolution scheiterte, weil er nur in nationalem Rahmen stattfand und der internationale Bürgerkrieg gegen die Revolution diese in eine militärisch-nationalistische Struktur zwang. Auch spätere revolutionäre Aufstände blieben national beschränkt und mussten sich in die Fronten des Kalten Krieges ein- und unterordnen. Durch die Internationalisierung im Empire hat sich die Situation geändert, heute, aber schon beginnend spätestens mit 1968, bestehen Bedingungen für einen internationalen Aufstand. In der «Weltrevolution 1968» (Wallerstein 2002) wurde die neue Perspektive sichtbar. Widerstand und Aufstand ließen sich nicht mehr in die Fronten zwischen Empire und dem «Gegen-Empire» SU einordnen, waren *transversal* (vgl. oben). Natürlich gab es immer wieder Rückgriffe auf Identitätskonstruktionen wie Neuerfindungen revolutionärer Parteien oder neue nationale Projektionen. Zunehmend lassen sich die Bewegungen aber nicht mehr in einen politischen Rahmen einsperren.

Hardt / Negri sehen uns bereits in einer Phase, in der Widerständigkeiten mit weltweiten Aufständen und konstituierender Macht als vielfältige Experimente der Selbstemanzipation und Selbstorganisation zusammenfallen, in der es die *Potentialität* des darüber hinaus gibt. Auf eine weniger messianische und schwärmerische Art sieht das auch Wallerstein (2002). Als Vertreter der Weltsystemperspektive vertritt er das Konzept verschiedener Zeitphasen. So gibt es lange Phasen, in denen Weltsysteme über Jahrhunderte stabil sind, in denen Fluktuationen nur eine geringe Wirkung haben. Gegen Ende eines Weltsystems beginnt dann eine Übergangsphase, eine Phase der Unordnung, Auflösung und Desintegration, *die Hölle auf Erden* (Wallerstein 2002, S. 43), die aber auch die Möglichkeiten zu Veränderungen anbietet. Anhand der rasanten Entwicklungen und Veränderungen wie sie zur Zeit feststellbar sind, leben wir in einer solchen Übergangszeit. Und in wenigen Jahrzehnten werden wir in einer schlimmeren oder in einer besseren Welt ankommen, oder auch nur in einer anderen. Aber wir leben in einer Situation, wo geringe Fluktuationen eine große Wirkung haben können (Wallerstein 2002, S. 73ff). Das sollte ein Ansporn sein, weiter für eine emanzipatorische Gesellschaft zu kämpfen. Wir sehen, dass unser Widerstand, unsere Revolten nicht sinnlos waren, wir haben viel falsch gemacht und werden immer wieder Fehler machen. Wir müssen weiter für unsere Selbstemanzipation, für eine nichtkapitalistische Gesellschaft kämpfen. Es gibt die Möglichkeit und wir sollten es versuchen. «*Fragend gehen wir voran*» sagen die ZapatistInnen. *Wir fragen nicht nur, weil wir den Weg nicht kennen (wir kennen ihn nicht), sondern auch, weil das Fragen nach dem Weg Teil des revolutionären Prozesses selbst ist* (Holloway 2002, S. 248).

CHRONOLOGIE

Vor 1965

27.4.1945: Gründung der Zweiten Republik Österreich.

8.5.1945: Bedingungslose Kapitulation des Großdeutschen Reiches.

28.6.1948: Bruch zwischen Stalin und Tito, ein von der SU unabhängiger Weg Jugoslawiens wird eingeleitet.

1.10.1949: Proklamation der Volksrepublik China nach jahrzehntelangem Krieg und BürgerInnenkrieg, die bürgerliche Regierung Tschiang Kai-Scheks muss sich auf Taiwan zurückziehen.

25.6.1950 – 27.7.1953: Krieg in Korea, offiziell von der UNO legitimiert, hauptsächlich von den USA gegen das kommunistische Nordkorea geführt. Auch China wird hineingezogen, nach 1953 bleibt Korea geteilt.

26.9.1950: Ausbruch von Massenstreiks gegen das vierte Lohn-Preisabkommen (Löhne werden eingefroren, Preise steigen aber trotzdem weiter). KPÖ-nahe Betriebsräte beschließen die Aussetzung des Streiks. Die zweite Streikwelle ab 4.10. wird fast nur noch von KommunistInnen befolgt und brutal niedergeschlagen.

5.3.1953: Stalin stirbt.

8.5.1954: Kapitulation der französischen Armee in Dien Bien Phu, im Juli wird Vietnam am 17. Breitengrad geteilt, Nordvietnam wird kommunistisch, im Süden herrschen westlich orientierte Diktaturen.

1.11.1954: Beginn des achtjährigen algerischen Bürgerkriegs.

15.5.1955: Österreichischer Staatsvertrag, Ende der Besatzung durch alliierte Truppen (USA, Sowjetunion, Großbritannien, Frankreich) gegen Jahresende 1955.

April 1955: In Bandung findet eine erste Konferenz der daraus entstehenden Blockfreienbewegung statt.

Februar 1956: 20. Parteitag der KPdSU, Geheimrede von Chruschtschow mit der Kritik an Stalin.

Oktober 1956: Nachdem Gamal Abdel Nasser den Suezkanal verstaatlicht, intervenieren England, Frankreich und Israel, werden aber von der SU und den USA zum Rückzug gezwungen.

Oktober 1956: Aufstand gegen das kommunistische Regime in Ungarn und Nieder-

schlagung durch sowjetische Truppen. Eine Flüchtlingswelle über Österreich Richtung Westen wird ausgelöst.

27.3.1957: Konstituierung der Paritätischen Kommission als ein Schritt zur Konstituierung der Sozialpartnerschaft.

Januar 1959: Sieg der kubanischen Revolution nach mehrjährigem Guerillakrieg.

17.10.1959: 2000 RechtsextremistInnen benutzen den 200. Geburtstag von Friedrich Schiller für einen Aufmarsch, GegendemonstrantInnen werden verprügelt.

Februar 1961: Kurz nach der Unabhängigkeit des Kongo von Belgien wird der Unabhängigkeitsführer Patrice Lumumba ermordet (1965 übernimmt Diktator Mobutu Sese Seku die Macht).

15.9.1961: Ausstrahlung des»Herrn Karl» mit Helmut Qualtinger. Dabei wird die Beteiligung der österreichischen Bevölkerung am NS-Regime thematisiert.

28.12.1961: Das Raab-Olah-Abkommen beschließt die kontrollierte Anwerbung von»Fremdarbeitern», andere Vorschläge zur Durchsetzung der Sozialpartnerschaft werden nicht verwirklicht..

18.3.1962: Abkommen über die Unabhängigkeit Algeriens in Evian

6.5. 1962: Streik der Metall- und BergarbeiterInnen (bis 13.5.) um arbeitsrechtliche Verbesserungen. 1962 wird auch durch andere Streiks das streikreichste Jahr in der Zweiten Republik.

Mai 1963: Die»Aktion Vorschrift» von Studierenden führt zu Krawallen (hauptsächlich von Burschenschaftlern und Rechtsradikalen) in der Innenstadt.

8.10.1963: Gründung des Beirats für Wirtschafts- und Sozialfragen, ein entscheidender Schritt zur Konstituierung der Sozialpartnerschaft.

5.8.1964: Direktes militärisches Eingreifen der USA in Vietnam nach dem»Tonking-Zwischenfall», einer angeblichen Beschießung eines US-Kriegsschiffes durch nordvietnamesische Truppen. Beginn der Anti-Kriegsbewegung in den USA.

18.9.1964: Nach dem erzwungenen Rücktritt von Franz Olah beginnen Streiks und Krawalle, das SPÖ-Haus in der Löwelstraße wird belagert.

30.10. 1964: Es eskalieren neuerlich Krawalle. Olah bleibt nach dem Ausschluss aus Partei und Gewerkschaft wilder Abgeordneter.

Oktober 1964: Das Rundfunkvolksbegehren, eingeleitet durch Printmedien, um den Parteieneinfluss im ORF zurückzudrängen, wird ein überraschender Erfolg (800.000 Stimmen). Daraufhin wird die Rundfunkreform eingeleitet.

November 1964: Demonstration in Fußach (Vorarlberg) gegen die Benennung eines Bodenseeschiffes nach dem Sozialdemokraten»Karl Renner», Verkehrsminister Otto Probst muss bei einem Besuch in Vorarlberg vor Wurfgeschossen flüchten.

1965

23.3.1965: Warnstreik der EisenbahnerInnen und der Postbediensteten als Höhepunkt eines streikreichen Jahres.

31.3.1965: Bei einer Demonstration gegen Taras Borodajkewycz wird der Kommunist Ernst Kirchweger von einem Neonazi erschlagen. Am 23.3. hatte Borodajkewycz eine Pressekonferenz gegeben, die von antisemitischen Ausfällen begleitet war. In den folgenden Tagen finden Auseinandersetzungen zwischen AntifaschistInnen und Rechtsradikalen statt. Am Begräbnis von Ernst Kirchweger nehmen am 8.4. zehntausende Menschen teil.

Mai 1965: Der 19. Parteitag leitet eine Öffnung der KPÖ ein («Eurokommunistische Wende»), nach 1968 setzt wieder die schrittweise»Normalisierung» (Anpassung an die sowjetische Politik) ein.

Oktober 1965: General Suharto übernimmt die Macht in Indonesien, Massaker an hunderttausenden (angeblichen) KommunistInnen, Pogrome gegen ChinesInnen.

1966

Jänner 1966: Der VSStÖ versucht im Konflikt um die Reprivatisierung des Raxwerkes in Wiener Neustadt zu intervenieren, der ÖGB setzt sich aber mit der Aushandlung von Abfertigungen (und nicht dem Erhalt der Arbeitsplätze) durch.

6.3.1966: Die ÖVP gewinnt die Mandatsmehrheit bei Nationalratswahlen (auch weil Franz Olahs DFP der SPÖ Stimmen wegnimmt), ab April Alleinregierung der ÖVP.

Frühjahr 1966: In China wird die»proletarische Kulturrevolution» eingeleitet, ein Machtkampf innerhalb der Bürokartie, der mit antiautoritären Parolen geführt wird und eine teilweise unkontrollierbare Eigendynamik entwickelt.

Herbst 1966: Spontane Streiks und Demonstrationen gegen die Einreise von Otto Habsburg.

1967

1.1.1967: Das Rundfunkgesetz tritt in Kraft, das den Proporz zwischen SPÖ und ÖVP in den elektronischen Medien beendet, mit Ö3 wird der Zugang zu internationaler Popmusik erleichtert.

*April 1967: Von Che Guevara wird der Text:»Schafft zwei, drei...viele Vietnams«
veröffentlicht. Guevara wird im Oktober im Guerillakampf in Bolivien getötet.*

21.4.1967: Beginn des rechtsradikalen Militärregimes der Obristen in Griechenland.

30.4.1967: Eine erste internationalistische Demonstration bricht aus einem geordneten Rahmen aus, die Marschblöcke von VSStÖ und VSM ziehen nach dem traditionellen Fackelzug der SJ zur US-Botschaft und halten einen kurzen Sitzstreik ab. Bei einer Demonstration gegen das Obristenregime in Griechenland einige Tage später (4.5.) verprügelt die Polizei DemonstrantInnen.

2.6.1967: Anti-Schah-Demonstration in Berlin, bei der Benno Ohnesorg von einem Polizisten erschossen wird, gilt als Beginn der heißen Phase der «Studentenbewegung» in der BRD.

Juni 1967: Israel erobert im 6-Tage-Krieg das Westjordanland, die Sinaihalbinsel und den Golan.

3.10.1967: Der VSStÖ organisiert ein Go-in in der Aula der Wiener Universität aus Protest gegen erhöhte Studiengebühren und neue Fragebögen. Die Kommune Wien tritt erstmals als informelle Gruppe auf.

9.10.1967: Günter Maschke von der Kommune Wien wird verhaftet (er wird als Deserteur in der BRD gesucht), später nach Kuba abgeschoben. Die Kommune Wien veranstaltet ein schon länger geplantes Love-in. In den folgenden Tagen werden Protestaktionen gegen die Festnahme durchgeführt, ein Theaterstück in der Aula der Uni Wien (12.10.) und ein Sitzstreik vor dem Polizeigefangenenhaus Rossauer-Kaserne (15.10.).

1968

31.1.1968: Beginn der Tet-Offensive der vietnamesischen Befreiungsarmee, die nach einigen Wochen mit einem militärischen Sieg der US-Truppen endet, aber den Umschwung der öffentlichen Meinung in den USA einleitet.

17.2.-18.2.1968: Internationaler Vietnam-Kongress in Westberlin.

22.2.1968: Störaktion der VDS gegen den Opernball.

11.4.1968: Attentat auf Rudi Dutschke, in der BRD beginnen dreitägige Krawalle.

12.4.1968: In Wien demonstrieren 500 gegen das Attentat auf Rudi Dutschke.

1.5.1968: StudentInnen stören die Blasmusik am Nachmittag des 1. Mai («Blasmusikrummel»). Aufgrund des Verhaltens der SPÖ-FunktionärInnen, die die Polizei gegen StudentInnen unterstützen, treten am nächsten Tag 13 Mitglieder aus dem VSStÖ aus. Ein Teil von ihnen gründet mit der Kommune Wien den SÖS.

10.5.1968: Das Quartier latin in Paris wird von Studierenden verteidigt («Nacht der Barrikaden»), Zuspitzung des Mai 1968 in Frankreich.
11.5.1968: Großdemonstration gegen die Notstandsgesetze in Bonn (BRD).
29.5.1968: Teach-in des SÖS (am 16.5. gegründet) zum Thema «Weltrevolution und internationale Reaktion». Anschlie-

Paris: Mai 1968

ßend wird der Hörsaal 1 besetzt und mit Betriebsräten der Wiener Lokomotivfabrik diskutiert. Die Besetzung wird mit einer SchülerInnendemonstration am nächsten Tag (30.5.) beendet.

4.6.1968: Das Innenministerium erlässt einen Untersagungsbescheid gegen den Verein SÖS, weil der Name mit dem VSStÖ verwechselt werden könnte. Daraufhin erfolgt die Gründung der FNL.

7.6.1968: Teach-in des SÖS»Kunst und Revolution» («Uniferkelei»), ein Teil der beteiligten Aktionisten wird festgenommen, ein Teil flüchtet, ein großer Teil der Linken distanziert sich von der Aktion.

21.8.1968: Niederschlagung des Reformkommunismus («Prager Frühling») in der Tschechoslowakei durch sowjetische Panzer.

August 1968: Verlängerung des Präsenzdienstes aus Anlass der Krise um die Tschechoslowakei.

17.10.1968: Störung der Inauguration des neuen Rektors der Wiener Uni durch demonstrierende StudentInnen.

1969

20.1.1969: Demonstration gegen den Vietnam-Krieg und den Schah. DemonstrantInnen dringen während der Vorstellung von «Aida» in die Oper ein. Am nächsten Tag (21.1.) überfallen persische Agenten oppositionelle PerserInnen im Rathauspark, Ende Jänner wird ein Hungerstreik und ein Sitzstreik gegen die Tätigkeit des SAVAK in Österreich und die drohende Auslieferung eines Oppositionellen nach Persien durchgeführt.

April 1969: Ehemalige Zöglinge eines Caritasheims in der Geblergasse biwakieren im Rathauspark, machen ein Sit-in in der Türmerstube des Stephansturms und sperren sich in einem leeren Tigerkäfig des Tiergartens Schönbrunn ein, Initialzündung für die Kampagne»Öffnet die Heime».

31.5.1969: Bed-in von John Lennon und Yoko Ono im Hotel Sacher.

Juni 1969: InstitutsvertreterInnen sprengen eine öffentliche Sitzung des Hauptausschusses der ÖH in Salzburg.

Juni 1969: Schwule, hauptsächlich Transvestiten und Drag-Queens, wehren sich in der Christopher Street in New York erstmals militant gegen die Polizeirazzien.

14.9.1969: Besetzung des Dachs des Siemens-Pavillons im Wiener Messegelände als Protest gegen den Ausverkauf österreichischer Firmen. Am 14.10. wird auch das Dach der Raxwerke in Wiener Neustadt besetzt.

14.10.1969: Österreichische MittelschullehrerInnen streiken für höhere Löhne.

30.10.1969: Studentische Streikaktion zur Unterstützung des Memorandums der 109 ProfessorInnen über»Die materielle Lage der naturwissenschaftlichen Forschung an Österreichs Hochschulen«.

4.11.1969: OrdnerInnen des Twen-Shop in Wien verprügeln linke DemonstrantInnen.

Dezember 1969: Die Zeitschrift Neues Forum startet das Anti-Bundesheer-Volksbegehren.

1970

1.3.1970: Bei den Nationalratswahlen erzielen die ÖVP 79, die SPÖ 81, die FPÖ 5 Mandate. Im Anschluss bildet Kreisky eine SPÖ-Minderheitsregierung.

Anfang Mai 1970: Einmarsch der US-Armee in Kambodscha, weltweit demonstrieren hunderttausende.

14.5.1970: In Wien demonstrieren 5000 gegen den Einmarsch der USA in Kambodscha. Schon an den Vortagen wurden Transparente und Fahnen an der Akademie der Bildenden Künste und am Hotel Bristol aufgehängt. Das soziologische Institut wurde besetzt.

14.5.1970: Salzburg: ein militärischer Zapfenstreich wird durch eine antimilitaristische Demonstration mit einem Ferkel gestört.

September 1970: Wilder Streik bei Elin in Weiz gegen die Entlassung eines Betreibsrats. Zug von ArbeiterInnen durch die Werkshallen, bis der Betrieb stillsteht. Es gibt keine Unterstützung durch den ÖGB, die Entlassung wird nicht zurückgenommen.

November 1970: Wilder Streik für eine gerechtere Entlohnung bei Bauknecht Rottenmann. Die Gewerkschaft handelt einen Kompromiss aus, aber keine Angleichung der Löhne.

29.11.1970: Auf einer außerordentlichen Vollversammlung der VDS werden alle

ReformkommunistInnen ausgeschlossen, danach wird die Organisation in MLS umbenannt.

1971

25.3.1971: Demonstration vor der Jugenderziehungsanstalt Kaiser-Ebersdorf als Teil der»Heimkampagne». Schon im Jänner wurde gegen das Heim Im Werd in Wien und im Februar gegen ein Heim in Linz-Wegscheid demonstriert.

7.5.1971: Demonstration linker FrauenrechtlerInnen gegen den Muttertag.

8.6.1971: Nachdem am 20.5. Verteidigungsminister Karl Lütgendorf vor dem Kameradschaftsbund von «geistig verblendeten und von ausländischen Anarchisten gesteuerten Heißspornen» gesprochen hat und dabei die antimilitaristischen AktivistInnen des Anti-Bundesheervolksbegehrens meinte, demonstrieren tausende gegen Lütgendorf in Wien. Einige hundert RechtsextremistInnen begleiten die Demonstration, werden dann aber vertrieben. Schon vorher gibt es Aktionen, u.a. das Aufhängen von Transparenten vom Dach des Verteidigungsministeriums und am Karl-Marx-Hof. Auch in Linz, Salzburg und Innsbruck wird demonstriert.

15.7.1971: Verabschiedung der Wehrgesetznovelle: Verkürzung des Wehrdienstes auf acht Monate (sechs Monate plus Waffenübungen).

10.10.1971: Die Nationalratswahlen bringen der SPÖ die absolute Mandatsmehrheit (SPÖ 93, ÖVP 80, FPÖ 10). Kreisky kann eine stabile SPÖ-Regierung bilden. Eine Reihe von Reformen durchgeführt: die Strafrechtsreform (Legalisierung der Homosexualität), die Studiengebühren werden abgeschafft.

16.12.1971: Die MLS schließt die KPÖ-nahen AktivistInnen aus.

1972

27.4.1972: Tausende MittelschülerInnen demonstrieren gegen den «Maturantenerlass» (das Einrücken zum Bundesheer gleich nach der Matura). Durch den Einfluss des VSM trägt die Manifestation deutlich antimilitaristische Züge. Der Maturantenerlass wird abgeschwächt, der Präsenzdienst kann in zweimal drei Monaten abgeleistet werden.

20.5.1972: Der amerikanische Präsident Richard Nixon besucht Österreich. Vor der Landung seines Flugzeuges in Salzburg wird die Rollbahn besetzt und durch einen Knüppeleinsatz der Polizei wieder geräumt.

August 1972: Die MLS schließt den trotzkistischen Flügel aus. Die Ausgeschlossenen gründen die GRM.

20.9.1972: Nach der Aufstellung erster zweisprachiger Ortstafeln (slowenisch-deutsch) im gemischtsprachigen Gebiet in Koroška / Kärnten beginnt der «Ortstafelsturm»: immer wieder werden die Ortstafeln unter den Augen der Gendarmerie ausgerissen oder demoliert.

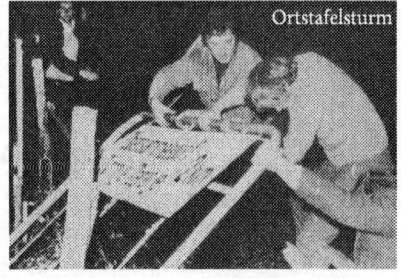

Oktober 1972: Der Österreichische «Ärztekongress» spricht sich gegen Abtreibung aus. Für die nächsten Jahre wird dieses Thema zentral für die entstehende Frauenbewegung.

4.11.1972: Die AUF konstituiert sich als die für die nächsten Jahre wichtigste feministische Organisation (erst ein Jahr später wird sie ein offizieller Verein).

November 1972: Wilder Streik bei den Gußstahlwerken Judenburg (später VEW) um die Angleichung der Löhne, der Streik endet in einer Niederlage.

9.12.1972: Eine Aufsehen erregende Demonstration für die Abtreibung in Wien mit einer Performance der Aktionistin Erika Mis.

Ende 1972: Der KB Wien wird als marxistisch-leninistische («maoistische») Organisation gegründet.

1973

23.5.-24.5.1973: Österreichweit streiken LehrerInnen für die Durchsetzung von Gehaltsforderungen.

Juli 1973: Ein wilder Streik bei Böhler Ybbstal um die Gleichstellung der Löhne endet mit einer Niederlage.

11.9.1973: Die demokratisch gewählte Volksfrontregierung in Chile unter Salvador Allende wird durch einen Militärputsch unter General Augusto Pinochet gestürzt. Es gibt tausende Getötete, Verschwundene und Geflohene.

September 1973: Demonstrationen gegen den Militärputsch in Chile

Oktober 1973: Der Jom-Kippur-Krieg zwischen Israel und Ägypten und Syrien endet nach arabischen Angriffen mit einem Sieg Israels. Die Boykottdrohungen der arabischen Ölstaaten führen zum Anstieg der Erdölpreise und damit zur Einleitung einer weltweiten Wirtschaftskrise.

November 1973: Demonstration für die Einführung der Fristenlösung.

Dezember 1973: Demonstration zur Unterstützung politischer Gefangener im Iran.

1974

April 1974: Demonstration gegen die Repression in Chile.

April 1974: Ein «linker» Militärputsch in Portugal löst eine breite, auch linksradikale Bewegung aus. Fabriken werden besetzt, Ansätze zur Selbstverwaltung entstehen. Unter Druck von EG und NATO werden revolutionäre Entwicklungen gestoppt, die Demokratie setzt sich durch.

Juni 1974: Ein wilder Streik zur Anpassung der Löhne in der Polstermöbelfabrik Hukla in Wien erreicht die Rücknahme von Entlassungen. Lohnerhöhungen können nicht durchgesetzt werden. Die Gewerkschaft droht mit Kriminalisierung der Streikenden.

15.8.1974: Der Präsenzdiener Kurt Wandl stirbt bei einer Übung an Hitzschlag, das Bundesheer gerät in die Defensive.

Herbst 1974: Nach dem Scheitern der Unterstützung eines rechtsradikalen Militärputsches in Zypern, der den Einmarsch der Türkei im nördlichen Teil der Insel provoziert, stürzt die Militärjunta in Griechenland. Die Demokratisierung wird eingeleitet.

Oktober 1974: Proteste gegen den Katholikentag und für das Recht auf Abtreibung.

Oktober 1974: Die Zeitschrift AUF erscheint erstmals und wird für die nächsten Jahre die wichtigste feministische Publikation. Schon vorher erschienen ein Jahr lang die AUF-Mitteilungen.

Herbst 1974: Informationskampagne der AUF in den (östlichen) Bundesländern über die Einführung der Fristenlösung.

1975

1.1.1975: Das Zivildienstgesetz tritt in Kraft, nach einer»Gewissensprüfung» kann statt dem Präsenzdienst ein Zivildienst abgeleistet werden. Der § 144 wird reformiert, Abtreibung wird bis zum dritten Monat der Schwangerschaft erlaubt. Trotzdem ist es für die meisten Frauen in den Bundesländern schwierig, eine Abtreibung durchzuführen, viele müssen nach Wien fahren.

Jänner 1975: Ein wilder Streik bei der Spritzgussmaschinenfabrik Engel in

Schwertberg (OÖ) (nachdem ein neues Akkordsystem eingeführt wurde) erzwingt die Absetzung eines Werkdirektors.

Anfang 1975: Das erste Frauenzentrum in der Tendlergasse wird eröffnet.

Winter 1975: Gründung der ersten politischen Schwulengruppe «Coming Out» in Wien.

8.2.1975: Jugendliche besetzen für zehn Tage ein Haus in Simmering.

April 1975: Machtübernahme in Südvietnam durch die vietnamesische Befreiungsarmee, Sieg des Pathet Lao in Laos und der Roten Khmer in Kambodscha.

Frühjahr 1975: Die Planung eines AKW in der Nähe von Linz (St. Pantaleon) ändert den Charakter der Anti-AKW-Bewegung, auch durch den Einfluss des KB. Sie wird ab jetzt mehr von Linken und Alternativen getragen und nicht mehr nur durch konservative LebensschützerInnen.

Sommer 1975: Nach einem 4-Tage-Fest wird das Amerlinghaus besetzt, über die Sommermonate wird ein Demonstrationsbetrieb durchgeführt.

2.10.1975: Einige Tausend demonstrieren gegen Hinrichtungen durch das faschistische Franco-Regime in Spanien, nach der Demonstration wird das Iberia-Büro (spanische Fluglinie) von über tausend DemonstrantInnen mit Steinen angegriffen.

5.10.1975: Neuerlicher Wahlsieg der SPÖ (93 Mandate), ÖVP 80, FPÖ 10.

Oktober 1975: Simon Wiesenthal veröffentlicht Dokumente, die beweisen, dass der FPÖ-Vorsitzende Friedrich Peter an Kriegsverbrechen beteiligt war. Bruno Kreisky verteidigt Peter («Peter-Kreisky-Wiesenthal-Affäre»)

Dezember 1975: Tod des spanischen Diktators Francisco Franco, König Juan Carlos leitet die Demokratisierung ein.

1976

Februar 1976: Nach zwei Monaten nicht gewerkschaftlich abgesegneter Kampfmaßnahmen bei der Aufzugsfirma Wertheim in Wien erreichen die Streikenden eine Erhöhung der Bezahlung der Schlechterverdienenden (ein Teilerfolg).

30.4.1976: Das erste große Frauenfest findet im Palais Liechtenstein statt.

17.5.1976: Die Initiative Österreichischer Atomkraftwerksgegner wird gegründet.

27.6.1976 Nach dem »Anti-Schleifer-Fest» am Naschmarkt wird der Auslandschlachthof St. Marx, die Wiener Arena, besetzt. Den Sommer über finden Veranstaltungen statt. Nach Naziüberfällen und auf Druck der Gemeinde ziehen die BesetzerInnen nach einer Demonstration freiwillig ab. Ab 10.10. wer-

den die Gebäude des Auslandschlachthofes abgerissen.

Juli 1976: Der Petersbrunnhof in Salzburg
wird besetzt, aber sofort wieder durch
die Polizei geräumt.

August 1976: Der KBÖ wird gegründet,
um die regionalen Kommunistischen
Bünde zu vereinheitlichen.

Oktober 1976: Beginn einer Reihe von
«Informationsveranstaltungen» der
Bundesregierung zur Kernenergie (bis
24.3.1977). Überall protestieren AKW-
GegnerInnen, besonders gegen das AKW
Zwentendorf in der Nähe von Wien.

14.11.1976: Die «Minderheitenfeststellung»
(eine «geheime Feststellung der Muttersprache») wird von den SlowenInnen in
Kärnten boykottiert. In den Städten deklarieren sich Linke als SlowenInnen.

Dezember 1976: Nach einem Banküberfall wird das RAF-Mitglied Waltraud
Boock in Wien festgenommen.

1977

*19.3.1977: Militante Massenaktionen am AKW-Bauplatz von Grohnde. Schon seit
Herbst 1976 fanden militante Massenaktionen um den Bauplatz des AKW
Brokdorf statt.*

24.3.1977: Eine letzte»Informationsveranstaltung» zur Kernenergie wird aus
Angst vor Ausschreitungen abgesagt, 3000 demonstrieren in Wien gegen das
AKW Zwentendorf.

*Frühjahr 1977: In vielen italienischen Städten erreicht die autonome Bewegung
großes Aufsehen durch militante Demonstrationen. In Bologna setzt die eurokommunistische Stadtregierung gegen die Bewegung Panzer ein.*

Frühjahr 1977: Auseinandersetzungen zwischen der rechtsextremen ANR und
AntifaschistInnen an der Universität in Wien.

Mai 1977: Auseinandersetzungen zwischen der NDP und AntifaschistInnen in
Salzburg. Vier Antifaschisten werden festgenommen. Eine (für Salzburg) große antifaschistische Demonstration (800) findet statt.

Mai 1977: Erster Frauenkongress der österreichischen Frauenbewegung in Wien.

Ende Mai 1977: Schwules Pfingsttreffen im Treibhaus bei Wien.

Frühjahr/ Sommer 1977: Offensive der RAF: Generalbundesanwalt Siegfried Buback und der Bankier Jürgen Ponto werden ermordet, am 5.9. wird der Industriellenpräsident Hanns Martin Schleyer entführt.

12.6.1977: 7000 beteiligen sich an einer Großdemonstration in der Nähe des fast fertiggestellten AKW Zwentendorf.

25.6.1977: 3000 Waldviertler BäuerInnen demonstrieren gegen den geplanten Standort eines Atommülllagers in Allentsteig.

18.10.1977: Nach der Entführung von Hanns Martin Schleyer und dem Sturm eines entführten Flugzeuges in Mogadischu werden Andreas Baader, Gudrun Ensslin und Jan-Carl Raspe, wichtige Gründerpersonen der RAF in Stuttgart-Stammheim tot aufgefunden.

26.10.1977: Anti-AKW-Demonstration in Wien.

9.11.1977 Walter Michael Palmers wird entführt und am 13.11. nach Übergabe eines Lösegelds wieder freigelassen.

23.11.1977 Festnahme der später als Palmersentführer verurteilten Thomas Gratt und Othmar Keplinger, am 24.11. auch von Reinhardt Pitsch, Hausdurchsuchungen in Wien.

1978

19.1.1978: Demonstrationen beim Flughafen Linz und in Zwentendorf nach dem Einfliegen der Brennstäbe für das AKW Zwentendorf.

1.4.1978: Das Amerlinghaus wird als linksalternatives Zentrum eröffnet.

9.4.1978: Einige Tausend beteiligen sich an einer Großdemonstration gegen das AKW Zwentendorf in Wien, Auseinandersetzungen zwischen Spontis und KB-OrdnerInnen.

14.4.1978: Legendäres Frauenfest im Haus der Begegnung im 6. Bezirk mit anschließender Demonstration zum Moulin Rouge.

22.6.1978: Bundeskanzler Kreisky kündigt die Abhaltung einer Volksabstimmung über das AKW Zwentendorf an.

5.11.1978: Volksabstimmung über Zwentendorf: eine knappe Mehrheit stimmt mit Nein (50,47%), das AKW Zwentendorf wird eingemottet.

12.12.1978: Feministinnen ziehen als Antwort auf ein sexistisches Titelbild Harald Irnberger von der linksliberalen Zeitschrift Extrablatt aus und fotografieren ihn.

1979

Februar 1979: Nach über einem Jahr sich steigernder Unruhen wird der Schah von Persien gestürzt, nach Auseinandersetzungen setzt sich der konservativ-antiimperialistische Flügel als Islamische Revolution im Iran durch.

März 1979: Die HOSI als politische Organisation für Lesben und Schwule wird gegründet.

Mai 1979: Margaret Thatcher übernimmt die Regierung in Großbritannien. Dadurch wird eine Phase konservativer Regierungen eingeleitet.

Frühjahr 1979: Nach der Räumung des Rasens im Burggarten entsteht die «Bewegung für Rasenfreiheit», immer wieder wird der Rasen im Burggarten demonstrativ besetzt.

6.5.1979: Größter Wahlerfolg der SPÖ (95 Mandate), ÖVP 77, FPÖ 11.

23.5.1979: Nach der Absage des Rock-brennt-Festes im Metropol eskalieren Auseinandersetzungen mit der Polizei, erstes Sichtbarwerden von Punks.

Juli 1979: In Nicaragua wird der Diktator Anastasio Somoza gestürzt, die SandinistInnen übernehmen die Macht. In den 1980ern wird das sandinistische Regime ein wichtiger Bezugspunkt der internationalen Solidaritätsbewegung.

Sommer 1979: Das»Forum Alternativ» organisiert als Gegenveranstaltung zur UNCSTAD-Konferenz das Ökodorf im Wiener Prater.

20.10.1979: Nach der Beendigung des «Ideenmarktes» der Wiener ÖVP wird die Phorushalle im 5. Bezirk besetzt und am nächsten Tag von der Polizei geräumt.

Oktober 1979: Spontane Arbeitsniederlegungen bei der VEW in Judenburg, nachdem der Generaldirektor über eine mögliche Stilllegung des Werkes gesprochen hat.

Dezember 1979: Einmarsch von sowjetischen Truppen in Afghanistan. Islamistische Mudschahedin, unterstützt vom Westen, insbesonders von Pakistan und den USA beginnen einen Guerillakrieg.

1980

1.5.1980: Nach der neuerlichen Besetzung des Burggartens eskalieren Auseinandersetzungen mit der Polizei, ebenso zwei Tage später (3.5.) am Stadtfest der Wiener ÖVP. Schon ab März wurde immer wieder der Rasen besetzt.

Mai 1980: Überall, wo er auftritt wird gegen den rechtsextremen Kandidaten zur Bundespräsidentenwahl, Norbert Burger (NDP), protestiert.

23.5.1980 (bis 15.6.): Nach einem Anschlag wird die Bude der HOSI bei den

Alternativfestwochen geschlossen. Nach der Schließung der Bude solidarisieren sich alle anderen TeilnehmerInnen und erzwingen dadurch eine Wiedereröffnung («Schwule Festwochen»).

Frühjahr 1980: Krawalle von HausbesetzerInnen in Amsterdam.

31.5.1980: Nach den Opernhauskrawallen in Zürich beginnt die dortige «Jugendbewegung um das Autonome Jugendzentrum (AJZ).

September 1980: Der Irak greift den Iran an, der 8-jährige erste Golfkrieg beginnt.

November 1980: Feministinnen besetzen ein leeres StudentInnenheim in Linz und fordern ein Frauenzentrum (nach fünf Tagen geräumt).

November 1980: Besetzung des Amerlinghauses durch die «Burggartenbewegung», um gegen die kommerzielle Nutzung zu protestieren.

12.12.1980: Straßenschlachten nach der Verhinderung einer Hausbesetzung in Berlin, Beginn der dortigen «HausbesetzerInnenbewegung».

1981

Jänner 1981: Ronald Reagan wird amerikanischer Präsident und leitet die konservative Wende in den USA ein.

1.3.1981: Eine Demonstration zur Unterstützung einer (gescheiterten) Hausbesetzung wird von der Polizei aufgelöst, schwere Krawalle im Wiener 1. Bezirk, 102 Personen werden festgenommen.

21.3.1981: 10.000 demonstrieren in Judenburg gegen die Schließung des dortigen Stahlwerkes der VEW (Gußstahlwerke Judenburg).

23.3.1981: VertreterInnen der Gemeinde Wien übergeben die Schlüssel der GA-GA.

1.5.1981: Stadtrat Heinz Nittel wird von einem palästinensischen Kommando ermordet. Am Vormittag wird ein Haus in der Windmühlgasse besetzt, am Abend zuerst die Straße davor, danach das Haus geräumt. Offizielle Eröffnung der GAGA mit einer Polizeimusikkapelle.

23.5.1981: Ein besetztes Haus in der Gutenberggasse wird innerhalb kürzester Zeit geräumt, Scheinbesetzungen im 6., 7. und 8. Bezirk am Nachmittag.

Frühjahr 1981: Der Gebäudekomplex des WUK wird an eine Initiativgruppe übergeben.

23.6.1981: Blockadeversuch in Simmering gegen die Auslieferung von Panzern nach Chile.

Juli 1981: Zehntägige Krawalle in vielen Städten Großbritanniens («Rassenkrawalle»).

Dezember 1981: Die Armee beendet in Polen die seit 1980 andauernde Doppelherrschaft mit der unabhängigen Gewerkschaft Solidarnosc.

1982

1.1.1982: Zwei Nackte stürmen beim Neujahrskonzert mit dem Transparent «Menschenrechte für Schwule» die Bühne.

April 1982: Krawalle um die GAGA nach einem Solidaritätskonzert mit dem AK Schwarzau.

8.5.1982: Frauen des Arbeitskreises Schwarzau besetzen ein Haus in der Taborstraße.

15.5.1982: Friedensdemonstration gegen die NATO-Nachrüstung in Wien (70.000).

Juni 1982: Großbritannien erobert die Falklandinseln / Malvinas zurück, die im April von Argentinien besetzt wurden. Dadurch wird der Sturz der argentinischen Militärjunta eingeleitet.

Juni 1982: Israel marschiert in den Libanon ein, christliche Milizen verüben unter den Augen der Israelis Massaker in den Flüchtlingslagern Sabra und Chatila. In Israel entsteht die stärkste Friedensbewegung für den Abzug aus dem Libanon.

Oktober 1982: Die FDP scheidet aus der Koalition mit der SPD aus und bildet mit CDU/CSU eine Regierung, Kanzler wird Helmut Kohl. Eine Phase konservativer Regierungen wird eingeleitet.

November 1982: Eröffnung der Rosa-Lila-Villa (Erstes Wiener Lesben- und Schwulenhaus).

1983

Jänner 1983: Rauschgiftrazzia in der GAGA.

24.4.1983: Die SPÖ verliert die absolute Mehrheit (90 Mandate, ÖVP 81, FPÖ 12). Fred Sinowatz wird Bundeskanzler einer kleinen Koalition (SPÖ-FPÖ).

Frühjahr 1983: Aktivitäten der Erwerbsloseninitiative «Arbeitslose helfen Arbeitslosen»: Besetzung der Industriellenvereinigung, Straßentheater zum 2. Mai als «Tag der Arbeitslosigkeit».

26.6.1983: Nach Krawallen bei einem Protest-Open-Air wird die GAGA geräumt, 62 Personen werden festgenommen. Zwei Tage später (28.6.) wird eine Kundgebung am Schottenring untersagt, eine polizeiliche Jagd auf vermeintli-

che DemonstrantInnen findet statt (weitere 56 Festnahmen). Nach einer weiteren Demonstration am 30.6. schläft die Bewegung über den Sommer ein.
Oktober 1983: Die USA intervenieren auf der kleinen Karibikinsel Grenada.
22.10.1983: Friedensdemonstration gegen die NATO-Nachrüstung in Wien (100.000).
Herbst 1983: Schleichende Besetzung der Hauses Aegidigasse 13, schon vorher wurden Wohnungen mit Prekariumsverträgen übergeben.

1984

12.2.1984: Störung der Angelobung von Soldaten des Bundesheeres im Karl-Marx-Hof mit Knallkörpern und einem Transparent «Gehorsam bis zum Bürgerkrieg».

März 1984: Beginn des einjährigen BergarbeiterInnenstreiks in Großbritannien, der letztlich mit einer Niederlage im März 1985 endet.

Mai 1984: 40.000 GewerkschaftlerInnen demonstrieren für das Kraftwerk Hainburg, das Konrad-Lorenz-Volksbegehren gegen Hainburg wird vorgestellt.

23.6.1984: Erste Wiener Gay Pride-Demonstration von Schwulen und Lesben anläßlich des 15 Jahrestages der Krawalle in Christopher Street in New York.

8.12.1984: Demonstration gegen den Kraftwerksbau in der Nähe des Rodungsgebietes der Au bei Hainburg (8000) und Beginn der Besetzung in der Au.

19.12.1984: Schwere Auseinandersetzungen in der Au beim intensivsten Räumungsversuch, in Wien und den Bundesländerhauptstädten demonstrieren zehntausende gegen die Räumung. Zwei Tage später wird ein «Weihnachtsfriede» ausgerufen. Damit ist das Kraftwerk praktisch gestorben.

1985

22.1.1985: Eine Hausbesetzung in der Tigergasse wird nach neunstündigen Verhandlungen durch die Polizei beendet.

25.1.1985: Der damalige FPÖ-Verteidigungsminister Friedhelm Frischenschlager bereitet dem von Italien freigelassenen Kriegsverbrecher Walter Reder einen quasi-offiziellen Empfang.

16.3.1985: Demonstration für zwei Tage vorher verhaftete SprayerInnen, dabei wird wasserlösliche Farbe verschüttet, zwei Frauen werden festgenommen. Nach dreiwöchiger U-Haft werden fast alle freigelassen, eine Vorbestrafte bleibt fünf Monate in Haft.

14.12.1985: Kurzfristige Besetzung eines Hauses in der Turnergasse.

1986

Jänner 1986: Machtübernahme durch Yoweri Museveni in Uganda, ein System der DelegiertInnendemokratie ist eine massive Verbesserung gegenüber den vorher vorherrschenden Diktaturen.

16.1.1986: In Linz und Leoben demonstrieren zehntausende gegen die Umstrukturierung der verstaatlichten Industrie.

Februar 1986: Der philippinische Diktator Ferdinand Marcos wird durch eine demokratische Volksbewegung («People Power») gestürzt.

Anfang März 1986: Erste Veröffentlichungen über die Kriegsvergangenheit des Präsidentschaftskandidaten der ÖVP, Kurt Waldheim. Ende April wird er von den USA auf die «Watchlist» gesetzt (er darf nicht in die USA einreisen).

April 1986: Die USA bombardieren Städte in Libyen.

26.4.1986: Der bisher schwerste Atomunfall im ukrainischen AKW Tschernobyl.

Mai 1986: Zu Pfingsten erregen militante Demonstrationen am Bauplatz der Wiederaufbereitungsanlage in Wackersdorf (Bayern), auch in Österreich die Öffentlichkeit.

8.6.1986: Waldheim gewinnt die BundespräsidentInnenwahl, im ersten Wahlgang am 4.5. hat er die absolute Mehrheit nur knapp verfehlt.

8.7.1986: Mit der Angelobung Waldheims beginnen jahrelange Protestaktionen gegen den Bundespräsidenten. Die Auslandsbesuche Waldheims beschränken sich zwangsläufig auf ein Minimum.

4.10.1986: Eine Kampfabstimmung der in Gründung befindlichen Grünen Alternative endet in Wien mit einer Niederlage von Freda Meissner-Blau. Daraufhin wird der Ausschluss der dort siegreichen Linken und Alternativen durchgesetzt.

23.11.1986: Vorverlegte Neuwahlen, nachdem Jörg Haider im September den Vorsitz in der FPÖ übernommen hat: SPÖ 80 Mandate, ÖVP 77, FPÖ 18, Grüne 8. Bildung einer großen Koalition (SPÖ-ÖVP) unter Franz Vranitzky.

1987

Anfang 1987: nach der Regierungsübernahme durch die große Koalition werden Sparmaßnahmen angekündigt.

26.2.1987: Erste Opernballdemonstration, bei der es zu Auseinandersetzungen mit der Polizei kommt.

Mai 1987: Solidaritätskonferenz für die Verstaatlichte in Steyr.

19.10.1987: Die GRUWI-GEWI-HörerInnenversammlung in Wien beschließt einen Streik, das Audimax wird besetzt. Am nächsten Tag beginnt eine österreichweite Streikbewegung der Studierenden. Die Demonstration gegen Sozialabbau am 24.10. in Wien ist mit 40.000 TeilnehmerInnen ein überraschender Erfolg. Der Streik dauert bis Anfang November an.

26.11.1987: Studierenden-Demonstration mit enttäuschender Beteiligung, vereinzelte Auseinandersetzungen mit der Polizei.

Dezember 1987: Beginn der ersten Intifada, des Aufstandes der PalästinenserInnen in den israelisch besetzten Gebieten.

1988

11.2.1988: «Anti-Obern-Ball»: Opernballdemo, eine Frau wird von einem Polizeiauto überfahren.

14.2.1988: Tausende demonstrieren in Wien nach der Veröffentlichung des «Historikerberichtes», der die Vorwürfe gegen Waldheim, seine Kriegsvergangenheit betreffend, bestätigt.

12.3.1988: An einer Kundgebung der WaldheimgegnerInnen anlässlich des «Gedenkjahrs» des Anschlusses Österreichs an Hitlerdeutschland beteiligen sich trotz strömenden Regens zehntausende (gleich viel wie bei der offiziellen Kundgebung zwei Tage davor).

August 1988: Ende des ersten Golfkrieges zwischen Iran und Irak, Einsatz von Giftgas gegen rebellische KurdInnen durch Saddam Hussein (wie schon vorher gegen iranische SoldatInnen).

11.8.1988: Verteidigung des Hauses in der Spalowskygasse, das an die besetzte Aegidigasse grenzt. Am folgenden Tag (12. 8.) wird auch das Haus in der Aegidigasse 13 geräumt.

26.9.1988: Besetzung der»Vogelhandlung» in der Unteren Augartenstraße (wird nach einigen Wochen aufgegeben).

15.10.1988: (Gescheiterte) «Großdemo» gegen Sozialabbau (4000).

1989

Anfang 1989: Beginn des Abzuges der sowjetischen Truppen aus Afghanistan.

2.2.1989: Opernballdemonstration («Eat the Rich»): ein Mercedes wird gegen die Polizeiabsperrung geschoben.

13.1.1989: Besetzung eines Hauses in der Ägydigasse in Graz, im Frühjahr werden Übergangshäuser zur Verfügung gestellt.

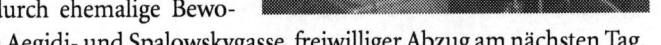

5.4.1989: Besetzung eines Hauses in der Oswaldgasse durch ehemalige BewohnerInnen von Aegidi- und Spalowskygasse, freiwilliger Abzug am nächsten Tag.

4.6.1989: Niederschlagung der Demokratiebewegung auf dem»Platz des himmlischen Friedens» in Peking (Volksrepublik China).

28.6.1989: Eine Million SerbInnen demonstrieren zum 600. Jahrestag der Schlacht auf dem Amselfeld. Im Jahr1989 wird die Autonomie der Vojvodina und des Kosovo / Kosova ausgeschaltet («antibürokratische Revolution»).

15.9.1989: Demonstration zum (ungefähren) Jahrestag der Räumung der Aegidigasse.

9.11.1989: Öffnung der Berliner Mauer nach vielen Demonstrationen. In den meisten osteuropäischen Staaten brechen die «kommunistischen» Regime zusammen, Beginn des Endes des»realen Sozialismus».

Dezember 1989: Intervention der USA in Panama, Aufstand gegen das Regime Ceausescu in Rumänien.

1990

Februar 1990: Nelson Mandela wird aus der Haft entlassen (1994 finden dann die ersten freien Wahlen statt).

22.2.1990: Opernballdemonstration, ein Billa wird geplündert.

März 1990: Proteste gegen die Einrichtung eines Flüchtlingslagers bei Kaisersteinbruch im Burgenland.

Frühjahr 1990: Die Ausweispflicht für»Fremde» wird eingeführt.

Frühjahr 1990: Nationalistische und rechte Parteien gewinnen die Wahlen in Slowenien, Kroatien und Bosnien.

13.4.1990: Punks besetzen die Unterführung bei der Staatsbrücke in Salzburg, am 25.4. ein Haus in der Innsbrucker Bundesstraße, das ihnen dann übergangsweise überlassen wird.

Juni 1990: Besetzung eines Hauses im Besitz der KPÖ in der Wielandgasse, das in Ernst-Kirchweger-Haus (EKH) umbenannt wird.

Sommer 1990: Die serbische Bevölkerung Kroatiens blockiert die Straßen in der Krajina («Revolution der Baumstämme»).

2.8.1990: Der Irak besetzt das Ölscheichtum Kuweit.

28.9.1990: Nach vierjährigem Prozessieren wird der autonome Treffpunkt Rotstilzchen geräumt.

1991

17.1.1991: Beginn des Kriegs gegen den Irak zur Befreiung Kuweits. Dauert bis 2.3., danach kann der irakische Diktator Saddam Hussein Aufstände von KurdInnen und SchiitInnen niederschlagen.

Februar 1991: Camp in der Nähe von Innsbruck, um die Durchfuhr für Waffen gegen den Irakkrieg zu blockieren.

15.3.1991: Unterzeichnung eines Vertrags zwischen der KPÖ und (einem Teil der) BesetzerInnen des EKH.

19.3.1991: Frauen besetzen ein ehemaliges Tierspital in der Zimmermanngasse in Graz, wird einen Monat später geräumt.

März 1991: Slobodan Milosevic setzt in Belgrad die Armee gegen DemonstrantInnen ein, die gegen die Kontrolle der Medien durch das Regime protestieren.

26.6.1991: Unabhängigkeitserklärung von Slowenien und Kroatien, Beginn des zehntägigen Krieges in Slowenien, schleichender Krieg um die serbisch besiedelten Regionen Kroatiens.

August 1991: Ein versuchter Putsch gegen Gorbatschow führt nach seiner Niederschlagung zum Zerfall der SU.

September1991: Rassistische Pogrome in Hoyerswerda (Deutschland).

1992

10.1.1992: Nach der Eroberung von Vukovar (18.11.1991) durch die serbische Armee wird der Kroatienkrieg beendet, die jugoslawische Armee zieht sich aus den belagerten Kasernen in Kroatien zurück, große teile Kroatiens bleiben unter Kontrolle serbischer Aufständischer.

6.4.1992: Beginn des Bürgerkrieges in Bosnien und Herzegowina. Bereits am 1.3. wurde eine orthodoxe Hochzeit von Heckenschützen beschossen.

Mai 1992: Der erste Life Ball als lebensfreudiges Charity-Event zugunsten von Aidskranken findet im Wiener Rathaus statt.

Juni 1992: Rassistische Pogrome in Mannheim (Deutschland).

August 1992: Rassistische Pogrome in Rostock (Deutschland).

1.9.1992 (bis 4.9.): Grenzcamp in Rechnitz (Südburgenland) gegen den Grenzeinsatz des Bundesheeres zur Flüchtlingsjagd.

1993

Anfang 1993: Das Aufenthaltsgesetz droht MigrantInnen mit Ausweisung, sollten sie nicht in ortsüblicher Unterkunft wohnen.

23.1.1993: Lichtermeer. 200.000 bis 300.000 demonstrieren gegen den Rassismus der FPÖ, die Regierungsparteien werden geschont, nur 10.000 beteiligen sich an einer linken, explizit antirassistischen Demonstration.

Ende Jänner 1993: Das Anti-Ausländer-Volksbegehren «Österreich zuerst» erreicht 417.000 Unterschriften.

Anfang Februar 1993: Unter der Führung von Heide Schmidt spalten sich vier Nationalratsabgeordnete von der FPÖ ab und gründen das LIF.

Frühjahr 1993: Nach dem Auszug von Punks besetzen Rechtsradikale den Petersbrunnhof in Salzburg.

11.12.1993: Besetzung und Räumung der Herolddruckerei in der Strozzigasse.

Dezember

1993: Erste Briefbombenserie gegen Personen, die sich für MigrantInnen einsetzen, prominentestes Opfer ist der ehemalige Bürgermeister von Wien, Helmut Zilk.

1994

1.1.1994: Am gleichen Tag, an dem das NAFTA in Kraft trat, beginnt der zehntägige bewaffnete Aufstand der ZapatistInnen: ihr Erfolg liegt weniger im bewaffneten Kampf, sondern in der internationalen Kommunikation.

6.4.1994: Nach dem Abschuss eines Flugzeuges mit dem ruandischen und dem burundischen Präsidenten beginnen in Ruanda Massaker an»Tutsis» und gemäßigten»Hutus». Die von «Tutsis» dominierte FPR übernimmt die Macht.

20.4.1994: Antifa-Demo in Wien, Hooligans ziehen an anderer Stelle «Sieg-Heil»-grölend durch die Stadt.

9.10.1994: Die Wahlen bringen massive Verluste für die Großkoalitionäre SP und OVP: SPÖ: 65 Mandate (80), ÖVP 52 (60), FPÖ 42 (33), Grüne 13 (10), LIF 11(-)

22.10.1994: 3000 AntifaschistInnen demonstrieren gegen den «Gesamt-Tiroler-Freiheitskommers» in Innsbruck.

1995

Februar 1995: Vier burgenländische Roma werden in Oberwart durch eine Rohrbombe getötet. Franz Fuchs wird Jahre später als Einzeltäter dafür (wie auch für die Briefbomben) verurteilt.

April 1995: Gregor T. und Peter K. werden bei Ebergassing tot aufgefunden, offensichtlich beim Versuch, einen Strommasten zu sprengen, getötet. Hausdurchsuchungen bei Teilen der linken Szene. Angriffe auf den damaligen Innenminister Caspar Einem, weil er dem TATblatt Geld gespendet hat.

Sommer 1995: Massaker an muslimischen Männern durch serbische Milizen in Srebrenica und Zepa. Wiedereroberung der serbisch kontrollierten Regionen in Kroatien, Vormarsch der inzwischen verbündeten kroatischen und bosnjakischen Warlords in Bosnien, Massenflucht der SerbInnen (700.000).

September 1995: Aufflammende SchülerInnenbewegung: Schulstreiks an Mittelschulen, Demonstration (5000) am 22.9., beginnende Unruhe an den Universitäten, Aktionsankündigungen, die zurückgestellt werden, als am 11.10.1995 die Regierung zerbricht.

17.10.1995: Großdemonstrationen der Studierenden (10.000).

November 1995: Vertrag von Dayton, der die Aufteilung Bosniens und der Herzegowina unter internationaler Verwaltung besiegelt.

November 1995: Wochenlanger Streik im öffentlichen Dienst in Frankreich gegen eingeplante Einsparungen bei den Sozialversicherungen.

Dezember 1995: Der Wahlkampf der SPÖ richtet sich gegen den Sozialabbau, große Gewinne bei den Wahlen. Nach der Regierungsbildung (wieder eine große Koalition) wird neuerlich ein Sparpaket angekündigt.

1996

14.3.1996: Der Studierendenstreik, der mit Aktionen bereits im Februar beginnt, erreicht mit einer Großdemonstration (40.000) einen ersten Höhepunkt. Am nächsten Tag (15.3.) demonstrieren 30.000 gegen Sozialabbau. Demonstrationen in Linz, Graz, Salzburg, Celovec / Klagenfurt, Innsbruck, sogar in der reaktionären Hochburg Leoben. Nach Ostern schläft der Streik ein.

Juni 1996: Erste Regenbogenparade (Christopher Street Day – CSD) als Darstellung von Lebenslust und Lifestyle von Schwulen, Lesben und Transgenders.

Sommer 1996: Erstes «Intergalaktisches Treffen» in Chiapas, angeregt durch die ZapatistInnen.

26.10.1996: Proteste gegen den Festkommers der Burschenschaftler in Graz.

30.11.1996: Demonstration gegen einen Festkommers in Wien, vereinzelte Auseinandersetzungen mit der Polizei.

1997

April 1997: Das Gentechnikvolksbegehren erreicht über eine Million Unterschriften, das zugleich stattfindende Frauenvolksbegehren über 600.000.

Frühjahr 1997: Aktivitäten gegen das rassistische «Integrationspaket» der österreichischen Regierung.

Mai 1997: AntifaschistInnen demonstrieren gegen ein Treffen von RechtsextremistInnen in Offenhausen (OÖ) und werden von der Polizei mehrere Stunden widerrechtlich festgehalten.

Mai 1997 Einzug der RebellInnen unter Laurent Kabila in der kongolesischen Hauptstadt Kinshasa, Diktator Mobutu Sese Seku wird gestürzt.

Juni 1997: Demonstrationen gegen den EU-Gipfel in Amsterdam.

Sommer 1997: Zweites «Intergalaktisches Treffen» in Spanien.

17.8.1997: Ein Kommando Z.A.L.A., benannt nach einer slowenischen Partisanin, beschädigt die rechtsradikale Gedenkstätte am Ulrichsberg.

1998

Anfang 1998: Von Frankreich aus breitet sich Attac in viele Regionen und Länder aus.

Februar 1998: Erster globaler Aktionstag und Gründung der PGA anlässlich der Konferenz der WTO in Genf.

29.4.1998: Aktionstag der LehrerInnen gegen Gehaltskürzungen, insbesonders die Nichtabgeltung «außerschulischer Leistungen».

Mai 1998: Musikspektakel gegen den Kommers in Wien.

August 1998: Grenzcamp gegen die rassistische Politik Österreichs und in Europa bei Forchtenstein (Burgenland).

September 1998: Das MAI scheitert nach einer Kampagne von NGO am Widerstand einzelner Nationalstaaten.

Oktober 1998: SchülerInnen- und LehrerInnendemonstration in Baden, anlässlich des dort stattfindenden Gipfels der EU-UnterrichtsministerInnen.

Dezember 1998: (Kleinere) Aktionen und Demonstration gegen den EU-Gipfel in Wien.

1999

19.3.1999: Demonstration gegen rassistische Polizeigewalt unter maßgeblicher Beteiligung der African Community.

24.3.1999: Beginn des Bombenkrieges gegen Jugoslawien (nach dem Scheitern der «Friedenskonferenz» in Rambouillet), eine Fluchtwelle von AlbanerInnen wird ausgelöst.

Frühjahr 1999: Kundgebungen und Demonstrationen der jugoslawischstämmigen Bevölkerung in Wien gegen den Krieg gegen Jugoslawien.

1.5.1999: Bei der Abschiebung wird Marcus Omofuma von österreichischen Polizisten erstickt. Im Anschluss daran wird durch vielfältige antirassistische Aktionen protestiert. Tausende nehmen an einer großen Demonstration am 8.5 teil.

27.5.1999: Durch die massenhafte Festnahmen von AfrikanerInnen bei der «Operation Spring» wird die ansatzweise Selbstorganisation der African Community zerschlagen.

11.6.1999: Ende des Bombenkrieges gegen Jugoslawien, Kosovo / Kosova wird international verwaltet, Vertreibung eines Großteils der nicht-albanischen Bevölkerung.

3.10.1999: Bei den Nationalratswahlen wird die FPÖ knapp vor der ÖVP zweitstärkste Partei.

12.11.1999: Großdemonstration «Keine Koalition mit dem Rassismus», VertreterInnen von SPÖ und ÖVP werden ausgepfiffen und mit Eiern beworfen.

Ende November 1999: Die WTO-Tagung in Seattle wird von Demonstrationen und Auseinandersetzungen mit der Polizei begleitet, sie muss wegen interner Streitigkeiten abgebrochen werden.

2000

21.1.2000: Die Verhandlungen um eine große Koalition scheitern.
Jänner 2000: 1500 demonstrieren gegen das WEF-Treffen im Schiort Davos.
31.1.2000: Die EU-Präsidentschaft verkündet, dass bei einer Regierungsbeteiligung der FPÖ Sanktionen verhängt würden.
1.2.2000: Besetzung der ÖVP-Zentrale, am nächsten Tag (Mittwoch, den 2.2.) wird dort eine Demonstration der Demokratischen Offensive durchgeführt (25.000), bei weiteren Demonstrationen am Donnerstag (3.2.) werden das Burgtheater und das Hotel Imperial gestürmt.

4.2.2000: Die Regierung muss wegen der Wurfgeschosse von DemonstrantInnen unterirdisch zur Angelobung gebracht werden, kurzfristig wird das Sozialministerium besetzt, Aktionen bis in die Nacht, Wasserwerfereinsatz. Tausende demonstrieren täglich bis zur Großdemonstration. So zogen am 6.2. an die 10.000 durch die Stadt zum ORF-Zentrum am Küniglberg. Auch in den Bundesländern demonstrierten jeweils Tausende gegen die neue Regierung.

19.2.2000: An der Großdemonstration gegen die Regierungsbildung beteiligen sich 200.000 bis 300.000, am Rand kommt es zu Auseinandersetzungen mit angeblichen «Autonomen», Jörg Haider muss aus einer Pizzeria in der Nähe der DemonstrantInnen flüchten. Schon am Vortag (18.2.) streikten und demonstrierten zu Mittag an die 10.000 SchülerInnen.

2.3.2000: Opernballdemo, Festnahmen abseits der Demonstration durch vermummte Polizisten.

18.4.2000: Tortung des Wiener FPÖ-Chefs Hilmar Kabas.

20.5.2000: Nach der Erschießung eines vermeintlichen Drogenhändlers durch die Polizei wird eine spontane Demonstration von der Polizei eingekesselt.

28.6.2000: «Aktionstag» des ÖGB gegen die Einführung der Pensionsreform.

September 2000: Krawalle bei der IMF / Weltbank-Tagung in Prag.

11.10.2000: Über 30.000 demonstrieren gegen die Einführung von Studiengebühren. Schon seit der Ankündigung am 19.9. ist es zu kleineren Aktionen gekommen. Tausende beteiligen sich auch an Manifestationen in den Bundesländern.

November 2000: Gründung von Attac Österreich.

5.12.2000: Checkpoint Austria: tausende versuchen im Frühverkehr Straßen zu blockieren. Die GÖD sieht sich gezwungen, einen eintägigen LehrerInnenstreik durchzuführen.

2001

Jänner 2001: Krawalle in Zürich, nachdem Demonstrationen gegen das WEF in Davos stark eingeschränkt wurden, parallel zum WEF-Treffen findet das erste WSF in Porto Alegre (Brasilien) statt.

22.2.2001: Opernballdemo, Auseinandersetzungen in der Mariahilfer Straße in Wien.

Juni 2001: Demonstrationen gegen den EU-Gipfel in Göteborg, ein Demonstrant wird von der Polizei angeschossen.

1.7.2001: Fast 1000 DemonstrantInnen werden bei Protesten gegen das WEF-Osteuropatreffen in Salzburg mehrere Stunden eingekesselt. Vorher und nachher gibt es Protestaktionen gegen das WEF.

5.7.2001: Nach der Entlassung des Präsidenten des Hauptverbandes der Sozialversicherungen organisiert der ÖGB eine Großdemonstration.

20.7.2001: Bei Demonstrationen gegen den G-8 Gipfel in Genua wird der Demonstrant Carlo Giuliani von der Polizei erschossen. Von 19.7 bis 21.7. gibt es Demonstrationen von hunderttausenden und auch Auseinandersetzungen mit der Polizei. Am 22.7. werden 25 Mitglieder der VolxTheaterKarawane als vermeintliche Mitglieder eines «Schwarzen Blocks» festgenommen.

Sommer 2001: Protestaktionen in ganz Österreich gegen die Festnahme der Mitglieder der VolxTheaterKarawane.

11.9.2001: Anschläge mit entführten Flugzeugen auf das World Trade Center in New York und das Verteidigungsministerium (Pentagon) in Washington. Im Oktober intervenieren die USA mit internationaler Unterstützung in Afghanistan als Auftakt zum»Kampf gegen den Terror».

20.12.2001: Aufstand in Argentinien: es gibt drei Regierungschefs innerhalb weniger Tage. In der Krise entstehen Selbstverwaltungsstrukturen («Nachbarschaftskomitees»), Fabriken werden besetzt.

2002

Anfang Februar: Demonstrationen gegen das WEF in New York (wohin es aus Solidarität mit der vom Terror betroffenen Stadt einmalig verlegt wurde) und

Davos, sowie gegen die NATO-Konferenz in München. Das zweite Weltsozialforum findet in Porto Alegre statt.

2.2.2002: 2500 demonstrieren zum Jahrestag der Angelobung der schwarz-blauen Regierung.

13.4.2002: Nachdem Rechtsradikale angekündigt hatten, gegen die neuerliche Eröffnung der Wehrmachtsausstellung zu demonstrieren, protestieren einige tausend AntifaschistInnen gegen die RechtsextremistInnen. Bei Auseinandersetzungen werden von der Polizei Wasserwerfer eingesetzt. Die Nazis können unbehelligt «Sieg-Heil»-rufend durch die Innenstadt ziehen.

Juli 2002: Zum Jahrestag der Erschießung von Carlo Giuliani demonstrieren noch einmal 150.000 in Genua.

16.9.2002: Einige Tausend demonstrieren gegen das WEF in Salzburg.

November 2002: In Florenz findet das erste ESF statt, bei einer Demonstration gegen den drohenden Krieg gegen den Irak demonstrieren eine halbe Million Menschen.

24.11.2002: Nachdem Jörg Haider die Regierung zum Scheitern bringt, werden Neuwahlen durchgeführt. Die FPÖ verliert stark, aber neuerlich wird eine ÖVP-FPÖ-Koalition gebildet.

2003

Jänner 2003: Das WSF findet wieder in Porto Alegre statt.

15.2.2003: Millionen demonstrieren in einem weltweiten Aktionstag gegen den Irak-Krieg. Auch in Österreich sind es zehntausende in Wien und an anderen Orten in Österreich.

20.3.2003: Die USA beginnen mit der Eroberung des Irak. Massive Demonstrationen in den USA und der ganzen Welt gegen den Krieg. Nach kurzer Zeit wird am 9.4. Bagdad eingenommen. Die Warlordisierung des Iraks beginnt.

Ende Mai 2003: Das ASF findet erstmals in Hallein bei Salzburg statt.

6.5.2003: Nachdem am 24.4. der ÖGB den Beschluss fasst, Kampfmaßnahmen durchzuführen, wird ein allgemeiner Streiktag gegen die Pensionsreform organisiert und am 13.5. eine Großdemonstration. Nach einem neuerlichen «Abwehrstreik» am 3.6. verpuffen die ÖGB-Proteste wirkungslos.

12.11.2003: Die EisenbahnerInnen beginnen einen unbefristeten Streik gegen Privatisierung und Zerschlagung der Bahn, sowie gegen die Änderung des Dienstrechts. Abbruch nach drei Tagen, die Änderungen werden mit Verspätung durchgeführt.

«Die fordistische Ordnung»

1 Als 1936 General Franco in Spanien gegen die regierende Volksfront putschte, entwickelte sich in Abwehr des Putsches in Teilen des Landes, besonders in Katalonien eine anarchistisch dominierte soziale Revolution. In einem Bürgerkrieg innerhalb des Bürgerkriegs wurde diese Bewegung von der Volksfrontregierung mit tatkräftiger Unterstützung der SU und der KommunistInnen niedergeschlagen (eine der schönsten Beschreibungen dazu ist das Buch «Mein Katalonien» von George Orwell).

2 Das gilt auch für einen Teil der Länder im Trikont: dort wo Antikolonialismus mit Antifaschismus zusammenfiel, konnten danach KommunistInnen die Macht übernehmen wie in China oder Vietnam. China wurde vom japanischen Imperialismus besetzt, in Vietnam übergaben die JapanerInnen die Verwaltung den FranzösInnen der profaschistischen Vichy-Regierung. Da die Hauptfeinde jeweils Großbritannien und die USA waren, dominierten in Indien, im arabischen Raum und in Lateinamerika nicht-kommunistische antikolonialistische Bewegungen, die im Zweiten Weltkrieg eine neutrale Position vertraten.

3 *Was ist daran verwunderlich, wenn das Gefängnis den Fabriken, den Schulen, den Kasernen, den Spitälern gleicht, die allesamt den Gefängnissen gleichen* (Foucault 1977, S. 292, vgl. Deleuze 1992, S. 102).

4 Der glatte Raum der Kontrollgesellschaft zeigt sich am Verschwinden der Einkerbungen. Die Abgrenzungen von Zeit und Raum werden durchlässiger, die Institutionen sind weniger geschlossen, haben sich aber auf die ganze Gesellschaft ausgebreitet (vgl. unten).

5 Werte nach Faßmann (1995, S.401).

6 Prost (1999, S. 41ff) meint, der Aufbruch der Frauen gegen die patriarchale Ordnung habe mit der sukzessiven Trennung von Arbeit und Haushalt zu tun. Bei der Arbeit am gleichen Ort hätte es eine Wertschätzung der Arbeit des/der Anderen gegeben, erst danach wurde die Hausarbeit massiv abgewertet.

7 1880 waren in Österreich nur 53,1% der erwachsenen Frauen nicht ledig (verheiratet oder verwitwet), im Vergleich dazu waren es 1971 78,1% (Hausa 1980, S. 101).

8 Wie sehr sich ein bestimmtes Frauenbild durchgesetzt hat, zeigen Zitate aus Zeitungen sozialistischer(!) Jugendorganisationen (Keller 1985, S. 138ff): *Bei der Gleichberechtigung werde die Frau vergessen [...]. Denn die Frau wird ja auch durch Gleichberechtigung nicht zum Mann. Sie bleibt das schwache Geschlecht.* (E.G: Zwischen uns das Bergwerk, in: Der jugendliche Arbeiter, Dezember 1957). *Mann und Frau haben durch verschiedene körperliche und geistige Anlagen Verschiedenheiten, die man nicht einfach gleichmachen kann. Die Hauptaufgabe der Frau ist vor allem in der Mutterschaft, in der Sorge um den Haushalt, in der inneren Bereicherung des Familienlebens zu sehen* (Wir diskutieren, Jugendfunktionär Folge 3 Mai – Juni 1958).

9 1950 arbeiteten unselbstständig erwerbstätige Männer durchschnittlich 50 Stunden pro Woche, 1959 wurde der 45-Stunden-Tag eingeführt, der aber konjunkturbedingt noch keine Auswirkung auf die Steigerung der Freizeit hatte, weil das durch Überstunden kompensiert wurde. Erst 1969 wurde per Kollektivvertrag der Übergang zur 40-Stunden-Woche und damit die 5-Tage-Woche bis 1975 eingeführt. 1965 wurde die dritte Urlaubswoche eingeführt, 1976 die vierte (Karazman-Morawetz 1995, S. 414ff).

10 Fischer-Kowalski (1980, S. 201): Teil von 24 Stunden: Freizeit: 1935: zwischen 4,9 bis 6,8 Stunden, 1965: zwischen 2,3 und 6,2, Arbeit und Arbeitsnebenzeiten: 1935: 3,5 bis 4,2 Stunden, 1965: 4,1 bis 5,0, Haushalt: 1935: 1,5 bis 2,9 Stunden, 1965: 3,5 bis 4,9.

11 Die Erzählungen ehemaliger Mitglieder der FÖJ (Freie Österreichische Jugend – formal partei-unabhängige, aber bis 1969 stark von der KPÖ beeinflusste Jugendorganisation) in Makomaski (2001) zeigen die Bedeutung der Freizeitaktivitäten und die wichtige Rolle, die die Anwesenheit des anderen Geschlechts spielte. Einige berichten von daraus entstehenden Ehen.

12 Der Begriff «Trikont» bezeichnet die drei (noch) nicht industrialisierten Kontinente Asien, Afrika und Lateinamerika im Gegensatz zu den industrialisierten Staaten (des Nordens und Westens), den «Metropolen».

13 Im Juni 1968 demonstrierten BäuerInnen gegen eine Weinsteuer. Besonders empörte sie die Aussage des Ministers für Land- und Forstwirtschaft der damaligen ÖVP-Alleinregierung, Karl Schleinzer, dass ein BäuerInnenanteil von 20% der Bevölkerung zu groß sei (Ebner / Vocelka 1998, S. 78ff). Die geringe Bereitschaft zu einem Aufbruch in emanzipatorische Richtung, aber auch zur reaktionären Revolte könnte mit der Versteinerung der Strukturen durch den Umstieg auf den Tourismus und die ökonomische Abhängigkeit davon zu tun haben.

14 1965 streikten jugoslawische MigrantInnen im Iso-Span-Werk bei Salzburg und bei einer Bau-firma in Admont 1966 (Bratic 2004a, S. 142). Karlhofer (1983, S. 98ff) schreibt, dass die Beteiligung ausländischer ArbeiterInnen an den wilden Streiks der 1970er relativ gering war. Beteiligung von MigrantInnen an Arbeitskämpfen gab es bei Kaufmann in Reuthe 1972 und bei Zumtobel in Dornbirn ebenfalls 1972, wobei es einmal um Lohnerhöhungen, das andere Mal um die unerträgliche Wohnsituation ging. Beim mehrwöchigen Streik in der Polstermöbelfabrik Hukla 1974 spielten JugoslawInnen, immerhin die Hälfte der Belegschaft, kaum eine Rolle. Es zeigte sich, dass «AusländerInnen» stärkerem Druck ausgesetzt waren. Sie unterstützten den Streik nur passiv, weil Streikposten sie nicht durchließen.

15 Schmidt (1984, S. 81) bringt einige Zahlen für die OECD-Staaten: in den USA stieg die Beschäftigung der weiblichen Bevölkerung im erwerbsfähigen Alter zwischen 15 und 64 von 37,2% im Jahr 1950 auf 59,1% im Jahr 1980 (um 21,9%), in Kanada von 26,2% auf 50,4% (um 24,2%), in Schweden gar von 35,1% auf 73,8% (um 38,7%). In der BRD gab es nur eine Steigerung von 44,3% auf 49,2%.

16 Andere Daten zur Frauenbeschäftigung beziehen sich als allgemeine Erwerbsquoten auf die ganze Bevölkerung, wo die Zahl z.b. durch die Einführung des neunten Schuljahres 1962 ver-zerrt ist – so hat in dieser Phase auch die Erwerbsquote der Männer abgenommen.

17 Eine ähnliche Überraschung zeigte sich über die große Zahl der Studierenden in den geisteswis-senschaftlichen Fächern, wo doch die Jobchancen in anderen Bereichen größer wären. Es gibt immer ein «autonomes» Wollen der Multitude, wie schon bei der Unmöglichkeit der Kontrolle der Migration gesehen wurde.

18 Es gab eine Studierendenbewegung Anfang der 1960er, die aber keinen Einfluß auf die Entwicklungen 1968 hatte, die Auseinandersetzungen wurden in dieser Zeit von konservativen und rechten Studierenden getragen (vgl. unten).

19 Ich kann mich noch erinnern, dass «Werbung» gegenüber KritikerInnen als notwendige Produktinformation verteidigt wurde. Dieses Argument würde heute niemand mehr ernst neh-men.

20 Die Architektur ist nicht «schuld» an der Auflösung der gemeinschaftlichen Strukturen, sondern

sie ist eher realistischer Ausdruck der sich verändernden Struktur der Gesellschaft. Die Kritik von ArchitektInnen führt bereits in den 1970ern dazu, dass bei kommunalen Wohnbauten wieder umgedacht wurde. Kommunikation zwischen den Mietparteien wurde (teilweise) wieder gefördert.

21 Ein Grund für den Verlust des Einflusses der traditionellen Jugendorganisationen ist diese Möglichkeit des Urlaubs. Spielten in den 1950ern im VSM «Jugendlager» noch eine große Rolle, zu einer Zeit, wo Auslandsurlaube noch als Luxus galten, so zogen 1963 eine Mehrzahl der Jugendlichen einen Urlaub mit den Eltern vor (Svoboda 1986, S. 36).

22 *Eine der vielen mikrologischen Rollen spielte auch die (und sei es per Autostopp erfolgende) verstärkte Reisetätigkeit seit etwa 1955. Frühe Auslandsösterreicher, die oft zwischen Schweden und Österreich pendelten, informierten über den schwedischen Sozialstaat und schwedische Sexualnormen. Israelreisende berichteten über Kibbuzerfahrungen – der Begriff Kibbuz wurde zur Metapher für ein anderes Leben. Schließlich erlebten österreichische Reisende auf ihren Reisen ausländische Subkulturen (Beatniks, Hippies, Provos, Gammler).* (Schwendter 1995, S. 173)

23 Eine Fessel-Umfrage von 1960 zeigt, dass die Meinung über Politik, Beruf, Arbeit, Pflichterfüllung, Religion, Ehe und Familie zwischen Erwachsenen und Jugendlichen übereinstimmen, nicht aber die Ansicht über den Umgang mit dem anderen Geschlecht, mit der Sexualität, sowie mit Tanz und Musik (Luger 1995, S. 506).

24 Diese wilden Pogrome in Wien retteten einer großen Anzahl von JüdInnen das Leben, weil sie sich keine Illusionen mehr machten und sofort auszuwandern versuchten. Im Sommer 1938 flohen ca. 50.000 JüdInnen aus Österreich, bis zum Mai 1939 hatten weitere 50.000 Zuflucht im Ausland gesucht, weitere 25.000 folgten in den nächsten Jahren, 65.000 österreichische JüdInnen wurden umgebracht (Bukey 2000, S. 205ff).

25 Für Linz war die Nähe zum Konzentrationslager Mauthausen wichtig. Dort waren bis 1945 335.000 Menschen inhaftiert, von denen etwa 120.000 überlebten. Allein in den «Reichswerken Hermann Göring», der späteren VÖEST, kamen 7.000 Menschen zu Tode (Jacob 2000, S. 25).

26 Durch Fehleinschätzungen glaubten die Alliierten Widersprüche in der österreichischen Bevölkerung mit dem Naziregime auszumachen und hofften auf einen Aufstand. Bis in die letzten Tage wurde Krieg geführt, erst im Zusammenbruch weigerte sich ein Teil der Soldaten zu kämpfen.

27 Das erkannte auch der Sozialdemokrat Karl Renner hinsichtlich des Wahlausganges 1949, dass *«es fast keine Familie, auch keine sozialistische Arbeiterfamilie gibt – ich gebrauche dieses Wort für sozialdemokratisch und kommunistisch – die nicht in der näheren Verwandtschaft Leute hat, die mit den Nazis mitgegangen sind.»* (Manoschek 1995, S. 101). Ein großer Teil der Intellektuellen der SPÖ war in der Zwischenkriegszeit jüdisch und wurde umgebracht oder vertrieben. Darum fanden viele nationalsozialistische AkademikerInnen Unterschlupf in der SPÖ. So gab es in den 1950ern den Witz, dass bei BSA (Bund Sozialistischer Akademiker) nur ein «B» vorne drangehängt wurde: B-»SA».

28 Der national-rassistische Konsens bestand auch damals, wie Äußerungen des ÖGB und der SPÖ zeigen sollen: *(Der ÖGB fordert die) eheste Evakuierung der DP und Feststellung, daß Österreich nicht verpflichtet ist, für die Versorgung der DP aufzukommen.»* Aus einem Memorandum des ÖGB an den Alliierten Rat (Kocensky 1970, S. 173). Innenminister Oskar Helmer (SPÖ): *«Die österreichische Regierung wünscht ernstlich, alle DPs und die Flüchtlinge aus Österreich wegzuschaffen;..»* (Kocensky 1970, S. 292).

29   *...besonnene Gewerkschaftspolitik führten zu einer in der Ersten Republik fehlenden Staatsnähe der Arbeiter und Angestellten.* Das kann die Zweite Republik als wertvolles Aktivum buchen - schreibt der offizielle Gewerkschaftshistoriker Fritz Klenner (1979, S. 1910). Die GewerkschaftlerInnen sind endgültig nicht mehr Staatsfeinde, sondern sehen sich als konstituierendes Element des kapitalistischen Nationalstaates.

30   «Verstaatlichung» hat natürlich Anklänge an den «realen Sozialismus», der nur staatlich organisierte Gewerkschaften erlaubte. Der Unterschied ist, dass diese Art der Verstaatlichung nicht an eine Partei gebunden war, sie funktionierte völlig unabhängig von den entsprechenden Regierungen. Während der ÖVP-Alleinregierung von 1966 bis 1970 wurde weniger gestreikt als vorher, obwohl der ÖGB von der SPÖ dominiert wurde (und es heute noch wird).

31   Karlhofer (1983) erklärt damit, dass die Streiktätigkeit nicht mehr von Konjunktur und Arbeitslosigkeit abhängig war, wie in der Ersten Republik). Streiks nahmen damals bei guter Wirtschaftslage und geringer Arbeitslosigkeit zu.

32   Die verringerte Streiktätigkeit 1953 zeigt noch die Abhängigkeit von Arbeitslosigkeit und Konjunktur. Für das Raab-Olah-Abkommen ist überhaupt kein Zusammenhang mit der Streiktätigkeit zu erkennen, was vermutlich damit zu tun hat, dass dieses nicht anerkannt wurde.

33   In Italien, Frankreich und anderen Staaten ist es um 1968, angestachelt durch das antiautoritäre Moment, zu Kämpfen und Streiks auch in den Betrieben gekommen. Aber selbst dort beendeten Kompromisse die Auseinandersetzungen (am 27. Mai 1968 in Frankreich, am 21. Dezember 1969 in Italien), die ArbeiterInnenklasse endete wieder unter der Kontrolle von linken Parteien und Gewerkschaften als Motor der kapitalistischen Entwicklung. Die (meist studentischen) Revolutionäre beklagten, dass sich die ArbeiterInnen durch Lohnerhöhungen abspeisen ließen.

34   Bei den heutigen Jugendlichen gäbe es nicht mehr die «Gemeinschaftlichkeit» nach Art der Jugendorganisationen, beklagen einige von Makomaski (2001) befragte ältere Mitglieder der FÖJ. Die Sozialistische Jugend (SJ) beklagte ihre organisatorische Krise Ende der 1950er mit der *«Verlockung der im Aufbau befindlichen Vergnügungsindustrie (Kino, Tanzschulen, Vergnügungsparks)»*, Jugendorganisationen seien nicht mehr die einzige Möglichkeit zusammen zu kommen (Pelinka 1977, S. 68). Auch der Verband Sozialistischer Mittelschüler (VSM) hatte Schwierigkeiten mit der Konkurrenz der «unpolitischen Jugendclubs» (Svoboda 1986, S. 34).

35   Das heißt die Effektivlöhne stiegen um 4,2% mehr als die Tariflöhne. Die Lohndrift war noch bis 1974 relativ hoch (1971: 2,8%, 1972: 2,8%, 1973: 2,2%, 1974: 2,6%), erst nach der ersten Ölkrise 1973 / 1974 sank sie auf negative Werte (1975: -0,3%, 1976: -0,4%).

36   Klenner übernahm 1963 die «Arbeiterbank» und beteiligte sich an der Aufklärung der finanziellen Unregelmäßigkeiten, die Franz Olah betrafen. Olah leitete Gewerkschaftsgelder an die FPÖ und an Boulevardzeitungen weiter (vgl. unten).

37   Die Berichterstattung der Kronenzeitung wirkte auch in dieser Situation aufputschend: *«Während in sozialistischen Kreisen der Bundesländer die Stimmung ruhig ist, wird aus Kreisen der Bau- und Holzarbeiter, deren Gewerkschaft einst Olah leitete, und von Belegschaften großer Betriebe in Wien und Niederösterreich eine gewisse Unruhe gemeldet. Gerüchte in Wien wollen sogar wissen, daß die Belegschaft des städtischen E-Werkes in Wien bei einer tatsächlichen Absetzung Olahs Protestaktionen plant.»* (Kronenzeitung 17. September 1964, zitiert nach Klenner 1979, S. 2452).

38   Aus einem Artikel von Hindels, der einen sozialistischen Jugendlichen zitiert: *«Ein Ereignis wie die Kristallnacht habe ich mir nie vorstellen können. Aber seit ich diese Olah-Demonstration in der*

Löwelstraße erlebt habe, kann ich mir eine Kristallnacht gut vorstellen. Die Menschen, die dort gegen die «jüdischen Führer» gebrüllt haben, sind imstande, auch Synagogen anzuzünden oder noch Schlimmeres zu tun.» (Svoboda 1986, S. 220). Aussagekräftig ist auch eine Umfrage, die kurz nach dem Ausschluss Olahs gemacht wurde, in der 20% bestätigten, dass die *«Intrigen einer jüdischen und marxistischen Clique»* die Ursache dafür wären (Svoboda 1990, S. 122).

39 Bei einer Wahlkundgebung im Februar 1966 erklärte er in Bezug auf den Chefarzt der Wiener Gebietskrankenkasse: *«Das ist ein Chefarzt, ein Mediziner – und natürlich ein Jude»*, worauf ein Teil des Publikums in wildes Gejohle ausbricht. Weiters: *«Ich bin kein Antisemit, daher sage ich nicht, daß dieser Herr Jude ist...»* Bruno Pittermann (SPÖ-Vorsitzender vor Bruno Kreisky) wird ihn später als «luegerschen Antisemiten» bezeichnen (Svoboda 1990, S. 122).

40 Auch in Zusammenhang mit den elektronischen Medien gab es in dieser Phase Veränderungen. Der ORF war im beginnenden Fernsehzeitalter in den 1950ern völlig in der Hand der beiden Regierungsparteien. Eine Reihe von Zeitungen und Zeitschriften riefen zu einer Protestaktion gegen den Parteienproporz in den Medien auf. 1964 wurde das Rundfunk-Volksbegehren durchgeführt, das mit über 800.000 Unterschriften einen unerwarteten Erfolg hatte. Bereits unter der ÖVP-Regierung trat dann am 1.Jänner 1967 das Rundfunkgesetz in Kraft, das dem ORF weitgehende Autonomie zubilligte, Gerd Bacher wurde Rundfunkintendant. Damals entstand die noch heute bestehende Struktur von Radio und Fernsehen. Auch Ö3 wurde eingeführt, das sich Radio Luxemburg zum Vorbild genommen hatte. Erst jetzt konnte sich Popmusik in Österreich verbreiten, ein Faden zum Anschluss an die internationalen kulturellen Veränderungen.

41 Steinert, Steinert (1995, S. 245ff) sehen als einen Grund dafür, dass diese Figur der «häßlichen», aber dabei doch liebenswürdigen WienerInnen in der Geschichte der Volkskultur sehr verbreitet ist – wobei beim Schmähführer Herrn Karl aber die ekelhafte Seite dominiert.

«Radikale Minderheiten»

1 Es geht nicht darum, den Eurokommunismus zu idealisieren. Als Institution spielte die PCI 1977 eine maßgebliche Rolle bei der Unterdrückung autonomer Bewegungen. Aber die Aufbrüche bildeten Kristallisationspunkte für Diskussionen und Möglichkeiten einer unabhängigen Entwicklung. Ein Kern der Wiener 1968er-Bewegung, die Kommune Wien, entwickelte sich aus einer Sektion der Freien Österreichischen Jugend (FÖJ), die nur durch die eurokommunistische Entwicklung möglich war. Außerdem bildete die «eurokommunistische» FÖJ in den 1970ern einen Kristallisationspunkt für Linke, die sich nicht irgendwelchen doktrinären Maoismen oder Trotzkismen anschließen wollten und schon gar nicht der inzwischen wieder normalisierten KPÖ (vgl. unten).

2 Schon 1965 spaltete sich auf Grund des sino-sowjetischen Konflikts eine maoistische Gruppe, die VRA (Vereinigung Revolutionärer Arbeiter) von der KPÖ ab. Wie Spira (1979, S. 46) feststellt, hatte diese Entwicklung nichts mit dem antiautoritären Aufbruch der Jugend zu tun, sondern damit, dass sich Mao weigerte, mit Stalin zu brechen.

3 So wurden Deserteure über die grüne Grenze nach Österreich gebracht, um von da nach Schweden zu fliegen, wo ihnen Asyl gewährt wurde.

4 Während die großen Streiks in Österreich 1962 und 1965 waren (vgl. oben), fielen sie in Frankreich mit der antiautoritären Bewegung zusammen. Diese «Siege» des Mai 1968 leiteten

den Niedergang der fordistischen Institutionen CGT und PCF ein, damit das Ende der bis dahin charakteristischen repräsentationellen und parteiförmigen Opposition.

5 Diese Jugendlichen sind auch die typischen «Fälle», wie sie die Gefängnisgesellschaft produziert, um sich selbst aufrecht zu erhalten. *Der Delinquent unterscheidet sich vom Rechtsbrecher dadurch, daß weniger seine Tat als vielmehr sein Leben für seine Charakterisierung entscheidend ist.* (Foucault 1977, S. 323). Fischer-Kowalski / Wiesbauer (1985) versuchen das Halbstarken-Phänomen aus der sozialpsychologischen Kriegs- und Nachkriegssituation zu erklären und machen dadurch die Jugendlichen zu «Fällen»: sie seien ohne Väter aufgewachsen, kannten als Kind Momente der Freiheit, die nach der Rückkehr der Väter wieder eingeschränkt wurde (S. 66ff).

6 Ähnliches lässt sich in den 1970ern bei den männlichen «Freaks» beobachten, machohafte Straßenkampfattitude korrespondierte mit relativ femininer äußerer Erscheinung (lange Haare, bunte Kleidung, hohe Schuhe).

7 Die «Wiener Gruppe» äußerte sich auch direkt politisch, wie z.B. in dem Gedicht «Manifest» von H.C. Artmann gegen die Wiederbewaffnung und die Gründung des Bundesheeres.

8 Riese (1989) stellt es richtigerweise so dar, dass der Mut zur (A)-Sozialität noch fehlte. GRM und KPÖ sprachen sich 1972 dagegen aus, ein Transparent «Wir haben abgetrieben» mitzuführen (Riese 1989, S. 22). Die Frauenbewegung entfaltete erst ihre volle Wirkung, als sie nicht mehr nur aufklärte, sondern das eigene weibliche Leben in den Mittelpunkt stellte (vgl. unten).

9 In Diskussionen um Entwürfe des Textes gab es den meisten Widerspruch dazu, dass ich Otto Mühl nicht in Bausch und Bogen verurteile (auch wo es um die AAO geht). Ich sehe die Strafe von 1991 als Rache des «Establishments» (zur gleichen Zeit wurden Polizisten wegen Vergewaltigung in der Wachstube am Karlsplatz zu neun Monaten bedingt verurteilt, vgl. Augustin 1/04, S. 28ff), das sich nicht damit abfinden wollte, dass die AktionistInnen gerade wegen ihrer radikalen Aktionen berühmt wurden (und nicht mit ihrer Mäßigung danach).

10 Schwendter (1995, S. 168) bezeichnet die *mikrologischen Bewegungen, die mit der medialen Metapher «1968»* verbunden sind als *transversal. Transversalität* ist ein gesellschaftliche Sektoren übergreifender Zusammenhang (vgl. Raunig 2003, Deleuze 1992, S. 128, vgl. unten). Ein nicht verstandener Abklatsch der Breite, die durch die Transversalität entsteht, ist die Politik der «Bündnisse» oder «Aktionseinheiten», wie sie von vielen linken Gruppen praktiziert wurden und werden. Es geht eben nicht um die Mobilisierung der verschiedenen «Fußvölker» durch die entsprechenden FunktionärInnen, sondern um den Zusammenhang der Vielfältigkeit und der Unterschiede.

11 Linke hatten damals an den Unis praktisch keinen Einfluss: der VSStÖ bekam um diese Zeit knapp über 10% der WählerInnenstimmen, außerdem beschäftigten sich die sozialistischen StudentInnen unter einer «rechten» Führung eher mit Enqueten als mit studentischer Radikalität (Keller 1985, S. 120). KommunistInnen gab es praktisch nicht, der «Verband Demokratischer Studenten» (VDS) wurde erst 1967 wieder aktiviert.

12 In dieser Zeit entstand aus der berechtigten Kritik der Ignoranz der traditionellen Linken gegenüber den nationalen Befreiungsbewegungen die teilweise genauso erschreckende Verherrlichung irgendwelcher «kämpfender Völker».

13 Svoboda (1986, S. 221) kritisiert Keller (1983), weil er behaupte, diese Gruppe hätte den Linkstrend beschleunigt, dabei sei die VSM immer schon links gewesen.

14 Keller (1983, S. 50) hat nur teilweise recht, wenn er meint, die Erstarrung in Österreich habe andere Ursachen als von diesen TheoretikerInnen behauptet. Spezifisch österreichisch ist auf jeden

Fall die Vernichtung und Vertreibung der Intellektuellen durch den Nationalsozialismus und das Schweigen über die eigene Vergangenheit. Die «Sozialpartnerschaft» ist nur eine Variation der Integration der fordistischen ArbeiterInnenklasse (vgl oben).

15 Viele insbesonders ältere KP-Mitglieder akzeptierten diese Entwicklung nie, weshalb es dann ab 1969 wieder zur «Normalisierung» kommen konnte (Spira 1979).

16 Bereits im Jänner 1967 wurde für kurze Zeit der Hörsaal 1 besetzt, um ein untersagtes Vietnam-Teach-in durchzuführen, das dann im Albert-Schweitzer-Haus durchgeführt werden konnte.

17 *Eine der wichtigsten politischen Aktionen der 68er war, daß am Ersten Mai die Blasmusikkapelle durch aktionistische Elemente verspottet wurde, das war eigentlich ein großer Eklat. Der Erste Mai in Wien ist ein Staatsritual, die Blasmusik ist ein Element der gezähmten Volkskultur.* (Ernst Hanisch in Roussel 1994, S. 226).

18 In dieser Zeit hatte die FPÖ ihre liberale Phase, sie stand der Kreisky-SPÖ näher als der konservativen ÖVP. Die Nähe zwischen SPÖ und FPÖ und die Gemeinsamkeit des Verdrängens und Verschweigens der Vergangenheit zeigte sich in der Kreisky-Peter-Wiesenthal-Affäre. Simon Wiesenthal machte öffentlich, dass der FP-Vorsitzende Friedrich Peter an Kriegsverbrechen beteiligt war. Kreisky verteidigte den angegriffenen FPÖler.

«Eine Neue Linke»

1 Das Ende der Diktaturen in Spanien und Portugal bedeutete auch die Unabhängigkeit der letzten (größeren) Kolonien: Angola und Mozambique. Bewaffnete Gruppen, unterstützt vom Apartheid-Regime in Südafrika und den USA, stürzten die linken Regime sofort nach der Machtübernahme in neue Kriege. Ost-Timor wurde von Indonesien besetzt, die Spanische Sahara von Mauretanien und Marokko. Nur das kleine Guinea-Bissau und die Kapverdischen Inseln konnten sich positiv entwickeln.

2 Die Heime wurden im damaligen Jargon Jugend-KZs genannt, was zeigt, wie sorglos die Begrifflichkeit der damaligen Linken war. Auch wenn die Zustände in den Heimen unerträglich waren, lassen sie sich nicht mit KZs vergleichen.

3 Danach kam der VSM immer mehr in den Sog der Parteibildungen (hauptsächlich des Trotzkismus) und verlor damit wieder seine Wirkung unter den SchülerInnen.

4 Als ein dünner Vorläufer der feministischen Bewegung kann ein Beitrag von Antonia Grunenberg vom SDS in Frankfurt gelten: *«Die soziale Ausrichtung von Mädchen in der Schule – ein Beitrag zur Woman Power».*

5 Der Rennbahnexpress der Fellner-Brüder wurde als hektographierte SchülerInnenzeitung an einem Salzburger Gymnasium gegründet.

6 Ich erlebte diese Phase im Schuljahr 1971/1972 nur atmosphärisch, nicht als Aktivist. Der Schulwart wurde in einer großen Pause boykottiert, Aktivisten (wir waren eine Bubenschule) blockierten den Zugang, bis der Auflauf von Lehrern auseinander gejagt wurde. Im Schikurs wurde das Essen wegen der schlechten Qualität geschlossen zurückgeschickt und dann mit dem einzigen liberalen Lehrer diskutiert. Bei einem Schulausflug wurden die Lehrer schockiert, weil Schüler nackt baden gingen. Nach diesem Jahr wurden einige besonders Aktive rausgeschmissen, was die Situation beruhigte.

7 Der Sprung ist natürlich nicht so spektakulär, wenn berücksichtigt wird, dass die Wahl-

beteiligung zurückging. Außerdem stellt sich natürlich die Frage der Vergleichbarkeit, weil verschiedene Organisationen kandidierten.

8   Dass das nicht so klar war, zeigt die Skepsis einiger UnterschreiberInnen, die für eine Abschaffung des BHs waren (Svoboda 1986, S. 136). Der VSM unterstützte dann aber das Volksbegehren gegen das Bundesheer aktiv und vorbehaltlos. Ein LeserInnenbrief aus dem VSM enthält den Satz *«lassen sie sich nicht durch vsm-ische formalitäten irreführen!»* (Neues Forum Nr. 192, S. 746). Außerdem erschien ein entscheidender Artikel für die Abschaffung des Bundesheeres von Fritz Keller als Vertreter des VSM: Großhirn an Rückenmark. Thesen zum österreichischen Bundesheer (S. 738-739).

9   Während der Demonstration in Salzburg ereigneten sich eine Reihe von Bränden, die Medien stellten einen Zusammenhang zur Demo her (Kronenzeitung: *«In Mozarts schöner Stadt gingen zur Abrundung des bolschewistischen Volksfestes auch ein paar Häuser in Brand auf.»*), die Polizei sprach von einem Psychopathen, die Linken glaubten an eine rechtsradikale Provokation.

10 Das Bild des VSStÖ-Blocks ist als Cover von Ebner / Vocelka (1998) zu sehen, obwohl die Lütgendorf-Demo 1971 in diesem Buch gar nicht erwähnt wird. In den meisten Diskussionen über 1968 werden die nachfolgenden Aktivitäten kaum diskutiert, erst die Arenabewegung wird dann wieder wahrgenommen. Bei Keller 1983 werden diese Folgeentwicklungen erwähnt (*Die Bewegung bekam wieder Schwung* Keller 1983, S. 107), sie sind nicht das Hauptthema seines Buches, wo es ja wirklich um die *heiße Viertelstunde* 1968 geht.

11 Der Begriff «K-Gruppen» stammt aus dem Sponti-Milieu in der BRD und ist abwertend gegenüber den dortigen «maoistischen» Parteiaufbauorganisationen gemeint, die meist ein «K» im Namen trugen: Kommunistischer Bund Westdeutschland (KBW), Kommunistische Partei Deutschlands (KPD), Kommunistische Partei Deutschlands / Marxisten-Leninisten (KPD/ML) etc.

12 Auch wenn es einen starken Trend zu den leninistischen Organisationen gab, entstanden auch erste Ansätze «undogmatischer» Gruppen, außerdem entwickelten sich Strukturen, die dann die Grundlage für die späteren Bewegungen waren, wie z.B: die Aktion Unabhängiger Frauen (AUF), die den Kern der Frauenbewegung in Österreich bildete (vgl. unten).

13 Andere maoistische Gruppierungen wie die Vereinigung Revolutionärer Arbeiter (VRA) und die Marxistisch-Leninistische Partei Österreichs (MLPÖ) konnten nie größeren Einfluss gewinnen. Die Strukturen bestehen aber heute noch, Teile der MLPÖ wurden zur Kommunistische Aktion/ Marxisten-Leninisten (Komak /ML).

14 Es gab das Bonmot (natürlich aus trotzkistischer Sicht), dass die MaoistInnen die seien, die vom Land in die Universitätsstädte gekommen seien, während die TrotzkistInnen in der Stadt aufwuchsen.

15 Zwischen 1966 und 1971 existierte die Revolte-Gruppe, die sich auf die 4. Internationale berief. Sie konnte aber nie größere Wirkung entfalten (vgl. Angerer 1996, S. 186ff).

16 Eine weitere Gruppe, die in den 1970ern in Wien existierte, war die Sozialistische Aktion (SO-AK). Dabei handelte es sich um den Rest-VSM, der weder mit der SPÖ etwas zu tun haben wollte, noch an einen Parteiaufbau glaubte. Es herrschte die Ansicht, die Partei könne erst aus den ArbeiterInnenkämpfen entstehen. Diese Organisation gibt es seit Anfang der 1980er nicht mehr.

17 Einige Organisationen heben sich heute davon ab. Die SOAL ist zwar in die 4. Internationale eingebunden, aber die GenossInnen in Wien vertreten ein relativ offenes Politikverständnis. Die AGM beschränkt sich vorerst hauptsächlich auf Theorieproduktion, was 2003 zur Abspaltung

der Gruppe Revolutionärer Arbeiter/innen (GRA) führte, die in laufende ArbeiterInnenkämpfe intervenieren will. Die RKL verabschiedete sich vom Trotzkismus, indem sie sich mit dem Schwerpunkt «Antiimperialismus» verschiedenen Nationalismen öffnete.

18 Über den Kommunistischen Bund (Nord), der von allen maoistischen Gruppen in der BRD Anfang der 1970er am meisten in Betrieben verankert war, heißt es, dass sie gerade bei denen Anklang fanden *«die auch außerhalb des Betriebes ein lockeres Verhältnis zur Gesellschaft aufgebaut hatten, die in einer WG wohnten, Rockmusik hörten.»* *«Die Leute, die bei uns mitmachten, die wollten am liebsten ganz raus aus der Arbeit.»* (Steffen 2002, S. 136). Benannt wurde das als Flipperproblem. Anagitierte ArbeiterInnen wollten lieber ein anderes Leben führen, als ihre Existenz in der fordistischen Fabrik weiterfristen.

19 Passive Resistenz durch Krankfeiern, Punktstreik: nur wenige Beschäftigte in einzelnen Abteilungen streiken stundenweise, rotierender Streik: der Streik wird abteilungsweise immer nur eine Stunde durchgeführt, um eine Abmeldung von der Sozialversicherung zu verhindern.

«Differenzierung der Szenen»

1 Die Erfahrungen von damals sind mit ein Grund, warum sich die italienische Bewegung nach der Erschießung von Carlo Giuliani am 20. Juli 2001 in Genua nicht in einen Zirkel von Staatsgewalt und Gegengewalt treiben ließ, dass etwa die *Disobbedienti* (die Ungehorsamen) immer wieder nach neuen Wegen suchen, statt nur zu eskalieren.

2 Wie die Staatspolizei in Österreich agierte, lässt sich an einer Episode aus Salzburg zeigen. In einer Nummer der Salzburger Stadtzeitung «Die Zeitung» (vgl. unten) veröffentlichte der örtliche RAF-Fan-Club einen Jubelartikel über die «Hinrichtung Bubacks», aber eine Vorladung zur Stapo wurde wegen der nächsten Nummer ausgesprochen, in der der Mescalero-Artikel nachgedruckt wurde, der sich von der Erschießung distanzierte.

3 Eine weitere Führungsfigur, Ulrike Meinhof, wurde bereits im Mai 1976 in ihrer Zelle tot aufgefunden. Auch damals lautete die offizielle Version «Selbstmord».

4 In Teilen der Sponti-Szene wurde die Kooperative als anarchostalinistisch bezeichnet, weil prinzipiell anarchistische Konzepte der Selbstverwaltung vertreten wurden, die Organisation aber autoritär war (vgl. Genner 1998).

5 War in dieser Phase das «viel Sex haben» sozusagen das bessere, so war in einer späteren Phase Sex beinahe verpönt und hat sich unsichtbar in die heterosexuellen Zweierbeziehungen zurückgezogen.

6 Von den linksradikalen Organisationen war neben der FÖJ die GRM am offensten gegenüber der Frauenbewegung. Wenn es 1975 um einen Mitgliedsformalismus ging, um die «Unterwanderung» durch organisierte linke Frauen zu verhindern (Geiger / Hacker 1989, S. 68), war wahrscheinlich die GRM gemeint, die in der AUF gezielt Fraktionsarbeit leisten wollte. Keller (1983, S. 124) schreibt vom Wechsel einer Gruppe von GRM-Frauen in die AUF.

7 Riese (1989, S. 28) beklagt, dass diese völlig unbedankte erste Zeit der autonomen Frauenbewegung der Verdrängung anheim gefallen ist, weil diese Phase diese *ersten öffentlichen Auftritte der «hysterischen», «kreischenden», «schlecht angezogenen», «blutige Tampons schwingenden» Dilettantinnen* vorbei sei, jetzt ginge es um die neue Professionalität staatlich geförderter Frauenprojekte. Ein weiterer Grund für die Verdrängung ist auch die Ausnützung der feministi-

schen Bewegung durch das *International Pregnancy Advisory Service* (IPAS). Dieses Unternehmen gab sich als Non-Profit-Organisation zur Durchführung von Abtreibungen aus, die finanzielle Zusammenhänge blieben aber undurchsichtig (Riese 1989, S. 24ff).

8 Eine spätere Reflexion spricht von einem Sieg der «Muttertypen», die sich wieder mit den Männern versöhnen wollten (Geiger / Hacker 1989, S. 38).

9 Das andere Auftreten wird sehr gut durch die Bemerkung einiger Frauen aus der MLS charakterisiert, die zu einer Walpurgisnachtdemo geschickt wurden, um einiges zur Situation der werktätigen Frau zu sagen. Die demonstrierenden Frauen konnten ihnen nicht sagen, um was es ging, *weil sie ja nicht genau wußten, warum sie nun wirklich demonstrierten [...] Unser Auftreten wurde erschwert dadurch, daß viele Frauen grauenhaft weiß geschminkt waren (als Hexen), wir dadurch uns bekannte Frauen nicht erkannten* (Svoboda 1998, S. 38). Natürlich waren nicht alle Frauen radikal, gar nicht so wenige hatten Probleme mit Anti-Männer-Slogans, noch zur 1.-Mai-Demo 1979 gab es Auseinandersetzungen um die Parolen und das Plakat *«Mit uns ist kein Staat zu machen».*

10 Auch die Selbstorganisation der Lesben fand erstmals im Zusammenhang mit dem Feminismus der AUF statt. Verbreiteter wurde lesbische Identität in den 1980ern, etwa in der HOSI (Homosexueleninitiative), aber auch in Lokalen der Frauenbewegung wie dem Frauencafé und dem Lila Löffel (Sonderbar) im Frauenzentrum im WUK (vgl. unten).

11 Weitere autochthone Volksgruppen und dadurch als Minderheiten anerkannt, sind UngarInnen im Burgenland, TschechInnen und SlowakInnen in Wien und Roma und Sinti in ganz Österreich.

12 Im Herbst und Winter 1976 / 1977 fanden in der BRD eine Reihe von militanten Massenaktionen am Bauplatz des AKW Brokdorf statt. Und am 19. März 1977 eskalierten Auseinandersetzungen zwischen DemonstrantInnen und der Polizei um den Bauplatz von Grohnde. Diese Berichte schürten die Angst der institutionellen AKW-BefürworterInnen vor Ausschreitungen in Wien, ermutigte aber auch die GegnerInnen.

13 Die Initiative Gewerkschafter gegen Atomkraftwerke war wichtig, konnte aber kaum Einfluß nehmen, sie bestand aus den üblichen Verdächtigen, Mitgliedern der GE und SympathisantInnen sozialistischer Jugendorganisationen sowie Einzelpersonen aus den linksradikalen Gruppierungen (außerhalb des KB).

14 1976 konstituierten sich Linke Listen, die zu den ÖH-Wahlen 1977 kandidierten. Sie sahen sich als nicht reformistisch (gegen den KSV und den VSStÖ) und nicht stalinistisch (gegen die MLS) und bestanden aus GRM, FÖJ und undogmatischen Linken in Gestalt der Basisgruppen. In Salzburg war auch der VSStÖ dabei, der als linke Abspaltung vom Bundes-VSStÖ existierte.

15 Zwei Bereiche werden in diesem Abschnitt nicht behandelt, die im Zusammenhang mit dieser Szene standen, die «Demokratische Psychiatrie», die 1976 gegründet wurde, und die «Randgruppenarbeit», die die Verhältnisse in Jugendheimen anprangerte (die Arbeit des «Spartakus» wurde auf weniger spektakulärer Ebene weitergeführt).

16 Einzelpersonen aus dieser WG machten die Stadtzeitung ZB, als ein (kleiner) Teil auszog, wurde der Name Treibhaus für einen Treffpunkt in der Margaretenstraße 99 verwendet, später wurde diese Lokalität zum Rotstilzchen, einem wichtigen Treffpunkt der «autonomen» Szene der 1980er (vgl. unten).

17 Prunella de Queensland schreibt darüber in ZB 21, S. 8: Als Eintrittskarte galt das *Hl. Zumpferl [...] die mitgebrachten Zumpferln bewährten sich wieder einmal als Kontrollorgane des Verlangens.*

Die Arschlöcher blieben zugeknöpft. Das bezog sich auf das so-tun-als-ob-ein-bisschen-schwul, tatsächlich aber auf dem Bestehen auf der männlichen Position, sich nicht ficken zu lassen.

18 Am 20. August wurden 24 Arbeitsgruppen anerkannt (Langer 1983, S. 58): Schnorr- und Journaldienst, Elektriker, Teehaus, Sozialdienst, Öffentlichkeitsarbeit, Architekten, Theatergruppe, Frauenhaus, Finanzkollektiv, Tordienst, Werkzeug- und Materialdepot, Kinderhaus, Stadtagitation, Betriebsarbeit, Redaktion, Video-Gruppe, Malergruppe, Informationsstand, Fotogruppe, Lehrlingsarbeit, Küchenkollektiv, Soldatenhaus, Sanität, Programmkollektiv.

19 Die langen und verschlungenen Wege hatten eine gewisse Ähnlichkeit mit den Wandertagen der Donnerstagdemos ab der Machtübernahme durch die schwarz-blaue Regierung 2000 (vgl. unten).

20 1981 entstand in Salzburg wieder eine Initiative für ein Kultur- und Kommunikationszentrum, die ARGE Rainberg, die sich um eine alte Brauerei bemühte. Die «Zeitung» steigerte noch ihre Auflage, wurde in den 1980ern aber immer professioneller und war dann kaum noch eine «Zeitung von LeserInnen».

21 Das, was als «internationaler Terrorismus» bezeichnet wurde, berührte Österreich bis dahin zweimal. Im September 1973 überfielen PalästinenserInnen einen Zug mit jüdischen Migrant-Innen aus der Sowjetunion. Bundeskanzler Kreisky gab den Forderungen der GeiselnehmerInnen nach und schloss das Transitlager für SowjetjüdInnen in Schönau, ein anderes wurde in Wöllersdorf eröffent (*traditionell österreichische Lösung: Ein Lager wurde geschlossen, ein anderes eröffnet* Eppel / Lotter 1981, S. 178). Im Dezember 1975 wurde die OPEC-Konferenz in Wien überfallen und die Erdölminister mehrerer Staaten als Geiseln genommen. Die Beteiligten wurden nach Algerien ausgeflogen (Eppel / Lotter 1981, S. 408ff).

22 Die ersten beiden Russell-Tribunale wurden gegen den Krieg in Vietnam und gegen die Repression in Lateinamerika durchgeführt. Das 3. Russell-Tribunal hatte als Thema die Repression in der BRD. Dort bildeten sich Initiativgruppen, die sich mit vielen Elementen der Repression auseinandersetzen wollten. Die international organisierende Russell-Stiftung beschloss aber im Mai 1977 eine Beschränkung der Themen auf «Berufsverbote» (Mitglieder linker Organisationen durften nicht im Staatsdienst angestellt werden).

23 Im Dezember 1977 wurde von NachahmungstäterInnen die Frau des «Textilkönigs» Böhm entführt, der mitverantwortlich für die Schleifung der Arena war. Bei einigen war die Enttäuschung groß, dass es sich um ein «normales» Verbrechen handelte und nicht um eine politische Aktion (dann hätte sich die Repression aber doch um einiges ärger ausgewirkt).

24 In der Szene tauchten immer wieder Gerüchte auf, dass sich RAF-Anwalt Klaus Croissant mit Wissen des Innenministeriums in Österreich aufhielte, aber versprochen hätte, sich hier nicht öffentlich zu äußern. Österreich würde als inoffizieller Ruheraum der RAF betrachtet. Aber vielleicht handelte es sich dabei nur um von KritikerInnen der SPÖ gestreute Gerüchte.

«Revolte und Anpassung»

1 Für viele Linke, die wieder ins Exil gehen mussten, war der Sieg Khomeinys eine traumatische Erfahrung. Viele wären nicht mehr bereit, aus taktischen (oder «dialektischen») Gründen,

Bewegungen zu unterstützen, die sich in einer bestimmten Phase gegen den Imperialismus wenden.

2 Noch 1988 verhinderten die USA in der UNO eine Verurteilung des Irak wegen des Einsatzes von Giftgas gegen KurdInnen und forderten stattdessen die Verurteilung Kubas.

3 Die realsozialistischen Länder können als die typisch fordistischen Regime gesehen werden. Die ArbeiterInnenklasse holte hier den Kampfzyklus der 1960er und 1970er Jahre im Westen nach. Die realsozialistischen Regime waren unfähig, auf die Bewegungen zu reagieren und das System umzustrukturieren und mussten so scheitern (vgl. unten).

4 Durch die Nähe hatte Zürich einen sehr direkten Einfluss auf Vorarlberg. So demonstrierten Jugendliche am 18. Jänner 1981 für ein offenes Jugendhaus in Dornbirn, bei der die Polizei einen mitgeführten Riesen-Molto-Fill-Pimmel beschlagnahmte (die linke Nr. 9, 28. Jänner 1981, S. 4).

5 Am 1. Mai 1981 wurde der Stadtrat Heinz Nittel von palästinensischen TerrroristInnen ermordet. In Anlehnung an die US-Punkband *Dead Kennedys* nannte sich die Gruppe *Dead Nittels*.

6 Bevor es zur (kurzen) HausbesetzerInnenbewegung in Wien kam, besetzten Feministinnen mit Unterstützung von Frauen aus Wien und Salzburg im November 1980 ein leerstehendes StudentInnenheim in der Altenbergerstraße in Linz und forderten ein Frauenzentrum. Die Instandsetzung des Hauses wurde nach fünf Tagen von der Polizei beendet, bewirkte aber, dass Verhandlungen für ein Frauenhaus in Linz aufgenommen wurden (die linke Nr. 5, 3. Dezember 1980, S. 7).

7 Diese Steine waren die ersten überhaupt in Wien (seit der Iberia-Demo, vgl. oben). Auch wenn in den Auseinandersetzungen um den Burggarten und die Phorushalle in den Medien von «regelrechten Straßenschlachten» die Rede war, war es meist so, dass die Polizei DemonstrantInnen durch die Stadt hetzte und es kaum Gegenwehr gab. Diese Berichterstattung erzeugte aber einen militanten Mythos, der dann durch tatsächliche Aktionen bestätigt wurde. Auch die Unruhen in vielen europäischen Städten ermutigten hiesige AktivistInnen (*Copyriot*).

8 Nach dem Maiaufmarsch der SozialdemokratInnen und der KPÖlerInnen formierte sich damals ein relativ großer Block der übrigen Linken, dem sich aber auch die Feministinnen und die Schwulen und Lesben anschlossen.

9 Im Frühjahr 1982 besetzten Frauen des «Arbeitskreises Schwarzau» (in Schwarzau befindet sich das Frauengefängnis Österreichs) ein Haus in der Taborstraße und forderten Räumlichkeiten für haftentlassene Frauen (Wien wirklich 1983, S. 136ff). Auch diese Besetzung wurde von der Polizei schnell beendet, die Besetzerinnen planten nicht, im Haus zu bleiben. Verhandlungen erwiesen sich dann als erfolgreich, haftentlassenen Frauen wurde eine WG zur Verfügung gestellt.

10 Die kurzzeitige Besetzung im November und Dezember 1980 richtete sich nicht nur gegen die Dominanz der Gemeinde Wien in der Verwaltung, sondern auch gegen die kommerzielle Nutzung des Beisls im Haus. An allen anderen Orten bestand Abhängigkeit von Institutionen (wie in Hörsälen an der Universität oder im Albert-Schweitzer-Haus).

11 Das 1978 entstandene «Forum Alternativ» hatte eine strukturierende Funktion für die sich verbreiternde Alternativbewegung. Es organisierte im Sommer 1979 ein Ökodorf im Wiener Prater als Gegenmodell zur zur gleichen Zeit stattfindenden UNCSTAD (UN-Konferenz über Wissenschaft und Technik im Dienste der Entwicklung).

12 Bezeichnenderweise holten BeamtInnen dann Erkundigungen bei NachbarInnen und an den Arbeitsplätzen der StandbetreuerInnen ein, deren Personalien aufgenommen worden waren.

13 Eine besondere Pikanterie war, dass der Waffendeal zwischen Österreich und Bolivien durch den Naziverbrecher und «Schlächter von Lyon» Klaus Barbie vermittelt wurde.

14 Obwohl dieses Gesetz gerade eingeführt wurde, lieferte die verstaatlichte VÖEST zwischen 1983 und 1985 Noricum-Kanonen über nicht kriegführende Drittländer sowohl an den Irak (über Jordanien) wie an den gegnerischen Iran (über Libyen) (Gehler / Sickinger 1995, S. 677).

15 Konrad Lorenz war ein bedeutender konservativer Verhaltensforscher. Über seine Verwicklung in den Nationalsozialismus wurde damals nicht diskutiert.

16 Der Artikel «Bäume, Bullen, Partisanen» (notkühlung Nr. 1, 1985, S. 21ff) beklagt sich berechtigterweise über den Österreichpatriotismus und das Dogma Gewaltfreiheit. Zugleich wird das «unpolitische» Konzept der Autonomen sichtbar: durch die Auseinandersetzung mit dem Staat würde ein Bewusstsein geschaffen, das dann zu einer Radikalisierung führen könnte. Bezeichnenderweise hieß eine kurzlebige Zeitung der 1980er «Permanente Eskalation», es gab keine (oder kaum) eigene Theorie, die Autonomen waren oft nicht mehr als die militante Flügel der «sozialen Bewegungen» (zu den Autonomen, vgl. unten).

17 Die ÖH wurde damals von der ÖVP-nahen AG (Aktionsgemeinschaft) dominiert, die ein liberal-grünes Konzept vertrat.

18 Die Bevölkerung hat normalerweise keine Scheu davor, Gesetze im Zusammenhang mit «Kavaliersdelikten» zu übertreten – die gleichen sind dann oft empört, wenn es andere machen (ein Element der Entfremdung und Widersprüchlichkeit im Kapitalismus). Aber es ist doch etwas anderes, wenn eine Person bei Rot über die Kreuzung geht, oder kollektiv (gewaltfreien) Widerstand gegen einen Polizeieinsatz leistet.

19 Eine Ausnahme bildete die GE, die sich zuerst aus den Streitereien heraushielt, danach als Vertreterin der Meissner-Blau-Linie auftrat. Dadurch wurde in Wien eine linke Basis behalten (Schani Margulies in Wien und Karl Öllinger auf Bundesebene spielen noch jetzt eine Rolle).

«Wendezeit»

1 Bei Noriega zeichneten sich schon die neuen Feindbilder ab, die «kommunistische Bedrohung» ging zu Ende. Jetzt waren es entweder DrogenhändlerInnen oder Diktatoren, die bisher vom Westen und den USA gegen den Kommunismus unterstützt wurden. Noriega wurde von den USA gegen den linken Nationalismus von Omar Torrijos aufgebaut. Hartnäckig halten sich Gerüchte, dass Noriega für den Flugzeugabsturz im Juli 1981 verantwortlich ist, bei dem der Revolutionsführer und ehemalige Staatschef Torrijos ums Leben kam.

2 Anders verlief die Entwicklung in Peru. Seit 1980 führten linke Regierungen einen von beiden Seiten brutalen Kampf gegen die maoistische Guerillabewegung *Sendero Luminoso* (Leuchtender Pfad). 1990 gewann Alberto Fujimori mit populistischen Parolen gegen den Neoliberalismus die Wahlen, um dann eine neoliberale Politik durchzuführen und in einem «Selbstputsch» 1992 die demokratischen Institutionen auszuschalten. Erst die brutale Diktatur Fujimoris konnte die Guerilla weitgehend zerschlagen.

3 Die USA intervenierten gerade in Panama als sich die Situation in Rumänien zuspitzte. Die westlichen Medien bliesen Zahl der Toten in Rumänien zu Tausenden auf, während von den vielen, die in Panama durch Luftangriffe auf ganze Stadtviertel umkamen, kaum die Rede war.

4 Noch einmal der Fokus der westlichen Medien. Während ein paar zehntausend in der

Millionenstadt Moskau gegen den Putsch demonstrierten, fand in Grosny, der Hauptstadt Tschetscheniens eine ungefähr zehnmal so große Demonstration für die Unabhängigkeit statt, die von den Medien kaum beachtet wurde. Erst der spätere Krieg in dieser autonomen Region, der bis heute noch nicht beendet ist, veränderte den Blickwinkel.

5   Ein weiterer Ausdruck der Differenzierung ist ein feministischer Radikalismus, der sich gegen die Eingebundenheit in Projekte entwickelte. Die Radikalität und Militanz ist mit jener der Autonomen in gemischten Zusammenhängen vergleichbar.

6   Eine der wichtigsten Aktionen, bei der die Negation des Objektstatus zur Subjektwerdung diente, war die radikale Kampagne gegen eine Plakatwerbung von Palmers im Herbst 1981: Um Werbung für Unterwäsche zu machen, wurden Plakate mit Models in Dessous mit dem Spruch «Trau dich doch» affichiert. Hunderte Plakate wurden von FrauenLesben besprüht oder sonstwie kreativ verändert. Parallel dazu wurden Presseaussendungen von verschiedenen Frauengruppen versandt (Frauen sind keine Ware!). Diese Kampagne nützte sowohl Palmers wie den Feministinnen. Die Sensibilität gegenüber sexistischer Werbung wuchs, aber auch Palmers konnte seine Umsätze steigern.

7   Das Zusammenfallen von Subjekt und Objekt (ExpertInnen des eigenen Körpers) ist charakteristisch für die neuen «immateriellen» (vgl. unten) Arbeits- und Lebensverhältnisse (vgl. auch Negri / Hardt 1997, S. 18ff).

8   Selbst das TATblatt, das beinahe jeden Diskurs über Sexualität vermied, um sich keinen Sexismusvorwürfen auszusetzen, musste über Sexualpraktiken beim «Safer Sex» schreiben (TATblatt minus 34, 11.3.1992).

9   Schon am 23. Juni 1984 wurde der Ereignisse in der Christopher Street in New York mit der «ersten Wiener Gay-Pride-Demo» gedacht.

10   Für die Linke war der antifaschistische Kampf gegen die verstärkt auftretenden Stiefelnazis von größerer Bedeutung. Deren gesellschaftlicher Einfluss war minimal, aber sie bedrohten durch ihre Aktivitäten linke Gruppierungen. Als besondere Zielscheibe galten immer wieder slowenische StudentInnen. Im Mai 1976 wurde gegen eine Veranstaltung mit dem Rechtsradikalen Otto Scrinzi zur «Slowenenfrage» demonstriert, bei der der bewaffnete Saalschutz gegen AntifaschistInnen vorging. Zweimal standen sich 1977 etwa ein Dutzend bewaffnete Rechtsradikale und einige hundert AntifaschistInnen gegenüber. Auch Salzburg sah im Mai desselben Jahres Naziprovokationen. Nach Auseinandersetzungen am Alten Markt wurden AntifaschistInnen in Haft genommen, vier davon für drei Tage. Eine Woche später folgte eine für Salzburg relativ große Demonstration mit 700 TeilnehmerInnen (rotfront 6, Juni 1977). Im Mai 1980 kandidierte der Rechtsradikale Norbert Burger und gewann über drei Prozent. Fast alle seiner Wahlauftritte in größeren Städten waren von Protesten und Demonstrationen begleitet. Dieser Antifaschismus war geprägt von einem traditionell-linken Verständnis, das den «Anfängen wehren», sich aber mit rassistischen oder antisemitischen Strukturen in großen Teilen der Bevölkerung nicht auseinandersetzen wollte.

11   Waldheim hatte immer behauptet, kein Mitglied der SA gewesen zu sein, sondern nur bei der Reiterstandarte der SA. Darum auch immer wieder der Witz, dass nur sein Pferd, nicht aber er, bei der SA gewesen sei.

12   «Großkapitalisten à la Rothschild», «Schmierenschreiber ...Herzl» wurden als antisemitische Argumentationen kritisiert (TATblatt minus 68).

13   Die Traditionslinke argumentierte immer, dass nur die ArbeiterInnen die Macht hätten, die die

Regierung gefährden würde. Es ist aber weniger die «ökonomische Macht» der ArbeiterInnen als das Einziehen größerer Teile der Bevölkerung in eine Eskalationsspirale. So hatte der ÖGB, ohne es zu wollen, eine Funktion bei der Verhinderung von Hainburg, weil er den brutalen Polizeieinsatz zur Beruhigung der organisierten ArbeiterInnen provozierte und dadurch erst die zehntausendfache Mobilisierung gegen den Polizeieinsatz und das Kraftwerk auslöste.

14 Noch jahrelang stand an die Unimauer gesprüht: «Mit der Waffe in die Uni rein, das muß ja wohl die Stapo sein.»

15 In Österreich sind Demonstrationen als politische Meinungsäußerung prinzipiell erlaubt, sie können aber untersagt werden (z.B. wenn Ausschreitungen befürchtet werden). Um einen «reibungslosen Ablauf» (Verkehrsregelung) zu gewährleisten, sollen Kundgebungen angemeldet werden. In Wien agierte die Polizei meistens flexibel, etwa auf die nie angemeldeten Donnerstagsdemonstrationen im Jahr 2000 (vgl. unten).

16 Ende September wurde eine Wohnaktion am Stephansplatz («Wir bauen uns einen Slum») von der Polizei beendet, ebenso wurde ein geschlossenes Einziehen in das Obdachlosenheim Meldemannstraße verhindert. Im November wurde ein Haus in der Castelligasse besetzt, zur Eröffnung des antifaschistischen Hrdlicka-Denkmals am Albertinaplatz wurde eine Aktion durchgeführt, im Dezember und Jänner einige Scheinbesetzungen leerstehender Häuser.

17 Hausbesetzungsversuche ereigneten sich vereinzelt auch in den 1990ern. So wurde am 11. Dezember 1993 in der Strozzigasse, gegenüber dem damals dort existierenden Szenelokal Chelsea, die leerstehende Herold-Druckerei in Besitz genommen. Das Gebäude wurde unter dem Druck von BesitzerInnen und Polizei wieder aufgegeben. Und am 31. August 1995 feierten Punks in der leerstehenden Meinlfabrik im 16. Bezirk mit der Absicht länger zu bleiben, wurden aber durch ein größeres Polizeiaufgebot entfernt. Am 21. Dezember 1995 wurde ein Haus in der Marchettigasse (6. Wiener Gemeindebezirk) scheinbesetzt.

18 In der gleichen Abstimmung wurde ein Kraftwerk in der Freudenau am Rande Wiens befürwortet.

«Postmoderne, Postfordismus»

1 Das wird dort sichtbar, wo Versuche einer verspäteten Entkolonisierung scheiterten: z.B. auf der Insel Mayotte im Indischen Ozean, oder in der US-Kolonie Puerto Rico, wo sich große Teile der Bevölkerung gegen die Unabhängigkeit aussprachen. Diese Regionen wollten weiter von der Metropole subventioniert werden. Außerdem gewährleistet die StaatsbürgerInnenschaft eines Metropolenstaates Privilegien, die kein unabhängiges Gebilde leisten kann.

2 «Zivilgesellschaft» ist hier so zu verstehen, wie es im Alltagsgebrauch verwendet wird: gemeint sind die «neuen sozialen Bewegungen», seit den 1970ern entstanden, angefangen von BürgerInneninitiativen bis hin zu feministischen Gruppierungen. Die NGO entwickelten sich als Institutionalisierung dieser Bewegungen. Mensch gab sich nicht mehr zufrieden mit den durch die (radikale) Bewegung angestoßenen Veränderungen, sondern wollte in Projekten und im internationalen NGO-Jetset selbst davon profitieren. Die Bürokratisierung ist (z.B. im Gegensatz zu den Gewerkschaften) in vielen Bereichen noch nicht so weit fortgeschritten, es gibt noch Rückkoppelungen zu emanzipatorischen Entwicklungen und Bewegungen.

3 Bei der UNO-Welt-Menschenrechts-Konferenz in Wien im Juni 1993 wurden ausdrücklich NGO eingeladen, ein zuvor stattfindendes NGO-Forum wurde von der österreichischen

Regierung unterstützt (und IBM stellte mit Gratis-Leihcomputern ausgestattete Büros zur Verfügung). Natürlich gab es Konflikte, sowohl darum, welche NGO eingeladen und welche davon von der Europäischen Gemeinschaft oder anderen SponsorInnen unterstützt wurden. Außerdem wehrten sich einzelne VertreterInnen diktatorischer Staaten wie China gegen die Teilnahme von Oppositionsgruppen (z.B. aus Tibet). Aber die Veränderungen in Bezug auf die Funktion der Institutionen der «Zivilgesellschaft» wurden bereits sichtbar (vgl. TATblatt minus 8). Zwar bezeichnete im TATblatt minus 9 eine «Antiimperialistische Menschenrechtsgruppe für die politischen Gefangenen in der BRD» diese Konferenz als ein *mehr oder weniger gut inszeniertes, großes Theaterstück*, tatsächlich bedeutete es etwas anderes, nämlich das Funktionieren der «Zivilgesellschaft» als Teil der herrschaftskonstituierenden Netzwerke. Gerade die Menschenrechtsargumentation vieler NGO diente als Hebel für militärische («humanitäre») Interventionen (z.B. in Jugoslawien).

4   Eine der letzten radikalen ökologisch motivierten Aktionen war die Besetzung einer Kraftwerksbaustelle in Lambach in Oberösterreich im Februar und März 1996. Nachdem der Widerstand schon abgebröckelt und eingestellt war, wurde der Kraftwerksbau aufgeschoben. In Österreich wurden direkte Aktionen eingeschränkt und behindert, nachdem es möglich wurde, BlockiererInnen auf Schadenersatz zu klagen, wie bei der ennsnahen Trasse und danach auch in Lambach. Die ökonomische Drohung war für AktivistInnen zu groß. Das heißt nicht, dass es keine radikalen Ökogruppen mehr gegeben hätte, Anfang der 1990er gründete sich die Gruppe VIRUS (Vereinigung internationalistischer radikaler / revolutionärer Umweltschützer), die sich an vielen Aktionen nicht nur im Ökobereich (etwa gegen Militarismus) mit fantasievollen Aktionen beteiligte.

5   Die Forderungen waren sehr konkret und wurden auch als realistisch in der Umsetzung angesehen: es wurde verlangt, dass Gleichberechtigung in die Verfassung geschrieben wird, weiters 1. öffentliche Aufträge sollten nur an Unternehmen vergeben werden, in denen Frauen auf allen Ebenen vertreten sind, 2. gleicher Lohn für gleiche Arbeit ist anzustreben. 3. prekäre Beschäftigungen sollen der vollen Erwerbstätigkeit gleichgestellt werden. 4. keine Anrechnung des PartnerInneneinkommens auf die Notstandshilfe 5. Bildungsförderung für Frauen 6. Bereitstellung von Kinderbetreuung 7. zwei Jahre Karenzgeld für AlleinerzieherInnen 8. gesetzlicher Anspruch auf Teilzeitarbeit 9. Ausdehnung der Behaltepflicht auf 26 Wochen 10. Recht auf Grundpension 11. keine Anhebung des Pensionsalters für Frauen.

6   Ähnliche Simulationen von Widerstand, eingeleitet von in Opposition zur ÖVP-FPÖ-Regierung stehenden Institutionen, waren das Bildungsvolksbegehren 2001, das Sozialstaatsvolksbegehren 2002 und das Pensionsvolksbegehren 2004.

7   Ein Beispiel dafür ist in Österreich die Einführung des Pflegegeldes 1993. Dadurch wird die «Wahlfreiheit» für die Pflegeart gewährleistet. Es bietet sich die billigere Pflege zu Hause an, die Versorgung (Care-Arbeit) wird (wieder) in die Sphäre der Familie zurückverlagert oder bleibt den Frauen in privatisierten Institutionen. Eine ähnliche Funktion hat das von der ÖVP-FPÖ-Regierung eingeführte Kindergeld: «Wahlfreiheit» zwischen Kindergarten, Tagesmutter oder zu-Hause-bleiben der Frauen (vgl. Hammer / Österle 2001).

8   Der in den 1970er und 1980er Jahren geführte Diskurs über Resozialisierung ist ziemlich dünn geworden. Die Wiedereingliederung in die Gesellschaft hat funktioniert wie bei einem großen Teil der Rock´n Roll-Rebellen, die meist brave Familienmenschen wurden. Die Kriminalisierung bestimmter Rauschmittel wie Haschisch und Marihuana, die harmloser sind als legale Drogen wie Alkohol, zeigt, dass es um Produktion von Angst und Kriminalität geht.

9 Die Umbenennung der AMV (Arbeitsmarktverwaltung) in AMS (Arbeitsmarktservice) ist ein Symptom dafür. In der fordistischen Arbeitsgesellschaft war die Stigmatisierung der «Arbeitslosen» so stark, dass eine staatliche «Verwaltung» genügte. Jetzt, mit der Zunahme kurzfristiger und unsicherer Arbeitsverhältnisse, wäre die Gefahr zu groß, dass die Menschen das «ausnützen» würden. So wurden die als arbeitslos definierten jetzt zu KundInnen, auf die aber Druck ausgeübt wird, damit sie sich wieder dem Verwertungszwang unterwerfen.

10 Agamben (2002, S. 135ff) erläutert, dass die Menschenrechte von Anfang an für StaatsbürgerInnen geschaffen wurden. Die «nackten Leben» können dann leben oder sterben, verwaltet von humanitären Organisationen und NGO. Im Gegensatz zur vorbürgerlichen Souveränität, wo galt: Leben zu lassen und sterben zu machen (der König hatte das Recht zu töten), ist die Parole der Moderne: Leben zu machen (durch Gen- und Reproduktionstechnologie) und sterben zu lassen (in Foucault 1983, S. 134 heißt es, in den Tod zu stoßen). Es darf zwar nicht gefoltert werden, aber ein Leben außerhalb der Lager wird unmöglich gemacht.

11 In Foucault (1983, S. 13) wird *le sexe* mit «Sex» übersetzt, in Butler (1991) wird es als «Sexus» bezeichnet. Es bedeutet aber auch Sexualität und Geschlecht, oder wie Graefe (2002) schreibt, Sex kann als Überschrift für Sexualität, Reproduktion und Geschlecht gelten.

12 Das passt zu Lenz (1995, S. 34ff), die von der dreifachen Vergesellschaftung der Frau spricht: in die Familie, in das Kapitalverhältnis, in den Nationalstaat der Moderne. Verbunden ist das auch mit den Diskussionen um die unterschiedlichen Unterdrückungsverhältnisse: Geschlecht, Rasse / Ethnie, Klasse)

13 Die Verunsicherung durch ihre Überflüssigkeit führt bei manchen Männern zu gewalttätigen Amokläufen oder auch zu Versuchen, als Bandenmitglieder und -chefs in den Gettos der Großstädte oder als bewaffnete Kämpfer unter Warlords wieder wichtig zu werden. Für die männlichen Individuen ist diese verzweifelte Gewalttätigkeit eine letzte Möglichkeit, Macht wieder herzustellen, aber auch ein Zeichen der Schwäche (vgl. auch Kurz 2003).

14 War der erste Schritt der Emanzipation der Transgender-Personen noch das Recht und die Möglichkeit, das Geschlecht anzupassen, so wird es immer mehr möglich, Zwischenstufen zu entdecken und zu leben. Viele Trans-Personen, die sich operieren ließen, leiden am Verlust ihrer vorherigen Identität. War die Emanzipation bisher hauptsächlich der Kampf um die Möglichkeit des Geschlechtsanpassung, so verändert sich das jetzt in Richtung einer Anerkennung verschiedener Varianten der Geschlechtlichkeit.

15 Es ist nicht abzustreiten, dass es auch in den fordistischen Arbeitsverhältnissen freiwillige Kooperation mit dem Unternehmen gegeben haben muss. Ohne «freiwillige» Mitarbeit (Unterwerfung) ist auch eine entfremdete Arbeit nicht auszuführen. Nicht umsonst wird als eine der ersten Kampfmaßnahme häufig «Dienst nach Vorschrift» angekündigt.

16 Als 1992 Schuharbeiterinnen der österreichischen Firma *Humanic* in der Türkei für bessere Arbeitsbedingungen streikten, wurde das durch Kundgebungen vor den Filialen der Firma (z.B. auf der Mariahilfer-Straße in Wien) unterstützt.

17 Das könnte als die Materialisierung des *General Intellect* aufgefasst werden, bei Marx das kollektive Wissen der ArbeiterInnenklasse (der Menschen). Das passt auch zur Übernahme der Cyborg-Fabel von Donna Haraway durch Hardt / Negri (2000, S. 218): für die emanzipatorischen Möglichkeiten gibt es keine Abgrenzung zwischen dem Organischen des Menschen und der Maschine. So wie alle Institutionen zu Knotenpunkten in einem Netz werden, so auch das Konzept «Mensch».

«Bruchlinien»

1 Es gibt eine antiimperialistische Zeitung, die sich «Bruchlinien» nennt. Die AntiimperialistInnen machen den Fehler, dass sie sich auf die eine Seite des Bruches stellen wollen, die vermeintlich gegen den Imperialismus, gegen die USA etc. ist. Die entstehenden Bruchlinien und Risse sind aber eher als Symptom der «Korruption» (Hardt / Negri 2000, S. 389ff), des permanenten Zerfalls, der permanenten Krise zu sehen. Und die emanzipatorischen Entwicklungen entstehen nicht in den Identitäten einer Seite, sondern zwischen allem, in den Rissen und Klüften!

2 Im TATblatt minus 54 wurde dieser Anschlag kritisiert, weil keine Rücksicht darauf genommen wurde, dass Menschen gefährdet wurden, wenn ein nachfolgender Zug entgleist wäre.

3 Milosevic benutzte den Sonderstatus der beiden autonomen Regionen Kosovo / Kosova und Vojvodina als Argument für die Benachteiligung Serbiens im titoistischen Jugoslawien. Der serbische Nationalismus richtete sich dabei besonders gegen die albanische Bürokratie im Kosovo / Kosova. Nationalistische Aufwallungen der AlbanerInnen seit 1981 bestärkten noch den bestehenden antialbanischen Rassismus. Ein Höhepunkt wurde die Demonstration von einer Million SerbInnen am 28. Juni 1989, dem 600sten Jahrestag der Schlacht auf dem Amselfeld, bei dem ein serbischer König durch das osmanische Reich geschlagen worden war.

4 Gegen die Zivilbevölkerung wurde die jugoslawisch-serbische Armee erstmals im März 1991 in Belgrad eingesetzt. Dreitägige Straßenschlachten entstanden, weil Milosevic die Medien einschränken wollte.

5 Dort wo Handke in seiner «winterlichen Reise» über diese «Internationalen» schreibt, wurde er am meisten angegriffen, obwohl das die besten Abschnitte sind. Seine peinlichen Huldigungen der slawischen Seele wurden dagegen kaum kritisiert (Handke 1996).

6 Out-of-Area, weil kein NATO-Mitglied angegriffen wurde.

7 Es ist sicher, dass Massaker an männlichen Muslimen stattgefunden haben, aber es stellt sich die Frage, ob die Zahl von 7000 bis 8000 nicht westliche Kriegspropaganda ist. Außerdem wird nie über die Vorgeschichte berichtet, dass immer wieder serbisch bewohnte Dörfer in der Umgebung niedergebrannt und dabei hunderte SerbInnen getötet wurden.

8 So wurde von der «Gruppe für Totalverweigerung» während der Menschenrechtskonferenz in Wien im Sommer 1993 eine Aktion für Kriegsdienstverweigerung und Asyl für Deserteure gemacht. Zwei Menschen seilten sich dazu mit einem Transparent vom Stephansdom ab (TATblatt minus 6/5, 7.7.1993).

9 Die Doppelmoral insbesondere der deutschen Führung zeigte sich besonders im Vergleich zum dritten Golfkrieg, der kritisiert wurde, weil es kein Mandat der UNO. Dabei war Saddam Hussein sicher ein größerer Schlächter als Milosevic.

10 Eine trotzkistische Gruppe, die AGM intervenierte mit einem nationalismuskritischen Flugblatt auf serbisch-kroatisch, worauf der jugoslawischen Person, die es geschrieben hatte, Prügel angedroht wurden. Bei ÖsterreicherInnen wurden solche Kritiken akzeptiert, aber nationale VerräterInnen sollten nicht existieren.

11 Mobutu Sese Seku hatte 1965 mit Hilfe der USA, Frankreichs und Belgiens die Macht übernommen und führte ein brutal diktatorisches und korruptes Regime.

12 Innerhalb der Demonstration eskalierten Auseinandersetzungen, weil «Suffpunks» und sonsti-

ge Demo-Machos den FrauenLesbenBlock attackierten. Damit wurde das ausgegebene Motto «Gegen Männerbünde» ad absurdum geführt.

13 Auch gegen das Bundesturnfest des ÖTB (Österreichischer Turnerbund) in Krems wurde protestiert: der ÖTB ist eine Massenorganisation mit einem Großteil nur sportlich interessierter, unpolitischer Mitglieder, aber teilweise rechtsradikalen FunktionärInnen.

14 Auch ein großer Teil der Linken blieb in ihrer Argumentation dem Rahmen des Nationalstaats verhaftet. Ein Hauptargument war die Beibehaltung der «Neutralität», die formal in der Verfassung stand und steht, real aber nie existierte. Österreich war im Kalten Krieg nie wirklich neutral, so wurden immer elektronische Überwachungsergebnisse an die NATO weitergegeben.

15 Für mich war die Zahl der TeilnehmerInnen enttäuschend. Ich hatte gehofft, dass so viele Menschen an dieser antirassistischen Demonstration teilnehmen würden, dass ich mir das «brave» Lichtermeer ersparen könnte.

16 Zeitweise vertrat das LIF Antirassismus oder Emanzipation von Schwulen und Lesben konsequenter als die Grüne Alternative.

17 Der Charakter des RBH ist sehr stark traditionsanarchistisch geprägt, der Schwerpunkt war immer «Aufklärung» der Bevölkerung durch eine möglichst große Zahl von verteilten Propagandamitteln. In diesem Fall genügte der Begriff «anarchistisch», um mit Terror in Verbindung gebracht zu werden.

18 *Sovü g'wandert bin i a scho lang nimmer* stand auf dem Titel der akin 11/1995. Die Aktionsform der nichtangemeldeten «Wandertage» sollte dann prägend für die täglichen Demos im Februar 2000 und die Donnerstagsdemos danach werden.

19 Zum Jahreswechsel 1997 / 1998 besetzten Erwerbslose die Arbeitsämter, nicht um Arbeitsplätze zu fordern, wie früher üblich, sondern Weihnachtsgeld.

20 Ein früherer Versuch, MigrantInnen in die antirassistische Arbeit einzubeziehen, war die *Initiative gegen Ausländerfeindlichkeit, Rassismus und Antisemitismus* (IGARA). Die migrantische Beteiligung beschränkte sich auf türkisch-kurdische und iranische linksradikale Gruppen, die zwischen der Unterstützung ihrer Partei in der Türkei und im Iran und der Aktivität in Österreich schwankten. Vereinzelt brachen auch Arbeitskämpfe auf, die sich oft um die Exilorganisationen organisierten wie etwa im Herbst 1996 im Billa-Zentrallager, wo sich MigrantInnen durch Betriebsversammlungen und kurze Arbeitsniederlegungen gegen Prämienkürzungen wehrten (Koordination Nr. 0).

21 Zu den Gemeinderats- und Landtagswahlen in Wien im Jahr 2001 gründete sich die «Wiener Wahl Partie», die die kandidierenden Parteien auf die politischen Bedürfnisse der MigrantInnen abklopfte, ohne eine direkte Wahlempfehlung abzugeben.

22 In den früheren Kolonialländern Großbritannien und Frankreich fanden diese Entwicklungen viel früher statt, eine Diskussion um «Integration», wie sie hier noch jetzt geführt wird, wäre gegenüber den *Asians* oder *Caribbeans* in Großbritannien oder den *Beurs* in Frankreich nur lächerlich. Dort hat sich eine Kultur entwickelt, die britisch oder französisch, aber mit dem indischen Subkontinent, der Karibik oder Nordafrika verbunden ist.

23 Aller Kritik zum Trotz muss der Programmzeitung Falter zugute gehalten werden, dass sie immer wieder rassistische Polizeiübergriffe durch Wiener PolizistInnen öffentlich machte.

24 Chukwujekwu wurde zuerst verurteilt, in höherer Instanz freigesprochen, nach seiner Freilassung 2004 ist das Verfahren noch offen. Er wurde enthaftet mit der Auflage, zur nächsten Verhandlung zu erscheinen. Trotzdem wurde er sofort in Schubhaft gesteckt und ein

Aufenthaltsverbot über ihn verhängt. Sein Anwalt konnte dann die Freilassung erreichen (Augustin März 2/2004, S. 7).

«Neue Subjektivitäten»

1   Soziale Kultur- und Kommunikationszentren gibt es in vielen europäischen Städten, auch das EKH in Wien (mit Infoladen, Wohn- und Veranstaltungsbereich etc.) kann als solches gesehen werden.

2   Eine Kunstaktion zur Wiedereroberung des öffentlichen Raums ist das 1996 gegründete *permanent breakfast*. Eine kleine Gruppe befrühstückt irgendeine Stelle in der Stadt, sonstwo im Freien oder an zugänglichen Orten und lädt PassantInnen ein, daran teilzunehmen. Diese Art der Aktion wird bis heute immer wieder durchgeführt. Eine weitere Aktivität wurde von der Straßenzeitung *Augustin* eingeführt: ausgehend vom Protest gegen die Bestrafung von Obdachlosen, wenn sie die öffentlichen Verkehrsmittel gratis benutzen, werden an jedem Freitag, dem 13. vielfältige Aktionen im öffentlichen Raum der Stadt Wien durchgeführt.

3   In der zweiten Hälfte des Jahres 1997 verloren ausgehend von Thailand die Währungen mehrerer asiatischer Staaten, insbesonders die bisher aufstrebenden «Tiger» an Wert. Die Börsenkurse schlossen sich diesem Abwärtstrend an.

4   Dabei geht es um die Durchsetzung der Verwertbarkeit von Dienstleistungen, auch und besonders solchen, die noch staatlich organisiert sind.

5   Das erste Mal konnte sich die Kronenzeitung nicht durchsetzen, die eine Fortsetzung der großen Koalition vorzog.

6   Die Textproduktion wurde auch durch eine Anzahl von Buchproduktionen über die Verhältnisse in Österreich sichtbar, teilweise typische Schnellschüsse, teilweise wertvolle Sammelbände: Baker / Boyer (2002): *Wiener Wandertage. Eine Dokumentation.* Charim / Rabinovici (2000): *Österreich. Berichte aus Quarantanien.* Gremliza (2000): *Braunbuch Österreich. Ein Nazi kommt selten allein.* Milena Verlag (2000): *Die Sprache des Widerstandes ist alt wie die Welt und ihr Wunsch. Frauen in Österreich schreiben gegen rechts.* Raunig (2000): *Wien Feber Null. Eine Ästhetik des Widerstands.* Stoller, et. al. (2000): *Philosophie in Aktion. Demokratie – Rassismus – Österreich.*

7   *«Ja, nein, es ist ein Gefährt, aber nicht wirklich, aber sie kommen nicht weit damit...»* Verzweifelt um Begriffe ringender Polizist..... (Raunig 2000, S. 40).

8   Die Vermummten gehörten zur berüchtigten SEK (Sondereinsatzgruppe Kriminaldienst), gebildet von BeamtInnen, die sich freiwillig für besondere Maßnahmen meldeten. Nachdem ein vermeintlicher Drogendealer «aus Versehen» (wurde dann rechtskräftig festgestellt) erschossen wurde, wurde diese Einheit aufgelöst, die in Konkurrenz zur WEGA (Wiener Einsatzgruppe Alarmabteilung) stand.

9   Es gab immer wieder Gerüchte, Kabas sei von der Kommunikationsguerilla in die FPÖ eingeschleust worden. Aufsehen erregte er durch seinen Lump-Hump-Dump-Sager. Er wurde beschuldigt, den Bundespräsidenten Thomas Klestil einen *Lump* genannt zu haben, worauf er antwortete, er habe vielleicht *Hump* oder *Dump* gesagt.

10 Im Herbst 2003 folgte noch *Bukaka sagt* nach *Alexander Brener* und *Barbara Schurz*.

11 Der Begriff «Antideutsch» ist aus der bundesdeutschen Diskussion übernommen. Richtiger wä-

re die Sichtweise Anti-Österreichisch oder Pro-Israelisch. Da nach dem 11. September der Hauptfeind der «islamische Faschismus» wurde, hat sich auch die bösartige Bezeichnung «Ex-Antideutsche» eingeprägt. Der Vorwurf lautet, dass der antideutsche Philosemitismus nur die Kehrseite des Antisemitismus sei und damit auch eine Entschuldigung der deutschen (und natürlich österreichischen) Vergangenheit.

12 In diesem Band sticht der Beitrag von *Johannes Agnoli* heraus. Im Gegensatz zu den antideutschen Positionen nimmt er nicht an, dass Auschwitz das ist, was in der Demokratie fortgesetzt wurde, sondern dass es andere Strukturen sind (etwa der Korporatismus), die eine Kontinuität zwischen Faschismus und den nachfolgenden demokratischen Gesellschaften herstellen (Agnoli 2003, S. 17ff). Durch die Überbetonung der Shoah wird eine adäquate Analyse des Kapitalismus und des bürgerlichen Staates schwierig bis unmöglich. Wenn außerdem jede antijüdische oder antisemitische Äußerung in den Zusammenhang mit Auschwitz gestellt wird, ist das auch eine Verharmlosung des Vernichtungsantisemitismus des NS. So ist es auch nicht verwunderlich, dass ein großer Teil dieser KritikerInnen diesen Vernichtungsantisemitismus im Nahen Osten wiedergefunden haben (so ähnlich wie die Kriegspropaganda des deutschen Staates 1999 Auschwitz im Kosovo / Kosova entdeckte).

13 Ich wurde von einem Gast über die Situation der radikalen Linken in Österreich gefragt, weil bei einer eher theoretischen Veranstaltung mit Nähe zum autonomen Spektrum der Altersdurchschnitt ungefähr 40 war, während zur gleichen Zeit eine trotzkistische Veranstaltung von vielen Jugendlichen besucht wurde. Ich musste eingestehen, dass es auch die Sektenstreitereien mit den Antideutschen waren, die die Autonomen unattraktiv machten.

«Schluss»

1 Risikofreudigkeit wird betont, also wird mensch aufgefordert, in Pensionsfonds zu investieren. Wenn sie Pleite gehen, Pech gehabt.

2 Nicht umsonst ist die durchschnittliche Sterblichkeit in den ehemals realsozialistischen Staaten drastisch gesunken, weil die Versorgung in Alter und Krankheit durch Verwertungszwang ersetzt wurde. Es zeichnet sich eine demographische Lösung der Pensionsfrage ab: die Pensionen werden weniger, Selbstbehalte im Krankheitsfall werden eingeführt, das verkürzt die Lebensdauer.

3 Unter Einfluss der Ökologiebewegung forderten Autonome in den 1970ern «Lohn für Nichtarbeit», weil sie dadurch keinen Wert für die Vernichtungsproduktion zur Verfügung stellten.

4 *Open Source* bedeutet, dass der Quellcode, die Ebene, auf der pogrammiert wird, nicht geheim gehalten wird, sondern jedem offensteht, der das Programm nichtkommerziell weiterentwickeln möchte. Und es gibt tausende, die ein Interesse daran haben, das zu tun. Eingeschränkt werden sie höchstens, weil auch sie Geld verdienen müssen.

5 Es wurde eingeworfen, dass die Migration, die ja zur Arbeit hin erfolgt, dagegen spricht. Das mag oberflächlich so aussehen. Tatsächlich ist es ein Exodus zum besseren Leben hin, die Hoffnung auf mehr Reichtum und mehr Möglichkeiten.

Abkürzungsverzeichnis

AAO	Aktionsanalytische Organisation, Kommuneprojekt
AG	Aktionsgemeinschaft, ÖVP-nahe Studierendenorganisation, Nachfolgerin der ÖSU
AGM	Arbeitsgruppe Marxismus, trotzkistische Organisation
AHS	Allgemeinbildende Höhere Schule
AIDS	*Acquired Immune Deficiency Syndrom* – Erworbenes Immunschwächungs-Syndrom
AIK	Antiimperialistische Koordination
AK	Arbeiterkammer
AKS	Aktion Kritischer SchülerInnen, SPÖ-nahe SchülerInnenorganisation
Aktion	Linkskatholische Studierendenorganisation
AKW	Atomkraftwerk
AL	Antifaschistische Linke, trotzkistische Organisation
ALÖ	Alternative Liste Österreich
ALW	Alternative Liste Wien
ANR	Aktion neue Rechte, rechtsradikale Studierendenorganisation
APG	Arbeitskreis Politische Prozesse – Politische Gefangene
ASt	Arbeiterstandpunkt, später ArbeiterInnenstandpunkt, trotzkistische Organisation
Attac	*Association pour une Taxation des Transactions Financièrs pour l'Aide aux Citoyens* – Vereinigung zur Besteuerung der Finanztransaktionen zur Unterstützung der BürgerInnen
AUF	Aktion Unabhängiger Frauen, feministische Organisation und Zeitung
BBO	Bewusstseinsbildende Organisation, Kommuneprojekt
BDM	Bund Deutscher Mädchen, nationalsozialistische Organisation
BI	Bürgerinitiative, BürgerInneninitiative
BOKU	Universität für Bodenkultur
BRD	Bundesrepublik Deutschland
CV	Cartellverband, katholische Studentenverbindung
DDR	Deutsche Demokratische Republik
DFP	Demokratisch Fortschrittliche Partei – Wahlgemeinschaft Franz Olah

DPs	*Displaced Persons* – Verschleppte und Flüchtlinge in der ersten Nachkriegszeit
EG (EU)	Europäische Gemeinschaft (später Europäische Union)
EKH	Ernst-Kirchweger-Haus, soziales Zentrum
ERP	*European Recovery Program* – Europäisches Wiederherstellungsproramm («Marschallplan»)
ESF	*European Social Forum* – Europäisches Sozialforum
EZLN	*Ejercito Zapatista de Liberación National* – Zapatistische Armee der nationalen Befreiung
FEWOR	Für eine Welt ohne Rassismus, antirassistische Organisation
FKZ	Frauenkommunikationszentrum im WUK
FNL	Föderation Neue Linke, linke Organisation nach 1968, Nachfolgerin des SÖS
FÖJ	Freie Österreichische Jugend, (formal parteiunabhängige) Jugendorganisation der KPÖ, nach der Normalisierung unabhängige linke Organisation
FPÖ	Freiheitliche Partei Österreichs
Funke	Trotzkistische Organisation
GAGA	Kultur- und Kommunikationszentrum Gassergasse
GATS	*General Agreement on Trade in Services* – Allgemeines Abkommen über den handel mit Dienstleistungen
GE	Gewerkschaftliche Einheit, Gewerkschaftsorganisation der KPÖ, nach der Normalisierung unabhängig, später den Grünen nahestehend
GEWI	Geisteswissenschaftliche Fakultät
GLB	Gewerkschaftlicher Linksblock, Gewerkschaftsorganisation der KPÖ
GÖD	Gewerkschaft Öffentlicher Dienst
GPA	Gewerkschaft der Privatangestellten
GRM	Gruppe Revolutionärer Marxisten, trotzkistische Organisation, Vorläuferin der SOAL, Mitglied des VS
GRUWI	Grund- und Integrativwissenschaftliche Fakultät
HIV	*Human Immune DeficiencyVirus* – Humaner Immundefizienz-Virus
HJ	Hitlerjugend
HOSI	Homosexuelleninitiative
IKL	Internationale Kommunistische Liga, trotzkistische Organisation
IMF	*International Monetary Fund* – Internationaler Währungsfond

ÖGB	Österreichischer Gewerkschaftsbund
ÖH	Österreichische Hochschülerschaft, später Österreichische HochschülerInnenschaft
ORF	Österreichischer Rundfunk
ÖSU	Österreichische Studentenunion, Studierendenorganisation der ÖVP, Nachfolgerin der Aktion, Vorläuferin der AG
OSZE	Organisation für Sicherheit und Zusammenarbeit
ÖVP	Österreichische Volkspartei
PCI	*Partido Communista Italiano* – Kommunistische Partei Italiens
PGA	*Peoples Global Action*
PKK	Kurdische Arbeiterpartei
RAF	Rote Armee Fraktion
RAW	Rosa Antifa Wien
RFS	Ring Freiheitlicher Studenten
RKL	Revolutionär-Kommunistische Liga, trotzkistische Organisation, später Lösung vom Trotzkismus in Richtung Nationalismus
RTS	*Reclaim the Streets* – Initiative zur Wiedereroberung des öffentlichen Raums
SAP	SchülerInnenAktionsPlattform, SchülerInnenorganisation, dominiert vom trotzkistischen Vorwärts
SDS	Sozialistischer Deutscher Studentenbund
SJ	Sozialistische Jugend, Jugendorganisation der SPÖ
SLP	Sozialistische Linkspartei, Nachfolgerin der SOV
SOAL	Sozialistische Alternative, trotzkistische Organisation, Nachfolgerin der GRM, Mitglied des VS
SÖS	Sozialistischer Österreichischer Studentenbund, 1968 kurzfristig entstandene linke Organistion, Vorläuferin der FNL
SOV	Sozialistische Offensive Vorwärts, Nachfolgerin des «Vorwärts», Vorläuferin der SLP
SPÖ	Sozialistische Partei Österreichs, später Sozialdemokratische Partei Österreichs
SU	Sowjetunion
TU	Technische Universität
UBG	Unabhängige Bildungsgewerkschaft
UHS	Union Höherer Schüler, ÖVP-nahe SchülerInnenorganisation
USA	*United States of America* – Vereinigte Staaten
VDS	Vereinigung Demokratischer Studenten, Studierendenorganisation der KPÖ

VdU	Verband der Unabhängigen, Vorläuferin der FPÖ
VEW	Vereinigte Eisenwerke, Nachfolgerin der Gußstahlwerke Judenburg
VGÖ	Vereinte Grüne Österreich, konservative Grüne
VÖEST	Vereinigte Österreichische Eisen- und Stahl Werke
Vorwärts	Trotzkistische Organisation
VRA	Vereinigung Revolutionärer Arbeiter, marxistisch-leninistische («maoistische») Organisation
VS	Vereinigtes Sekretariat der 4. Internationale, trotzkistische Internationale
VSM	Verband Sozialistischer Mittelschüler, SchülerInnenorganisation der SPÖ
VSStÖ	Verband Sozialistischer Studenten Österreichs, später Verband Sozialistischer StudentInnen Österreichs, Studierendenorganisation der SPÖ
WEF	*World Economic Forum* - Weltökonomieforum
WG	Wohngemeinschaft
WSF	*World Social Forum* – Weltsozialforum
WTO	*World Trade Organisation* - Welthandelsorganisation
WUK	Werkstätten- und Kulturhaus
ZA	Zentralausschuss der ÖH

LITERATUR

AGAMBEN, GIORGIO (2002): *Homo sacer. Die souveräne Macht und das nackte Leben.* Frankfurt am Main: Suhrkamp.

AGNOLI, JOHANNES (2003): Die Verhärtung der politischen Form. Das Kapital und die Zukunft des Faschismus am Ende der liberaldemokratische Epoche. In: GRIGAT (HG): *Transformation des Postnazismus*, S. 17-26.

AIGINGER, KARL (1995): Von der Mitte aus, auf dem Weg nach vorne. Österreichs Wirtschaft in den 1980er und 1990er Jahren. In: SIEDER ET. AL. (HG): *Österreich 1945-1995*, S. 268-278.

ALTON, JULIANE / AUER, SARAH-SUSANNE / SCHÜTTELKOPF, ELKE / STECHER, MARCELLA / BEGUSCH, HARALD / KALTENECKER, SIEGFRIED (1988): *un-mut. der beginn einer protestbewegung.* Wien: Grüne Bildungswerkstatt.

ANGERER, ULRICH (1996): *Trotzkismus in Österreich von den 20er Jahren bis heute. Teil 1: Eine Analyse.* Wien: Arbeitsgruppe Marxismus (Marxismus Nr. 9).

ATZERT, THOMAS (HG) (1998): *Umherschweifende Produzenten. Immaterielle Arbeit und Subversion.* Berlin: ID-Verlag.

AUST, BJÖRN (2003): «Feindliche Übernahmen». Ökonomische Interessen und «militärisches Unternehmertum» im Kongo. In: AZZELLINI / KANZLEITER (HG): *Das Unternehmen Krieg*, S.143-159.

AZZELLINI, DARIO (2002): Die Bewegung der Bewegungen – Genua 2001 und 2002. In: AZZELLINI (HG): *Genua*, S. 9-36.

AZZELLINI, DARIO (HG) (2002A): *Genua. Italien, Geschichte, Perspektiven.* Berlin, Hamburg, Göttingen: Assoziation A.

AZZELLINI, DARIO / KANZLEITER, BORIS (HG) (2003): *Das Unternehmen Krieg. Paramilitärs, Warlords und Privatarmeen als Akteure der Neuen Kriegsordnung.* Berlin, Hamburg, Göttingen: Assoziation A.

BACHMAYER, RUTH / FISCHER-KOWALSKI, MARINA (1980): Steigerung der Haushaltseinkommen und des Konsums als gesellschaftliche Gleichmacher? In: FISCHER-KOWALSKI / BUCEK (HG): *Lebensverhältnisse in Österreich*, S. 129-152.

BAKER, FREDERICK / BOYER, ELISABETH (HG) (2002): *Wiener Wandertage. Eine Dokumentation.* Klagenfurt / Celovec: Wieser Verlag.

BAUMGARTNER, GERHARD / PERCHINIG, BERNHARD (1995): Vom Staatsvertrag zum Bombenterror. Minderheitenpolitik in Österreich seit 1945. In: SIEDER ET. AL. (HG): *Österreich 1945-1995*, S. 511-524.

BECKER-SCHMIDT, REGINA / KNAPP GUDRUN-AXELI (HG) (1995): *Das*

Geschlechterverhältnis als Gegenstand der Sozialwissenschaften. Frankfurt, New York: Campus.

BERNOLD, MONIKA (1995): Austrovision und Telefamilie. Von den Anfängen einer «historischen Sendung». In: SIEDER ET. AL. (HG): *Österreich 1945-1995*, S. 223-235.

BETZ, FRITZ / RIEGLER, JOHANNA (2003): *Bilder der Arbeit im Spätkapitalismus. Zum strategischen Machtverhältnis von Arbeit, Selbst und Technologien.* Wien: Löcker.

BEWERNITZ, TORSTEN (2002): *global x. Kritik, Stand und Perspektiven der Antiglobalisierungsbewegung.* Münster: Unrast Verlag.

BILDA, LINDA (2001): *Ernst Schmidt Jr. Drehen Sie Filme, aber keine Filme! Filme und Filmtheorie 1964-1987.* Wien: Secession.

BLAUKOPF, KURT / BONTINCK, IRMGARD / GARDOS, HARALD / MARK, DESMOND (1983): *Kultur von unten. Innovationen und Barrieren in Österreich.* Wien: Löcker.

BOCKHORN, OLAF / EHALT, HUBERT CHRISTIAN / FIELHAUER, HELMUT P. / FISCHER, GERO / HEISS, GERNOT / MENDE, JULIUS / SAURER, EDITH / SCHRAGE, DIETER / STAUDINGER, ANTON (1983): *Kulturjahrbuch 2. Wiener Beiträge zu Kulturwissenschaft und Kulturpolitik.* Wien: Verlag für Gesellschaftskritik.

BOJADZIJEV, MANUELA (2002): Antirassistischer Widerstand von MigrantInnen in der Bundesrepublik Deutschland. In: BRATIC (HG): *Landschaften der Tat*, S. 13-31.

BRANDSTÄTTER, LIDIA / GROSSER, MICHAEL / WERTHNER, HANNES (1984): *Die Anti-AKW-Bewegung in Österreich.* In: UMDENKEN, S. 156-177.

BRATIC, LJUBOMIR (2002): Rassismus und migrantischer Antirassismus in Österreich. In: BRATIC (HG): *Landschaften der Tat*, S. 119-141.

BRATIC, LJUBOMIR (HG) (2002A): *Landschaften der Tat. Vermessung, Transformationen und Ambivalenzen des Antirassismus in Europa.* St. Pölten: Sozaktiv.

BRATIC, LJUBOMIR (2003): *Diskurs und Ideologie des Rassismus im österreichischen Staat.* In: KURSWECHSEL 2/2003, S. 37-48.

BRATIC, LJUBOMIR (2004): Die Frage der Selbstorganisation. In: GÜRSES ET. AL. (HG): *Gastarbajteri*, S. 61-68.

BRATIC, LJUBOMIR (2004A): Selbstorganisation und Widerstand. In: GÜRSES ET. AL. (HG): *Gastarbajteri*, S. 140-142.

BUKEY, EVAN, BURR (2000): *Hitlers Österreich. «Eine Bewegung und ein Volk».* Hamburg, Wien: Europa Verlag.

BUKO (BUNDESKOORDINATION INTERNATIONALISMUS) (HG) (2003): *radikal global. Bausteine für eine internationalistische Linke.* Berlin, Hamburg, Göttingen: Assoziation A.

BUNZL, JOHN (2001): Zwischen Oslo und der Al-Aqsa-Intifada. In: EDLINGER (HG): *Befreiungskampf in Palästina*, S. 45-54.

BUTLER JUDITH (1991): *Das Unbehagen der Geschlechter.* Frankfurt am Main: Suhrkamp.

BUTLER JUDITH (1997): *Körper von Gewicht. Die diskusiven Grenzen des Geschlechts.* Frankfurt am Main: Suhrkamp.

CHARIM, ISOLDE / RABINOVICI, DORON (HG) (2000): *Österreich. Berichte aus Quarantanien.* Frankfurt am Main: Suhrkamp.

CYBA, EVA (1995): Modernisierung im Patriarchat? Zur Situation der Frauen in Arbeit, Bildung und privater Sphäre 1945 bis 1995. In: SIEDER ET. AL. (HG): *Österreich 1945-1995*, S. 435-457.

DACHS, HERBERT (1995): Von der «Sanierungspartnerschaft» zur konfliktgeladenen Unübersichtlichkeit. Über politische Entwicklungen und Verschiebungen während der Großen Koalition 1986 bis 1994. In: SIEDER ET. AL. (HG): *Österreich 1945-1995*, S. 290-303.

DANNEBERG, BÄRBEL (1998): Die Mühlkommune. In: DANNEBERG ET. AL. (HG): *die 68er. eine generation und ihr erbe.* Wien: Döcker, S. 274-285.

DANNEBERG, BÄRBEL / KELLER, FRITZ / MACHALICKY, ALY / MENDE, JULIUS (HG) (1998): *die 68er. eine generation und ihr erbe.* Wien: Döcker.

DELEUZE, GILLES (1992): *Foucault.* Frankfurt am Main: Suhrkamp.

DELEUZE, GILLES / GUATTARI, FÉLIX (1992): *Tausend Plateaus. Kapitalismus und Schizophrenie.* Berlin: Merve.

DEUTSCH, RENATE (1979): *Chance auf Veränderung. Geschichte der Verstaatlichung in Österreich II.* Wien: In Sachen, 1-2 Heft 7.

DIE BEUTE 1/94. Berlin: Edition ID-Archiv.

DRASCH, WOLFGANG / FISCHER-KOWALSKI MARINA / WIEGER, MARIA (1995): Was sind Alternativschulen? Strukturmerkmale und Entwicklung. In: FISCHER-KOWALSKI ET. AL. (HG): *Große Freiheit für kleine Monster*, S. 14-41.

EBNER, PAULUS / VOCELKA, KARL (1998): *Die zahme Revolution. '68 und was davon blieb.* Wien: Ueberreuter.

EDER, HANS (1995): Die Politik der Kreisky-Ära. In: SIEDER ET. AL. (HG): *Österreich 1945-1995*, S. 186-199.

EDLINGER, FRITZ (HG) (2001): *Befreiungskampf in Palästina. Von der Madrid-Konferenz zur Al-Aqsa-Intifada.* Wien: Promedia.

EHALT, HUBERT CH. / KNITTLER-LUX, URSULA / KONRAD, HELMUT (HG) (1984): *Geschichtswerkstatt, Stadtteilarbeit, Aktionsforschung. Perspektiven emanzipatorischer Bildungs- und Kulturarbeit.* Wien: Verlag für Gesellschaftskritik.

EICHHORN, CORNELIA (1994): Zwischen Dekonstruktion und Identitätspolitik.

Eine Kritik zur feministischen Debatte um Judith Butler. In: Die Beute 1/94, S. 40-43.

Eichhorn, Cornelia / Grimm, Sabine (1994) (Hg): *Gender Killer. Texte zu Feminismus und Politik.* Berlin, Amsterdam: Edition ID-Archiv.

Enderle-Burcel, Gertrude (1995): Die österreichischen Parteien 1945 bis 1955. In: Sieder et. al. (Hg): *Österreich 1945-1995,* S. 80-93.

Enzewor, Okwui (2002) (Hg): *Democracy Unrealized.* Wien: Documenta 11.

Eppel, Peter / Lotter, Heinrich (Hg) (1981): *Dokumentation zur österreichischen Zeitgeschichte. 1955-1980.* Wien: Jugend und Volk.

Fantomas Nr. 2, Magazin für linke Debatte und Praxis. *Biopolitik. Macht, Leben, Widerstand.* Hamburg: Analyse und Kritik.

Fassmann, Heinz (1995): Der Wandel der Bevölkerungsstruktur in der Zweiten Republik. In: Sieder et. Al. (Hg): *Österreich 1945-1995,* S. 395-408.

Fischer-Kowalski, Marina (1980): Soziale Distribution von Zeit und ihre Inhalte. In: Fischer-Kowalski / Bucek (Hg): *Lebensverhältnisse in Österreich,* S. 190-212.

Fischer-Kowalski, Marina (1995): Sozialer Wandel in den 1970er Jahren. In: Sieder et. al. (Hg): *Österreich 1945-1995,* S. 200-212.

Fischer-Kowalski, Marina / Bucek, Josef (1980) (Hg): *Lebensverhältnisse in Österreich. Klassen und Schichten im Sozialstaat.* Frankfurt am Main, New York: Campus.

Fischer-Kowalski, Marina / Fitzka-Puchberger, Roswitha / Mende, Julius (Hg) (1991): *Kindergruppenkinder. Selbstorganisierte Alternativen zum Kindergarten.* Wien: Verlag für Gesellschaftskritik.

Fischer-Kowalski, Marina / Pelikan, Johanna / Schandl, Heinz (Hg) (1995): *Große Freiheit für kleine Monster. Alternativschulen und Regelschulen im Vergleich.* Wien: Verlag für Gesellschaftskritik.

Fischer-Kowalski, Marina / Wiesbauer, Elisabeth (1985): «Früchterl» und was sie fruchten. In: Jagschitz / Mulley (Hg): *die «wilden» fünfziger Jahre,* S. 64-79.

Foltin, Robert (2002): *Immaterielle Arbeit, Empire, Multitude. Neue Begrifflichkeiten in der linken Diskussion. Zu Hardt / Negris «Empire».* In: grundrisse 02, S. 6-20.

Foltin, Robert (2002a): *Multitude – Subjektivität gegen das Empire.* In: grundrisse 04, S. 36-41.

Foltin, Robert (2002b): *Radical Cheerleading in PinkSilver. Demonstrationskultur zwischen Anpassung und Konfrontation.* In: Kulturrisse 03/02, S. 46-47.

Foltin, Robert (2003): *Asymmetrie der Kriege im Empire (Zu Münkler: Die neuen Kriege).* In: grundrisse 06, S. 4-12.

Forum Alternativ (1982): *Widerstand gegen Krieg und Militarismus in Österreich und anderswo*. Wien: Forum Alternativ.

Foucault, Michel (1977): *Überwachen und Strafen. Die Geburt des Gefängnisses*. Frankfurt am Main: Suhrkamp.

Foucault, Michel (1983): *Der Wille zum Wissen. Sexualität und Wahrheit 1*. Frankfurt am Main: Suhrkamp.

Gambino, Feruccio (1993): Migranten im Sturm: Entrechtete Arbeiter und Petrodollars am Persischen Golf. In: Midnight Oil: *Arbeit, Energie, Krieg*, S. 89-173.

Gehler Michael / Sickinger, Hubert (1995): Politische Skandale in der Zweiten Republik. In: Sieder et. al. (Hg): *Österreich 1945-1995*, S. 671-683.

Geiger, Brigitte / Hacker, Hanna (1989): *Donauwalzer, Damenwahl. Frauenbewegte Zusammenhänge in Österreich*. Wien: Promedia.

Genner, Michael (1998): Longo mai – «es möge lange dauern». In: Danneberg et. al. (Hg): *die 68er. eine generation und ihr erbe*, S. 286-303.

Gradnitzer, Rudolf (2003): *Antiglobalisierungsbewegung in Österreich*. Wien: Diplomarbeit.

Graefe, Stefanie (2002): Way of life, way of death. Zur Normalisierung des «Lebenswertes». In: Fantomas 2, S. 30-33.

Gremliza, Hermann L. (Hg) (2000): *Braunbuch Österreich. Ein Nazi kommt selten allein*. Hamburg: Konkret Texte 26.

Grigat, Stephan (Hg) (2003): *Transformation des Postnazismus. Der deutschösterreichische Weg zum demokratischen Faschismus*. Freiburg: ca ira-Verlag.

Gruppe «Neues Österreich» (Hg) (1986): *Pflichterfüllung. Ein Bericht über Kurt Waldheim*. Wien: Löcker.

Gutmann, Raimund / Pleschberger, Werner (1984): *Die Bürgerliste – grüne Mitte in Salzburg*. In: Umdenken, S. 106-124.

Gürses, Hakan / Kogoj, Cornelia / Mattl, Sylvia (Hg) (2004): *Gastarbajteri. 40 Jahre Arbeitsmigration*. Wien: Mandelbaum.

Hammer, Elisabeth / Österle, August (2001): *Neoliberale Gouvernementalität im österreichischen Wohlfahrtsstaat. Von der Reform der Pflegevorsorge 1993 zum Kinderbetreungsgeld 2002*. In: Kurswechsel 4/2001, S. 60-69.

Handke, Peter (1996): *Eine winterliche Reise zu den Flüssen Donau, Save, Morawa und Drina oder Gerechtigkeit für Serbien*. Frankfurt am Main: Suhrkamp.

Handl, Michael (1989): Von Rosa Villen und Wirbeln und Homosexuellen Initiativen – Die österreichische Homosexuellenbewegung nach Stonewall. In: Handl et. al.: *Homosexualität in Österreich*, S. 120-131.

Handl, Michael / Hauer, Gudrun / Krickler, Kurt / Nussbaumer,

FRIEDRICH / SCHMUTZER, DIETER (HG) (1989): *Homosexualität in Österreich. Aus Anlaß des 10jährigen Bestehens der Homosexuellen Initiative (HOSI)* Wien. Wien: Junius.

HARDT, MICHAEL / NEGRI, ANTONIO (2000): *Empire.* Cambridge (Mass): Harvard University Press.

HARDT, MICHAEL / NEGRI, ANTONIO (2002): Globalization and Democracy. In: ENZEWOR (HG): *Democracy Unrealized,* S. 323-336.

HASLINGER, JOSEF (1994): Der Hammel war ein Bär. In: KARGL / LEHMANN (HG): *Land im Lichtermeer,* S. 19-69.

HAUSA, HORST (1980): Familiäre Reproduktion. In: FISCHER-KOWALSKI / BUCEK (HG): *Lebensverhältnisse in Österreich,* S. 99-115.

HAUSGEMEINSCHAFT AEGIDI-SPALO (1989): *Einführung der Hausgemeinschaft Ägidi/Spalo nach der Räumung (kurzer Lehrgang).* Wien: Eigenverlag.

HOBSBAWM, ERIC (1994): *Age of Extremes. The Short Twentieth Century 1914-1991.* London: Abacus.

HOFBAUER, HANNES (HG) (1999): *Balkankrieg. Die Zerstörung Jugoslawiens.* Wien: Promedia.

HOLLOWAY, JOHN (2002): *Die Welt verändern ohne die Macht zu ubernehmen.* Münster: Westfälisches Dampfboot.

HOLZINGER, ELISABETH (1991): Wie der Herman mit der Milch den brennenden Fußboden gelöscht hat. In: FISCHER-KOWALSKI ET. AL.: *Kindergruppenkinder,* S. 39-45.

HOLZINGER, SISSI / SPIELHOFER KARIN (1998): So viele Ansprüche im Kopf. In: DANNEBERG ET AL (HG): *die 68er. eine generation und ihr erbe.* Wien: Döcker, S. 310-325.

JACOB, GÜNTHER (2000): Das Geheimnis des Bärentals. Die Industrialisierung der «Ostmark», die Erben des Wirtschaftswunders und die Rätsel der Erinnerung. In: GREMLIZA (HG): *Braunbuch Österreich,* S. 12-48.

JAGSCHITZ, GERHARD / MULLEY, KLAUS DIETER (HG) (1985): *die «wilden» fünfziger Jahre. Gesellschaft, Formen und Gefühle eines Jahrzehnts in Österreich.* St. Pölten: Verlag Niederösterreichisches Pressehaus.

KAISER, KONSTANTIN (1987): Die Kunst des Drachentötens. Bemerkungen zum «Maoismus». In: KUSCHEY (HG): *Linke Spuren,* S. 197-214.

KANZLEITER, BORIS (2003): Jugoslawiens multiethnische Kriegsgewinnler. Paramilitarismus zwischen Krieg, Ethnisierung und kriminell-institutionellen Komplexen. In: AZZELLINI / KANZLEITER (2003): *Das Unternehmen Krieg,* S. 99-117.

KARAZMAN-MORAWETZ, INGE (1995): Arbeit, Konsum, Freizeit. Veränderungen im Verhältnis von Arbeit und Reproduktion. In: SIEDER ET. AL. (HG): *Österreich 1945-1995*, S. 409-425.

KARGL, MARTIN / LEHMANN, SILVIO (HG) (1994): *Land im Lichtermeer. Stimmen gegen Fremdenfeindlichkeit*. Wien: Picus.

KARLHOFER, FERDINAND (1983): «Wilde» Streiks in Österreich. *Entstehungs- und Verlaufsbedingungen industrieller Konflikte in den siebziger Jahren*. Wien: Böhlau.

KELLER, FRITZ (1983): *Wien, Mai 68 – Eine heiße Viertelstunde*. Wien: Junius.

KELLER, FRITZ (1983B): «Neue» Linke und Sozialdemokratie 1968-1982. In: SPÖ – WAS SONST? S. 149-165.

KELLER, FRITZ (1985): *Ein neuer Frühling? Sozialistische Jugendorganisationen 1945 bis 1965*. Wien: Europaverlag.

KELLER, FRITZ (1998): In der Schreckenskammer Provinz Österreich oder: Die ungemütliche Gemütlichkeit – Wien 1968 (II). In: SCHULENBURG: *Das Leben ändern, die Welt verändern!* S. 371-375.

KICKBUSCH, ILONA / RIEDMÜLLER, BARBARA (1984) (HG): *Die armen Frauen. Frauen und Sozialpolitik*. Frankfurt am Main: Suhrkamp.

KLEEMANN, SUSANNE (1971): *Ursachen und Formen der amerikanischen Studentenopposition*. Frankfurt am Main: Suhrkamp.

KLENNER, FRITZ (1979): *Die österreichischen Gewerkschaften. Vergangenheit und Gegenwartsprobleme. Bd 3.: von 1953 bis 1978*. Wien: Verlag des Österreichischen Gewerkschaftsbundes.

KLEIN, NAOMI (2001): *No Logo! Der Kampf der Global Players um Marktmacht. Ein Spiel mit vielen Verlierern und wenigen Gewinnern*. Bertelsmann.

KOCENSKY, JOSEF (HG) (1970): *Dokumentation zur österreichischen Zeitgeschichte. 1945-1955*. Wien: Jugend und Volk.

KOENEN, GERD (2001): *Das rote Jahrzehnt. Unsere kleine deutsche Kulturrevolution 1967-1977*. Frankfurt am Main: Fischer Taschenbuch.

KOS WOLFGANG (1998): Dissidenz via Popmusik. In: DANNEBERG ET. AL. (HG): *die 68er. eine generation und ihr erbe*. Wien: Döcker, S. 180-197.

KRAMMER, JOSEF (1995): Von «Blut und Boden» zur «Eurofitness». Die Entwicklung der Landwirtschaft seit 1945. In: SIEDER ET. AL. (HG): *Österreich 1945-1995*, S. 567-580.

KRICKLER, KURT (1989): Homosexualität und AIDS(-Politik). In: HANDL ET. AL.: *Homosexualität in Österreich*, S. 80-90.

KURZ, ROBERT (1991): *Der Kollaps der Modernisierung. Vom Zusammenbruch des Kasernensozialismus zur Krise der Weltökonomie*. Frankfurt am Main: Eichborn.

KURZ, ROBERT (2003): *Weltordnungskrieg. Das Ende der Souveränität und die Wandlungen des Imperialismus im Zeitalter der Globalisierung*. Bad Honnef: Horlemann.

KUSCHEY, BERNHARD (HG) (1987): *Linke Spuren. Marxismus seit den 60er Jahren.* Wien: Verlag für Gesellschaftskritik.

LANGER, RENÉE (1983): *Die Wiener Arenabesetzung als Bestandteil der mitteleuropäischen Gegenkultur.* Wien: Hausarbeit.

LASSNIGG, LORENZ (1995): Bildungsreform gescheitert... Gegenreform? 50 Jahre Schul- und Hochschulpolitik in Österreich. In: SIEDER ET. AL. (HG): *Österreich 1945-1995*, S. 458-484.

LAZZARATO, MAURIZIO (1998): Verwertung und Kommunikation. Der Zyklus immaterieller Produktion. In: ATZERT (HG): *Umherschweifende Produzenten*, S. 53-66.

LENZ, ILSE (1995): Geschlecht, Herrschaft und internationale Ungleichheit. In: BECKER-SCHMIDT / KNAPP (HG): *Das Geschlechterverhältnis als Gegenstand der Sozialwissenschaften*, S. 19-46.

LOHOFF, ERNST (1996): *Der Dritte Weg in den Bürgerkrieg. Jugoslawien und das Ende der nachholenden Modernisierung.* Bad Honnef: Horlemann.

LUGER, KURT (1995): Die konsumierte Rebellion. Geschichte der Jugendkultur von 1945 bis 1995. In: SIEDER ET. AL. (HG): *Österreich 1945-1995*, S. 497-510.

LUGER, KURT / REST, FRANZ (1995): Mobile Privatisierung. Kultur und Tourismus in der zweiten Republik. In: SIEDER ET. AL. (HG): *Österreich 1945-1995*, S. 655-670.

MAKOMASKI, ERICH (2001): *Die Freie Österreichische Jugend. (Ehemalige) Mitglieder erzählen ihre Geschichte.* Wien: Eigenverlag.

MANOSCHEK, WALTER (1995): Verschmähte Erbschaft. Österreichs Umgang mit dem Nationalsozialismus 1945 bis 1955. In: SIEDER ET. AL. (HG): *Österreich 1945-1995*, S. 94-106.

MIDNIGHT OIL (HG) (1993): *Arbeit, Energie, Krieg. MigrantInnen in den Ölregionen, Klassenzusammensetzung und der zweite Golfkrieg.* Berlin: Sisina.

MIDNIGHT NOTES COLLECTIVE (1993): Die Rekolonisierung der Ölfelder. In: MIDNIGHT OIL: *Arbeit, Energie, Krieg*, S. 33-54.

MILENA VERLAG (HG) (2000): *Die Sprache des Widerstandes ist alt wie die Welt und ihr Wunsch. Frauen in Österreich schreiben gegen rechts.* Wien: Milena.

MOULIER-BOUTANG, YANN (1993): Interview. In: THESEN ZUR RASSISMUSDEBATTE, S. 29-56.

MÜLLER, GINI (2003): Transversal oder Terror? Bewegte Bilder der VolxTheaterKarawane. In: RAUNIG (HG): *Transversal.* S. 129-138.

MUELLER, ROSWITHA (1994): *Valie Export – Bild-Risse.* Wien: Passagen.

NAETAR, FRANZ (2002): *Wie die EDV Konzerne ihre Mehrwertproduktion zu kontrollieren versuchen – ein sehr persönlicher Bericht.* In: GRUNDRISSE 03, S. 55-66.

NEGRI, ANTONIO (1998): Repubblica Costituente. Umrisse einer konstituierenden Macht. In: ATZERT (HG): *Umherschweifende Produzenten*, S. 67-81.

NEGRI, ANTONIO / HARDT, MICHAEL (1997): *Die Arbeit des Dionysos*. Berlin: Edition ID-Archiv.

NENNING, GÜNTHER / HUBER, ANDREAS (1985): *Die Schlacht der Bäume. Hainburg 1984*. Wien: Hannibal.

NEVLACSIL, ANTON (1995): Die Alleinregierung der ÖVP und die neue Rolle der Opposition. In: SIEDER ET. AL. (HG): *Österreich 1945-1995*, S. 152-165.

NIERHAUS, IRENE (1995): Vorgarten und Vorzimmer. Nahtstellen von Privatem und Öffentlichem im Wiener Wohnbau nach 1945. In: SIEDER ET. AL. (HG): *Österreich 1945-1995*, S. 581-598.

NUSS, SABINE / HEINRICH, MICHAEL (2002): *Freie Software und Kapitalismus*. In: STREIFZÜGE 1/2002, S. 39-43.

OFOEDU, CI-K OBIORA (2000): *Morgengrauen. Ein literarischer Bericht*. Wien: Mandelbaum.

ÖSTERREICHISCHE HOCHSCHÜLERINNENSCHAFT (HG) (1997): *Die studentische Protest- und Streikbewegung 1996*. Wien: ÖH.

PALMERS, EINE DOKUMENTATION. Wien: 1978.

PELINKA, PETER (1977): *Die Geschichte der Sozialistischen Jugend Österreichs nach 1945*. Wien: Sozialistische Jugend Österreichs.

PFOSER-SCHEWIG, KRISTINA / WEYRER, URSULA (1985): «der spiesser fühlte sich auf sein wiener schnitzel getreten...» Die Wiener Gruppe – Literatur und Avantgarde in den fünfziger Jahren. In: JAGSCHITZ / MULLEY (HG): *die «wilden» fünfziger Jahre*, S. 284-296.

PILZ, PETER (1982): *Die Panzermacher. Die österreichische Rüstungsindustrie und ihre Exporte*. Wien: Verlag für Gesellschaftskritik.

PROST, ANTOINE (1999): Grenzen und Zonen des Privaten. In: PROST / VINCENT (HG): *Geschichte des privaten Lebens*. 5. Band, S. 15-151.

PROST, ANTOINE / VINCENT, GÉRARD (HG) (1999): *Geschichte des privaten Lebens. 5. Band: Vom Ersten Weltkrieg zur Gegenwart*. Augsburg: Bechtermünz.

RAUNIG, GERALD (2000): *Wien Feber Null. Eine Ästhetik des Widerstands*. Wien: Turia + Kant.

RAUNIG, GERALD (2003): Transversale Multituden. In: RAUNIG (HG): *Transversal*, S.11-18.

RAUNIG, GERALD (HG) (2003A): *Transversal. Kunst und Globalisierungskritik*. Wien: Turia + Kant.

REITER, MARGIT (2001): *Unter Antisemitismusverdacht. Die österreichische Linke und Israel nach der Shoah*. Innsbruck: Studienverlag.

REITTER, KARL (2002): *Die 68er Bewegung – Versuch einer Darstellung. Teil 1.* In: GRUNDRISSE 03, S. 6-20.

REITTER, KARL (2002A): *Die 68er Bewegung – Versuch einer Darstellung. Teil 2.* In: GRUNDRISSE 04, S. 42-52.

REITTER, KARL (2003): *Wo wir stehen – Überlegungen zu John Holloways Buch «Die Welt verändern, ohne die Macht zu übernehmen».* In: GRUNDRISSE 06, S. 13-26.

REINPRECHT, CHRISTOF (1984): Das Amerlinghaus: Vom Scheitern und Überleben eines Experiments. In: EHALT ET. AL.: *Geschichtswerkstatt*, S. 183-194.

RIESE, KATHARINA (1989): AUF und Abtreibungen. In: GEIGER / HACKER (1989): *Donauwalzer, Damenwahl*, S. 19-28.

ROTH, KARL-HEINZ (1977): *Die «andere» Arbeiterbewegung und die Entwicklung der kapitalistischen Repression von 1880 bis zur Gegenwart. Ein Beitrag zum Neuverständnis der Klassengeschichte in Deutschland.* München: Trikont.

ROTSTILZCHEN (1983): Zum Kulturbegriff eines autonomen Projektes. In: BOCKHORN ET. AL.: *Kulturjahrbuch 2*, S. 50-74.

ROUSSEL, DANIÈLE (1995): *Der Wiener Aktionismus und die Österreicher.* Klagenfurt: Ritter.

RUDDICK, SUE (1994): Die Flintstones aufknacken. Zur Neuordnung der modernen Familie. In: EICHHORN / GRIMM (HG): *Gender Killer*, S. 129-137.

SALANDA, BRIGITTE (1998): Vom Café Hawelka zur Buchhandlung Hermann. In: DANNEBERG ET. AL. (HG): *die 68er. eine generation und ihr erbe*, S. 366-383.

SCHALLER, THOMAS (1998): Das WUK – ein pulsierender Schrebergarten? In: DANNEBERG ET. AL. (HG): *die 68er. eine generation und ihr erbe*, S. 148-159.

SCHANDL, FRANZ / SCHATTAUER, GERHARD (1996): *Die Grünen in Österreich. Entwicklung und Konsolidierung einer politischen Kraft.* Wien: Promedia.

SCHINDEL, ROBERT (1998): Über das Marxverständnis der Studentenbewegung. In: DANNEBERG ET. AL. (HG): *die 68er. eine generation und ihr erbe*. S. 68-81.

SCHMIDT, MANFRED G. (1984): Zur sozialen, wirtschaftlichen und politischen Benachteiligung der Frauen im internationalen Vergleich. In: KICKBUSCH / RIEDMÜLLER (HG): *Die armen Frauen*, S. 73-102.

SCHMUTZER, DIETER (1989): 10 Jahre sind noch lange nicht genug – Zur Geschichte der HOSI Wien. In: HANDL ET. AL.: *Homosexualität in Österreich*, S. 134-148.

SCHRAGE, DIETER (1983): Wie ein unterirdischer Strom der Rebellion. In: BOCKHORN ET. AL.: *Kulturjahrbuch 2*, S.66-74.

SCHULENBURG, LUTZ (HG) (1998): *Das Leben ändern, die Welt verändern! 1968, Dokumente und Berichte.* Hamburg: Edition Nautilus.

SCHULTZ, SUSANNE (1994): Feministische Bevölkerungspolitik? Zur internationalen Debatte um Selbstbestimmung In: EICHHORN / GRIMM (HG): *Gender Killer*, S. 11-23.

SCHWENDTER, ROLF (1982): Eine informelle Gruppe. Die «Informationen an den Freundeskreis» 1959-1970. In: STADTBUCH WIEN 1982, S.67-81.

SCHWENDTER, ROLF (1995): Das Jahr 1968. War es eine kulturelle Zäsur? In: SIEDER ET. AL. (HG): *Österreich 1945-1995*, S. 166-175.

SCHWENDTER, ROLF (2003): *Subkulturelles Wien. Die informelle Gruppe (1959-1971). Literatur, Kultur, Politik*. Wien: Promedia.

SEIBERT THOMAS (2003): The People of Genova. Plädoyer für eine post-avantgardistische Linke. In: BUKO (HG): *radikal global*, S. 57-69.

SIEDER, REINHARD / STEINERT, HEINZ / TÁLOS, EMMERICH (HG) (1995): *Österreich 1945-1995. Gesellschaft, Politik, Kultur*. Wien: Verlag für Gesellschaftskritik.

SPIRA, LEOPOLD (1979): *Ein gescheiterter Versuch. Der Austro-Eurokommunismus*. Wien: Jugend und Volk.

SPÖ – WAS SONST? DIE LINKE IN DER SPÖ – GESCHICHTE UND BILANZ (1983). Wien: Junius.

STADTBUCH WIEN 1982. EIN ALMANACH (1982). Wien: Falter.

STEINER, DIETMAR (1998): Die Arenabewegung. In: DANNEBERG ET. AL. (HG): *die 68er. eine generation und ihr erbe*, S. 138-146.

STEINERT, FIONA / STEINERT, HEINZ (1995): Reflexive Menschenverachtung: die Wienerische Variante von Herrschaftskritik. Der Herr Karl – ein echter Wiener geht nicht unter. In: SIEDER ET. AL. (HG): *Österreich 1945-1995*, S. 236-250.

STEFFEN, MICHAEL (2002): *Geschichten vom Trüffelschwein. Politik und Organisation des Kommunistischen Bundes 1971 bis 1991*. Berlin, Hamburg, Göttingen: Assoziation A.

STOCKER, KARL (1995): «Wir wollten alles ganz anders machen». Die 68er Bewegung in der österreichischen Provinz. Ein Fallbeispiel. In: SIEDER ET. AL. (HG): *Österreich 1945-1995*, S. 176-185.

STOLLER, SILVIA / NEMETH, ELISABETH / UNTERTHURNER, GERHARD (HG) (2000): *Philosophie in Aktion. Demokratie – Rassismus – Österreich*. Wien: Turia + Kant.

SVOBODA, WILHELM (1986): *Revolte und Establishment. Die Geschichte des Verbandes Sozialistischer Mittelschüler 1953-1973*. Wien: Böhlau.

SVOBODA, WILHELM (1990): *Franz Olah. Eine Spurensicherung*. Wien: Promedia.

SVOBODA, WILHELM (1998): *Sandkastenspiele. Eine Geschichte linker Radikalität in den 70er Jahren*. Wien: Promedia.

THESEN ZUR RASSISMUSDEBATTE. STRATEGIEN DER UNTERWERFUNG. STRATEGIEN DER BEFREIUNG. MATERIALIEN FÜR EINEN NEUEN ANTI-IMPERIALISMUS NR. 5. BERLIN, Göttingen: Schwarze Risse, Rote Straße.

TRUMANN, ANDREA (2002): *Feministische Theorie. Frauenbewegung und weibliche Subjektbildung im Spätkapitalismus.* Stuttgart: Schmetterling.

TYLER MAY, ELAINE (1999): Mythen und Realitäten der amerikanischen Familie. In: PROST / VINCENT (HG): *Geschichte des privaten Lebens. 5. Band,* S. 556-602.

UMDENKEN. ANALYSEN GRÜNER POLITIK IN ÖSTERREICH (1984). Wien: Junius Verlag.

WALLERSTEIN, IMMANUEL (2002): *Utopistik. Historische Alternativen des 21. Jahrhunderts.* Wien: Promedia.

WALZER, TINA / TEMPL, STEPHAN (2001): *Unser Wien. «Arisierung» auf österreichisch.* Berlin: Aufbau.

WEBER, BEAT / KARLHUBER, PETRA (2002): *Ursprüngliche Akkumulation im Postfordismus.* In: GRUNDRISSE 02, S. 21-26.

WEBER, FRITZ (1995): Wiederaufbau zwischen Ost und West. In: SIEDER ET. AL. (HG): *Österreich 1945-1995,* S. 68-79.

WEBER, WERNER (1991): Geschichte der Wiener Kindergruppen bis 1980. In: FISCHER-KOWALSKI ET. AL.: *Kindergruppenkinder,* S. 13-17.

WELZIG, ELISABETH (1985): *Die 68er. Karrieren einer rebellischen Generation.* Wien: Böhlau.

WIEN WIRKLICH. EIN STADTFÜHRER DURCH DEN ALLTAG UND SEINE GESCHICHTE. (1983) Wien: Verlag für Gesellschaftskritik.

WIMMER, HANNES (1986): Zur Ausländerbeschäftigungspolitik in Österreich. In: WIMMER (HG): *Ausländische Arbeitskräfte in Österreich,* S. 5-32.

WIMMER, HANNES (1986A) (HG): *Ausländische Arbeitskräfte in Österreich.* Frankfurt am Main / New York: Campus.

WODAK, RUTH / NOWAK, PETER / PELIKAN, JOHANNA / GRUBER, HELMUT / DE CILLIA, RUDOLF / MITTEN, RICHARD (1990): *«Wir sind alle unschuldige Täter!» Diskurshistorische Studien zum Nachkriegsantisemitismus.* Frankfurt am Main: Suhrkamp.

WOHLGENANNT, LIESELOTTE (1995): Arm und reich. Österreich auf dem Weg zur Zweidrittelgesellschaft. In: SIEDER ET. AL. (HG): *Österreich 1945-1995,* S. 253-267.

ZEITSCHRIFTEN

§ 248 (VERUNGLIMPFUNG DES STAATES UND SEINER SYMBOLE): 2000 und 2001 wöchentlich zur Donnerstagsdemo erscheinende Flugblattzeitung (Archiv für soziale Bewegungen).

AKIN (AKTUELLE INFORMATION): seit 1974 bestehende Wochenzeitung der Bewegung für Sozialismus / Freie österreichische Jugend (BfS / FÖJ). Adresse: Lobenhauerngasse 35/2, 1170 Wien, akin.buero@gmx.at, http://akin.mediaweb.at (Archiv für soziale Bewegungen).

ANTI: 1988 kurzfristig erscheinende autonome Zeitschrift (Archiv für soziale Bewegungen).

ALTERNATIVE: Monatszeitschrift der Alternativen und Unabhängigen GewerkschafterInnen (AUGE), ursprünglich der Gewerkschaftlichen Einheit (GE). Adresse: Belvederegasse 10/1, 1040 Wien, auge@ug-oegb.at, www.ug-oegb.at (Archiv für soziale Bewegungen).

ARENASTADTZEITUNG: während der Arenabesetzung 1976 gegründet, unregelmäßig erschienen, existierte bis 1982 (Archiv für soziale Bewegungen).

AUF, EINE FRAUENZEITSCHRIFT: feministische Zeitung, erscheint seit 1974 viermal jährlich. Adresse: Kleeblattgasse 7, 1010 Wien, auf@t0.or.at, http://auf-einefrauenzeitschrift.at auf@t0.or.at, (Archiv für soziale Bewegungen).

AUGUSTIN: seit 1994 erscheinende Straßenzeitung, die von Obdachlosen vertrieben wird. Adresse: Schloßgasse 6-8, 1050 Wien, augustin@aktiv.co.at, www.augustin.bus.at (Archiv für soziale Bewegungen)

BRUCHLINIEN: seit 2002 erscheinende Zeitschrift der Antiimperialistischen Koordination (AIK). Adresse: Meiselstraße 46/4, 1150 Wien, www.bruchlinien.at (Archiv für soziale Bewegungen).

CONTEXT XXI, aus Zoom (von 1996-1999) entstanden: ehemals antimilitaristische Zeitschrift. Adresse: Schottengasse 3A/1/59, 1010 Wien, redaktion@contextxxi.at, www.contextXXI.at (Archiv für soziale Bewegungen).

DAS KLEINE MASSENBLATT: erschien unregelmässig von 1983 bis 1986 als autonom-anarchistische Zeitung. (Archiv für soziale Bewegungen).

DIE LINKE: seit 1980 Zeitung der Gruppe Revolutionärer Marxisten (GRM), seit 1986 der Sozialistischen Alternative (SOAL), besteht noch heute als zweiwöchige Zeitschrift. Adresse: Postfach 395, 1071 Wien, soal@silverserver.at, (Archiv des Verlagszentrums der SOAL).

DIE BUNTE ZEITUNG: seit 2000 bestehende, teilweise von MigrantInnen produzierte Zweimonatszeitschrift. Adresse: Rotenlöwengasse 12/1, 1090 Wien, bunte.zeitung@chello.at (Archiv für soziale Bewegungen).

GRUNDRISSE: ZEITSCHRIFT FÜR LINKE THEORIE UND DEBATTE, erscheint seit 2002 viermal jährlich. Adresse: Antonigasse 100/8, 1180 Wien, grundrisse@gmx.net, www.grundrisse.net (Archiv für soziale Bewegungen).

INFOVERTEILER: seit 1988 unregelmäßig erscheinendes Infoblatt mit autonom-antiimperialistischer Tendenz. Adresse: Stiftgasse 8, 1070 Wien, www.geocities.com/infoverteiler (Archiv für soziale Bewegungen).

KLASSENKAMPF: von 1976 bis 1980 erscheinende Wochenzeitschrift des KB.

KULTURRISSE: seit 1996 bestehende Zeitschrift der IG Kultur. Adresse: Viktorgasse 22/8, 1040 Wien, office@igkultur.at, www.igkultur.at.

KURSWECHSEL: Zeitschrift für gesellschafts-, wirtschafts- und umweltpolitische Alternativen, erscheint seit 1995. Adresse: Postfach 162, 1015 Wien, sonderzahl-verlag@chello.at, www.kurswechsel.at.

LAMBDA-NACHRICHTEN: Zeitschrift der Homosexuelleninitiative Wien, er-scheint seit Ende 1979. Adresse: Novaragasse 40, 1020 Wien, lambda@hosiwien.at, www.hosiwien.at (Archiv für soziale Bewegungen).

LILI-INFO: 1977 kurzfristig erscheinendes Infoblatt der Linken Liste, einem Bündnis verschiedener Gruppen an der Uni Wien.

NACHRICHTEN FÜR UNZUFRIEDENE: Zeitung des «Heimspartakus», erschien von 1970 bis 1972.

NEUES FORUM: von Mitte der 1960er bis Mitte der 1970er das Diskussionsorgan einer vielfältigen Linken, danach nur eine linke Zeitschrift unter vielen.

NOTKÜHLUNG: Seit 1978 bestehende Zeitschrift aus der Anti-AKW-Bewegung, von Ende 1984 bis Anfang 1985 offene autonome Zeitschrift, danach eingestellt (Archiv für soziale Bewegungen).

MALMOE: seit 2000 monatlich erscheinende Zeitung mit intellektuellem und popkulturellem Anspruch. Adresse: Postfach 239, 1181 Wien, redaktion@malmoe.org, www.malmoe.org (Archiv für soziale Bewegungen).

RAPIDITÉ: Seit 1991 monatlich erscheinendes Informationsblatt des EKH. Adresse: Postfach 173, 1100 Wien, ekhaus@med-user.net, www.med-user.net/ekh (Archiv für soziale Bewegungen).

ROTFRONT: Zeitung der Gruppe Revolutionärer Marxisten (GRM), erschien von 1972 bis 1980 (Archiv des Verlagszentrums der SOAL).

SPRINGINKAL: Spontizeitung, erschien unregelmäßig 1976 und 1977.

STREIFZÜGE: Seit 1997 viermal jährlich erscheinende wertkritische Zeitschrift. Adresse: Margaretenstraße 71-73, 1050 Wien, streifzuege@chello.at, www.streifzuege.org (Archiv für soziale Bewegungen).

TATBLATT: erscheint seit Herbst 1988, die meiste Zeit zweiwöchentlich, heute monatlich. Adresse: Wielandgasse 2-4, 1100 Wien, tatblatt@blackbox, www.tatblatt.net (Archiv für soziale Bewegungen).

VOLKSSTIMME: Tageszeitung der KPÖ seit 1945, später Wochenzeitung, wurde (vorerst) 2003 eingestellt (Archiv für soziale Bewegungen).

ZB: Anfangs mit dem Untertitel «Wiener Alternativen», das Organ der Wohngemeinschaften, erschien 1977 und 1978 zweiwöchentlich.